Andreas Eickhorst / Ansgar Röhrbein (Hg.)

Systemische Methoden in Familienberatung und -therapie

Was passt in unterschiedlichen Lebensphasen und Kontexten?

Mit 31 Abbildungen und 5 Tabellen

Vandenhoeck & Ruprecht

Bibliografische Information der Deutschen Nationalbibliothek:
Die Deutsche Nationalbibliothek verzeichnet diese Publikation in der
Deutschen Nationalbibliografie; detaillierte bibliografische Daten sind
im Internet über http://dnb.de abrufbar.

© 2019, Vandenhoeck & Ruprecht GmbH & Co. KG, Theaterstraße 13, D-37073 Göttingen
Alle Rechte vorbehalten. Das Werk und seine Teile sind urheberrechtlich
geschützt. Jede Verwertung in anderen als den gesetzlich zugelassenen Fällen
bedarf der vorherigen schriftlichen Einwilligung des Verlages.

Umschlagabbildung: Kirsten Hinte/shutterstock.com

Redaktion: Peter Manstein

Satz: SchwabScantechnik, Göttingen
Druck und Bindung: ⊕ Hubert & Co. BuchPartner, Göttingen
Printed in the EU

Vandenhoeck & Ruprecht Verlage | www.vandenhoeck-ruprecht-verlage.com

ISBN 978-3-525-40622-9

Inhalt

I Anfang

Michael Grabbe
(M)(K)eine Lieblingsintervention. Ein skeptischer »Rundumschlag« ... 11

Andreas Eickhorst und Ansgar Röhrbein
Einleitung – Familie und Beratung 17

II Grundlagen

Andreas Eickhorst
Die Phase der frühen Kindheit und ihre spezifischen Herausforderungen für die Familie 29

Kathrin Stoltze und Anja Novoszel
Von der Grundschule bis zur Pubertät – Herausforderungen für und durch die 6–12-Jährigen 43

Christina Rosemann und Ansgar Röhrbein
Jugend – eine Lebensphase, die es in sich hat (Teil I):
Herausforderungen und Chancen für Jugendliche und ihre Familien ... 69

Filip Caby
Jugend – eine Lebensphase, die es in sich hat (Teil 2):
Gemeinsame Wege gehen mit Familien und deren Jugendlichen, aber auch mit Jugendlichen und deren Familien 97

III Methoden

Jörn Borke
Frage(n) nach Ausnahmen 115

Heike Bösche und Monique Breithaupt-Peters
Marte Meo in der Familienberatung und Jugendhilfe 123

Felicia Schröck und Andreas Eickhorst
Arbeiten mit triangulären Familieninteraktionen:
Das Lausanner Trilogspiel (LTP) 137

Lea Linke
Kompetente Eltern – ganzheitliche Kompetenzförderung
in der Jugendhilfe 153

Bernd Reiners
Kinderorientierte Familientherapie 165

Birgit Fischer und Annette Rupp
Das Familienwappen 175

Katja Seidel
Die Postkartenmethode als analoger Einstieg 189

Elisabeth Nicolai
Schatzkammer der Familie 197

Anja Novoszel
Das »Second-Best«-Prinzip 209

Kathrin Stoltze, Beate Meißner und Anke Kasner
Familiengeschichte(n) in »guten Händen« – symbolisches Arbeiten
mit der Handmetapher 217

Martina Furlan
Papaland – Mamaland:
Eine Reise zwischen zwei Welten 229

Bettina Hattenbach
Raum-Seil-Methode 239

Madeleine Bernard und Mélanie Tripod
»Herzblutinfusion« – alltägliche Ressourcen entdecken 249

Martin Diem
Systemische Aktivierung 259

Christina Hunger, Julian Geigges und Jochen Schweitzer
Soziale Netzwerkdiagnostik (SozNet-D): Die Erfassung und
praktische Arbeit mit strukturellen und funktionalen Aspekten
sozialer Beziehungen 269

Diana Drexler
»Jetzt habe ich meinen Bruder doch noch kennengelernt« –
einige Anregungen zur Aufstellungsarbeit im Einzelsetting 281

Thomas Meyer-Deharde
Gibt es in der Jugendhilfe Geister? Initiation systemisch!
Eine Reise zu sich selbst und zurück in die Zukunft 293

Christian Pröls
Arbeit mit dem Lebensfluss 309

Ansgar Röhrbein
Der Ressourcenbaum – Vergangenes, Gegenwärtiges und
Zukünftiges in einem 321

Kathrin Stoltze
Die Pflanzmetapher in der systemischen Beratung und Therapie:
Pflanzen als Sprachbild, Metapher und Symbol 337

Thomas Hegemann
ich schaff's® für Eltern:
Ein lösungsfokussiertes Eltern-Coaching-Programm 347

Heike Hör und Erzsébet Roth
Familienrat – die Aktivierung von Familie und Umfeld zum Schutz
von Kindern 359

Christina Rosemann
Elterliche Präsenz stärken: Gewaltloser Widerstand im familiären
Machtkampf 373

Anne Baumann und Tim Reuter
Würdezentrierte Therapie – eine Intervention für Menschen mit
palliativen Erkrankungen 389

Die Autorinnen und Autoren 406

I Anfang

Michael Grabbe

(M)(K)eine Lieblingsintervention.
Ein skeptischer »Rundumschlag«[1]

»Was unterrichtest du denn?« »Deutsch, Sachkunde und Religion! Und du?« –
»Mathe und Sport!«. Zuhörer: »Ach, ich dachte Sie unterrichten Kinder.«

Aus einem Supervisionstreffen in einer Erziehungsberatungsstelle:
»Das Konzept des ›Gewaltlosen Widerstandes und der Elterlichen Präsenz‹
ist ja überzeugend, ich bin auch ganz begeistert –
aber leider hatte ich in der Zwischenzeit gar keine Familie dafür!«

Methodenverliebtheit und ihre Folgen

So kann es einem gehen, wenn man Methoden, Techniken und Interventionen gerne anwendet oder gar in sie verliebt ist – eben eine »Lieblingsintervention« hat. Man braucht dafür jeweils auch die passenden Klientinnen und Klienten. Gerade bei Ausbildungskandidaten von Therapie- oder Beratungsweiterbildungen ist der Wunsch nach »Handwerkszeug« und »Methodenkoffern« oft sehr groß. Das ist verständlich, schließlich ist es ja wichtig, mit Klienten auch etwas zu »machen«. Aber: Je größer das Repertoire, je mehr Methoden im Koffer, umso schwerer kann der Koffer werden und umso unbeweglicher möglicherweise der Therapeut. Ist man gerade verliebt in einen Hammer und weiß ihn zu schwingen, dann müssen Probleme schnell zu Nägeln konstruiert werden, damit man das Werkzeug einsetzen kann. Das kann durchaus auch hilfreiche Effekte haben: Die Therapeutin strahlt Sicherheit aus, fühlt sich dem Problem gewachsen, ist gut vorbereitet und signalisiert, dass es Fortschritt oder gar Lösungen geben wird. Die Klienten fühlen sich angenommen. Auch, wenn das Problem vielleicht nicht zur Methode passt.

Gesellschaftskritiker sehen diese »Strategie« generalisiert und behaupten, dass vorhandene, erprobte Behandlungsmethoden die dazu passenden Diagnosen generieren und Therapie- oder Beratungsinstitutionen dementsprechend das feststellen, was sie beraten und behandeln können oder wollen. Hat der Arzt in eine teure Untersuchungsapparatur investiert, dann wird sie eingesetzt – und wenn auch nur, um einen »Verdacht« auszuschließen. Neben dem Aspekt der

---

1 Der hier korrigierte und leicht veränderte Beitrag erschien erstmals in Systhema, 28 (3), 256–261.

Methodensicherheit kommt dann der ökonomische hinzu. Unter konstruktivistischer Perspektive ist diese Sicht- und Vorgehensweise nicht verwunderlich. Fraglich ist, ob sie für Klienten und Klientinnen förderlich ist.

Selbstverständlich soll dieses kein Plädoyer dafür sein, von lösungsorientierten Haltungen Abstand zu nehmen. In Erweiterung der Maxime von Steve de Shazer: Wenn etwas klappt, wenn du erfolgreich bist, dann mach mehr davon! Wenn etwas nicht funktioniert, lass es! Und wenn du besonders viel Erfolg mit einer Intervention hast, sie sich als besonders effektiv erweist und es dir selbst sehr gut damit geht und sie dir gefällt (ästhetisch etc.), dann wende sie so oft an, wie es eben geht. (Nebenbei bemerkt, kann bei einem starken Hang zur Lösungsorientierung auch der Verdacht entstehen, der Therapeut würde das Problem nicht aushalten.)

Dennoch soll dieser Beitrag zur Skepsis anregen – Skepsis der Lieblingsintervention gegenüber, der Effektivität und auch sich selbst gegenüber. Denn man könnte mit seiner Aufmerksamkeit zu sehr bei sich und auf der Suche nach dem passenden Augenblick für die Intervention sein und dabei die Signale und Kooperationsangebote von Klienten übersehen. Dann macht Liebe blind oder taub. Es könnte sich sogar bei Therapeuten Enttäuschung einstellen, wenn Klienten eine schöne Vorbereitung zunichte machen und man seine schöne Intervention nicht anwenden kann.

Therapeutische Interventionen können Klienten(-Verhalten) aus systemischer Sicht nicht gezielt verändern (Autopoiese), sondern sie können im besten Fall zur Veränderungsbereitschaft beisteuern. Dazu bedarf es einer Ankopplung beider Systeme aneinander und einer förderlichen affektiven Rahmung. Eine Selbstverliebtheit bzw. Verliebtheit in eine Methode oder eine Intervention könnte da abträglich sein.

Klientinnen und Klienten kommen zumeist in Beratung bzw. Therapie, wenn ihnen die Kreativität zur eigenen Lebensgestaltung abhanden gekommen ist. Sie versuchen mit verstärkter Intensität oft mehr desselben und engen ihre Gefühls-, Denk- oder Handlungsoptionen ein. Die Vorgabe einer Intervention kann suggestiv bestimmte, von Therapeutinnen und Therapeuten favorisierte Ergebnisse forcieren oder das gemeinsame Finden von Alternativen erschweren. Das soll an einem Beispiel verdeutlicht werden. Wenn ich gerne mit der beliebten Technik/Methode/Intervention »Familie in Tieren« arbeite, dann mag dadurch Klienten suggeriert werden, dass ich die Idee der Konstellation einer Familie habe mit verschieden Rollen und Charakteristika der einzelnen Mitglieder. Aber sehen die Klienten sich überhaupt als Familie? Sehen sie sich vielleicht eher als eine Ansammlung von Tieren? Wird es »Familie in Tieren« genannt, offenbaren sich möglicherweise lediglich Werte der Therapeuten. Und: Nutze ich eine Anzahl vorgegebener Figuren – meine geliebte Sammlung –, dann schließe ich andere mögliche aus. Auch die Größe der Tiere zueinander ist damit dann vorgegeben. Lasse ich die Konstellation z. B. frei zeichnen, ermögliche ich auch die Zuschreibung »Vater ist ein U-Boot!«, obwohl es ja »Familie in Tieren« heißt. Anders würde die Sitzungssequenz vielleicht verlaufen, wenn keine Intervention *vorgegeben* wird, sondern auf eine Aussage »Wir sind schon eine seltsame Familie« gefragt würde: »Angenommen, Sie seien alles Tiere, wie müsste ich mir das dann vorstellen? Oder wären Sie gar nicht alle Tiere?« Hier würde nicht die Intervention vorangehen, sondern das Klientensystem mit ihrem »Angebot«. Dieses Vorgehen kann man natürlich auch wieder als Intervention bezeichnen, ist aber durch das Klientensystem initiiert.

Lieblingsinterventionen sollten nicht blind oder taub machen für »Hooks« (so Jeff Zeig persönlich in einem Seminar), die die Klienten – oft unabsichtlich – anbieten. Schlüsselworte oder Bilder können genutzt werden, um metaphorisch oder auch konkret praktisch gemeinsam auf neue Ideen zu kommen. Ist der Vater z. B. ein begeisterter Segler und verlangt von seinem Sohn Geradlinigkeit in der Zielerreichung (Schulnoten) – »Wenn du sitzen bleibst, nehme ich dich von der Schule!« –, dann kann man das aufgreifen und dem Vater das Bild anbieten, dass beim Segeln bei Gegenwind ja eine Zielannäherung, ohne »zu kreuzen«, nahezu unmöglich ist. Vielleicht sei das in der Schule für den Sohn ähnlich.

Spitzfindig kann man natürlich nun konstatieren, dass dieses Vorgehen eine besonders »feine Methode« sei. Dennoch ist und bleibt sie variabel und anders und kommt wohl eher aus dem »Kunstwerkkoffer« und nicht so sehr aus dem »Handwerkszeugkoffer«.

Oft entsteht die Idee für eine Intervention und Methode eines möglichen Vorgehens bei der Nachbereitung der letzten und Vorbereitung der nächsten Sitzung. Dabei könnte stören, dass die Klienten sich zwischen den Sitzungen verändert haben und »anders« sind als zuvor: Für eine geplante und gern eingesetzte »Familienaufstellung« kann z. B. die akute Fragestellung abhandenkommen und die Methode erweist sich als nicht mehr aktuell. Wenn man sie dann dennoch durchführen würde, würde es nur dem Selbstzweck oder vielleicht der Therapeutin nutzen. Die Intervention könnte nicht mehr passen. Es könnte schwerfallen, diese dann »loszulassen« – »Scheiden tut weh«.

Die Therapeutin befürchtet vielleicht, nicht so kompetent und souverän zu wirken, wenn riskiert wird, sich auf ein Feld von Improvisation und Kreativität zu begeben und die sicheren Pfade einer erprobten Intervention und geliebten Methode zu verlassen. Es könnte eine Befürchtung auftauchen, dass eine gemeinsame »Suchbewegung« und ein »Noch-nicht-Wissen« als Inkompetenz und Unsicherheit interpretiert wird statt als Souveränität und Professionalität. Möchte man als Therapeut von Klienten für den Einsatz wunderbarer, als heilsam gepriesener oder in anderen Kontexten bewährter Interventionen bewundert werden, fällt dieser Schritt abseits der geplanten und sicheren Route besonders schwer. Dennoch könnte gerade ein gemeinsames Ringen um die nächsten zu riskierenden Schritte die therapeutische Beziehung vertiefen und ein Gewinn sein.

Therapeutische Sitzungen können als Co-Kreation, als Gemeinschaftskunstwerk beschrieben werden. Dazu passt nicht, wenn der Therapeut ein »Lied« vorgibt, dass die Klientinnen lernen und mitspielen, sondern passen könnte vielleicht eher das Bild einer improvisierten Jamsession, in der alle Beteiligten ihr Bestes in ihrem Part geben und sich ständig aufeinander beziehen, damit etwas Neues und vielleicht Einmaliges entstehen kann.

Überhaupt ist die Frage zu stellen, wer eigentlich in therapeutischen Sitzungen »Führung« hat und entsprechend Interventionen vorgeben sollte. Einerseits sicherlich die Therapeuten und Therapeutinnen, schließlich sind sie für diese Profession ausgebildet und werden für ihre Arbeit bezahlt. Dennoch gibt es, dem Philosophen Hans-Georg Gadamer folgend, keine Gesprächs*führung* im engeren Sinne, wo jemand führt und die anderen folgen. Gespräche entwickeln sich chaotisch, sind immer ein Gemeinschaftsprodukt, niemand weiß zuvor, was dabei herauskommt. Es sei denn, es handelt sich um Informations- oder Instruktionsveranstaltungen.

Dieser Logik folgend, könnte man die Frage nach einer Lieblingsintervention von Therapeuten perspektivisch ändern in die für mich relevantere Frage, welche meiner Interventionen wohl von Klienten besonders geliebt werden könnten – egal, wie ich sie finde.

Hypothetisch können dazu einige Kriterien oder Facetten aufgelistet werden (Grabbe, 2011):
- Ist die Intervention *pragmatisch,* d. h. hinsichtlich einer gewünschten hilfreichen oder heilenden Veränderung erfolgreich, effektiv, also nützlich? Kommt man dadurch dem Ziel näher oder von einer schwierigen, unerträglichen Ausgangssituation weiter weg (Grabbe, 2012)? Dieses Kriterium folgt dem lösungsorientierten Ansatz (siehe oben de Shazer). Wenn ja, dann werden Klientinnen und Klienten die Intervention mögen und wertschätzen.
- Da man mit diesem Kriterium auch effektives, aber äußerst schwieriges Verhalten rechtfertigen könnte (»Wenn ich mein Kind schlage, macht es, was ich will«), müssen meines Erachtens noch andere Kriterien zusätzlich erfüllt sein, damit sie von Klienten akzeptiert werden: Passt sie *moralisch* zu ihren Werten? Wird sie als gut und richtig erlebt?

- Mögen sich die Klientinnen und Klienten hinterher noch im Spiegel anschauen? Heinz von Foerster unterscheidet zwischen Werten und Moral. Werte bestimmen eigenes Verhalten, mit Moral wird das Verhalten der anderen bewertet. Man kann Moral auch, sich selbst beobachtend, auf sich selbst anwenden.
- Ist die Intervention *respekt*getragen und entspricht damit sowohl einer humanistischen Grundhaltung von Klienten – auch der beteiligten Kinder – als auch der von Therapeuten? Sind Interventionen sehr direktiv und instruierend, werden sie in der Regel von Klientensystemen nicht gerne angenommen.
- Fördert die Intervention den *Überblick* über die Lebensgestaltung? Oder wächst das gefühlte Chaos? Klientinnen und Klienten werden Interventionen eher annehmen, wenn sie mehr Übersicht bekommen und sich nicht mehr so den Prozessen ausgeliefert fühlen.
- Wirkt sich die Intervention so aus, dass die Beziehung, die *Verbindung* innerhalb des Klientensystems intensiver geworden ist? Oder nehmen eher Isolation, Ausgrenzung und Entfremdung zu? Klienten wollen und brauchen oft mehr Verbindung und Geborgenheit – bei aller Bedeutung von Autonomie und Unabhängigkeit gibt es den Wunsch nach Zusammengehörigkeit und Wertschätzung der Beziehung.
- Wird eine Intervention hinsichtlich *Irritation, Instabilität, Aufregung* einerseits und *Stabilität, Sicherheit und Geborgenheit* andererseits als ausbalanciert erlebt?
- Bekommen die Klienten mit ihrem Verhalten, wenn sie der Intervention folgen, *Unterstützung* von Freunden, Verwandten und Bekannten? Oder würden diese sich eher zurückziehen und distanzieren?
- Wird die Intervention hinsichtlich *Nähe und Distanz* zum Therapeuten/zur Therapeutin als passend erlebt? Oder ist zum aktuellen Zeitpunkt der Beziehung die professionelle Distanz inadäquat, weil z. B. zu unbeteiligt, oder wird die Beziehung andererseits schon als grenzüberschreitend erlebt?
- Entspricht die Intervention einem »Gestaltungsprinzip *Schönheit*« (Ludewig, 1992)? Interventionen, die sie als ästhetisch in vielerlei Hinsicht erleben, werden von Klienten sicherlich eher angenommen, selbst dann, wenn der *Nutzen* vergleichbar geringer sein könnte. Gelungene Sitzungen oder Therapien werden oft von Klienten und Therapeutinnen als eine Art Kunstwerk erlebt und bewertet. Von daher könnte es auch passender sein, nicht über einen »Handwerkskoffer«, sondern einen »*Kunstwerkkoffer*« zu verfügen.

Diese Liste ließe sich sicherlich noch erweitern.

Interventionen haben gute Chancen, zu meinen Lieblingsinterventionen zu werden, wenn es dadurch gelingt, aus einem »Entweder-oder« herauszukommen, und sie die Möglichkeit bieten, zu einem »Sowohl-als-auch« oder einem »Weder-noch«, d. h. zu einer dritten Perspektive zu kommen.

Noch wichtiger jedoch ist mir, dass Klientinnen und Klienten nach einer Intervention, nach einer Sitzung sich – selbstwertbezogen – *größer und selbstbestimmter* fühlen als zuvor, gewachsen durch den gemeinsamen Prozess und ihren gewürdigten Anteil daran – nicht so sehr durch meine Intervention und unabhängig davon, ob ich die Klientinnen mag. In diesem Denken kann sogar der Beschluss eines Klienten: »Bevor ich weiterhin zu so einem bescheuerten Therapeuten gehe, helfe ich mir lieber selber« eine hilfreiche Intervention sein, auch wenn sie sicherlich keine »Lieblingsmethode« sein dürfte.

Also vielleicht sollte gelten: Liebe nicht deine Interventionen, sondern suche das Liebenswerte deiner Klienten.

Fazit

Der Wunsch nach prall gefüllten »Handwerks-« oder »Methodenkoffern« ist allgemein groß und verständlich, da dadurch das Gefühl der Sicherheit und das Selbstvertrauen bei Therapeuten erhöht werden kann. Auch Klienten schätzen strukturiertes Vorgehen und sichere Therapeuten. Eine Methode, in die man aber zu sehr verliebt ist, birgt auch das Risiko, dass dann Probleme dazu »passend« gemacht werden müssen. Kreativität und Beweglichkeit können verloren gehen, wenn der Koffer »zu schwer« wird. Therapie bedeutet auch, sich gemeinsam auf nicht planbare Suchprozesse einzulassen, deren Ende ebenso offen sein kann wie die dazu spontan zu wählenden Methoden.

Literatur

Grabbe, M. (2011). Wenn Eltern nicht mehr wollen. Zur Bündnisrhetorik im systemischen Elterncoaching. In H. Schindler, W. Loth, J. v. Schlippe (Hrsg.), Systemische Horizonte (S. 131–144). Göttingen: Vandenhoeck & Ruprecht.

Grabbe, M. (2012). Weg ist das Ziel – nichts wie weg! Oder: Das Ziel ist im Weg! Oder: Die Freiheit der Leere. In H. Molter, R. Schindler, A. v. Schlippe (Hrsg.), Vom Gegenwind zum Aufwind. Der Aufbruch des systemischen Gedankens (S. 74–85). Göttingen: Vandenhoeck & Ruprecht.

Ludewig, K. (1992). Systemische Therapie – Grundlagen klinischer Theorie und Praxis. Stuttgart: Klett-Cotta.

Andreas Eickhorst und Ansgar Röhrbein

Einleitung – Familie und Beratung

Über dieses Buch

Dieser Sammelband handelt von Familien – Familien, die auf die eine oder andere Weise in beraterischen oder therapeutischen Settings Hilfe und Unterstützung suchen. Dafür wird eine in dieser Form und Fülle bisher wohl nicht vorhandene Zusammenstellung von 24 Methoden durch 33 Autorinnen und Autoren präsentiert, die jeweils ihre »Lieblingsmethoden« vorstellen. Es sind Lieblingsmethoden in dem Sinne, dass es sich um Vorgehensweisen handelt, die sich für die Kolleginnen und Kollegen in der Arbeit mit Kindern, Jugendlichen, Müttern, Vätern, Eltern und dem System Familie in ihrem Kontext in vielfältiger Form bewährt haben.

Familien – Stellenwert und Definition

Stellenwert: In Familien werden wesentliche Grundlagen für ein gelingendes Leben gelegt: die Art und Weise, wie Kinder auf die Welt blicken; der Glaube daran, dass sie etwas bewirken können; das Grundgefühl, ein geliebter Mensch zu sein; und das Wissen darum, dass es Menschen gibt, die zu einem stehen und Unterstützung geben, wenn sie benötigt wird. An diesen Beschreibungen wird bereits deutlich, welchen Stellenwert Familie besitzt und welche idealtypischen Erwartungen in der Gesellschaft und der Fachwelt an die Familie, die Eltern und das gemeinsame Leben in den Familien bestehen.

Doch was genau sind Familien eigentlich? Für Klaus Schneewind etwa sind Familien »biologisch, sozial oder rechtlich miteinander verbundene Einheiten von Personen, die – in welcher Zusammensetzung auch immer – mindestens zwei Generationen umfassen und bestimmte Zwecke verfolgen« (Schneewind, 2010, S. 35). In dem vom Familienministerium vorgelegten Familienreport 2017 wird Familie in der folgenden Weise definiert: »Im familienpolitischen Verständnis ist Familie dort, wo Menschen verschiedener Generationen dauerhaft füreinander Verantwortung übernehmen, füreinander einstehen und gegenseitige Fürsorge leisten. Das schließt verheiratete und unverheiratete Paare mit Kindern ebenso ein wie Alleinerziehende, getrennt Erziehende, Stief- und Patchworkfamilien, Regenbogenfamilien sowie Familien, die sich um pflege- und hilfsbedürftige Angehörige kümmern« (Bundesministerium für Familie, Senioren, Frauen und Jugend, 2017, S. 12).

Die gemeinsamen Merkmale dieser Definitionen liegen zum einen in der wechselseitigen Verbundenheit mehrerer Generationen, und zum anderen in der gemeinsamen Verfolgung von Zielen, die allerdings in der zweiten Definition differenzierter beschrieben sind.

Familienformen im Wandel

Wie steht es – im weiten Kontext heutiger Familienformen (siehe Definition Familienreport) – mit »der« Familie, die wir lange Zeit unter diesem Begriff verstanden haben, also eine zweigeschlechtliche Kleinfamilie mit wenigen Kindern, die mehr oder minder für sich, also beispielsweise ohne enge Anbindung an eine weitere Verwandtschaft leben? Tatsächlich lässt sich – vielleicht fast erstaunlicherweise – konstatieren, »dass weiterhin die Eltern-Familie (mit formaler Eheschließung) statistisch die dominante Familienform […] geblieben ist, das 76 % aller Kinder unter 18 Jahren in dieser herkömmlichen Kernfamilie aufwachsen – wenn auch Unterschiede in West- und Ostdeutschland bestehen – und dass weiterhin auch auf normativer Ebene ihr eine hohe subjektive Bedeutung zugeschrieben wird« (Nave-Herz, 2015, S. 26). Die Familie ist beliebt und hat in der Bevölkerung weiterhin – eine zuletzt sogar wieder steigende – Bedeutung. Für 79 % der Bevölkerung ist die Familie der wichtigste Lebensbereich (Bundesministerium für Familie, Senioren, Frauen und Jugend, 2017, S. 11).

Im Hinblick auf die Pluralität von Familienformen beschreibt der Familienreport von 2017 die Situation wie folgt: »Deutlich zugenommen haben die nichtehelichen Lebensgemeinschaften […]. Die Anzahl der Alleinerziehenden ist ebenfalls deutlich größer als Anfang der 90er-Jahre und liegt seit einigen Jahren bei rund 1,6 Millionen. Im Jahr 2015 wuchsen 2,3 der insgesamt 13 Millionen Kinder bei nur einem Elternteil auf. Die Zahl der Scheidungen nimmt seit einigen Jahren ab, während die Zahl der Eheschließungen steigt. Jede dritte Familie mit minderjährigen Kindern hat einen Migrationshintergrund, zunehmend aus dem nichteuropäischen Ausland. Die Ehe für alle ist möglich geworden; Unterschiede werden gesellschaftlich akzeptiert« (S. 7).

Einen aktuellen Überblick ermöglicht die Abbildung 1, in der bereits die Zahlen von 2017 des Mikrozensus ausgewertet sind.

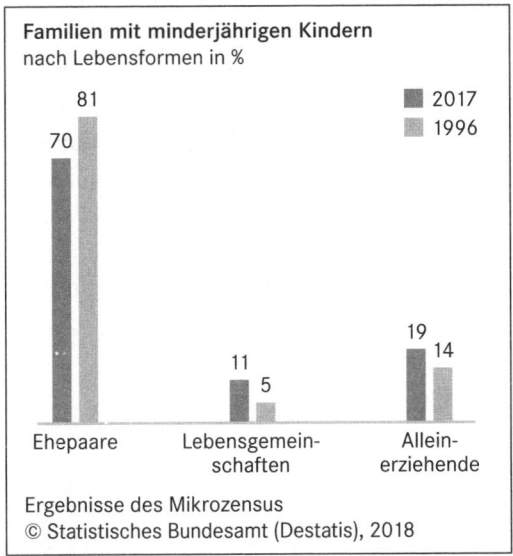

Abbildung 1: Familien mit minderjährigen Kindern nach Lebensformen in % (© Statistisches Bundesamt – Destatis, 2018)

Kinder- und Geschwisterhäufigkeit

Insgesamt werden in Deutschland wieder mehr Kinder geboren: Im Jahr 2015 hat die Geburtenrate mit 1,5 Kindern pro Frau einen Höchststand erreicht.

Wichtig für die psychische Entwicklung der Kinder kann bekanntermaßen die Geschwisterlichkeit sein – und da ist die Ein-Kind-Familie nach wie vor deutlich in der Unterzahl: 75 % der Kinder wachsen inzwischen mit mindestens einem Geschwisterkind auf (Bundesministerium für Familie, Senioren, Frauen und Jugend, 2017, S. 7).

Armutsrisiko und Bedarf an Familienberatung/-therapie

Trotz einzelner positiver Entwicklungen ist (relative) Armut auch in Deutschland weiterhin ein Thema: »44 Prozent der Haushalte von Alleinerziehenden sind armutsgefährdet. Ihr Armutsrisiko ist mehr als viermal so hoch wie bei Paarfamilien mit einem oder zwei Kindern. Auch Familien mit drei und mehr

Kindern sind mit 25 Prozent überdurchschnittlich von Armut bedroht. Der nach Herkunftsländern veränderte Zuschnitt der Migration vergrößert das Risikopotenzial seit einigen Jahren. Fehlende oder geringe Erwerbstätigkeit der Eltern ist die wesentliche Ursache für Armutsgefährdung, Transferabhängigkeit und prekäre Lebenslagen« (Bundesministerium für Familie, Senioren, Frauen und Jugend, 2017, S. 7).

Häufig sind es gerade solche Situationen, die dazu führen, dass Familien den Weg in eine Beratungsstelle suchen oder Hilfen zur Erziehung beantragen, da ihnen die Kraft oder die Mittel fehlen, um sich den Aufgaben gewachsen zu fühlen – ein Thema, dass in der notwendigen Diskussion um ein bedingungsloses Grundeinkommen für Kinder (und Eltern) seine Entsprechung findet.

Familie in unserer westlichen Gesellschaft

Wie bereits deutlich wurde, gilt es, Familie in ihren unterschiedlichen Facetten wahrzunehmen und nicht den Fehler zu begehen, zu suggerieren, dass Familie(nleben) weltweit in sehr ähnlichen bzw. weitgehend vergleichbaren Kontexten und Ausprägungen stattfindet. Denn tatsächlich gibt es zwar universelle Grundlagen von Familie, die über alle Kulturen vorhanden sind – aber es kann auch ebenso viele Unterschiede geben, und dies auf gleich mehreren Ebenen: etwa in der Esskultur, der Ausdifferenzierung der Geschlechterrollen, der Verantwortungsübernahme für die unterschiedlichen Generationen, den Vorstellungen über geeignete Wege der Erziehung usw. usw. (z. B. Keller, 2007).

Für unsere Arbeit ist zunächst einmal das in westlichen Gesellschaften (wie den USA, weiten Teilen von Europa und damit auch Deutschland) übliche Familienmodell relevant. Sprach man in diesem Zusammenhang früher beispielsweise vom Individualismus, der die Gesellschaft und damit auch das Familienleben prägt (Hofstede, 2017), so sprechen moderne Ansätze eher von independenten oder autonomiefördernden Bedingungen und Verhaltensweisen (Keller, 2007).

Barbara Ollefs (2017, S. 14) etwa schreibt:»In westlichen Gesellschaften hat sich ein Erziehungspfad etabliert, der auf psychologische *Autonomieentwicklung* der Kinder setzt, verbunden mit der Befähigung zur Eigenständigkeit, zu Selbstbewusstsein, Unabhängigkeit und zur Selbstverwirklichung (Borke, 2013). Gleichzeitig ist mit diesem Entwicklungsideal ein hohes Bildungsideal verknüpft: Kinder werden von Anfang an als gleichberechtigt und dialogische Interaktionspartner angesehen.«

Hinzu kommt, dass je höher der Grad der Industrialisierung eines Landes ist und auch entsprechende Sozialleistungen im System verankert sind, umso stärker werden mit Kindern primär immaterielle Werte verbunden und weniger materielle. Zu diesen immateriellen Werten zählen beispielsweise die Befriedigung emotionaler Bedürfnisse, die Freude, (kleine) Kinder aufwachsen zu sehen, gemeinsam zu spielen oder kindgerechte Zärtlichkeiten auszutauschen. Dafür reichen dann auch wenige Kinder aus, wie es ja auch in westlichen Gesellschaften wie der deutschen zu beobachten ist. Diese Kinder wachsen dann typischerweise, zumindest in den ersten Lebensjahren, primär in enger Beziehung mit ihren Eltern und weniger mit anderen Kindern gemeinsam auf (Nave-Herz, 2015). Durch die steigende Geburtenrate werden diese Situationen aktuell wieder seltener.

Bei allen diesen Haupttrends geht es doch im Einzelnen in westlichen Familien sehr unterschiedlich zu: Familienberatung und -therapie steht somit vor der Aufgabe, den unterschiedlichen Konstruktionen von (Familien-)Kultur und Gemeinschaftserfahrung, von Geschlechterrollen und Lebenszielen, von Problemdefinition und Lösungsideen und weiteren zu balancierenden Themen mit Neugier, Interesse und einer wohlwollenden Zuwendung zu begegnen. Die systemische Haltung des »Nichtwissens« ermöglicht es den Klientinnen und Klienten schnell, sich als Expertinnen und Experten für ihre eigene Lebensweise zu erleben, um darauf aufbauend Lösungen für ihre jeweilige Situation zu entwickeln.

Gesellschaftliche Herausforderungen

Zu dem oben Skizzierten ist ergänzend zu beachten, dass in den letzten Jahren in allen Gesellschaften (und somit auch in der deutschen) stetige Umbrüche stattgefunden haben und aktuell weiter stattfinden. Der Kultursoziologe Andreas Reckwitz konstatiert hier nichts weniger als einen durch verschiedene ökonomische und soziale Prozesse bedingten »gesellschaftlichen Strukturwandel [...], der darin besteht, dass die soziale Logik des Allgemeinen ihre Vorherrschaft verliert an die soziale Logik des Besonderen« (Reckwitz, 2017, S. 11). Damit gehe auch eine neue Polarisierung der Klassen einher, sowohl sozial als auch kulturell. Dies betreffe neben der alten Mittelschicht eine neue akademische urbane Mittelschicht, die sich vieles leisten könne; aber auch parallel eine neue Unterklasse, die sich als eine »Gruppe der Abgehängten« wahrnehme (S. 361).

Diese Einschätzung passt mit Blick auf die Jugendlichen gut ins Bild, da bereits die 16. Shell Jugendstudie zu dem Ergebnis kam, dass in der untersten Herkunftsschicht nur 40 % der Jugendlichen zum Ausdruck brachten, dass sie mit ihrem Leben zufrieden oder sehr zufrieden seien (Shell Deutschland Holding, 2010). Wie die Abbildung 2 anhand des intergenerationalen Bildungszusammenhangs zeigt, bleibt es eine stabile Aufgabe der Jugend- und Familienhilfe – aber auch der Politik! –, diesem Missstand der ungleich verteilten Chancen genügend Beachtung zu schenken und soziale Ungerechtigkeiten abzubauen.

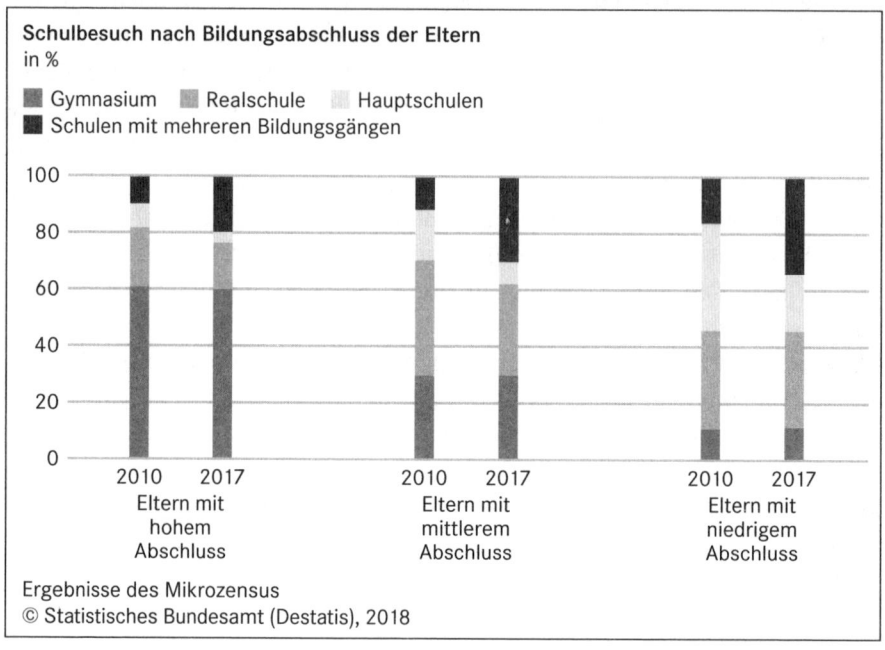

Abbildung 2: Schulbesuch nach Bildungsabschluss der Eltern in % (© Statistisches Bundesamt – Destatis, 2018)

Aufgaben der Familienberatung und -therapie

Grundsätzlich ist es die Aufgabe von Erziehungs- und Familienberatung, die Entwicklung von Kindern und Jugendlichen in ihren Familien zu unterstützen und die Erziehungsfähigkeit von Müttern und Vätern zu fördern. Im Sozialgesetzbuch VIII heißt es dazu in § 1:

> »(1) Jeder junge Mensch hat ein Recht auf Förderung seiner Entwicklung und auf Erziehung zu einer eigenverantwortlichen und gemeinschaftsfähigen Persönlichkeit.
> (2) Pflege und Erziehung der Kinder sind das natürliche Recht der Eltern und die zuvörderst ihnen obliegende Pflicht. Über ihre Betätigung wacht die staatliche Gemeinschaft.

(3) Jugendhilfe soll zur Verwirklichung des Rechts nach Absatz 1 insbesondere
1. junge Menschen in ihrer individuellen und sozialen Entwicklung fördern und dazu beitragen, Benachteiligungen zu vermeiden oder abzubauen,
2. Eltern und andere Erziehungsberechtigte bei der Erziehung beraten und unterstützen,
3. Kinder und Jugendliche vor Gefahren für ihr Wohl schützen,
4. dazu beitragen, positive Lebensbedingungen für junge Menschen und ihre Familien sowie eine kinder- und familienfreundliche Umwelt zu erhalten oder zu schaffen.«

Konkreter wird die Aufgabe der Beratungsstellen schließlich in § 28 Absatz 1 SGB VIII formuliert: Sie sollen zu einer »Klärung und Bewältigung individueller und familienbezogener Probleme und der zugrunde liegenden Faktoren« beitragen. Exemplarisch genannt seien hier Belastungssituationen nach Trennung und Scheidung, bei herausfordernden Verhaltensweisen des Kindes, beim Verlust des Arbeitsplatzes oder durch Erkrankungen eines Elternteils.

Und was sind hierzu die Vorteile des systemischen Ansatzes?

Für die Aufgaben der Familienberatung und -therapie bietet sich der systemische Ansatz als eine wesentliche und effektive Sicht- und Vorgehensweise an: aufgrund seines Menschenbildes, seiner ressourcen- und lösungsorientierten Ausrichtung, seiner Haltung der Allparteilichkeit sowie seiner Prämisse der Öffnung der Perspektiven hin zu mehr Freiheitsgraden des Handelns und Erlebens.

Um es mit den Worten von Rüdiger Retzlaff (2013, S. 14) auszudrücken: »Das *Menschenbild* der systemischen Therapie ist grundlegend *optimistisch* und *lösungsorientiert*, systemische Therapeuten neigen zu der Annahme, dass Kinder, Jugendliche und Eltern über Kompetenzen und Lösungsstrategien verfügen, die sich für das präsentierte Problem nutzen lassen und nicht erst antrainiert werden müssen.«

Überdies ermöglicht es die allparteiliche Haltung, dass sich alle Beteiligten gleichermaßen ernst genommen und gesehen fühlen können. Grundlage bildet eine innere »Freiheit [des Therapeuten], nacheinander die Partei eines jeden Familienmitgliedes zu ergreifen« (Boszormenyi-Nagy u. Spark, 1981, S. 404), ohne jedoch zeitgleich gegenüber einem Mitglied im System illoyal zu werden.

Insbesondere der Glaube an die vorhandenen Ressourcen sowie die Suche nach dem (bereits) Funktionierenden und den vorhandenen Ausnahmen (vom Problem) haben sich für uns in der kleinschrittigen Arbeit mit unseren Klient(inn)en in vielfacher Hinsicht ausgezahlt. Gleichzeitig gilt es selbstverständlich, mögliche Gefährdungslagen von Kindern wahrzunehmen und entsprechend den gesetzlichen Vorgaben (§ 8a SGB VIII und § 4 KKG) mit den Beteiligten Wege zu entwickeln, die zu einer Beseitigung der Gefahrensituation führen und den Schutz des Kindes sicherstellen.

In Bezug auf eine angemessene Vorbereitung des Beratungs- bzw. Therapieprozesses und eine qualitativ hochwertige Anamnese teilen wir die Einschätzung von Gahleitner, Wahlen, Bilke-Hentsch und Hillenbrand (2013), die darauf aufmerksam machen, dass einer passgenauen Hilfe in der Regel eine entsprechende diagnostische Einschätzung vorausgegangen sein sollte. Sie plädieren daher für eine »Biopsychosoziale Diagnostik in der Kinder- und Jugendhilfe«: Neben einer Fokussierung auf den individuellen Umgang des Kindes mit Entwicklungsaufgaben und Bedürfnissen und seiner Einbettung in seine Systeme und das soziale Umfeld sollte »Diagnostik im Rahmen der Jugendhilfe in angemessener Weise berücksichtigen [...], dass die jungen Menschen, denen ihre Aufmerksamkeit und Sorge gilt, biopsychosozial verfasst sind. Diagnostik kann Kinder und Jugendliche also nicht allein als soziale Wesen oder als Wesen mit ›erzieherischem Bedarf‹ betrachten, wenn sie ihnen als ganze Menschen gerecht werden will« (S. 12).

Aufbau des Buches

Nach dieser Einleitung folgen zunächst einige einführende Kapitel, die einen Überblick geben zu grundlegenden Themen und Herausforderungen verschiedener Altersphasen.

Im Anschluss daran finden sich die bereits erwähnten »Lieblingsmethoden«, die gleichzeitig – so wie Michael Grabbe es eingangs formuliert hat – nicht dazu einladen sollen, diese als universell und zu jedem Zeitpunkt als Standard einsetzbar zu betrachten. Vielmehr geht es uns darum, diesen bunten Reigen als eine Fundgrube zu verstehen, in der es sich lohnt, immer wieder neu zu stöbern, um im Sinne einer guten Kontext- und Auftragsorientierung flexibel auf die Bedürfnisse der Klientinnen und Klienten eingehen zu können, damit diese ihre Ziele erreichen.

Und abschließend noch etwas Generelles: Sämtliche Namen in den Fallbeispielen wurden geändert. Bei der gendergerechten Schreibweise haben wir uns um einen lockeren Wechsel zwischen männlichen und weiblichen Bezeichnungen bemüht, es mögen sich bitte alle Geschlechtsidentitäten angesprochen und mitgemeint fühlen.

Literatur

Borke, J. (2013). Kultursensitive systemische Familientherapie. In M. Grabbe, J. Borke, C. Tsirigotis (Hrsg.), Autorität, Autonomie und Bindung. Die Ankerfunktion bei elterlicher und professioneller Präsenz (S. 134–149). Göttingen: Vandenhoeck & Ruprecht.

Boszormenyi-Nagy, I., Spark, G. M. (1981). Unsichtbare Bindungen. Die Dynamik familiärer Systeme. Stuttgart: Klett-Cotta.

Bundesministerium für Familie, Senioren, Frauen und Jugend (2017). Familienreport 2017 – Leistungen, Wirkungen, Trends. Bonn u. Berlin. https://www.bmfsfj.de/familienreport-2017 (11.10.2018).

Gahleitner, S., Wahlen, K., Bilke-Hentsch, O., Hillenbrand, D. (2013). Einleitung. In S. Gahleitner, K. Wahlen, O. Bilke-Hentsch, D. Hillenbrand (Hrsg.), Biopsychosoziale Diagnostik in der Kinder- und Jugendhilfe. Interprofessionelle und interdisziplinäre Perspektiven (S. 11–22). Stuttgart: Kohlhammer.

Hofstede, G. (2017). Lokales Denken, globales Handeln. Interkulturelle Zusammenarbeit und globales Management (6. Aufl.). München: dtv.

Keller, H. (2007). Cultures of Infancy. London: Psychology Press.

Nave-Herz, R. (2015). Familie heute. Wandel der Familienstrukturen und Folgen für die Erziehung (6. Aufl.). Darmstadt: WBG.

Ollefs, B. (2017). Die Angst der Eltern vor ihrem Kind. Gewaltloser Widerstand und Elterncoaching. Göttingen: Vandenhoeck & Ruprecht.

Reckwitz, A. (2017). Die Gesellschaft der Singularitäten. Zum Strukturwandel der Moderne. Berlin: Suhrkamp.

Retzlaff, R. (2013). Einführung in die systemische Therapie mit Kindern und Jugendlichen. Heidelberg: Carl-Auer.

Schlippe, A. v., Schweitzer, J. (2013). Lehrbuch der systemischen Therapie und Beratung. Teil I: Das Grundlagenwissen. Göttingen: Vandenhoeck & Ruprecht.

Schneewind, K. A. (2010). Familienpsychologie (3., überarb. und erw. Aufl.). Stuttgart: Kohlhammer.

Schweitzer, J., Schlippe, A. v. (2014). Lehrbuch der systemischen Therapie und Beratung. Teil II: Das störungsspezifische Wissen (5. Aufl.). Göttingen: Vandenhoeck & Ruprecht.

Shell Deutschland Holding (Hrsg.) (2010). Jugend 2010 – Eine Pragmatische Generation behauptet sich. Frankfurt a. M.: Fischer.

Statistisches Bundesamt (2018). www.destatis.de/DE/ZahlenFakten/GesellschaftStaat/Bevoelkerung/HaushalteFamilien/HaushalteFamilien.html#Tabellen (4.10.2018).

II Grundlagen

Andreas Eickhorst

Die Phase der frühen Kindheit und ihre spezifischen Herausforderungen für die Familie

Vorbemerkung

Im Folgenden steht die frühe Kindheit (ab der Geburt bis etwa zum dritten Geburtstag) im Fokus. In dieser ganz frühen Phase der Kindheit – die damit ja auch die Phase der nun erst entstehenden neuen Familie ist – sind es oft weniger die Kinder, welche außergewöhnliche Schwierigkeiten und Herausforderungen stemmen müssen und deswegen Gast in den Beratungseinrichtungen sind, sondern eher die Eltern bzw. das gesamte neue familiäre System. Diesem Umstand sollte in der Beratungssituation natürlich Rechnung getragen werden, und daher stehen bei den folgenden Ausführungen auch zunächst die frischgebackenen Eltern und ihr Erleben der Situation im Mittelpunkt.

Der Übergang zur Elternschaft und die Entstehung der primären Triade

Der Übergang zur Elternschaft ist mit unterschiedlichen Emotionen verbunden. Bei den meisten Elternpaaren herrscht die Freude über das erste Kind vor. Allerdings befinden sich die Eltern auch in einer völlig neuen Lebenssituation; oft treten Selbstzweifel auf, ob die Elternschaft auch wirklich gut gemeistert werden kann. Zudem muss sich das Elternpaar in die neuen Rollen als Mutter und Vater erst einfinden. Es hat ein Wechsel von der Liebes- zur Familienbeziehung stattgefunden. Doch auch die Rollen der eigenen Eltern sowie die eigene vergangene Kindheit erscheinen nun in einem neuen Licht. Diese (wie bei jedem Übergang) beginnende Phase der Instabilität und Neuordnung gilt übrigens auch für den Säugling, der sich nach der Zeit im Mutterleib auf eine völlig neue Situation einstellen muss. Er lernt gerade (erstmalig), sich zu regulieren und zu stabilisieren, wobei es vieler Unterstützung von seinen Eltern bedarf (Reichle u. Franiek, 2008).

Mit der Geburt und dem beschriebenen Übergang von Zweien zu Dreien kommt es dann zu der sogenannten primären familiären Triade aus Mutter, Vater und Kind (vgl. Beitrag Schröck u. Eickhorst in diesem Band). Aus einer systemischen Perspektive betrachtet, besteht das Familiensystem dabei nicht nur aus der Addition der dyadischen Beziehungen (Vater-Kind, Mutter-Kind und Vater-Mutter), sondern es hat eine eigene Dynamik und Qualität. Das Co-Parenting, also die gemeinschaftliche Zusammenarbeit von Mutter und Vater im Umgang mit dem Kind, findet nun in einer triadischen Situation statt. Die Eltern-Kind-Triade ist ein Einflussfaktor für die kindliche Entwicklung, in ihr werden soziale und kommunikative Kompetenzen sowie die Beziehung und Bindung zu unterschiedlichen Bezugspersonen angebahnt. Die sich hier entwickelnde Fähigkeit zur Kommunikation zu dritt stellt einen wichtigen Entwicklungsschritt für den Säugling dar und versorgt ihn mit den notwendigen Voraussetzungen für die soziale Interaktion mit mehreren Personen. So vermögen Säuglinge bereits im Alter von drei bis vier Monaten deutlich wahrnehmbar mit beiden Eltern gleichzeitig zu kommunizieren (erkennbar z. B. an den Augenbewegungen oder Wendungen des gesamten Kopfes). Man kann sagen, sie zeigen triadische Kompetenzen. So können sie etwa Konflikte zwischen den Eltern auf sich umleiten und damit entschärfen oder Koalitionen eingehen (Fivaz-Depeursinge u. Corboz-Warnery, 2001).

Unsicherheit und Erwartungen bei den Eltern

Insbesondere in modernen westlichen Gesellschaften (so etwa in Deutschland, Westeuropa insgesamt oder den USA) herrscht eine große Unsicherheit junger Eltern beim Umgang mit dem Baby vor. Die Eltern stellen oft sehr hohe Erwartungen an sich selbst, haben Angst, etwas falsch zu machen oder nicht genügend gute Eltern zu sein. Dazu kommt das Umfeld der jungen Familie; Freunde und Verwandte üben häufig (wenn auch nicht immer bewusst) einen gewissen Erwartungsdruck aus. Auch die kulturellen Normen von »Mütterlichkeit«, »Väterlichkeit« und »Familie« spielen eine wesentliche Rolle (Reichle u. Franiek, 2008). Noch heute haben viele Mütter ein schlechtes Gewissen, wenn sie ihr Kind »zu früh« fremdbetreuen lassen, um arbeiten zu gehen. Das Rollenbild von Männern und Frauen in der Gesellschaft hat sich zwar innerhalb der letzten Jahrzehnte sehr verändert, doch herrschen noch immer viele feste Ansichten vor (wie »der Mann als Ernährer«). Ansprüche an eine »ideale Mutter« (nach einer karikierenden Auflistung in BzgA, 2007) sind beispielsweise:

drei Wochen nach der Entbindung wieder in die alten Jeans zu passen,
eine hingebungsvolle und einfallsreiche Geliebte zu sein,
rund um die Uhr für das Kind da zu sein,
sich ohne Mühe um »das kleine bisschen Haushalt« zu kümmern.

Liest man diese sehr zuspitzende Liste, so lässt sich schnell erkennen, unter welch einem Druck junge Mütter stehen. Doch auch die Väter haben es nicht immer leicht, das »Idealbild« zu erfüllen:
- Der Vater sorgt für seine Familie, sodass immer ausreichend Geld zur Verfügung steht,
- baut unverzüglich ein Haus für die neue Familie,
- spielt ganz viel mit seinen Kindern, denen er bester Freund ist,
- hat genügend Zeit für seine Hobbys und die alten Freunde.

Hinzukommt, dass nur wenig direkt erlebbare Vorbilder zur Verfügung stehen (Großfamilien, Verwandte etc.). Es gibt zwar eine Vielzahl an Ratgebern (TV, Zeitschriften, Eltern-Bücher), die sich jedoch häufig widersprechen, teilweise nicht wissenschaftlich belegt oder auch ganz fragwürdig sind. Aussichtsreiche Maßnahmen, um Unsicherheiten der Eltern abzubauen, sind niedrigschwellige Elternkurse zur »psychologischen« Vorbereitung auf die Zeit nach der Geburt. Sie werden häufig von Hebammen, Pädagoginnen oder Psychologen angeboten und können von Müttern und Vätern einzeln oder gemeinsam kurz vor oder kurz nach der Geburt ihres Kindes besucht werden. Diese Kurse beinhalten zumeist eine Vorbereitung auf das Elternsein, eine Partnerschaftsreflexion und auch Übungen zur Kommunikation mit dem Baby (oft mit Videoclips). Beispiele für Elternkurse wären etwa der inzwischen recht breit vertretene Ansatz Marte Meo (vgl. Beitrag Bösche u. Breithaupt-Peters im vorliegenden Band) oder der bundesweit eingesetzte Kurs »Das Baby verstehen« (Cierpka, Gregor u. Frey, 2007).

Mit diesen oder vergleichbaren Kernthemen stellen Elternkurse übrigens auch ein wichtiges Element »Früher Hilfen« (siehe unten) dar. Diese dienen der Prävention elterlicher Unsicherheit und Ratlosigkeit, aber auch von (schlimmstenfalls) Vernachlässigung und Misshandlung. Frühe Hilfen setzen – wie der Name aussagt – früh im Leben des Kindes an und sollen somit frühzeitig Belastungen von Eltern und Kind sowie Entwicklungsauffälligkeiten des Kindes vorbeugen. Der Übergang zur Elternschaft als besonders veränderungsreiche Zeit ist daher der wichtigste Zeitpunkt, um Angebote wie die Frühen Hilfen einzusetzen.

Ein »Ausnahmezustand«

Aufgrund der angeführten Unsicherheiten wird hinsichtlich der frühen Zeit des Übergangs zur Elternschaft auch von einer »normativen Krise« oder einem »Ausnahmezustand« gesprochen (LeMasters, 1957). Bezüglich der Mütter hat der Psychologe Daniel Stern für diesen besonderen Gemütszustand, in dem diese sich aufgrund der oben genannten Merkmale befinden, den prägnanten Begriff der »Mutterschaftskonstellation« eingeführt (Stern, 2006). Doch auch Väter befinden sich in einer besonderen Situation (Griebel u. Röhrbein, 1999); so stellt sich die Frage nach einer ebenfalls spezifischen »Vaterschaftskonstellation«, wobei dabei zunächst theoretisch unklar ist, inwieweit diese spiegelbildlich der Mutterschaftskonstellation entspricht oder aber etwas davon Unterschiedliches und komplett Eigenständiges darstellen könnte.

Spezifische Merkmale der Situation, denen Müttern und Väter nach der Geburt ihres Kindes begegnen, sind etwa (nach Boutiba-Balsiger u. Ditfurth, 2002):
- Das Geburtserlebnis und die körperliche Trennung vom Kind müssen verarbeitet werden.
- Gefühle zur eigenen Geburt und zur damaligen Eltern-Kind-Beziehung können (nicht zwingend bewusst) reaktiviert werden und damit das Verhalten gegenüber dem eigenen Kind steuern.
- Die Eltern müssen ihr Kind kennen- und lieben lernen und dabei Selbstvertrauen in der Rolle als Mutter und Vater gewinnen.
- Sie müssen sich dem Rhythmus des Kindes anpassen und die eigenen Bedürfnisse sowie einen Teil ihrer Unabhängigkeit zurückstellen.
- Sie müssen mit ihren Erwartungen an sich selbst, wie dem Idealbild einer Mutter bzw. eines Vaters zu entsprechen ist, umgehen (siehe oben).
- Die Beziehungen zur Partnerin/zum Partner, aber auch zu den Freundinnen und Freunden verändern sich.
- Eine veränderte Sexualität muss bewältigt werden.
- Die Erziehung des Kindes erfordert von beiden Eltern bestmögliche emotionale und soziale Förderungsfähigkeiten.

Partnerschaftszufriedenheit und postpartale Depression

Auch ohne spezifische Vorkommnisse wie übergroße Unsicherheit oder eine Depression kann sich die Partnerschaftsqualität verändern. So kommt es in der Zeit nach der Geburt bei etwa 16 % der Paare zu einer Senkung der Partnerschaftszufriedenheit. Ein »schwieriges« Temperament des Kindes kann die partnerschaftliche Belastung erhöhen, führt aber zu keinem deutlichen Effekt bezüglich der Partnerschaftszufriedenheit. Bei einigen Paaren tritt auch der sogenannte Traditionalisierungseffekt auf, hier kommt es nach der Geburt des Kindes zu einer Annäherung an traditionelle Rollenmodelle. Bei Paaren, die schon vor der Geburt ihres Kindes eine eher klassische Rollenverteilung haben, tritt dieses Phänomen weniger auf. Die Zufriedenheit der Frauen nimmt gerade dann gravierend ab, wenn sie mit der Beteiligung ihres Partners an der Hausarbeit unzufrieden sind. Risikofaktoren für eine Verschlechterung der Partnerschaftszufriedenheit (Reichle u. Franiek, 2008) sind etwa eine ungeplante Schwangerschaft sowie eine kurze Partnerschaftsdauer; ein niedriges Lebensalter sowie ein niedriger Sozialstatus, geringes Einkommen und ein niedriger Bildungsstand; eine bereits vorgeburtliche geringe Partnerschaftszufriedenheit; wenig Sensibilität für die Gefühle anderer, was vor allem bei den Vätern ein häufiges Problem darstellt; geringes Selbstwertgefühl. Auch eine Überschätzung der romantischen Aspekte einer Partnerschaft kann zur Unzufriedenheit führen; ebenso wie eine unrealistische Unterschätzung der Anforderungen durch ein Kind (vertiefend Reichle u. Franiek, 2008).

Es bestehen aber auch protektive Faktoren für die Partnerschaftszufriedenheit. Zum einen sind dies situative Faktoren, wie ein gutes Einkommen, eine genügend große Wohnung, Offenheit in der Beziehung sowie soziale Unterstützung und ein soziales Netzwerk. Zum anderen gibt es dispositionelle Faktoren, welche die Zufriedenheit in der Partnerschaft positiv beeinflussen. Solche sind ein hohes Selbstwertgefühl, eine ausgeprägte Sensibilität, Humor sowie die Erfahrung von Selbstwirksamkeit.

Es kann in dieser Zeit – bei beiden Elternteilen – aber auch zu depressiven Anzeichen bis hin zu einer postpartalen Depression (PPD) kommen. Während über mütterliche PPD heutzutage bereits vieles bekannt ist, sieht dies bei väterlicher Depression und insbesondere ihrer möglichen Auswirkungen auf die Kinder deutlich anders aus, hierzu wurde erst in den letzten ca. zehn Jahren vermehrt geforscht.

Ein Viertel bis die Hälfte der Mütter leidet nach der Geburt unter emotionalen Verstimmungen, dem sogenannten »Baby Blues«. Etwa 10–15 % der Mütter leiden an länger anhaltenden und behandlungsbedürftigen Depressionen; 1–2 von 1.000 Frauen erleiden eine Psychose. Mütter, die eine postpartale Depression entwickeln, erhalten oft nicht genügend soziale Unterstützung oder leiden unter einer schlechten Partnerbeziehung. Auch vorherige depressive Erkrankungen der Mutter spielen eine Rolle, genau wie pränatale Depressionen und Ängste. Stress mit der Versorgung des Kindes, allgemeiner Stress, wenig soziale Unterstützung und geringe Zufriedenheit in der Ehe können depressive Verstimmungen zusätzlich begünstigen (vertiefend z. B. Groß, 2009).

Aber auch für die Väter ist das Vorkommen von depressiven Anteilen in der frühen Kindheit ihrer Kinder nicht zu unterschätzen. Vorliegende Zahlen aus den USA geben immerhin einen sehr weiten und ungenauen Bereich von etwa 12–26 % an (Seiffge-Krenke, 2016). Überdies muss eine große Anzahl nicht diagnostizierter Fälle angenommen werden, da Männer nicht so oft wie Frauen in einer Krisensituation auch wirklich nach Hilfe suchen und diese annehmen. Ein bedeutender Vorhersagefaktor für eine väterliche PPD ist eine solche bereits vorhandene der Partnerin, es ist also von vielen Fällen auszugehen, in denen in der Familie sowohl eine mütterliche als auch eine väterliche PPD vorliegen. Des Weiteren können auch ein geringes Einkommen, ein niedriger sozialer Status oder Konflikte in der Partnerschaft eine väterliche PPD begünstigen. Die meisten Männer, die dieses überhaupt tun, suchen die psychotherapeutische Hilfe in den ersten fünf Monaten nach der Geburt auf. Aus der Sicht des betroffenen Säuglings ist diese frühe Phase ebenfalls sehr wichtig: Die Folgen einer väterlichen PPD können ein eingeschränktes (insbesondere negativeres) Erziehungsverhalten sowie eine beeinträchtige Vater-Kind-Bindung sein. Ein erhöhtes Depressionsrisiko konnte in diesen Fällen bis ins Erwachsenenalter der Kinder nachgewiesen werden (Lee, Taylor u. Bellamy, 2012; Seiffge-Krenke, 2016; Veskrna, 2010).

Bisher haben wir primär die Situation der Eltern innerhalb der neu entstehenden Familie und ihre Herausforderungen im Umgang mit der Situation in den Blick genommen. Ebenso wichtig und zunehmend wichtiger im Laufe der Zeit ist natürlich die nun beginnende und sich nach und nach ausdifferenzierende Interaktion zwischen Eltern und Kind. Diese ist von (mindestens) drei unterschiedlichen Faktoren abhängig, die alle aufeinandertreffen:

die Situation der Eltern (siehe oben),
die Situation des Kindes,
die neu geschaffene Situation des konkreten Umgangs miteinander.

Um die beiden letzten Punkten geht es im Folgenden.

Meilensteine der Entwicklung

Der wichtigste Faktor, den das Kind von Anfang an in die familiäre Interaktion einbringt, ist seine Entwicklung. Diese findet kontinuierlich statt und lässt sich für die Eltern am einfachsten am Erreichen bestimmter Fähigkeiten und Fertigkeiten bzw. Bewältigen bestimmter (Lebens-)Aufgaben feststellen. Diese Entwicklungsresultate (bzw. die universell relevantesten) werden auch als Meilensteine der Entwicklung bezeichnet (z. B. Berk, 2005). Dabei beziehen sich die allerersten wichtigen Bewältigungen des Säuglings (also ebenfalls Meilensteine im hier angedachten Sinne) auf Aufgaben der Regulation. Nahezu alle regulatorischen Abläufe, die später im Leben fast automatisiert stattfinden, müssen zu Anfang erst erlernt werden, sei es der Schlaf-Wach-Rhythmus, das Wahrnehmen von Hunger und Sättigung (mitsamt der kognitiven Verknüpfung, dass Nahrungseinnahme diese Sättigung herbeiführt), der Wechsel von Aktivität und Passivität und einiges mehr (Papoušek, 2004).

Die weiteren relevanten Meilensteine im Laufe der kommenden Monate und Jahre können dann diversen Bereichen entstammen, etwa der Wahrnehmung (z. B. Vergrößerung der Aufmerksamkeitsspanne), der Motorik (z. B. Beherrschung des Pinzettengriffs), dem kognitiven (z. B. Fähigkeit zur Kategorienbildung), dem sprachlichen (z. B. Fähigkeit zu ersten Wortkombinationen) oder dem interaktiv-sozial-emotionalen Bereich (z. B. Fähigkeit zur Empathie). Siehe zur Übersicht ausgewählter Faktoren Tabelle 1.

Tabelle 1: Ausgewählte Beispiele kindlicher Entwicklungsmeilensteine (angelehnt an Berk, 2005)

Alter	Bereich			
	Motorik	Kognition	emotional/sozial	Sprache
0 bis 6 Monate	Hält den Kopf aufrecht, kann sich drehen und greift nach Gegenständen.	Wiedererkennungsgedächtnis für Menschen, Orte und Gegenstände bildet sich und wird zusehends besser.	Soziales Lächeln und Lachen erscheinen.	Zeigt Gurren, Lachen oder Babbeln.
7 bis 12 Monate	Zeigt verfeinerten Pinzettengriff.	Löst einfach Probleme durch Analogie.	Angst vor Fremden und Trennungen tritt auf.	Benutzt präverbale Gesten.
13 bis 18 Monate	Das Laufen zeigt sich zunehmend koordiniert.	Ordnet Gegenstände in Kategorien.	Zeigt Anzeichen von Einfühlung.	Sagt erste Wörter.
19 bis 24 Monate	Manipuliert kleine Gegenstände mit guter Koordination.	Macht Als-ob-Spiele.	Zeigt geschlechtsspezifische Vorlieben beim Spielzeug.	Kombiniert zwei Wörter.
2 bis 3 Jahre	Benutzt geschickt einen Löffel.	Kann in einfachen Situationen den Standpunkt anderer übernehmen.	Kooperation und instrumentalisierte Aggression erscheinen.	Zeigt kommunikative Kompetenz.

Dabei gilt für das Erreichen dieser Meilensteine prinzipiell das Gleiche wie für überhaupt alle Entwicklungsschritte, so etwa die große zeitliche Variabilität. Da alle Kinder ihr eigenes Tempo entwickeln, das selbstredend auch wieder von den Umgebungsfaktoren (hier im Wesentlichen die soziale Umgebung, also etwa die Eltern) abhängt, ist es immer schwierig, konkrete Zeitpunkte für das Erreichen spezifischer Meilensteine anzugeben (Largo, 2017) und sollte sehr vorsichtig gehandhabt werden (so sind auch die groben zeitlichen Kategorien in Tabelle 1 lediglich als Näherung zu verstehen). Neben der erwähnten großen Spannbreite der unterschiedlichen Kinder und der auch nicht in jedem Fall zwingend festgelten Reihenfolge der Schritte (z. B. beim Krabbeln und Laufen – beides kann jeweils zuerst auftreten) ist es für Eltern auch oft schwierig, damit umzugehen, wenn die Entwicklung des eigenen Kindes nicht exakt dem »Kalender« entspricht.

Interaktion und Bindung

Eine der wichtigsten entstehenden Fähigkeiten ist jene zur Interaktion, vornehmlich mit den wichtigsten Bezugspersonen. Angefangen mit dem sozialen Lächeln über die Fähigkeit, Kommunikationselemente (z. B. Gestik, Mimik, Vokalisieren) zu erwidern und auch initiativ einzusetzen, bis hin zum Verständnis von Emotionen und Kognitionen anderer (Theory of Mind) entwickelt sich diese Fähigkeit im Laufe der Wochen, Monate und Jahre im Leben des Kindes zusehends differenzierter und hilft ihm, im Austausch mit signifikanten anderen wichtige und notwendige Erfahrungen zur Entwicklung sozial-emotionaler Fähigkeiten zu erlangen (z. B. Largo, 2017).

Ein wichtiges, Nähe herstellendes System, das dem Kind dabei hilft, ist die psychologische Bindung. Diese bezeichnet ein sozio-emotionales »Band« zwischen dem Kind und mehreren seiner wichtigsten Bezugspersonen. Dieses Band besteht (beginnend – und sich nach und nach vollständiger etablierend – bereits kurz nach der Geburt) vom Kind zu in der Regel den Eltern (im Englischen attachment genannt), aber auch, qualitativ leicht anders konnotiert, von den Eltern zum Kind (im Englischen bonding genannt). Das dahinterliegende sogenannte Bindungssystem sorgt dafür, dass bereits der Säugling, wenn er Nähe, Trost und Geborgenheit benötigt, diese auch in adäquater Weise bekommt (Grossmann u. Grossmann, 2006). Dies ist natürlich insbesondere dann wichtig, wenn ein aktuelles Bedürfnis nach eben diesen Empfindungen vorliegt, also in bindungsrelevanten Situationen. Ist die Situation nicht bindungsrelevant, etwa wenn das Kind gerade seine Umgebung explorieren möchte, ist ein bindungsfokussiertes Verhalten der Eltern in diesen Momenten nicht zielführend, sondern könnte eher zu Überdruss führen (Bischof, 1997).

Ein wichtiger Mechanismus, der den Bezugspersonen hilft, eine gute (man spricht hier von sicherer) Bindung zu ermöglichen, ist die elterliche Feinfühligkeit (Ainsworth, Blehar, Waters u. Wall, 1978), die Eltern im Rahmen ihrer intuitiven Elternkompetenzen (Papoušek u. Papoušek, 1987) ohne große Übung in der Regel von sich aus beherrschen. Diese Feinfühligkeit im interaktiven Umgang mit dem Säugling bedeutet ein promptes, angemessenes und zuverlässiges Reagieren auf die Signale des Säuglings. Fehlt Eltern die Fähigkeit zum feinfühligen Interaktionsverhalten (etwa, weil eigene Belastungen diese überlagern und die Eltern von ihren intuitiven Kompetenzen sozusagen entfremden), können diese in Kursen und Trainings (z. B. STEEP; Suess, Erickson, Egeland, Scheuerer-Englisch u. Hartmann, 2017) erlernt werden (siehe unten unter Frühe Hilfen). Lassen sich bei diesen Eltern die Feinfühligkeit bzw. weitere bindungsfördernde Fähigkeiten nicht aktivieren, besteht die Gefahr, dass sich nicht nur keine sichere, sondern überhaupt keine bzw. keine organisierte Bindung entwickelt oder auch Bindungsstörungen auftreten.

Entwicklungs- und Regulationsprobleme

Entwicklungsprobleme in der frühen Kindheit haben sich als eigenes Feld in Therapie und Beratung etabliert. Es gibt eine relativ gute Bandbreite von Angeboten für Mütter und Väter (und weitere Familienmitglieder), die in der familiären Interaktion mit ihren Säuglingen auf Schwierigkeiten oder Unsicherheiten stoßen, wobei primär die Zeitspanne der ersten drei Lebensjahre ab der Geburt des Kindes im Mittelpunkt steht. Den Rahmen dabei bilden primär an Beratungsstellen oder Klinikambulanzen angegliederte spezifische Angebote und seltener feste therapeutische Settings. Bekannte und inzwischen sehr etablierte Angebote in diesem Bereich sind etwa die *Münchner Sprechstunde für Schreibabys* oder die *Heidelberger Interdisziplinäre Eltern-Säuglings-Sprechstunde*. Eingeladen wird üblicherweise (mindestens) die Kernfamilie, der Vater sollte, soweit möglich, jedenfalls immer dabei sein (wobei oft die Mütter die anmeldenden Elternteile sind; so etwa in einer schon etwas zurückliegenden Erhebung der Bundeskonferenz für Erziehungsberatung in 65 % der erhobenen Fälle und die Väter in 8 %; BKE, 2003); auch der Säugling wird in der Regel mitgebracht.

Gemäß der bereits weiter oben angeführten Wichtigkeit der frühen Regulationsaufgaben des Kindes treten in diesem Feld auch anfangs die meisten Herausforderungen für das frühe Eltern-Kind-System auf. Dabei sind die prominentesten Belastungsfelder Schwierigkeiten mit dem Schlaf-Wach-Rhythmus, ein als übermäßig wahrgenommenes Schreien des Säuglings, problematische Füttersituationen, Trotzverhalten, Bindungsprobleme sowie eine generelle Verunsicherung der Eltern (Schweitzer u. von Schlippe, 2014). So zeigten sich beispielsweise in einer bundesweiten repräsentativen Befragung der Eltern von Säuglingen und Kleinkindern durch das Nationale Zentrum Frühe Hilfen (»Kinder in Deutschland 0–3«; ca. 8.000 teilnehmende Familien; Einzelheiten in Eickhorst et al., 2016) ungefähr 18 % der Familien zwischen dem dritten und vierten Lebensmonat des Säuglings von Schwierigkeiten hinsichtlich des Schlafens des Säuglings betroffen; etwa 18 % waren es beim Essen bzw. Füttern und ca. 3 % hinsichtlich des Schreiens des Säuglings (Selbstauskünfte der Eltern; erfragt nah an den Kriterien von Regulationsstörungen; siehe unten; NZFH, 2018).

Viele dieser Bereiche fallen unter den Terminus »Regulationsstörungen«, wobei die Bezeichnung »interaktionelle Regulationsstörungen« sicherlich treffender wäre (Papoušek, Schieche u. Wurmser, 2004). Denn unter der hier eingenommenen Sichtweise werden diese Phänomene nicht als einzig aus der inneren Regulation des Kindes oder aus dem Verhalten der Eltern heraus »verursacht« angesehen, sondern in den erweiterten Fokus der bis zu diesem Zeitpunkt stattgefundenen Kommunikationen, Beziehungen und Interaktionen von Eltern, Kindern und weiteren bedeutsamen Personen gestellt. Dabei werden wechselseitige Abhängigkeiten und Beeinflussungen aller Personen postuliert. Bezüglich der Regulationsstörungen generell wird davon ausgegangen, dass diese (etwa das erwähnte übermäßige Säuglingsschreien) in etwa 30 % der Fälle nach dem ersten Lebensjahr bestehen bleiben und ein Risiko für Störungen im weiteren Entwicklungsverlauf darstellen (Klitzing, Döhnert, Kroll u. Grube, 2015).

Die Beratung bei diesen und vergleichbaren Fragen setzt häufig an den konstituierenden Kontexten der Eltern-Kind-Beziehung an. Dazu ist oft eine Kombination lösungsorientierter und struktureller Angebote sinnvoll. Dabei wird in vielen Einrichtungen (zumindest unter anderem) eine systemisch-entwicklungspsychologische Sichtweise vertreten (Borke u. Eickhorst, 2008), wobei auch verhaltenstherapeutische und psychodynamische Elemente häufig damit kombiniert zu finden sind (vertiefend z. B. Cierpka, 2014). Die starke Präsenz systemischer Haltungen und Elemente in diesem Bereich liegt sicherlich an (mindestens) zwei Punkten:
- Zum einen herrscht bei Eltern in dieser frühen Zeit ein großer Druck, die Schwierigkeiten kurzfristig zu lindern, da das Leiden oft groß ist und mit vielem Schreien und psychischem Unwohlsein des Babys sowie Belastung und Schlaflosigkeit der Eltern einhergeht. Hier bieten sich insbesondere die

kurzeit- und lösungsorientierten Komponenten des systemischen Ansatzes sehr an, um zunächst einmal mit machbaren Veränderungen zu beginnen.
– Aber auch inhaltlich ist die Natur der Anliegen sehr stark systemabhängig, denn man hat es wie erwähnt ja nicht primär mit einem innerpsychischen Geschehen zu tun. Vielmehr zeigen sich die Schwierigkeiten erst oder nur in der Interaktion der Familie bzw. der (Nicht-)Passung zwischen der Kommunikation der Eltern und jener der Kinder (vertiefend Ziegenhain, Fries, Bütow u. Derksen, 2006: zum Feld allgemein; Borke u. Eickhorst, 2008: zum systemischen Ansatz).

Frühe Hilfen und Kinderschutz

Bei den bisher kurz skizzierten möglichen Ansätzen der Beratung (etwa bei Regulationsstörungen und weiteren Herausforderungen) wurde unausgesprochen davon ausgegangen, dass die Eltern willens und in der Lage sind, diese Prozesse zu begleiten und umzusetzen. Dies muss aber nicht zwingend in jedem Fall dauerhaft so sein. Für Mütter und Väter (und weitere Beteiligte), die selbst derart stark belastet bzw. mit eigenen Schwierigkeiten und Herausforderungen in Anspruch genommen sind, dass sie nicht (verlässlich) in der Lage sind, die Bedürfnisse ihrer Kinder zu erkennen, diesen zu begegnen und gegebenenfalls Hilfe zu suchen und anzunehmen, gibt es psychosoziale Hilfssysteme, die genau an diesen Punkten ansetzen.

Neben dem wichtigen System des Kinderschutzes für Fälle, in denen bereits eine Gefährdung der Kinder (z. B. durch Vernachlässigung, Misshandlung oder Missbrauch) stattgefunden hat (Details hierzu finden sich im Beitrag »Von der Grundschule bis zur Pubertät« von Stoltze und Novoszel in diesem Band), sind hier insbesondere die als etabliertes System noch recht jungen Frühen Hilfen zu nennen (NZFH, 2014). Diese sollen in einem doppelten »frühen« Sinne möglichst bundesweit in allen Gebietskörperschaften freiwillige und präventive Angebote bereitstellen – früh im Leben der betroffenen Kinder sowie ebenfalls früh im Sinne einer Problematik, also bevor etwas vorgefallen ist (z. B. Eickhorst, 2014). Bei der Arbeit der Frühen Hilfen geht es primär darum, das soziale Netzwerk der jungen Familien auszubauen, um ihnen viele Möglichkeiten zum Austausch mit anderen Familien sowie Unterstützung und Entlastung zu bieten. Die Frühen Hilfen sollen möglichst niedrigschwellig sein, weshalb sich hier sehr oft eine aufsuchende Arbeit finden lässt. Dies bedeutet, dass Mitarbeitende (Familienhebammen, Kinderkrankenschwestern, Sozialarbeiter etc.) direkt zu den Familien nach Hause kommen. Unsichere und belastete Eltern sollen mit wenig Aufwand Hilfe bekommen und lernen, dass sie nicht allein mit ihren spezifischen Problemen sind. Bezüglich der Beratung und der aufsuchenden Arbeit bilden die Familienhebammen eine wichtige Gruppe. Ihnen bietet sich während der Besuche in den Familien die Chance der Einbeziehung der gesamten Familie und des Umfeldes der Eltern. Zudem haben sie die Möglichkeit, die Väter in den Familien zu stärken.

Da zu Kursen, zur Beratung oder Ähnlichem mit »Komm-Struktur« häufig nur die Mütter erscheinen, bietet sich den Familienhebammen durch die »Geh-Struktur« die seltene Gelegenheit, auch die Väter stärker zu beteiligen (vertiefend z. B. Eickhorst u. Scholtes, 2011; Cierpka, 2009; bezogen auf das Projekt »Keiner fällt durchs Netz«). Aktuell gibt es bundesweit verschiedene geförderte Modellprojekte der Frühen Hilfen sowie in vielen Kommunen örtlich finanzierte Angebote.

Zum Abschluss:
Die Prinzipien der systemischen Beratungsarbeit

Die grundsätzlichen Prinzipien der systemtheoretischen Sichtweise (z. B. Kriz, 1998) liegen auch einer Beratungsarbeit bei dieser Altersgruppe der 0–3-Jährigen und ihrer Eltern zugrunde. Dies trägt der dort allgemein vorherrschenden Haltung Rechnung, dass zum Verständnis vieler Prozesse im Eltern-Kind-Familien-System ein klassisches (lineares) Ursache-Wirkungs-Modell zu kurz greift. Der bei Letzterem geltende Zusammenhang, dass mehr Intervention auch mehr von der gewünschten Wirkung hervorruft, gilt für Entwicklungsverläufe beim Menschen oftmals nicht. Es kann z. B. vorkommen, dass nach einer bestimmten Menge an Interventionen längere Zeit nichts Erkennbares als Reaktion geschieht, und dann durch nur wenigen weiteren Input ganz plötzlich eine deutlich wahrnehmbare Veränderung einsetzt. Kriz bringt hier das Beispiel eines Kleinkindes, welches viele Male aufs Töpfchen gesetzt wird, ohne dass sich der gewünschte Erfolg einstellt. Doch (aus Elternsicht) plötzlich »klappt« es dann fast immer. (Auch sehr deutlich erkennbare leidvolle oder dysfunktionale Verhaltens- bzw. Interaktionsformen können aus zunächst nur kleinen Abweichungen entstanden sein: Kriz, 2008.)

In der Sprache der Systemtheorie könnte man sagen, dass ein Phasenübergang stattgefunden hat, der immer auch eine Komplexitätszunahme bedeutet. Dieser Übergang kann als ein Entwicklungsschritt angesehen werden, bei dem alte Muster und Regeln aufgegeben werden, um neue und adaptivere zu erreichen. Diese Prozesse sind allerdings bei Eltern, die in die Beratung kommen, mitunter sehr geschwächt. Sie sind oft durch die problematische Entwicklung der Interaktion so verunsichert, dass sie nicht noch mehr Instabilität und potenziell anstrengende Komplexität haben möchten. So halten sie dann häufig an der einmal erreichten dysfunktionalen »Lösung« fest, weil andere Möglichkeiten als noch schwieriger und leidvoller erscheinen. Die aus therapeutischer Sicht sicherlich erstrebenswerte Destabilisierung dieser Verhaltensmuster kann daher nur in einem sicheren und stabilen Rahmen gelingen, der vom Beratersystem angeboten werden sollte. Dabei sollte erreicht werden, dass die Eltern sich selbst als Experten für ihre Situation erfahren, welche die potenziellen Lösungswege bereits in sich tragen (Kriz, 2008).

Literatur

Ainsworth, M. D. S., Blehar, M. C., Waters, E., Wall, S. (1978). Patterns of attachment: A psychological study of the strange situation. Oxford: Erlbaum.
Berk, L. E. (2005). Entwicklungspsychologie (3. Aufl.). München: Pearson.
Bischof, N. (1997). Das Rätsel Ödipus. Die biologischen Wurzeln des Urkonfliktes von Intimität und Autonomie (4. Aufl.). München: Piper.
BKE (Bundeskonferenz für Erziehungsberatung) (Hrsg.) (2003). Gender Mainstreaming in der Erziehungs- und Familienberatung. Informationen für Erziehungsberatungsstellen, Heft 1.
Borke, J., Eickhorst, A. (Hrsg.) (2008). Systemische Entwicklungsberatung in der frühen Kindheit. Wien: Facultas.
Boutiba-Balsiger, D., Ditfurth, A. v. (2002). Die ersten fünf Jahre. Jugend- und Familienhilfe für Familien mit Säuglingen und Kleinkindern im Kanton Zürich. Zürich: Amt für Jugend- und Berufsberatung des Kantons Zürich.
BzgA (2007). Die erste Zeit zu dritt. Köln: Bundeszentrale für gesundheitliche Aufklärung.
Cierpka, M. (2009). »Keiner fällt durchs Netz«. Wie hoch belastete Familien unterstützt werden können. Familiendynamik, 34, 36–47.
Cierpka, M. (Hrsg.) (2014). Frühe Kindheit 0–3 Jahre: Beratung und Psychotherapie für Eltern mit Säuglingen und Kleinkindern (2. Aufl.). Heidelberg: Springer.
Cierpka, M., Gregor, A., Frey, B. (2007). Das Baby verstehen. Anleitungsheft zum Elternkurs (2. Aufl.). Heidelberg: Focus Familie GmbH.
Eickhorst, A. (2014). Frühe Hilfen und Frühförderung. In T. Levold, M. Wirsching (Hrsg.), Systemische Therapie und Beratung – das große Lehrbuch (S. 439–442). Heidelberg: Carl-Auer.
Eickhorst, A., Scholtes, K. (2011). Einbeziehung von Vätern in der Eltern-Säuglings-Psychotherapie. Praxis der Kinderpsychologie und Kinderpsychiatrie, 60 (6), 466–478.
Eickhorst, A., Schreier, A., Brand, C., Lang, K., Liel, C., Renner, I., Neumann, A., Sann, A. (2016). Inanspruchnahme von Angeboten der Frühen Hilfen und darüber hinaus durch psychosozial belastete Eltern. Bundesgesundheitsblatt, 59 (10), 1271–1280.
Fivaz-Depeursinge, E., Corboz-Warnery, A. (2001). Das primäre Dreieck. Vater, Mutter und Kind aus entwicklungstheoretisch-systemischer Sicht. Heidelberg: Carl-Auer.
Griebel, W., Röhrbein, A. (1999). Was bedeutet es, Vater zu sein bzw. zu werden. In Deutscher Familienverband (Hrsg.), Handbuch Elternbildung. Bd. 1: Wie aus Paaren Eltern werden (S. 315–334). Opladen: Leske und Budrich.

Grossmann, K., Grossmann, K. E. (2006). Bindungen – das Gefüge psychischer Sicherheit. Stuttgart: Klett-Cotta.
Groß, S. (2009). Psychische Erkrankungen in der Schwangerschaft und im ersten Jahr mit dem Kind. In D. Nakhla, A. Eickhorst, M. Cierpka (Hrsg.), Praxishandbuch für Familienhebammen (S. 117–128). Frankfurt a. M.: Mabuse.
Klitzing, K. v., Döhnert, M., Kroll, M., Grube, M. (2015). Psychische Störungen in der frühen Kindheit. Deutsches Ärzteblatt, 112, 375–386.
Kriz, J. (1998). Systemtherapie für Psychotherapeuten, Psychologen und Mediziner. Eine Einführung. Wien: Facultas.
Kriz, J. (2008). Systemische Grundlagen der Eltern-Kleinkind-Beratung. In J. Borke, A. Eickhorst (Hrsg.), Systemische Entwicklungsberatung in der frühen Kindheit (S. 23–43). Wien: Facultas.
Largo, R. (2017). Babyjahre. Entwicklung und Erziehung in den ersten vier Jahren. München: Piper.
Lee, S. J., Taylor, C. A., Bellamy, J. L. (2012). Paternal depression and risk for child neglect in father-involved families of young children. Child Abuse & Neglect, 36, 461–469.
LeMasters, E. E. (1957). Parenthood as crisis. Marriage and Family Living, 19, 352–355.
NZFH (Nationales Zentrum Frühe Hilfen) (Hrsg.) (2014). Leitbild Frühe Hilfen – Beitrag des NZFH-Beirats. Köln: NZFH.
NZFH (Nationales Zentrum Frühe Hilfen) (2018). Prävalenz- und Versorgungsforschung. Ergebnisse Hauptstudie: Belastung der Eltern und Inanspruchnahme von Unterstützungsangeboten. www.fruehehilfen.de/forschung/praevalenz-und-versorgungsforschung/hauptstudie/#c18587 (14.8.2018).
Papoušek, M. (2004). Regulationsstörungen der frühen Kindheit: Klinische Evidenz für ein neues diagnostisches Konzept. In M. Papoušek, M. Schieche, H. Wurmser (Hrsg.), Regulationsstörungen der frühen Kindheit (S. 77–110). Bern: Huber.
Papoušek, H., Papoušek, M. (1987). Intuitive parenting: A dialectic counterpart to the infant's integrative competence. In J. D. Osofsky (Ed.), Handbook of infant development (pp. 669–720). New York: Wiley.
Papoušek, M., Schieche, M., Wurmser, H. (Hrsg.) (2004). Regulationsstörungen der frühen Kindheit. Frühe Risiken und Hilfen im Entwicklungskontext der Eltern-Kind-Beziehungen. Bern: Huber.
Reichle, B., Franiek, S. (2008). Auch positive Ereignisse erfordern Bewältigung: Prävention von Partnerschaftsproblemen nach dem Übergang zur Elternschaft. In J. Borke, A. Eickhorst (Hrsg.), Systemische Entwicklungsberatung in der frühen Kindheit (S. 273–293). Wien: Facultas.
Schweitzer, J., Schlippe, A. v. (2014). Lehrbuch der Systemischen Therapie und Beratung. Band II: Das störungsspezifische Wissen (5. Aufl.). Göttingen: Vandenhoeck & Ruprecht.
Seiffge-Krenke, I. (2016). Väter, Männer und kindliche Entwicklung. Ein Lehrbuch für Psychotherapie und Beratung. Heidelberg: Springer.
Stern, D. (2006). Die Mutterschaftskonstellation. Eine vergleichende Darstellung verschiedener Formen der Mutter-Kind-Psychotherapie. Stuttgart: Klett-Cotta.
Suess, G. J., Erickson, M. F., Egeland, B., Scheuerer-Englisch, H., Hartmann, H.-P. (2017). STEEP: Steps Toward Effective, Enjoyable Parenting. Lessons from 30 years of implementation, adaptation, and evaluation. In H. Steele, M. Steele (Eds.), Handbook of Attachment-Based Interventions (pp. 104–128). New York: The Guilford Press.
Veskrna, L. (2010). Peripartum depression. Does it occur in fathers and does it matter? Journal of Men's Health, 7, 420–430.
Ziegenhain, U., Fries, M., Bütow, B., Derksen, B. (2006). Entwicklungspsychologische Beratung für junge Eltern. Grundlagen und Handlungskonzepte für die Jugendhilfe. Weinheim: Juventa.

Kathrin Stoltze und Anja Novoszel

Von der Grundschule bis zur Pubertät – Herausforderungen für und durch die 6–12-Jährigen

Vom Wackelzahn zum Gefühlschaos – ein Potpourri an Emotionen, Herausforderungen, Entwicklungsaufgaben und somit eine der aufregendsten Zeiten im Leben von Kindern hält die Zeit von der Grundschule bis zur Pubertät bereit. Natürlich gibt es in jeder Entwicklungsphase viele schöne Überraschungen, und es gelingt Kindern in jedem Lebensalter, ihre Eltern und auch Helfersysteme an ihre Grenzen zu bringen. Was also macht diese Zeit so einzigartig? Mit welchen typischen Entwicklungsschritten sind Eltern und Helfersysteme von 6–12-jährigen Kindern konfrontiert? Welche Themen sind es, die Kinder in dieser Lebensphase beschäftigen? Woran können Erwachsene erkennen, dass die Auseinandersetzung mit Entwicklungs- und Alltagsthemen Kinder an ihre Grenzen bringt und sie uns auf ihre individuelle Art zeigen, dass sie mitunter unsere Hilfe benötigen?

Unser Beitrag setzt sich mit diesen Fragen auseinander und gibt dabei einen Überblick über die charakteristischen Entwicklungsschritte sowie typischen Herausforderungen, aber auch möglichen Krisen dieser Altersspanne. Aus unseren praktischen Erfahrungen wissen wir, wie sehr sich kindliche und erwachsene Systeme selbst um Lösungen für schwierige schulische, persönliche und familiäre Situationen bemühen, die das Selbstwirksamkeitserleben wieder aktivieren sollen. Grundsätzlich gilt es zu beachten, dass sich Kinder und Heranwachsende dieser Altersgruppe zumeist im System der Bildung und Förderung befinden, sprich die meisten besuchen eine Schule. Das bedeutet gleichzeitig, dass zusätzlich zur Komplexität von kindlichen Zeichen – z. B. in Form von Symptomen oder von Kindern mit drohenden Behinderungen – auch die Herausforderungen an die Komplexität der Kooperationsqualität zwischen Kita, Schule, Elternhaus, Kindern sowie anderen unterstützenden, heilenden und helfenden Systemen gestiegen sind.

Zahlen und Fakten

In diesem Abschnitt beschäftigen wir uns mit grundsätzlichen und für alle Helfersysteme gleichermaßen wichtigen Fragen nach Prävalenzraten der häufigsten Beeinträchtigungen in dieser Altersgruppe. Wir berichten von den häufigsten Anmeldegründe für die institutionelle Familien- und Erziehungsberatung sowie die für kassenärztlich abrechenbare Psychotherapien von Kindern und Jugendlichen. Zudem wird die Frage diskutiert, an welchem Punkt es sinnvoll erscheint, überhaupt eine Diagnose zu stellen und aus welchen Gründen diese auch hinderlich sein kann.

Prävalenzraten der häufigsten für das Kindes- und Jugendalter typischen psychischen Beeinträchtigungen

Verschiedene Gründe führen dazu, dass die Auftretenshäufigkeit psychischer Beeinträchtigungen Bedeutung erlangt. So kann es einerseits von Interesse sein, einzuschätzen, wie stark das eigene Kind im Vergleich zu anderen seiner Altersgruppe gefährdet ist, eine psychische Störung zu entwickeln. Andererseits sind immer wieder gravierende Unterschiede zur Auftretenshäufigkeit psychischer Beeinträchtigungen in Publikationen zu finden. Für Eltern sind empirisch gestützte Aussagen, wie etwa in einem Lehrbuch, hilfreich. Die Prävalenzrate etwa gibt Auskunft über alle ermittelten Fälle innerhalb eines definierten Zeitraumes (z. B. Grundschulzeit, Döpfner, 2013).

Gesamtprävalenzen

So liegt die Gesamtprävalenz für die Bestimmung psychischer Auffälligkeiten bei Vier- bis Zehnjährigen zwischen 13 und 28 %. Aktuelle Studien (z. B. KIGGS-Studie: Hölling, Schlack, Petermann, Ravens-Sieberer u. Mauz, 2014) belegen, dass jeder fünfte Heranwachsende in Deutschland abklärungswürdige psychische Probleme aufweist, das sind 20 %. Für rund die Hälfte davon, so wird vermutet, ist die Versorgung mit Diagnostik und Beratung ausreichend (Schulte-Körne, 2016). Rund 5 bis 8 % der Kinder und Jugendlichen dagegen leiden an einer sofort behandlungsbedürftigen psychischen Störung.

Die Auftretenshäufigkeit psychischer Störungen ist sowohl mit dem Geschlecht als auch dem Alter verknüpft. So werden bis zum Alter von 13 Jahren durchgehend höhere Gesamtprävalenzen bei Jungen gefunden. In der Zeit der Adoleszenz ist eine Angleichung der Raten und im späteren Jugendalter eher eine Umkehr zuungunsten der Mädchen zu beobachten. Internationale epidemiologische Studien weisen eine Prävalenzrate der Häufigkeit psychischer Störungen für das Vorschulalter mit 10 % und für das späte Kindesalter mit 13 % aus (Döpfner, 2013).

Wird hingegen geschaut, inwieweit verschiedene Störungsgruppen gemeinsam vorkommen (Komorbidität), so ergibt sich folgendes Bild: Die häufigsten komorbiden Störungen werden bei Depressionen, kombiniert mit Angststörungen angegeben (40 %); seltener sind aggressiv-dissoziale Störungen (25 %) und Depressionen, kombiniert mit aggressiv-dissozialen Störungen (25 %). Zu 13 % sind Depressionen mit ADHS als komorbid eingeordnet (Döpfner, 2013).

Betrachtet man den Verlauf bzw. die Persistenz psychischer Störungen, dann ist beschrieben, dass Erwachsene, die ehemals kinder- und jugendpsychiatrisch relevante Störungen aufwiesen, gegenüber der Normalbevölkerung ein erhöhtes Risiko (bis zu 25 %) einer erneuten psychischen Störung aufweisen (Castagnini, Foldager, Caffo u. Thomsen, 2016).

Einzelne Störungsgruppen

Die häufigsten Auffälligkeiten im schulischen Umfeld sind Hyperkinetische Störungen, die bei 1–6 % der Schüler(innen) auftreten. Lernstörungen wie Dyskalkulie oder Lese-/Rechtschreibstörungen betreffen 4–6 % und depressive Störungen treten bei 4–5 % der Kinder und Jugendlichen auf (Schulte-Körne, 2016). Für Essstörungen wird eine Gesamtprävalenz von ca. 3 % angenommen (Fuchs u. Karwautz, 2017). Epidemiologische Daten offenbaren vier große psychiatrische Diagnosegruppen für die Altersabschnitte Kindheit und Jugend: An erster Stelle stehen Angststörungen (inkl. Anpassungs- und Belastungsstörungen), es folgen aggressiv-dissoziale bzw. Störungen des Sozialverhaltens, an dritter Stelle hyperkinetische Störungen (ADHS) und an vierter Stelle die emotionalen Störungen, gefolgt von Störungen durch problematischen Substanzkonsum.

Die internalisierenden Symptome der ersten großen Diagnosegruppe sind mit Ängstlichkeit, Depressivität, Sorgen sowie somatoformen Beschwerden beschrieben (Otto, Klitzing, Fuchs u. Klein, 2014). Hierfür lassen sich im Vorschulalter noch keine Geschlechterunterschiede feststellen, jedoch neigt die Symptomatik zur Chronifizierung. Klinisch sind die Angststörungen im Vorschulalter – und später wieder im Jugendalter ab zwölf Jahren – die am häufigsten vertretene psychische Beeinträchtigung mit einer Prävalenzrate von 9 % (Fuchs u. Karwautz, 2017).

Die häufigsten kinderpsychologischen und kinderpsychiatrischen Symptome und Beeinträchtigungen betreffen im Schulalter: ADHS, Zwänge, Tics, Angst-, Sozialverhaltens- und Lernstörungen sowie Probleme beim Lesen und Rechtschreiben sowie Rechnen (Petermann u. Resch, 2013).

Die häufigsten Anmeldegründe für eine Kinderpsychotherapie im Richtlinienverfahren und eine institutionelle Erziehungsberatung

Die häufigsten kinder- und jugendpsychiatrischen Diagnosen, die bei Niedergelassenen zur Inanspruchnahme einer Kinder- und Jugendlichenpsychotherapie führen, sind die Anpassungsstörungen (25–30 %), gefolgt von emotionalen, Angst- und affektiven Störungen sowie den Diagnosen ADHS und Störungen des Sozialverhaltens (Maur u. Lehndorfer, 2017).

Im Kontext der Erziehungsberatung sind die Hauptanmeldegründe beschriebene, beobachtete oder festgestellte Probleme im Sozialverhalten und in sozialen Beziehungen, Probleme aber auch bei Fragen zu verschiedensten Erziehungs- und Beziehungsaspekten sowie Lern- und Leistungsproblemen. Je nach vereinbarter Kooperation mit dem jeweiligen Hilfeträger werden auch Begutachtungen nach § 35a SGB VIII (Seelische Behinderung) z. B. bei Verdacht auf umschriebene Entwicklungsstörungen angefragt. Ein weiterer großer Schwerpunkt sind familiäre Probleme und emotionale Belastungen, die im Zusammenhang mit Trennungs- und Scheidungssituationen stehen. Hier ergeben sich sowohl Anmeldungen aus Eigeninitiative (z. B. Trennungswunsch) als auch die vom Familiengericht angeordneten moderierten Elterngespräche und begleitete Umgangskontakte (§ 17, § 18 SGB VIII).

Wofür sind Diagnosen hilfreich und wann langfristig hinderlich?

Die intensive Diskussion zur Sinnhaftigkeit von klinisch-diagnostischem Störungswissen in Verbindung mit systemischer Therapie erstreckt sich über mehr als ein Jahrzehnt. Die hohe Rate einer »Anpassungsstörung« in der ambulanten psychotherapeutischen Versorgung wird damit erklärt, dass Diagnosen im Kindes- und Jugendalter durchaus Folgen haben können, etwa was Probleme bei der späteren Aufnahme in eine private Krankenversicherung oder den Abschluss einer Berufsunfähigkeitsversicherung oder einer Verbeamtung angeht. Mithin besteht die Gefahr, junge Menschen zu stigmatisieren, die sich frühzeitig Hilfen zur Bewältigung psychischer Probleme suchen (müssen) (Maur u. Lehndorfer, 2017). Es geht also um einen überlegten Umgang mit Diagnosen (Geyerhofer, Ritsch u. Thoma, 2018). Wichtig für die beratenden Hilfesysteme ist dabei, zu beachten, dass Kinder keine Diagnosen im Sinne von Zuschreibungen haben, sondern zu bestimmten Zeiten und in bestimmten Situationen durch Verhalten eine Problemkonstellation anzeigen. Wir behandeln somit keine Diagnosen, sondern Kinder und ihre Familien mit einem bestimmten Verhalten in ihren verschiedenen Bezügen (Ritscher, 2011: zur systemischen Diagnose).

In der aktuellen Literatur wird von einer Bereicherung des systemischen Wissens durch Störungswissen gesprochen und von der Möglichkeit der besseren Verständigung mit anderen Fach- und Versorgungssystemen, einer sogenannten Anschlussfähigkeit (Geyerhofer et al., 2018). Damit ist es im Umgang mit klinischen Diagnosen sinnstiftend möglich, von einem Sowohl-als-auch (systemische Haltung und störungsspezifisches Wissen) statt von einem Entweder-oder zu sprechen.

Obwohl die Risiko-, Schutz- und Resilienzfaktoren bei der (Nicht-)Entstehung psychischer Beeinträchtigungen bei Kindern und Jugendlichen bekannt sind, findet sich dazu nur wenig Resonanz in der Bildungs-, Sozial- und Gesundheitspolitik. Kinder und Jugendliche in ihrer psychischen Gesundheit zu unterstützen, ist eine der dringenden gesellschaftlichen und politischen Aufgaben. Der Verlust von Lebensqualität und die unter Umständen langen Schatten der Beeinträchtigungen bis in das Erwachsenenalter sollten Grund genug dafür sein (Fuchs u. Karwautz, 2017).

Aufwachsen in der mittleren Kindheit: Typische Themen dieser Altersstufe

Auch die Phase der mittleren Kindheit ist gekennzeichnet durch eine Reihe typischer Entwicklungsaufgaben bzw. Themen, die für Kinder nahezu universell gelten. Je nach persönlichem Entwicklungstempo und individueller Ausprägung tauchen diese auf. Dabei werden neue Kenntnisse und Fertigkeiten erworben, die wiederum wichtig sind, um eine neue Entwicklungsstufe zu erreichen. Gleichzeitig muss die körperliche Entwicklung mit gesellschaftlichen Erwartungen und den individuellen Zielsetzungen in Einklang gebracht werden (Koglin u. Petermann, 2015). Bewältigen Kinder eine Entwicklungsaufgabe nicht hinreichend, kann dies zu Entwicklungsabweichungen führen.

Im Folgenden beschreiben wir die normativen Entwicklungsbausteine mit den dazugehörigen Lebensthemen (in unserer Gewichtung) ausführlich.

Normative Entwicklungsbausteine der Altergruppe 6 bis 12 Jahre:
- Physische und psychische Entwicklung
- Entwicklung der Persönlichkeit
- Entwicklung in familialen und Ersatzsystemen
- Soziale Kontakte mit Gleichaltrigen
- Einschulung und Übergang zur weiterführenden Schule
- Mediennutzung

Physische und psychische Entwicklung

In dieser Altersspanne nehmen die kognitiven Fähigkeiten deutlich zu. Vor allem die zunehmende Flexibilität und Organisation des Denkens sind nach Piaget zentrale Merkmale der kognitiven Entwicklung. Im emotionalen Bereich entwickeln die Kinder ein großes Maß an selbstbezogenen Emotionen (Stolz, Scham, Schuld) und einen differenzierten Blick auf emotionale eigene Zustände (z. B. Ich kann mich freuen und gleichzeitig auch traurig sein). Aber auch die Deutung der Emotionen meines Gegenübers und eine verbesserte emotionale Regulation durch eigene Strategien und nicht mehr ausschließlich durch erwachsene Bezugspersonen (z. B. Trösten und Ablenken durch Eltern) prägen die emotionale Entwicklung dieser Altersstufe (Kray u. Schaefer, 2012). Durch das Erlernen des Umgangs auch mit negativen Erfahrungen können in dieser Altersstufe wichtige Kompetenzen der Selbstkontrolle, Selbstwirksamkeit und Handlungsfähigkeit erworben werden.

Entwicklungen der Persönlichkeit in Systembezügen

Für die Entwicklung des Selbstkonzeptes und Selbstwertgefühls sind in dieser Altersspanne vor allem der Einfluss des sozialen Umfeldes wie der elterliche Erziehungsstil oder auch die Beziehungen zu Gleichaltrigen maßgeblich. Hier haben Anerkennung und Wertschätzung durch Eltern und Gleichaltrige einen positiven Einfluss auf das Selbstwertgefühl von Kindern. Auch die Entwicklung des Selbstkonzeptes, d. h. inwieweit das, was das Kind über sich selbst denkt, sein Verhalten in unterschiedlichen Situationen beeinflusst und dadurch seine Entwicklung steuert, werden in diesem Alter ausgeprägter. So werden im Grundschulalter die eigenen Beobachtungen durch den sozialen Vergleich mit Gleichaltrigen wesentlich differenzierter (Kray u. Schaefer, 2012).

Weiterhin kommt es im Verlauf der Kindheit zu charakteristischen Veränderungen der Big-Five-Persönlichkeitseigenschaften (S. 223): Extraversion, Verträglichkeit, Gewissenhaftigkeit, Neurotizismus, Offenheit für Neues, Intellekt, die wiederum eine Vorhersagekraft für kognitive Leistungen und soziale Beziehungen haben.

Entwicklungen in familialen oder Ersatzsystemen

Die Entwicklung in der unmittelbaren (familialen/familienähnlichen) Umgebung prägt Kinder in der Altersgruppe der 6–12-Jährigen nachhaltig. Die Art der jetzt (und auch in der Vergangenheit) erlebten Bindungsqualitäten, die

Sicherung der physischen sowie die Erfüllung emotionaler Grundbedürfnisse sind wichtige Steuerungselemente für weitere Entwicklungsprozesse der Kinder. Leiblichen Eltern, Adoptiv- und Pflegeeltern sowie Bezugspersonen in familienähnlichen Ersatzsystemen kommt die Aufgabe zu, diese elementaren Bedürfnisse durch den Schutz der Gesundheit, Vermittlung emotionaler Sicherheiten und Sozialkompetenzen zu gewährleisten. Dabei spielt das erlebte Erziehungsverhalten von Bezugspersonen selbstverständlich eine maßgebliche Rolle (Heinrich u. Lohaus, 2011). Die Integration verschiedener Kulturen fordert bereits jetzt und zukünftig noch mehr, familiäre Werte fremder Kulturen sensibel in Erziehungsfragen zu berücksichtigen.

Während Eltern als diejenigen gelten, die uns (in der Regel) als Erste versorgen und schützen, ermöglichen Geschwister ein erstes Beziehungsgeflecht mit anderen Kindern (McGoldrick, 2013). In vielen Familien gelten Geschwisterbeziehungen als wichtigste und längste Beziehungsebene, die eine hohe kompensatorische Kraft besitzt, vor allem dann, wenn andere Beziehungen bzw. wichtige Bezugspersonen im System problematisch oder nicht vorhanden sind. In anderen Familien wiederum sind Geschwisterbeziehungen von Rivalität und Konflikten behaftet. So sind die Erfahrungen, die Kinder mit ihren Geschwistern machen, mitunter sehr verschieden. Die Frage nach der zusammen verbrachten Zeit spielt dabei eine ganz entscheidende Rolle. Stehen sich Geschwister altersmäßig nahe, müssen sie mitunter Zuwendungen und Aufmerksamkeiten von Bezugspersonen teilen, wachsen unter ähnlichen Bedingungen auf und haben sicher eine intensivere Beziehung zueinander als Geschwister, die vom Alter her weiter auseinanderliegen. Diese verbringen weniger Zeit zusammen, teilen weniger gemeinsame Erfahrungen und wachsen in unterschiedlichen Phasen der Familie auf. Auch der Platz in der Geschwisterreihe ist von Bedeutung für die Entwicklung von Kindern.

Kinder, die ohne Geschwister aufwachsen, zeigen sich häufig mehr an Erwachsenen orientiert und sind sehr sensibel für die Konflikte und Bedürfnisse der Erwachsenen in ihrer Umgebung. Nicht selten fällt es ihnen schwerer, Beziehungen zu Gleichaltrigen, Freunden und Partnern aufzubauen.

Soziale Kontakte mit Gleichaltrigen

Die Beziehungen zu Gleichaltrigen spielen in der mittleren bis späten Kindheit neben der Familie eine bedeutsame Rolle. Durch den regelmäßigen Besuch eines Kindergartens, Kontakten mit Kindern aus der Nachbarschaft, Spielgruppen oder durch soziale Kontakte älterer Geschwisterkinder hat ein Großteil der Kinder schon vor Eintritt in die Grundschule ein außerfamiliäres gleichaltriges

Umfeld, das jedoch zu großen Teilen von den Eltern bzw. Erziehungsberechtigten gesteuert wird.

Mit dem Eintritt in die Schule erlangt dieser Kontext ein großes Zeitfenster und wird zu einem umfangreichen Lernfeld sozialer Kompetenzen. Im Kontakt mit Gleichaltrigen können Kinder lernen, Freundschaften zu knüpfen und aufrechtzuerhalten. Hier zeigen Kinder ganz individuelle Fähigkeiten, wie gut, leicht oder schwer es ihnen gelingt, Verbindungen zu Gleichaltrigen aufzubauen. Sie lernen, dass Freundschaften auf Gegenseitigkeiten beruhen, dass Kompromisse eingegangen werden und Standpunkte anderer akzeptiert werden müssen, auch wenn sie nicht mit den eigenen übereinstimmen. Das Freundschaftskriterium der Häufigkeit von Spielkontakten weicht dem Kriterium des Vertrauens und Sich-aufeinander-verlassen-Könnens (Kray u. Schaefer, 2012). Gelingt es Kindern, positive soziale Kontakte mit Gleichaltrigen zu knüpfen, geht damit ein großer Einfluss auf das Wohlbefinden und das Selbstwertgefühl in der Kindheit einher (Heinrich u. Lohaus, 2011).

Zusammengefasst könnte man sagen, dass sich die Definition (also was) und die Qualität (also wie gut) von Freundschaften verändert. So gewinnen statt gleicher Interessen, Spiele oder räumliche Nähe nun Blickwinkel auf Ähnlichkeit, Zuneigung und Loyalität an Bedeutung (Koglin u. Petermann, 2013).

Einschulung und der Übergang zur weiterführenden Schule

Mit dem Eintritt in die Grundschule ist ein großer Meilenstein im Entwicklungsprozess gesetzt. Dieser Übergang vereint viele Erwartungen, Chancen und Freude auf einen neuen Lebensabschnitt einerseits, während gleichzeitig Ängste und Sorgen zum Tragen kommen. Ein Großteil der Kinder ist reif für diesen Schritt und bereit, den Anforderungen der Grundschule gerecht zu werden. Eine zeitlich feste Struktur, die Verantwortung für Hausaufgaben und Materialien ist nicht nur für die neuen Schulkinder eine Herausforderung. Auch die Eltern der ehemaligen Kindergartenkinder erleben einen Wandel und bekleiden nun die Rolle als Eltern eines Schulkindes (BMBF, 2017).

Grundschulkinder müssen sich einem neuen Bewertungssystem unterziehen und der unmittelbare Vergleich mit einer altershomogenen Gruppe ruft mitunter bei Kindern und auch ihren Eltern einen großen Leistungsdruck hervor. Hier ist trotz der noch vorhandenen Entwicklungsvariabilität mit all ihren Chancen jedoch auch häufig sichtbar, wenn Kinder sich in bestimmten kognitiven und emotionalen Anforderungsbereichen ihrer Altersgruppe nicht anschließen können.

Der Übergang von der Grundschule in die weiterführenden Schulsysteme ist ebenfalls gekennzeichnet durch die Vorfreude auf etwas Neues und zeitgleich besetzt mit dem Verlust einer vertrauten Struktur und vertrauten Menschen sowie Sorgen über die unbekannten Komponenten des neuen Schulalltags. Während sich Kinder in den Grundschulstrukturen in der Regel in kleinen, überschaubaren Schulen zurechtfinden und – mit dem Klassenlehrerprinzip und wenigen Fachlehrern – einer überschaubaren Zahl an Lehrkräften arrangieren müssen, ist diese Struktur in den weiterführenden Schulen nicht mehr gegeben. Für die ältesten Kinder in der Grundschule gilt es, sich vorerst wieder als Jüngste in einer großen Schule zurechtzufinden und sich mit einer größeren Anzahl an Fachlehrern und neuen Fächern auseinanderzusetzen. Auch die in der Grundschule oftmals vorherrschende enge Kooperation zwischen Schule und Eltern ist in den weiterführenden Schulen häufig nicht mehr möglich (Sauerhering, 2017).

Digitale Medien und Medienerziehung

In den Familien mit 6–12-jährigen Kindern findet sich laut der KIM-Studie (2016) ein sehr breites Ausstattungsrepertoire an Mediengeräten. Fernseher, Handy/Smartphone, Internetzugang sowie ein Computer/Laptop gehören dabei zur festen Ausstattung betreffender Familien. Aber auch Tablets, Spielekonsolen und Streaming-Dienste finden zunehmend einen Platz in diesen Familien (KIM-Studie, 2016). Auch wenn diese Altersgruppe noch nicht über eine Vollausstattung verfügt, so besitzen doch bereits 50 % der Kinder ein Handy/Smartphone und 36 % einen eigenen Fernseher. Und auch wenn im Schnitt nur 5 % der Kinder dieser Altersstufe über ein eigenes Tablet verfügen, so haben jedoch ca. 18 % einen eigenen Interzugang im Haushalt der Eltern. Auch in der regelmäßigen Freizeitgestaltung der Kinder finden sich Fernsehen sowie die Beschäftigung mit Computer-, Konsolen- und Onlinespielen.

Diese Entwicklung zeigt zum einen, dass Kinder heute einen sehr viel breiteren und intensiveren Kontakt zu den verschiedenen Medien erhalten. Zum anderen wird deutlich, wie sehr die Vermittlung von Medienkompetenz unverzichtbar ist. Das stellt vor allem Eltern vor die große Herausforderung, einen verantwortungsbewussten Medienkonsum mit ihren Kindern zu erarbeiten. Dabei gilt es, nach geeigneten Medienangeboten zu schauen und durch elterliche Präsenz sowie einer zeitlichen Kontrolle kognitive und emotionale Überforderungen zu vermeiden und Kinder zu schützen (Nieding u. Ohler, 2012). Hierzu werden in der aktuellen Forschungsliteratur folgende Medienerziehungsformen unterschieden (Pfetsch, 2018):
- *Restriktive Medienerziehung:* Es existieren Regeln und Begrenzungen zur Mediennutzung, die sich auf Dauer oder Inhalte beziehen.

- *Aktive Medienerziehung:* Medieninhalte werden von Eltern gemeinsam mit den Kindern reflektiert und diskutiert.
- *Co-Mediennutzung:* gemeinsame Medienerfahrungen von Eltern und Kindern ohne eine inhaltliche Diskussion der Inhalte.
- *Technische Überwachung:* durch Monitoring (Überwachung der Nutzung digitaler Medien, z. B. Überwachung des Browserverlaufes oder der räumlichen Bewegung durch Medien, z. B. GPS-Ortung) und »Parental Controls« (technische Restriktionen der Inhalte, z. B. durch Jugendschutzmodus).
- *Partizipatives Lernen:* Eltern als Co-Lernende.

Mögliche Krisen und potenzielle Herausforderungen der Altersgruppe

Im Vergleich zu den normativen Sequenzen von Entwicklungsaufgaben qualifizieren sich kritische Lebensereignisse durch eine Reihe von Merkmalen, die von den Betroffenen ein Höchstmaß an emotionaler und alltagspraktischer Neuanpassung erfordern. Oftmals sind sie unvorhersehbar, unterliegen individuellen Deutungen und Bewertungen und besitzen für jedes Kind unterschiedliche Implikationen. In der Regel führen sie zu einschneidenden Veränderungen im Leben und häufig zunächst zu einer tiefen Verunsicherung (Filipp u. Aymanns, 2010; Heinrich u. Lohaus, 2011).

Nachfolgend findet sich eine Reihe der kritischen Lebensereignisse und möglichen Krisen, mit denen sich Kinder dieser Altersstufe und ihre Bezugssysteme häufig konfrontiert sehen.

Nicht normative Entwicklungsbausteine bzw. Themen, die Familien und Ersatzsysteme herausfordern:
- Trennung, Scheidung, Patchwork
- Leistungs-, emotionale und Verhaltensprobleme in der Schule
- Mobbing/Bullying/Ablehnung durch Gleichaltrige
- Vernachlässigung und andere Formen der Kindeswohlgefährdung
- Phsysische und/oder psychische Erkrankung der Eltern
- Erkrankung und Behinderung von Kindern und Geschwisterkindern
- Migration und Integration/Inklusion

Trennungs-, Scheidungs- und Patchworkfamilien

Die Trennung oder Scheidung von Eltern und der damit häufig verbundene Übergang in eine Ein-Eltern-Familie bzw. der Aufbau einer Stieffamilie (Patchwork) gehören zu den nicht-normativen Übergängen der kindlichen Entwicklung und stellen mitunter eine große Herausforderung für das gesamte familiale System dar (Bundeskonferenz für Erziehungsberatung, 2012). Laut Bundesamt für Statistik (2017) waren 131.955 minderjährige Kinder im Jahr 2016 von einer Ehescheidung betroffen, während knapp 23 % der Eltern als Mutter oder Vater bereits alleinerziehend waren (Statistisches Bundesamt, 2017).

In der Regel ist davon auszugehen, dass der eigentlichen Trennung eine mehr oder weniger lange konfliktbehaftete Zeit im Elternhaus vorausgeht. Nicht selten reagieren betroffene Kinder bereits vor der Trennung sensibel auf die Stimmung zwischen ihren strittigen Eltern mit unterschiedlich gelungenen Anpassungsversuchen. Gehen Eltern transparent und feinfühlig mit den familiären Stimmungen um, können Kinder diese Stimmungen besser einordnen und erklären. In der Regel sind Eltern in dieser Phase jedoch viel zu sehr mit sich selbst und der gescheiterten Beziehung beschäftigt, als dass sie die Sorgen und Nöte ihrer Kinder deutlich erkennen könnten.

Die Trennung von einem Elternteil, die Gestaltung des Kontaktes zum getrenntlebenden Elternteil und die ökonomischen und sozialen Veränderungen, wie ein möglicher Umzug, Schulwechsel, Verlassen von Freunden und vertrauten Strukturen sowie damit häufig verbundene finanzielle Probleme können als Stressoren einen großen Einfluss auf die kindliche Entwicklung nehmen. Häufig reagieren die Kinder mit Trauer, Hilflosigkeit, Ohnmacht und Wut und haben oftmals das Gefühl, selbst schuld an der Trennung der Eltern zu sein (Strohbach, 2013). Kleineren Kindern fällt es dabei oft schwer, die Trennung unabhängig von ihrer Person einzuordnen und sie fühlen sich daher oftmals um ihrer selbst willen verlassen. Darunter leidet vielfach ihr Selbstwertgefühl. Gleichzeitig suchen die Kinder Erklärungen für frühere und gegenwärtige Streitigkeiten sowie die Trennung und überbewerten dabei ihre eigene Verantwortung im Trennungsprozess der Eltern (Strohbach, 2013). Im Kontext der sogenannten Hochstrittigkeit, d. h. wenn Streitigkeiten zwischen getrennten Eltern trotz Interventionen wie Beratung oder Mediation über Jahre anhalten, können Auseinandersetzungen zwischen den Parteien so eskalierend und chronifizierend sein, dass sie für die Kinder fatale Folgen haben (Peter u. Paul, 2006). Immer wieder fällt auf, wie sehr betroffene Kinder sowohl im Loyalitätskonflikt (zu welchem Elternteil halte ich) als auch im Ursachenkonflikt (unterschiedliche Schuldzuweisungen der Eltern für die Trennung) zwischen ihren Eltern stehen, während gleichzeitig der Wunsch nach einer Versöhnung der Eltern noch lange Zeit bei ihnen zu spüren ist.

In den meisten Fällen bleiben getrennt lebende Eltern nicht langfristig allein. Elternteile binden sich in einer neuen Partnerschaft, und es entstehen Patchwork- oder Fortsetzungsfamilien. Auch in diesen Systemen gilt es, die Herausforderungen in Bezug auf Integration und Akzeptanz neuer Familienmitglieder zu meistern (www.scheidungskinder.com).

Emotionale, Verhaltens- und Leistungsprobleme in der Schule

Einer der häufigsten Anmeldegründe in Beratungsstellen ist ein problematisches Auftreten von Kindern im Schulkontext. Zum einen machen Lehrer auf Schwierigkeiten mit den Kindern aufmerksam oder sehen, dass sie in bestimmten Bereichen (sowohl kognitiv als auch sozial) nicht gut genug zurechtkommen. Zum anderen merken Eltern zu Hause, dass es Kindern schwerfällt, den schulischen Anforderungen gerecht zu werden oder dass sie im Klassenverband zunehmend in eine Außenseiterrolle geraten. Hier kommt es hinsichtlich der Komponenten emotionale Probleme, Verhaltensprobleme und Leistungsstörungen oftmals zu einem sich wechselseitig bedingenden Kreislauf.

So werden etwa Kinder und Jugendliche mit einer umschriebenen Entwicklungsstörung wie einer Lese-Rechtschreib-Störung und/oder Rechenstörung immer wieder mit Niederlagen konfrontiert, was häufig zu Schulunlust/Verweigerung, Frustration und Versagensängsten führt (Heinrich u. Lohaus, 2011). Wenn das Zutrauen in die eigenen Kompetenzen abnimmt, Kinder oft Kritik an ihren Leistungen erfahren, sinkt die Motivation und dies kann sowohl zum emotionalen Rückzug als auch zu extrovertiert auffälligem Verhalten führen. Im Umkehrschluss ist es ebenso denkbar, dass Verhaltensprobleme, wie beispielsweise ein hohes Maß an Aggressivität, Unkonzentriertheit, aber auch Angstsymptome und depressive Verhaltensweisen zu schulischen Leistungsproblemen führen und die Integration in einen Klassenverband erheblich erschweren. Anderseits sind Verhaltensauffälligkeiten wiederum ein Indiz für emotionale Instabilitäten von Kindern, potenziell resultierend aus traumatischen Erlebnissen, konfliktreichen Elternhäusern, dem Ausschluss durch Gleichaltrige und/oder aus weiteren kritischen Lebensereignissen.

Mobbing und Bullying – Ablehnung durch Gleichaltrige

Es ist davon auszugehen, dass in deutschen Schulen mehr als 500.000 Schüler regelmäßig gemobbt werden. Das bedeutet eine große Belastung und enorme Entwicklungsgefährdung für die Betroffenen (Schäfer, 2012). Differenziert betrachtet ist Bullying eine Form von Mobbing, die zusätzlich physische Gewalt beinhaltet (https://mobbing-out.blogspot.com). Immer dann, wenn spezifisch schädigende Verhaltensweisen wiederholt und über einen längeren Zeitraum von einem oder mehreren Schülern/Kindern ausgeführt werden, dabei ein physisches und/oder psychisches Machtgefälle zwischen Täter (Bully) und Opfer (Victim) besteht, handelt es sich um Mobbing/Bullying (Scheithauer u. Bull, 2008).

Mobbing/Bullying können dabei unterschiedliche Formen annehmen: die unmittelbar aktive Gewalt, die physisch (Bullying) durch Schlagen, Treten, Stoßen etc. und verbal durch Beschimpfen, Beleidigen etc. sichtbar wird. Die mittelbare, indirekte Gewalt zeigt sich durch das Streuen von Gerüchten, Isolieren, Manipulieren und Demütigen (Warncke, 2011). Während man aktives und indirektes Mobbing bereits im Kindergarten und in der Grundschule findet, ist das Cybermobbing eher eine Thematik der späteren Kindheit und Jugend. Laut der JIM-Studie (2017) gibt jeder Jugendliche an, davon schon einmal betroffen gewesen zu sein. Hierunter werden die Beleidigungen, Bedrohungen, Bloßstellungen oder Belästigungen von Personen mithilfe neuer Kommunikationsmedien wie Handys, E-Mails, Foren, Chats etc. verstanden (BMFSFJ, 2011). Das Leiden der Betroffenen verstärkt sich, da sich die Demütigungen und Verletzungen nun nicht mehr nur auf den Schulkontext konzentrieren, sondern Betroffene auch in den eigenen Wänden nicht geschützt sind. Das Internet ermöglicht zudem, dass eine unüberschaubare Anzahl von Personen Zugang bekommt und sich Inhalte schnell verbreiten können. Nicht immer erfahren Betroffene auch davon, dass sie gemobbt werden, und auch den aktiv sich mobbend Verhaltenden wird es möglich gemacht, anonym zu bleiben. Hinzu kommt die Problematik, dass einmal veröffentlichte Inhalte im Internet kaum zu löschen sind.

Kinderschutz gegen Vernachlässigung, körperliche Misshandlung und sexuellen Missbrauch

In der Literatur werden Misshandlungsformen in Vernachlässigung, körperliche, psychische Misshandlung und sexuellen Missbrauch eingeteilt (Jud, Rassenhofer u. Fegert, 2017; Hardt u. Engfer, 2012). In den Bereichen Vernachlässigung und Misshandlung werden darüber hinaus in emotionale, physische und materielle Komponenten unterschieden. Das amerikanischen Center for Disease Control and Prevention versteht unter Kindesmisshandlung »einzelne oder mehrere Handlungen oder Unterlassungen durch Eltern oder andere Bezugspersonen, die zu einer physischen oder psychischen Schädigung des Kindes führen, das Potential einer Schädigung besitzen oder die Androhung einer Schädigung enthalten« (Jud et al., 2017, S. 3). Internationale Studien belegen, dass Mädchen häufiger als Jungen Opfer sexuellen Missbrauchs sind, während beide Geschlechter gleichermaßen von Vernachlässigung, psychischer und körperlicher Gewalt betroffen sind. Zudem wird immer wieder belegt, dass in vielen Fällen von einer multiplen Viktimisierung ausgegangen werden muss, d. h. mehrere Misshandlungsformen gleichzeitig vorliegen (Häuser, Schmutzer, Brähler u. Glaesmer, 2011). Während bei (materieller/körperlicher) Vernachlässigung Kinder durch ihre Eltern oder Betreuungspersonen nicht ausreichend gesundheitlich versorgt, ernährt, gepflegt oder beaufsichtigt werden, sind bei der emotionalen Vernachlässigung die Versorgung der kindlichen Grundbedürfnisse nach Wärme und Geborgenheit so gravierend eingeschränkt, dass die normale Entwicklung des Kindes nicht gewährleistet ist (Hardt u. Engfer, 2012). Die Kategorie Vernachlässigung stellt die zahlenmäßig größte Gruppe unter den Formen der Kindesmisshandlung dar (Jud et al., 2017). Körperliche Misshandlungen sind definiert als Schläge oder gewaltsame Handlungen, die beim Kind Verletzungen herbeiführen können. Neben der genannten Definition körperlicher Misshandlungen verstehen Hardt und Engfer (2012) unter sexuellem Missbrauch »jede Einbeziehung eines Kindes in eine sexuelle Handlung, für die es entwicklungsmäßig noch nicht reif ist, die es daher nicht überschauen kann und zu der es keine freiwillige Zustimmung geben kann und/oder die die sozialen und legalen Tabus der Gesellschaft verletzt« (S. 683).

Seit 2012 gilt in Deutschland das Bundeskinderschutzgesetz, welches die Zusammenarbeit und die Hilfen-Einleitung zwischen Medizin/Jugendhilfe regelt und eine Befugnisnorm für Berufsgeheimnisträger einführt. Die Befugnisnorm (§ 4 KKG, Gesetz zur Kooperation und Information im Kinderschutz) regelt dabei die Weitergabe von Daten in Fällen einer Kindeswohlgefährdung. Es wird u. a. festgelegt, dass mit dem Kind oder Jugendlichen sowie deren Sorgeberechtigten über die Situation gesprochen werden soll und Letztgenannte zur Inanspruchnahme von Hilfen motiviert werden sollen. Das gilt jedoch nicht, wenn durch das Gespräch mit den Personensorgeberechtigten der Schutz des Kindes gefährdet ist. Weiterhin wird der Anspruch auf die Beratung durch eine insoweit erfahrene Fachkraft formuliert, die bei der Einordnung der Anhaltspunkte einer möglichen Gefährdung Hilfestellung leisten soll (Fegert, Meysen u. Kistler Fegert, 2017). Insgesamt wird deutlich, dass eine kulturübergreifende Aufklärung über den Kinderschutz in Deutschland unabdingbar ist. Dafür existieren deutschlandweit flächendeckende Koordinationsstellen und Ansprechpartner für den Kinderschutz (teils kommunal im Jugendamt, teils Kinderschutz-Zentren in freier Trägerschaft etc.).

Physische und psychische Erkrankungen von Eltern

Die Auseinandersetzung mit der ernsthaften Erkrankung eines Elternteils bedeutet in der Regel eine enorme Belastung für das gesamte Familiensystem. Seit der großangelegten Studie von Rutter (1966) ist epidemiologisch belegt, dass für Kinder schwerkranker Eltern ein erhöhtes Risiko gilt, im Laufe ihrer Entwicklung eine kinder- und jugendpsychiatrische Störung zu entwickeln (Novoszel, 2014). Was psychische Erkrankungen von Eltern angeht, bestehen die Risiken dafür vor allem in den direkten Auswirkungen auf Kinder. Davon sind in Deutschland zwischen drei und vier Millionen Kinder betroffen (Jüttner, 3.7.2012).

Psychisch erkrankte Eltern haben oft Schwierigkeiten, ein angemessenes Einfühlungsvermögen zu zeigen, positive Emotionalität zu entwickeln und sicher die kindlichen Bedürfnisse zu erkennen. Die elterliche Psychopathologie – zum Teil gekennzeichnet durch wahnhaft-paranoides, manisches oder zwanghaftes Agieren, depressive Rückzüge und Vernachlässigung, aber auch suizidale Handlungen – konfrontiert betroffene Kinder oftmals mit traumatisierenden Situationen (Mattejat, 2001). Insgesamt stellen aber weniger die Störung an sich ein potenzielles Risiko für die Kinder dar, sondern vielmehr die Interaktionen und wechselseitigen Verstärkungen zwischen genetischen Risikofaktoren beim Kind (z. B. verminderte Stressresistenz und mangelndes Konfliktmanagement) und den psychosozialen Belastungen, wie familiäre Disharmonien, soziale Isolation und Störungen der Eltern-Kind-Beziehung (Wiegand-Grefe, Mattejat u. Lenz, 2011).

Auch die Situation von Kindern, bei denen ein Elternteil an einer schweren physischen Erkrankung leidet, ist oftmals von einer Erschütterung des gesamten Familiensystems gekennzeichnet (Romer u. Haagen, 2007). Körperliche Beeinträchtigungen, Behinderungen oder gar der drohende Tod beeinflussen massiv das Kohärenzgefühl einer Familie, verändern die familiäre Lebensführung sowie das bisherige Rollenmuster und führen häufig zu finanziellen Engpässen in den Familien. Mögliche Krankenhausaufenthalte, medizinische Eingriffe, zunehmende Abhängigkeit von anderen und drohende soziale Stigmatisierungen können betroffene Familien enorm belasten (u. a. Novoszel, 2014, S. 67 ff.).

Vor allem eine mangelnde soziale Netzwerkorientierung und die Tabuisierung der Erkrankungen von Eltern vor den Kindern lässt diese in einem Zustand der Orientierungslosigkeit und Unsicherheit. Hierauf reagieren betroffene Kinder häufig mit auffälligen Verhaltensweisen, wie sie nachfolgend bei typischen Problemkonstellationen beschrieben werden.

Erkrankung und Behinderung von Kindern und Geschwisterkindern

Die (chronische) Erkrankung eines Kindes kann erhebliche Auswirkungen auf das gesamte Familiensystem haben. Auch wenn (chronisch) kranke Kinder immer wieder durch ihre außerordentlichen Anpassungsleistungen auffallen (hohe Toleranz gegenüber stationären Aufenthalten, Unterbrechungen von sozialen Kontakten, Schmerzen), zeigt sich jedoch, dass vor allem von schweren chronischen Erkrankungen betroffene Kinder in ihrer emotionalen Entwicklung beeinträchtigt werden und psychische Beeinträchtigungen eine Folge sein können.

Eltern und Geschwisterkinder der rund einer Millionen betroffener Kinder mit körperlichen Behinderungen sehen sich oft an den Grenzen der eigenen Bewältigungsstrategien. Posttraumatische Belastungsstörungen sind häufig die Folge. Vor allem Geschwisterkinder rücken selten und nicht früh genug in den Fokus der Eltern und professioneller Helfersysteme und weisen ein hohes Risiko auf, selbst psychische Auffälligkeiten zu entwickeln. Oft stellen sie ihre eigenen Bedürfnisse sehr zurück und übernehmen im Sinne einer Parentifizierung elterliche Pflichten, mit dem Wunsch, ihre Eltern zu entlasten. Eltern sind in schweren Zeiten nicht immer gut in der Lage, dies entsprechend zu würdigen oder auch eventuelle Überbelastungen zu erkennen. Es ist enorm wichtig, ein für die Familie passendes und doch auch realistisches Krankheitsbild zu erarbeiten. Dabei geht es in erster Linie um eine alters- und entwicklungsangepasste Aufklärung über die Erkrankung, die Behandlungsmethoden und das weitere Vorgehen (Schulte-Markwort, Bindt u. Behrens, 2008).

Auch wenn die Mehrzahl der Studien belegen, dass Eltern von Kindern mit Behinderungen stärker belastet werden als Eltern von Kindern ohne Beeinträchtigungen, ist diese Aussage differenziert zu betrachten (Sarimski, 2017). Wie die Belastung der Eltern erlebt wird, hängt in einem großen Maß vom Alter der Kinder, der Art der Behinderung und den spezifischen Verhaltensmerkmalen des Kindes ab. Gleichzeitig sind neben finanziellen Belastungen und psychosozialen Einbußen eine mangelnde Informationsvermittlung bezüglich spezifischer Diagnosen und deren Konsequenzen auch in Bezug auf die Sozialgesetzgebung (Pflege, Frühförderung etc.) eine große Herausforderung für betroffene Eltern (Morgenstern et. al, 2017; Möller, Gude, Herrmann u. Schepper, 2016).

Migration und mangelnde Integration/Inklusion

Weltweit sind aktuell fast 70 Millionen Menschen auf der Flucht vor Krieg, Gewalt und Armut. Das ist die höchste Flüchtlingszahl, die jemals registriert wurde. Vor allem sind es politische Konflikte und Kriegshandlungen in Syrien, Afghanistan und dem Südsudan, die Menschen dazu bewegt haben, ihre Heimat zu verlassen und Schutz in einem anderen Land zu suchen. Es ist davon auszugehen, dass 52 % der Flüchtlinge weltweit Kinder unter 18 Jahren sind (www.uno-fluechtlingshilfe.de). Im Jahr 2015 vollzog sich auch in Deutschland ein sprunghafter Anstieg (Rücker, Büttner, Lasmbertz, Karpinski u. Petermann, 2017), heute gehört Deutschland zu den sieben größten Aufnahmeländern von Flüchtlingen. Auch wenn die Flüchtlingszahlen für Deutschland inzwischen stark gesunken sind (UNHCR, 2018), wird der Bedarf und die Notwendigkeit geeigneter Migrations- und Inklusionsansätze gerade jetzt deutlich spürbar. Auch wenn nicht jeder Flüchtling aufgrund der kritischen und bisweilen extrem belastenden Erlebnisse eine Psychotraumatisierung aufweist, so ist das generelle Risiko für geflüchtete Menschen hoch (Papadopoulus, 2007).

Der Neustart in einer fremden Kultur stellt Flüchtlings- und Migrationsfamilien und ihre Kinder vor spezifische Herausforderungen: den eigenen Platz in einer fremden Kultur zu finden, eine neue Sprache zu erlernen, neue Freunde zu suchen und einen mitunter abrupten Abschied von den sozialen Bezügen aus dem Heimatland zu verarbeiten. Flüchtlings- und Migrationskinder müssen zudem lernen, die eigene Religion in eine neue Kultur zu adaptieren und mitunter auch unschöne Erfahrungen durch Ablehnung und Diskriminierung zu machen (Mattenschlager, Nahler u. Reisinger, 2016). Häufig wird gerade in Flüchtlingsfamilien eine starke Form der Parentifizierung beobachtet. Kinder, die die Sprache der neuen Umgebung schneller erlernen als ihre Eltern, erledigen oft elterliche Aufgaben – wie beispielsweise Behördengänge, Übersetzungen bei Ärzten – und sind somit Themen ausgesetzt, die sie überfordern. Gleichzeitig werden so intergenerationale Konflikte freigesetzt wie Unsicherheit bei den Kindern und Schamgefühle bei den Eltern. Die Prävalenzahlen für eine Posttraumatische Belastungsstörung liegen bei 30–35 % der Flüchtlingskinder. Hinzu kommt, dass auch eine Vielzahl der erwachsenen geflüchteten Menschen traumatische Erfahrungen gemacht hat und Kinder aus diesem Grund häufig auch mit (unerkannt und unbehandelt) psychisch wesentlich beeinträchtigen Eltern aufwachsen müssen. Es liegt auf der Hand, dass es zur Integration dieser Menschen nicht ausreicht, allein auf ihre notwendigen Veränderungs- und Anpassungsleistungen zu setzen (Schröer, 2013).

Körperliche, psychische und seelische Beeinträchtigungen bzw. Störungen von Kindern

Schon in den 1980er Jahren erhielten die Konzepte zu Schutz- und Kompensationsfaktoren (Ressourcen) in immer größerem Maße eine Bedeutung. Beispielhaft soll an dieser Stelle die besondere Bedeutung des Geschlechts als Resilienzfaktor beleuchtet werden. So scheinen für Mädchen und Jungen unterschiedliche Schutzfaktoren in je anderen Entwicklungsstufen relevant zu sein. Für Mädchen kann aus wissenschaftlichen Untersuchungen die Bedeutung individueller Schutzfaktoren abgeleitet werden, während für Jungen die familiären und sozialen Ressourcen eine größere Rolle spielen (Richter-Kornweitz, 2011).

Um die Differenzierung zwischen sogenannten normalen Reaktionen und beeinträchtigenden, gestörten Prozessen innerhalb der kindlichen Entwicklung beschreiben zu können, sind die Konzepte der Vulnerabilität und Resilienz von Bedeutung. Vulnerabilität drückt eine besondere Empfindsamkeit gegenüber Umweltbedingungen aus, während Resilienz die Widerstandfähigkeit einer Person gegenüber belastenden Umständen beschreibt (Petermann u. Resch, 2013). Insgesamt müssen für die biopsychosozialen Forschungsschwerpunkte Wechselwirkungsmodelle als zukunftsträchtig erachtet werden. Hierbei ist, ausgehend von einem transaktionalen Anlage-Umwelt-Modell, das Konzept der Passung (Goodness of Fit) herauszustellen. Darüber hinaus sind die Mechanismen der Genaktivierung und Geninhibition im Entwicklungsverlauf ein weiterer Forschungsschwerpunkt (Übersicht bei Schmidt, Petermann u. Schipper, 2012).

Feststellungen von Entwicklungsabweichungen

In der Praxis wird ein steter Bedarf verzeichnet, bestimmte Aspekte der Entwicklung standardisiert zu erfassen und damit auch einen Vergleich zum Normwert, zumeist einer Altersklasse, herzustellen. Dafür stehen unterschiedliche Verfahren wie medizinische Tests, Interviewleitfäden (z. B. bei Autismusstörungen), Eltern-/Erzieherinnen-/Lehrer-Fragebögen zu emotionalen und Verhaltensstörungen (z. B. Child Behavior Checklist, CBCL 6–18, Döpfner, Plück u. Kinnen, 2014), Entwicklungstests, psychologische Leistungs- und Intelligenzmessverfahren (z. B. zur Messung der Konzentration und der intellektuellen Leistungsfähigkeit) zur Verfügung. Die standardisierten Verfahren werden in bestimmten Abständen neu normiert bzw. überarbeitet, um den jeweiligen aktuellen medizinischen, psychologischen, sozialen und soziokulturellen Belangen gerecht zu werden. Zudem sind die Verhaltens- und Interaktionsbeobachtungen sowohl innerfamiliär als auch im schulischen Kontext von Bedeutung. In der frühen und mittleren Kindheit werden Störungen der körperlichen, sprachlichen und motorischen Entwicklung, der geistigen Funktionen, der Selbstregulation und Störungen der Emotionen und sozialer Funktionen unterschieden. Vor der Einschulung können teilstationär (integrative Frühförderung) oder ambulant Frühförderungen beantragt werden, die rechtzeitig die Entwicklung von Kindern mit Beeinträchtigungen fördern.

Multigenese

Die Ursachen von Entwicklungsabweichungen, psychischen Störungen und Beeinträchtigungen werden als multifaktoriell beschrieben (Vonderlin u. Pauen, 2014). Dabei kann differenziert werden nach genetischen Dispositionen, pränatalen Einflüssen (wie Alkohol- und Drogenkonsum oder Infektionen), perinatalen Komplikationen (wie Frühgeburtlichkeit oder Sauerstoffunterversorgung) und postnatalen Faktoren (wie physiologische Einflüsse, z. B. Infektionen) oder sozialen Einflüssen (wie Interaktionsstörungen). Ebenso spielen familiale und soziale Faktoren (wie Schulbildung, Armut, psychische Erkrankung der Eltern) für die kindliche Entwicklung eine erhebliche Rolle. Es muss betont werden, dass eine Vielzahl unterschiedlicher Faktoren sich auf die Entwicklung in den frühen Jahren auswirkt, wobei deren Einflussnahme weit über die ersten Entwicklungsjahre hinausreicht.

Formen von Behinderungen

Eine grundsätzliche Einteilung von Behinderungen sollte stets im Zusammenhang mit den Notwendigkeiten betrachtet werden, Ansprüche (z. B. Rechtsansprüche) umzusetzen. Infrage kommen die Kategorien körperliche Behinderungen, Sinnes- und Sprachbehinderungen, seelische und geistige Behinderungen bzw. Mehrfachbehinderungen. In der wissenschaftlichen Literatur werden Kinder mit Behinderungen oder von Behinderung bedrohte Kinder als junge Menschen mit »Special Needs« (speziellen Bedürfnissen) beschrieben (Sperling u. Mowder, 2006).

Es ist bekannt, dass Eltern von Kindern mit Entwicklungsbeeinträchtigungen durch den erhöhten Betreuungs- und Förderbedarf größeren Belastungen[1]

---

1 Die Behinderung eines Kindes führt nach Doege, Aschenbrenner, Nassal, Holtz und Retzlaff (2011) jedoch »nicht automatisch zu einer dauerhaften psychischen Belastung der Eltern oder zu problematischen Familienbeziehungen« (S. 528). Die Familienfunktionen und die Familienkohärenz, also »das Gefühl, wie sehr sich eine Familie den täglichen Anforderungen gewachsen sieht«, erklären signifikante Varianzanteile des elterlichen Stresserlebens (S. 541).

ausgesetzt sind als Eltern von altersgerecht entwickelten Kindern (z. B. Jâscenokoa, Petermann, Petermann, Rißling u. Springer, 2013; Plant u. Sanders, 2007; Sarimski, Hintermair u. Lang, 2013; Secco, Askin u. Yu, 2006). Gleichzeitig werden mit einem erhöhten Belastungserleben auch vermehrte Schwierigkeiten in der Erziehung dieser Kinder berichtet (Stoltze, 2015). Frühe Entwicklungsauffälligkeiten schon der Basisfertigkeiten sind dabei besonders nachhaltig und negativ in ihrem Einfluss auf die an Komplexität gewinnende weitere Kompetenzentwicklung der Kinder sowie deren psychosoziale Anpassungsleistungen (Petermann u. Resch, 2013). Entsprechend der Klassifikation von Entwicklungsstörungen (ICD-10, Kapitel V: F der WHO) nehmen etwa 10 % aller Kinder bis zu 14 Jahren sprach-, ergo- oder physiotherapeutische Behandlung in Anspruch. Eine vergleichbare Behandlungshäufigkeit konnte für Kinder um das Einschulungsalter nachgewiesen werden (Suchodoletz, 2010). Auf der Grundlage des »Children with Special Health Care Needs Screener« (CSHCN-Screener) weist der Kinder- und Jugendgesundheitssurvey (KiGGS) repräsentative Daten zum Gesundheitszustand von Kindern und Jugendlichen in Deutschland aus: Eine durchschnittliche Prävalenzrate von 11,4 % wird für entwicklungsbezogene Förder- bzw. Versorgungsbedarfe im Zusammenhang mit dauerhaften gesundheitlichen Einschränkungen oder Entwicklungsstörungen berichtet (Scheidt-Nave, Ellert, Thyen u. Schlaud, 2007).

Der Zugang zu Versorgungsleistungen der ambulanten oder integrativen Frühförderung (bis zur Einschulung) ist über gesetzliche Sozialhilfeleistungen, speziell die Eingliederungshilfen nach §§ 53–60 SGB XII in Verbindung mit den gesetzlichen Grundlagen zur Frühförderung nach §§ 26, 30, 56 SGB IX geregelt (Marburger, 2011). Eingliederungshilfe wird demnach für Personen gewährt, die durch eine Behinderung im Sinne des § 2 Abs. 1 Satz 1 SGB IX wesentlich in ihrer Fähigkeit, an der Gesellschaft teilzuhaben, eingeschränkt oder von einer solchen wesentlichen Behinderung bedroht sind. Dies trifft auf Personen mit geistiger, körperlicher und seelischer Behinderung sowie auf von solchen Behinderungen bedrohte Personen zu. Die Eingliederungsleistungen für seelische Behinderungen sind nach wie vor im SGB VIII § 35a geregelt.

Sarimski, Hintermair und Lang (2013) berichten direkt bezogen auf Familien mit Kindern, die Frühförderung erhalten, dass hier durch die Frühfördermaßnahmen zielführend die Erziehungskompetenz der Eltern, die soziale Kompetenz der Kinder und die Beziehung zwischen Eltern und Kind sowie zu Gleichaltrigen gefördert werden kann. Damit bekommen komplexe Förderungen im Sinne der Versorgung der Familien mit Beratung, Behandlung, Therapie und anderen Unterstützungen eine außerordentliche Bedeutung.

Komplexitäten der Förderung, Intervention und Behandlung

Tabelle 1 soll verdeutlichen, wie vielschichtig die unterschiedlichen Hilfsangebote durch verschiedene Behörden und Hilfesysteme in Deutschland aufgestellt sind. Das Ringen um aktuelles Netzwerkwissen und die jeweiligen gesetzlichen Grundlagen der einzelnen Systeme (Schule und Jugendhilfe oder Sozialhilfe) ist unerlässlich für die bestmögliche Versorgung der Anliegen der Familien mit Kindern, jedoch gleichzeitig auch die große Herausforderung im alltäglichen Tun. Es geht darum, die jeweils richtigen Ansprechpartner und Lösungskonzepte im Blick zu haben und das jeweilige Bedingungsgefüge zu erkennen. Es wird deutlich, dass es oftmals das enge Zusammenspiel von unterschiedlichen Professionen und Systemen ausmacht, was Familiensysteme und ihre Mitglieder unterstützt. Hier ist das Werben für eine hohe Transparenz über die meist verflochtenen Aufträge der Familien mit ihren Kindern an die verschiedenen Institutionen unerlässlich. Die Koordination, aber auch die jeweiligen Schwerpunkte der Aufträge für die Systeme (z. B. Psychodiagnostik im Sozialpädiatrischen Zentrum und Installierung von Hilfen zur Erziehung im Jugendamt) müssen erkannt und benannt werden. Anderseits wird auch deutlich, dass durch die breitgefächerten Helfersysteme auch für die unterschiedlichsten Problemstellungen viele Konzepte und Lösungsmöglichkeiten bereits bestehen (weiterführend zur Kooperation: BMG, 2000).

Das Zusammenwirken verschiedener Systeme – wie beispielsweise zwischen dem medizinischen Fach der Kinder- und Jugendpsychiatrie, Schulen und der Jugendhilfe – ist seit mehr als einem Jahrzehnt intensiver Diskussionsschwerpunkt bei Kongressen, da insbesondere in der Kooperation eine große, zum Teil ungenügend genutzte Ressource für eine verbesserte Versorgung von Familien mit vielfältig beeinträchtigten Kindern gesehen und erlebt wird. Ein weiterer Knackpunkt mit Blick auf Ressourcen ist die sozialrechtliche Versorgung der Kinder mit verschiedenen Behinderungsformen einerseits in der Sozialhilfe und andererseits in der Jugendhilfe (§ 35a SGB VIII Seelische Behinderung; vgl. weiterführend die fachpolitische Debatte um die sogenannte »große Lösung«: Wiesner, 2017). Gegenwärtig stehen die Bemühungen im Fokus, das Leistungsspektrum der Eingliederungshilfe nach dem Gesetz zur Stärkung der Teilhabe und Selbstbestimmung von Menschen mit Behinderungen (Bundesteilhabegesetz/BTHG vom 23.12.2016) als verbesserte, personenbezogene Unterstützung umzusetzen.

Tabelle 1: Netzwerk von Helfersystemen

Systeme	Prävention/Behandlung/Förderung/Empfehlungen und Gutachten
Erziehungs-/ Beratungsstellen und freie Träger der Jugendhilfen (SGB VIII § 76)	– Therapie und Beratung in Bezug auf (u. a.): SGB VIII § 28 Erziehungsberatung SGB VIII § 16 Allgemeine Förderung der Erziehung in der Familie SGB VIII § 17 Beratung in Fragen der Partnerschaft, Trennung und Scheidung SGB VIII § 18 Beratung und Unterstützung bei der Ausübung der Personensorge und des Umgangsrechts – Diverse Gruppenangebote für Kinder zu unterschiedlichen Themen: Trennung- und Scheidung, kranke Eltern, Trauergruppen, Mutig mit Till Tiger etc. – Gruppenangebote für Eltern: KIB – Kinder im Blick, Marte-Meo-Angebote für Eltern-Kind-Interaktion als Leistungen der Jugendhilfe
Spezialberatungsstellen (Kinderschutz-Zentren, Zornröschen, Wildwasser, Sucht- und Drogenberatung, Autismuszentren u. a.)	– Spezifische Beratungsschwerpunkte wie Anliegen zur sexuellen Gewalt, suchtmittelgefährdendem Verhalten u. a.: Gruppenangebote für Kinder und Eltern – Autismus-spezifische Kompetenz-Trainingsangebote, Schulbegleitung/Integrationshelfer als Eingliederungshilfen, Elternberatung und Tagesgruppen nach SGB VIII und SGB XII
Kindergärten/ Grundschulen/weiterführende Schule	– Präventionsprojekte wie z. B. »Nein-Tonne«; »Mein Körper gehört mir«; Anti-Mobbingprojekte – Auftrag von Inklusion, Anstrengungen zur Integration Geflüchteter – Integrative Frühförderung in Kitaeinrichtungen/ambulante Frühförderung mit Anspruch der Kinder nach SGB XII oder SGB VIII – Sonderpädagogische Diagnostik, Beratung und Hilfen – Schulpsychologische Beratung und Unterstützung
Jugendhilfe/ Jugendamt (SGBVIII) – Kinderschutz	– Beratung, Hilfen und Hilfeeinleitung nach SGB VIII – Kinderschutz nach § 8a – Eingliederungshilfen für seelisch Behinderte (Achtung neu: Bundesteilhabegesetz, BTHG – Gesetz zur Stärkung und Teilhabe für Menschen mit Behinderungen) z. B. § 31 Sozialpädagogische Familienhilfe und § 30 Erziehungsbeistand – teilstationäre Angebote wie Tagesgruppen u. a. Kooperation mit anderen Systemen zur Versorgung der Kinder mit ihren Eltern/ Bezugssystemen
Familiengericht	Gerichtliche Entscheidungen bezüglich: – Kindeswohl/-gefährdung – Umgangskontakte, Umgangsrecht – Ausübung der Personensorge – Begutachtungsaufträge zur Überprüfung der Erziehungsfähigkeit
Sozialhilfe SGB XII	– Eingliederungshilfen/Teilhabemanagement (Achtung neu: Bundesteilhabegesetz, BTHG s. o.) – Beratung der Sozialhilfe zu weiterführenden Systemen wie Arbeitsagentur, Pflege, Schwerbehinderte

Systeme	Prävention/Behandlung/Förderung/Empfehlungen und Gutachten
Öffentliche Gesundheitsämter	– Kinder- und jugendärztliche Reihenuntersuchungen – Schuleingangsuntersuchungen – Zahngesundheit/Prävention – Schwangeren- und Mütterberatung – sozialpsychiatrische Versorgung, Krisenmanagement, Beratung – Diagnostik und Einleitung von Hilfen für Eltern/Bezugssysteme mit Kindern – Kooperation mit anderen Hilfesystemen – Begutachtungen nach gesetzlichen Grundlagen
Kliniken KJPP (stationär/teilstationär), Kinder- und Jugendlichenpsychotherapeuten in Niederlassung	– Kinderpsychiatrische und –psychotherapeutische Behandlung sowohl stationär als auch teilstationär (Tageskliniken) – Psychotherapie für Kinder und Jugendliche – Elternberatung und Kooperation mit Hilfesystemen
Ordnungsbehörden/Polizei	– Präventionsarbeit der Polizei, z. B. in Schulen – Ordnungsbehördliche Schwerpunkte wie z. B. beim Thema Schulvermeidung
Ergotherapie, Logopädie, Physiotherapie	– Als ambulante Leistungen der Frühförderung z. B. auch in den Kitas tätig – Im Kindes- und Schulalter als Leistungen der Krankenkasse bei Entwicklungsstörungen

Literatur

BMBF (2017). Von der Kita zur Grundschule. Bericht des Bundesministeriums für Bildung und Forschung. www.bmbf.de/pub/Von_der_Kita_zur_Grundschule.pdf (27.8.2018).

BMFSFJ (2011). www.bmfsfj.de/bmfsfj/themen/kinder-und-jugend/medienkompetenz/was-ist-cybermobbing-/86484 (25.3.2011).

BMG (2000). Bericht über das Bundesmodellprojekt Magdeburg (2000). Verbesserung der sozialpsychiatrischen Versorgung für Kinder und Jugendliche der Stadt Magdeburg durch Kooperation zwischen Kinder- und Jugendpsychiatrie, Jugendamt, Sozialamt uznd Bildungswesen (Schriftenreihe des Bundesministeriums für Gesundheit, Bd. 124). Baden-Baden: Nomos.

Bundesamt für Statistik (2017). Kinderlosigkeit, Geburten und Familien – Ergebnisse des Mikrozensus 2016. https://www.destatis.de/DE/PresseService/Presse/Pressekonferenzen/2017/Mikrozensus_2017/Pressebroschuere_Mikrozensus_2017.pdf?__blob=publicati https://www.destatis.de/DE/PresseService/Presse/Pressekonferenzen/2017/Mikrozensus_2017/Pressebroschuere_Mikrozensus_2017.pdf?__blob=publicationFileonFile (29.10.2018).

Bundeskonferenz für Erziehungsberatung. (2012). Familie und Beratung. Fürth: Bundeskonferenz für Erziehungsberatung.

Castagnini, A. C., Foldager, L., Caffo, E., Thomsen, P. H. (2016). Early-adult outcome of child and adolescent mental disorders as evidenced by a national-based register survey. European Psychiatry, 38, 45–50.

Doege, D., Aschenbrenner, R. M., Nassal, A., Holtz, K.-L., Retzlaff, R. (2011). Resilienz, Kohärenz und Stresserleben in Familien intellektuell behinderter Kinder. Praxis der Kinderpsychologie und Kinderpsychiatrie, 60 (7), 527–543.

Döpfner, M. (2013). Klassifikation und Epidemiologie psychischer Störungen. In F. Petermann (Hrsg.), Lehrbuch der Klinischen Kinderpsychologie (7. Aufl., S. 31–56). Hogrefe.

Döpfner, M., Plück, J., Kinnen, C. (2014). Child Behavior Checklist von Thomas Achenbach. Göttingen: Hogrefe.

Fegert, J. M., Meysen, T., Kistler Fegert, L. (2017). Die Schweigepflicht und rechtliche Grundlage des Bundeskinderschutzgesetzes zur Weitergabe von Informationen. Ulm: Universitätsklinikum KJPP.

Filipp, S., Aymanns, P. (2010). Kritische Lebensereignisse und Lebenskrisen. Stuttgart: Kohlhammer.

Fischer, T., Görisch, C., Keller, M. (2012). Mobbing in der Schule. In B. Bertram (Hrsg.), Familien- und Lebensformbezogene Soziale Arbeit (S. 50–55). Berlin: Katholische Hochschule für Sozialwesen.

Fuchs, M., Karwautz, A. (2017). Epidemiologie psychischer Störungen bei Kindern und Jugendlichen. Neuropsychiatrie, 31 (3), 96–102.

Geyerhofer, S., Ritsch, M., Thoma, C. (2018). Systemische Haltung und störungsspezifisches Wissen – vom Entweder-oder zum Sowohl-als-auch. Systeme, 32 (1), 61–89.

Hardt, J., Engfer, A. (2012). Vernachlässigung, Misshandlung und Missbrauch von Kindern. In W. Schneider, U. Lindenberger (Hrsg.), Entwicklungspsychologie (S. 677–690). Weinheim u. Basel: Beltz.

Häuser, W., Schmutzer, G., Brähler, E., Glaesmer, H. (2011). Misshandlungen in Kindheit und Jugend: Ergebnisse einer Umfrage in einer repräsentativen Stichprobe in der deutschen Bevölkerung. Deutsches Ärzteblatt International, 108 (17), 287–294.

Heinrich, N., Lohaus, A. (2011). Klinische Entwicklungspsychologie kompakt. Weinheim u. Basel: Beltz.

Hölling, H., Schlack, R., Petermann, F., Ravens-Sieberer, U., Mauz, E. (KiGGS Study Group) (2014). Psychische Auffälligkeiten und psychosomatische Beeinträchtigungen bei Kindern und Jugendlichen von 3–17 Jahren in Deutschland. Prävalenz und zeitliche Trends zu 2 Erhebungszeitpunkten (2003–2006 und 2009–2012). Bundesgesundheitsblatt, 57, 807–819.

Jâscenoka, J., Petermann, U., Petermann, F., Rißling, J.-K., Springer, S. (2013). Kurz- und langfristige Effekte von Elterntrainings bei entwicklungsverzögerten Kindern. Praxis der Kinderpsychologie und Kinderpsychiatrie, 62 (5), 348–367.

Jim-Studie (2017). Jugend, Information, (Multi-)Media. Basisuntersuchung zum Medienumgang 12- bis 19-Jähriger. Stuttgart: Medienpädagogischer Forschungsverbund Sudwest. www.mpfs.de/fileadmin/files/Studien/JIM/2017/JIM_2017.pdf (24.1.2019).

Jud, A., Rassenhofer, M., Fegert, J. M. (2017). Epidemiologie von Kindesmisshandlung. Ulm: Universitätsklinikum, KJPP.

Jüttner, J. (2012). Psychische Erkrankungen. Wenn Kinder zu Eltern werden. Spiegel Online, 03.07.2012. www.spiegel.de/panorama/gesellschaft/wie-kinder-psychisch-kranker-eltern-leiden-a-841687.html (27.8.2018).

KIM-Studie (2016). Kindheit, Internet, Medien. Stuttgart: Medienpädagogischer Forschungsverbund Südwest. https://www.mpfs.de/fileadmin/files/Studien/KIM/2016/KIM_2016_Web-PDF.pdf (24.1.2019).

Koglin, U., Petermann, F. (2013). Kindergarten- und Grundschulalter: Entwicklungsrisiken und Entwicklungsabweichungen. In F. Petermann (Hrsg.), Lehrbuch der Klinischen Kinderpsychologie (7. Aufl., S. 101–118). Göttingen: Hogrefe.

Kray, J., Schaefer, S. (2012). Mittlere und späte Kindheit (6–11 Jahre). In W. Schneider, U. Lindenberger (Hrsg.), Entwicklungspsychologie (7. Aufl., S. 211–234). Weinheim u. Basel: Beltz.

Marburger, H. (2011). SGB XII – Die neue Sozialhilfe: Zwölftes Sozialgesetzbuch. Regelbedarfs-Ermittlungsgesetz. Durchführungsverordnungen. Mit praxisorientierter Einführung (9. Aufl.). Regensburg: Walhalla und Praetoria.

Mattejat, F. (2001). Kinder mit psychisch kranken Eltern. In F. Mattejat, B. Lisofsky (Hrsg.), Nicht von schlechten Eltern. Kinder psychisch Kranker (S. 66–78). Bonn: Psychiatrie-Verlag.

Mattenschlager, A., Nahler, S., Reisinger, R. (2016). Unsichtbares Leiden – Therapie traumatisierter Kinder mit Fluchterfahrung. Praxis der Kinderpsychologie und Kinderpsychiatrie, 65 (10), 781–803.

Maur, S., Lehndorfer, P. (2017). Kinder- und Jugendlichenpsychotherapie. (Berufspolitische) Gedanken für eine gute Versorgung. Psychotherapeutenjournal, 16 (4), 346–354.

McGoldrick, M. (2013). Wieder heimkommen. Auf Spurensuche in Familiengeschichten. Heidelberg: Carl-Auer.

Mobbing-out (2018). https://mobbing-out.blogspot.com/p/bullying.html (31.05.2018).

Möller, B., Gude, M., Herrmann, J. Schepper, F. (Hrsg.) (2016). Geschwister chronisch kranker Kinder. Ein familienorientiertes Beratungskonzept. Göttingen: Vandenhoeck & Ruprecht.

Morgenstern, L., Wagner. M., Denecke, J., Grolle, B., Johannsen, J., Wegscheider, K., Wiegand-Grefe, S. (2017). Psychosozialer Unterstützungsbedarf von Eltern mit schwer chronisch somatisch erkrankten Kindern. Praxis der Kinderpsychologie und Kinderpsychiatrie, 9, 688–701.

Nieding, G., Ohler, P. (2012). Medien und Entwicklung. In W. Schneider, U. Lindenberger (Hrsg.), Entwicklungspsychologie (S. 705–717). Weinheim u. Basel: Beltz.

Novoszel, A. (2014). Wichtige Ressourcensysteme jugendlicher Mädchen mit einer krebserkranken Mutter. Hamburg: Dr. Kovač.

Otto, Y., Andreas, A., Klitzing, K. v., Fuchs, S., Klein, A. (2014). Traurig, besorgt und ängstlich: Depression und Angststörungen im Vorschulalter – Befunde zu Relevanz, Symptomatik und Beeinträchtigungen. Praxis der Kinderpsychologie und Kinderpsychiatrie, 63 (3), 154–176.

Papadopoulos, R. K. (2007). Refugees, trauma and adversity-activated development. European Journal of Psychotherapy & Counselling, 9, 301–312.

Peter, S., Paul, S. (2006). Hoch strittige Elternsysteme im Kontext Trennung und Scheidung. In M. Weber, H. Schilling (Hrsg.), Eskalierte Elternkonflikte. Beratungsarbeit im Interesse des Kindes bei hoch strittigen Trennungen (S. 13–28). Weinheim u. München: Juventa.

Petermann, F., Resch, F. (2013). Entwicklungspsychopathologie. In F. Petermann (Hrsg.), Lehrbuch der Klinischen Kinderpsychologie (7. Aufl., S. 57–76). Göttingen: Hogrefe.

Pfetsch, J. (2018). Jugendliche Nutzung digitaler Medien und elterlicher Medienerziehung – Ein Forschungsüberblick. Praxis der Kinderpsychologie und Kinderpsychiatrie, 2, 110–133.

Plant, K. M., Sanders, M. R. (2007). Predictors of the care-giver stress in families of preeschool-aged children with development disabilities. Journal of Intellectual Disability Research, 51 (2), 109–124.

Remschmidt, H. (2009). Kinder depressiver Eltern. Depressive Störungen im Kinder- und Jugendalter. Berlin: Statustagung (9.–10.10.2009).

Richter-Kornweitz, A. (2011). Gleichheit und Differenz – die Relation zwischen Resilienz, Geschlecht und Gesundheit. In M. Zander (Hrsg.), Handbuch der Resilienzförderung (S. 240–274). Wiesbaden: VS Verlag für Sozialwissenschaften.

Ritscher, W. (2011): Systemische Diagnose: Eine Skizze. KONTEXT – Zeitschrift für Systemische Therapie und Familientherapie, 1 (42), 4–21.

Romer, G., Haagen, M. (2007). Kinder körperlich kranker Eltern. Göttingen: Hogrefe.

Rücker, S., Büttner, P., Lasmbertz, B., Karpinski, N., Petermann, F. (2017). Resilient oder Risikogruppe? Psychische Belastungen bei unbegleiteten minderjährigen Ausländern (umA) in Deutschland. Praxis der Kinderpsychologie und Kinderpsychiatrie, 66 (4), 242–258.

Rutter, M. (1966). Children of Sick Parents: An Environmental and Psychiatric Study (Institute of Psychiatry Maudsley Monographs No. 16). London: Oxford University Press.

Sarimski, K. (2017). Erlebte Belastung von Müttern von Kindern mit Down-Syndrom im Vorschulalter. Praxis der Kinderpsychologie und Kinderpsychiatrie, 9, 672–686.
Sarimski, K., Hintermair, M., Lang, M. (2013). Familienorientierte Frühförderung von Kindern mit Behinderung. München: Reinhardt.
Sauerhering, M. (2017). Denken in Bildungsbiographien. www.fruehe-bildung.online/artikel.php?id=1757 (18.6.2018).
Schäfer, M. (2012). Mobbing im Schulkontext. In W. Schneider, U. Lindenberger (Hrsg.), Entwicklungspsychologie (S. 691–704). Weinheim u. Basel: Beltz.
Scheidt-Nave, C., Ellert, U., Thyen, U., Schlaud, M. (2007). Prävalenz und Charakteristika von Kindern und Jugendllichen mit speziellem Versorgungsbedarf im Kinder- und Jugendgesundheitssurvey (KiGGS) in Deutschland. Bundesgesundheitsblatt Gesundheitsforschung Gesundheitsschutz, 56 (5/6), 750–756.
Scheithauer, H., Bull, H. D. (2008). Fairplayer.manual: Förderung von sozialen Kompetenzen und Zivilcourage – Prävention von Bullying und Schulgewalt. Göttingen: Vandenhoeck & Ruprecht.
Schmidt, M. H., Petermann, F., Schipper, M. (2012). Epigenetik – Revolution der Entwicklungspsychopathologie? Kindheit und Entwicklung, 21, 245–253.
Schröer, H. (2013). Inklusion versus Integration – Zauberformel oder neues Paradigma? Migration und Integration, 3, 249–255.
Schulte-Körne, G. (2016). Psychische Störungen bei Kindern und Jugendlichen im schulischen Umfeld. Deutsches Ärzteblatt, 113 (11), 183–190.
Schulte-Markwort, M., Bindt, C., Behrens, J. G. (2008). Psychosomatik chronischer Erkrankungen im Kindes- und Jugendalter. In B. Herpertz-Dahlmann, B. Resch, M. Schulte-Markwort, A. Warnke (Hrsg.), Entwicklungspsychiatrie (S. 1024–1051). Stuttgart: Schattauer.
Secco, M. L., Askin, D., Yu, C. T. (2006). Factors affecting stress among biologically vulnerable toddlers. Issues in Comprehensive Pediatric Nursing, 29 (3), 131–156.
Sperling, S., Mowder, B. A. (2006). Parenting perceptions: Comparing parents of typical and special nees preschoolers. Psychology in the schools, 43 (6), 695–700.
Stoltze, K. (2015). Belastungen, Erziehung und Konfliktverhalten von Eltern mit Kindern im Vorschulalter. Dissertation, Otto-von-Guericke-Universität Magdeburg.
Strohbach, S. (2013). Scheidungskindern helfen. Übungen und Materialien (3. Aufl.). Weinheim u. Basel: Juventa Beltz.
Suchodeletz, W. v. (2010). Möglichkeiten und Grenzen einer Therapie von Entwicklungsstörungen. In W. von Suchodoletz (Hrsg.), Therapie von Entwicklungsstörungen, Was wirkt wirklich? (S. 1–16). Göttingen: Hogrefe.
UNHCR (2018). Weltflüchtlingsbericht. www.unhcr.org/dach/de/23912-weltfluechtlingsbericht-deutlich-weniger-asylsuchende-deutschland-dramatische-entwicklung-weltweit.html (27.8.2018).
Vonderlin, E., Pauen, S. (2013). Von Null bis Drei: Entwicklungsrisiken und Entwicklungsabweichungen. In F. Petermann (Hrsg.), Lehrbuch der Klinischen Kinderpsychologie (7. Aufl., S. 77–100). Göttingen: Hogrefe.
Warncke, S. (2011). Mobbing an Schulen (Bullying): Formen, Häufigkeit und Prävention. Ringvorlesung Hochschule Magdeburg-Stendal.
Wiegand-Grefe, S., Mattejat, F., Lenz, A. (Hrsg.) (2011). Kinder mit psychisch kranken Eltern. Klinik und Forschung. Göttingen: Vandenhoeck & Ruprecht.
Wiesner, R. (2017). Junge Menschen (mit Behinderung) zwischen Inklusion und der Deckung individueller Bedarfe. (Wann) kommt die große Lösung. Berlin: Vortrag, IJOS Fachtag.
www.scheidungskinder.com/index.html#1 (27.8.2018).
www.uno-fluechtlingshilfe.de/fluechtlinge/zahlen-fakten/?donation_custom_field_1628 (27.8.2018).

Christina Rosemann und Ansgar Röhrbein

Jugend – eine Lebensphase, die es in sich hat (Teil I): Herausforderungen und Chancen für Jugendliche und ihre Familien

Die Adoleszenz ist nach Ansicht vieler Autoren eine der größten Umbruchphasen im Leben von Menschen (Erikson, 2000; Fend, 1991; Oerter u. Dreher, 2002; Schwab, 2011). Jugendliche erleben in dieser Zeit körperliche und sozial-emotionale Veränderungen – der Hormonhaushalt und die Synapsen sortieren sich neu, die Sexualorgane entwickeln sich aus, Emotionen schießen hoch und soziale Bezüge bekommen einen anderen Stellenwert. Vieles wird in dieser Zeit von den jungen Menschen grundsätzlich infrage gestellt. Und all dies ergibt oftmals eine hochexplosive Mischung für das Zusammenleben als Familie. Wir wollen versuchen, Ihnen in diesem Beitrag einen ersten Überblick zu geben zu den Entwicklungsaufgaben, Lebenswelten, Perspektiven und Herausforderungen von Jugendlichen und ihren Eltern. Filip Caby wird diese Ausführungen in dem anschließenden Beitrag noch aus Sicht der Kinder- und Jugendpsychiatrie ergänzen.

Wie bereits eingangs beschrieben, gestaltet sich das Zusammenleben mit Teenagern häufig herausfordernd. Nicht selten sitzen Eltern in ihrer Verzweiflung und Verunsicherung in der Familienberatung oder wenden sich in ihrer Not an das Jugendamt. »Ich erkenne mein Kind nicht mehr wieder und bin ratlos, was ich tun soll«, ist ein Satz, den vermutlich jeder Mitarbeitende in der Familienberatung oder Jugendhilfe im Laufe seines Berufslebens schon einmal gehört hat.

Doch wie so oft, wohnt der Krise auch die Chance inne, und so anstrengend diese Phase der Adoleszenz für die Betroffenen selbst (und ihr Umfeld) auch sein mag – es ist eine wichtige, wenn nicht sogar die wichtigste Entwicklungsphase im Leben von Menschen und rund 80 % der Jugendlichen kommen recht unbeschadet durch sie hindurch (Oerter u. Dreher, 2002). Letztlich geht es in diesem Lebensabschnitt darum, eigene Werte zu finden, eine individuelle Identität zu entwickeln (Erikson, 2000) und sich auf diesem Weg vom Elternhaus abzulösen. Das ist anspruchsvoll und geht nicht immer ohne Entwicklungsschmerz einher. Wut, Trauer und Verlustängste sind starke Gefühle, die nicht nur die

Adoleszenten umtreiben, auch die Eltern und Geschwister sind davon betroffen. Dann ist es gut, zu wissen: In diesem wichtigen Ablösungsprozess geht es nicht um eine endgültige Trennung. Das Ziel der Adoleszenz ist vielmehr, eine Balance zu schaffen zwischen Autonomie und Verbundenheit.

Der Sozialwissenschaftler Jürgen Blandow formuliert die gemeinsame Herausforderung für alle Beteiligten wie folgt: »Jugend ist – fast qua Definition – eine Herausforderung: Für die Jugendlichen selbst, für ihre Eltern, für sozialpädagogische Institutionen und für die Gesellschaft. Es gilt, die Gegenwart zu gestalten und Entwicklungsprobleme auf dem Weg zum Erwachsenwerden zu bewältigen, es muss gelernt werden, zu begleiten und schließlich loszulassen, und die nachwachsende Generation ist in die Geschichte der Gesellschaft aufzunehmen, damit sie Zukunft gestalten kann« (Blandow, 2008, S. 146 f.).

Eltern und Jugendliche im (Beziehungs-)Dialog

Das Erwachsenwerden ist also ein spannendes Projekt. Für die Eltern geht es häufig darum, den Stimmungsschwankungen sowie den Hormon- und Entwicklungsstürmen mit Gelassenheit zu begegnen und darauf zu vertrauen, dass ihre Saat, die sie in den frühen Jahren gelegt haben, aufgeht. Die Erinnerung an frühere schöne Beziehungsmomente hilft oftmals, mit der gezeigten »Stacheligkeit« leichter umzugehen. Für Michael Grabbe gibt es in diesem Zusammenhang ein klares Motto: »Es gibt keinen Weg zu einer guten Beziehung – eine gute Beziehung ist der Weg« (Grabbe, 2009, S. 266). Und die braucht ausdrucksstarke Beziehungsgesten, verbindliche Rituale und Belege dafür, dass die Liebe zum Jugendlichen ungebrochen ist. Insbesondere in dieser Zeit besteht die Sehnsucht der Jugendlichen darin: »Liebe mich an sich – ohne dass du Bedingungen stellst!« Und das bedeutet häufig auch, auszuhalten!

Zentral für ein gelingendes Aufwachsen und das Aufrechterhalten einer psychischen Gesundheit ist nach Auffassung zahlreicher Autoren mit Bezug auf Klaus Grawe (2000) die »Befriedigung der vier Grundbedürfnisse nach Bindung, Orientierung/Kontrolle, Selbstwertschutz/Selbstwerterhöhung sowie Lustgewinn/Unlustvermeidung« (Borg-Laufs, 2013, S. 109). Gleichzeitig scheint »die Verletzung dieser Grundbedürfnisse […] eng mit psychischer Auffälligkeit verknüpft« (S. 109) zu sein. Klaus Grawe (2000, 2004) hat diesen Zusammenhang anhand zahlreicher Befunde dargelegt. Baut man auf Grawes Erkenntnissen auf, dann geht es im Hinblick auf die elterliche Begleitung letztlich darum,
- für die Jugendlichen als Bezugsperson und Zufluchtsort verfügbar zu sein und ihnen feinfühlig zu begegnen;

- ihnen Orientierung und Kontrolle zu ermöglichen, damit sie das Leben verstehen und handlungsfähig sind bzw. werden;
- ihnen einen Rahmen zu bieten, in dem sie erfreuliche (lustvolle) Erfahrungen machen können und ihnen schmerzhafte, unangenehme Erfahrungen möglichst erspart bleiben;
- und in dem sie sich als kompetent, geliebt und geachtet erleben.

Da die oben erwähnten Bedürfnisse in vergleichbarer Weise auf die Eltern zutreffen, bedeutet dies natürlich auch, dass diese für die eigene Sicherheit und Handlungsfähigkeit sorgen dürfen bzw. sollten, um die Basis für die Interaktion zu legen. Das dieser wechselseitige Dialog insgesamt recht gut gelingt, belegen die Zahlen der letzten Shell-Studien, wie zuletzt aus dem Jahr 2015: »So berichten weiterhin mehr als 90 % der Jugendlichen über ein gutes Verhältnis zu ihren eigenen Eltern (40 % kommen bestens miteinander aus, und weitere 52 % kommen klar; auch wenn es gelegentlich Meinungsverschiedenheiten gibt). Seit 2010 (35 %) ist der Anteil der Jugendlichen, die bestens mit ihren Eltern auskommen, noch einmal deutlich gestiegen« (Shell Deutschland, 2015, S. 15). Demnach ist ein Großteil der Jugendlichen mit dem Erziehungsverhalten ihrer Eltern gut oder sehr gut zufrieden und sie nehmen auch ihre Eltern als mögliche Vorbilder für die Erziehung ihrer eigenen Kinder: »[U]ngebrochen ist die Zustimmung zum Erziehungsverhalten der eigenen Eltern. Fast drei Viertel der Jugendlichen (74 %) würden ihre eigenen Kinder ungefähr so oder genauso erziehen, wie sie selbst erzogen wurden (2002: 69 %, 2006: 72 %, 2010: 72 %)« (S. 15). Eine Ausnahme bilden in diesem Zusammenhang jedoch die Jugendlichen aus der untersten sozialen Schicht, dort ist die Zustimmung mit 46 % »erneut am geringsten« (S. 15).

Entwicklungsaufgaben im Jugendalter

Werfen wir zunächst einen Blick auf das, was Jugendliche – unterstützt und begleitet durch ihre Eltern – idealerweise erreichen sollen. Nach Oerter und Dreher (2002, S. 271) geht es für die Jugendlichen um die Bewältigung der folgenden Entwicklungsaufgaben:
- »*Peer.* Einen Freundeskreis aufbauen, d. h. zu Altersgenossen beiderlei Geschlechts neue, tiefere Beziehungen herstellen.
- *Körper.* Veränderungen des Körpers und des eigenen Aussehens akzeptieren.
- *Rolle.* Sich das Verhalten aneignen, das in unserer Gesellschaft zur Rolle eines Mannes bzw. zur Rolle einer Frau gehört.

- *Beziehung.* Engere Beziehungen zu einem Freund bzw. einer Freundin aufnehmen.
- *Ablösung.* Sich von den Eltern ablösen, d. h. von den Eltern unabhängig werden.
- *Beruf.* Sich über Ausbildung und Beruf Gedanken machen: Überlegen, was man werden will und was man dafür können bzw. lernen muss.
- *Partnerschaft/Familie.* Vorstellungen entwickeln, wie man die eigene zukünftige Familie bzw. Partnerschaft gestalten möchte.
- *Selbst.* Sich selbst kennenlernen und wissen, wie andere einen sehen, d. h. Klarheit über sich selbst gewinnen.
- *Werte.* Eine eigene Weltanschauung entwickeln: Sich darüber klar werden, welche Werte man vertritt und an welchen Prinzipien man das eigene Handeln ausrichten will.
- *Zukunft.* Eine Zukunftsperspektive entwickeln: Sein Leben planen und Ziele ansteuern, von denen man annimmt, dass man sie erreichen könnte.«

Auch wenn das Konzept der Entwicklungsaufgaben in den letzten Jahren in die Kritik geraten ist (Gille, 2012), da die Erwartungen, die den Aufgaben zugrunde liegen, normativ geprägt sind und bürgerliche Normalitätsvorstellungen widerspiegeln (Leuschner u. Scheithauer, 2011), so erscheint es im Hinblick auf einen gestalterischen Orientierungsrahmen – der im konkreten Kontakt individuell angepasst werden kann – weiterhin sinnvoll. Eine spannende Kombination wählt in diesem Zusammenhang Michael Borg-Laufs (2013), der im Rahmen seiner Selbstmanagementtherapie für Jugendliche die Entwicklungsaufgaben des Jugendalters nach Mattejat (2008) in der Zielperspektive mit den psychischen Grundbedürfnissen nach Grawe (2004) verknüpft (siehe Tabelle 1).

Tabelle 1: Entwicklungsaufgaben des Jugendalters und psychische Grundbedürfnisse (nach Borg-Laufs, 2013, S. 113. Abdruck mit freundlicher Genehmigung des Psychosozial-Verlags.)

Entwicklungsaufgaben	Assoziierte psychische Grundbedürfnisse
Akzeptanz körperlicher Veränderungen und des eigenen Aussehens	Selbstwertschutz/Selbstwerterhöhung
Aufnahme intimer Beziehungen	Bindung, Lustgewinn/Unlustvermeidung, Selbstwertschutz/Selbstwerterhöhung
Tiefgehende Beziehungen zu Altersgenossen herstellen	Bindung, Selbstwertschutz/Selbstwerterhöhung
Ablösung und emotionale Unabhängigkeit von den Eltern bei Aufrechterhaltung der Beziehung	Bindung

Entwicklungsaufgaben	Assoziierte psychische Grundbedürfnisse
Berufsorientierung, Berufswahl	Orientierung/Kontrolle, Selbstwertschutz/Selbstwerterhöhung
Werthaltungen, Einstellungen und Verhalten entwickeln in Bezug auf Moral, Kultur, Bildung, Konsum, Medien, Genuss	Orientierung/Kontrolle, Selbstwertschutz/Selbstwerterhöhung, Lustgewinn/Unlustvermeidung
Eigene Stärken und Schwächen akzeptieren; Leben planen, realistische Ziele verfolgen	Selbstwertschutz/Selbstwerterhöhung, Orientierung/Kontrolle

Heiner Keupp (2013) verweist mit Blick auf die veränderte gesellschaftliche Gesamtsituation und die große Heterogenität der Lebensentwürfe darauf, dass die Bewältigung dieser Aufgaben und das »Erwachsenwerden […] ein schwieriger werdendes Projekt [ist]. An welchen Modellen und Werten sollen sich Heranwachsende orientieren oder von welchen sich abgrenzen? Und welche Ressourcen brauchen sie dazu?« (S. 38). Und im Weiteren formuliert er Leitsätze für die Jugendlichen (und die Gesellschaft):

- »Sie müssen ihre eigene Lebenserzählung finden, die für sie einen kohärenten Sinnzusammenhang stiftet.
- Sie müssen in einer Welt der universellen Grenzüberschreitungen ihr eigenes ›boundary management‹ in Bezug auf Identität, Wertehorizont und Optionsvielfalt vornehmen.
- Sie brauchen die ›einbettende Kultur‹ sozialer Netzwerke und die soziale Kompetenz, um diese auch immer wieder mit zu erzeugen.
- Sie benötigen die erforderliche materielle Basissicherung, die eine Zugangsvoraussetzung für die Verteilung von Lebenschancen bildet.
- Sie benötigen die Erfahrung der Zugehörigkeit zu der Gesellschaft, in der sie ihr Lebensprojekt verwirklichen wollen.
- Sie brauchen einen Kontext der Anerkennung, der die basale Voraussetzung für eine gelingende Identitätsarbeit ist.
- Sie brauchen Voraussetzungen für den alltäglichen interkulturellen Diskurs, der in einer Einwanderungsgesellschaft alle Erfahrungsbereiche durchdringt.
- Sie müssen die Chance haben, in Projekten des bürgerschaftlichen Engagements zivilgesellschaftliche Basiskompetenzen zu erwerben« (Keupp, 2013, S. 38f., Abdruck mit freundlicher Genehmigung des Psychosozial-Verlags).

In einem so verstandenen Sinne werde Jugendliche zunehmend zu Produzenten ihres eigenen Lebens, oder wie es Martina Gille (2012, S. 7) ausdrückt »zum ›Planungsbüro‹ ihrer eigenen Biografie und Lebensführung«. Mit allen möglichen Konsequenzen. Dazu im Folgendem mehr.

Phasen der Adoleszenz

Annette Streeck-Fischer (2004) beschreibt in dem von ihr herausgegebenen Buch »Adoleszenz, Bindung, Destruktivität«, dass die Zeit der Adoleszenz ein psychobiologischer Entwicklungsprozess ist, der mit der Umstrukturierung der Persönlichkeit einhergeht. Analog zu den bereits oben beschriebenen Entwicklungsaufgaben geht es darum, als individuelle Persönlichkeit zu reifen (Individuation) und eigene Lebensentwürfe und Beziehungsformen zu entwickeln. In der Literatur wird diese Zeitspanne in »frühe, mittlere und späte Adoleszenz« (S. 153) unterteilt, die jeweils mit spezifischen Merkmalen verbunden sind.

Frühe Adoleszenz

Eltern nehmen in der Phase der frühen Adoleszenz staunend zur Kenntnis, dass aus ihren »braven« Töchtern und Söhnen auf einmal provozierende Jugendliche werden, und es kann sein, dass aus lebendigen Kindern von jetzt auf gleich zurückgezogene und schweigsame junge Menschen werden. Jugendliche stellen in dieser Zeit sich selbst und ihr Umfeld grundsätzlich infrage. Provokationen, Rückzug und schulischer Leistungsabfall sind die Themen, die das Familienleben auf eine harte Probe stellen können. Dies geht häufig mit Verunsicherung und Angst einher. »Es ist die Zeit einer beginnenden ›zweiten Wirklichkeit‹ (Fend, 1990, S. 266): Eine Zeit, in der ›äußeres Verhalten von innerem Erleben‹ abgetrennt wird. Ein innerer Wahrnehmungsraum entfaltet sich, und der oder die Jugendliche wird mehr zu dem, was er oder sie sein möchte – er will z. B. jemand sein, der ›cool‹ ist«, und sie möchte so aussehen wie ihr »Schönheitsideal« (Streeck-Fischer, 2004, S. 153).

Mittlere Adoleszenz

In der mittleren Phase der Adoleszenz kreist die Lebenswirklichkeit der Heranwachsenden fast ausschließlich um sich selbst. Diese egozentrische Haltung ist notwendig. Nur so sind heranwachsende Kinder in der Lage, sich vom Elternhaus abzugrenzen und eine eigene Identität zu entwickeln. »Stimmungsschwankungen zwischen ›himmelhochjauchzend‹ und ›zu Tode betrübt‹, leichte Kränkbarkeit und Schwarz-weiß-Malereien sind Ausdruck dieser labilisierten Selbstregulierung« (Streeck-Fischer, 2004, S. 153).

Gleichaltrige spielen in dieser Zeit eine große Rolle. Sie sind die Brücke zwischen Innen und Außen, das Bindeglied zwischen dem sicheren Hafen Familie und der unbekannten und neuen Welt da draußen. Adoleszente suchen die Herausforderung und testen ihre Grenzen aus. Und gleichzeitig brauchen Jugendliche in dieser Zeit die tiefe Gewissheit, dass sie bei Bedarf immer wieder den sicheren Hafen Familie ansteuern können.

Späte Adoleszenz

Wenn die Adoleszenz erfolgreich verläuft, stehen die jungen Erwachsenen am Ende der späten Adoleszenz emotional, kognitiv-moralisch und lebenspraktisch auf eigenen Füßen. Sie wissen um ihre eigenen Bedürfnisse, sind sich ihrer eigenen Werte und Überzeugungen bewusst und können Alltagsroutinen ohne Unterstützung der Eltern bewältigen. In dieser Entwicklungsphase kommt es zur »Konsolidierung der Persönlichkeit« (Streeck-Fischer, 2004, S. 154). Im Kontakt zu den Eltern ist wieder Ruhe eingekehrt, und die Eltern-Kind-Beziehung hat eine neue Qualität erhalten und gestaltet sich zunehmend auf Augenhöhe. Die Balance zwischen Autonomie und Verbundenheit ist wiederhergestellt.

Der Pädagoge Helmut Fend (2001, S. 91) teilt die Adoleszenz gar in fünf Phasen ein:
- Präadoleszenz (10.–12. Lebensjahr),
- Frühadoleszenz (13.–15. Lebensjahr),
- Mittlere (eigentliche) Adoleszenz (16.–17. Lebensjahr),
- Späte Adoleszenz (18.–20. Lebensjahr),
- Postadoleszenz (21.–25. Lebensjahr).

Peter Schwab macht zu Recht darauf aufmerksam, dass sich die Pubertätsphase nicht in ein starres Raster pressen lässt: »Da die typischen biologischen Veränderungen der Pubertät diesem rigiden Zeitraster natürlich nicht folgen, erscheint es sinnvoll, die Pubertät als eine eigenständige, zeitlich variable Phase innerhalb der Adoleszenz zu betrachten« (Schwab, 2011, S. 152). Und weiter: »Der Beginn der Pubertät ist anhand objektivierbarer physiologisch-morphologischer Veränderungen eindeutig feststellbar. Derartige Veränderungen zeigen sich bei Mädchen etwa ab dem 11. und bei Jungen ab dem 12. bis 13. Lebensjahr. Für den Abschluss können keine vergleichbar eindeutigen, biologischen Kriterien genannt werden« (S. 152).

Im Hinblick auf den Beginn der Pubertät lassen die Daten der Bundeszentrale für gesundheitliche Aufklärung (Bode u. Heßling, 2015) die These zu, dass diese sich aufgrund der immer früher eintretenden körperlichen Reife weiter nach vorne verschieben dürfte, wie bereits in den letzten Jahren geschehen: »Der Langzeittrend bildet eindrucksvoll ab, wie sehr sich die erste Menarche in immer frühere Altersjahre verlagert. Gaben in der ersten Messung 1980 acht Prozent der Mädchen ein Alter von 11 Jahren oder jünger für ihre erste Regelblutung an und weitere 27 Prozent ein Alter von 12 Jahren (zusammen rund ein Drittel der damaligen 14- bis 17-Jährigen), hat sich der Anteil der Mädchen, bei denen die Menstruation im Alter von 11 Jahren oder früher einsetzte, mittlerweile verdoppelt und beträgt heute 15 Prozent. Und auch die Zahl derer, die 12 Jahre alt waren, ist eher noch gestiegen (heute 31 %), sodass insgesamt heutzutage knapp die Hälfte der 14- bis 17-jährigen Mädchen (46 %) noch keine 13 Jahre alt war, als die Menarche erfolgte. Nimmt man die Angaben der Müttergeneration hinzu – auch sie machten 1980 Angaben zum Zeitpunkt ihrer ersten Menstruation –, so wird noch deutlicher, welch riesige Veränderungen in den letzten Jahrzehnten stattgefunden haben. Die Mütter der 1980 befragten Mädchen waren nur zu einem sehr kleinen Teil (4 %) 11 Jahre oder jünger bei ihrer ersten Regelblutung – nur halb so viele wie 1980. Und 13 Prozent gaben ein Alter von 12 Jahren an (zusammen 17 %)« (S. 91). Für die Jungen gelten etwas andere Bedingungen, denn sie sind mit ihrem ersten Samenerguss nicht ganz so früh dran. »Vor allem bei den Jungen aus deutschen Familien erfolgt die Ejakularche etwas zeitverzögert. Das wird zum einen aus der geringeren Zahl derer deutlich, die bereits mit 11 Jahren oder früher bzw. mit 12 Jahren erstmals ejakulierten, zum anderen aber auch aus dem Anteil derer, die noch keinen Samenerguss hatten. Dieser ist mit im Schnitt 11 Prozent fast viermal so hoch wie bei den Mädchen der Anteil derjenigen, bei denen die Regelblutung noch nicht eingesetzt hat, und er verteilt sich auf alle Altersjahre. Zwar liegt auch bei den Jungen der Schwerpunkt bei den 14-Jährigen, aber auch in den Altersjahren 15, 16 und 17 Jahre gibt es jeweils einige, die angeben, noch keinen Samenerguss gehabt zu haben« (Bode u. Hesling, 2015, S. 90).

Lebenswelt(en) der Jugendlichen

Im Folgenden nähern wir uns anhand einzelner Zahlen und Trends der Lebenswelt von heutigen Jugendlichen an, ohne jedoch den Anspruch zu haben, diese wirklich abbilden zu können, wir haben uns daher auf einige exemplarische Kategorien beschränkt. Weitergehende Informationen finden sich in den jeweiligen aufgeführten Studien. In Bezug auf das Thema psychische Gesundheit und Krankheit verweisen wir auf den entsprechenden Beitrag von Filip Caby in diesem Band.

Freizeitverhalten

Nach der aktuell vorliegenden JIM-Studie 2017 (Medienpädagogischer Forschungsverbund Südwest, 2017) bleibt es für Jugendliche zwischen 12 und 19 Jahren selbstverständlich, dass sie sich persönlich mit Freunden treffen, Zeitung lesen, TV schauen, Radio hören und mit den Eltern Zeit verbringen (dieser Anteil ist sogar in den letzten Jahren wieder deutlich gestiegen). Bei den non-medialen Freizeitbeschäftigungen rangieren die Freunde an erster Stelle: »Knapp drei Viertel (73 %) treffen sich regelmäßig mit Freunden, mehr als zwei Drittel (68 %) gehen mindestens mehrmals pro Woche in ihrer Freizeit zum Sport. Jeder Dritte unternimmt etwas mit der Familie (34 %), jeder Vierte zwischen zwölf und 19 Jahren musiziert (24 %), also spielt ein Instrument oder singt in einem Chor, 15 Prozent besuchen regelmäßig Sportveranstaltungen. Jeder Zwanzigste geht mehrmals pro Woche auf Partys (5 %), vier Prozent nutzen eine Bibliothek und drei Prozent gehen in die Kirche oder zu einem Gottesdienst. Für manche Aktivitäten ist es sinnvoll, einen weiteren Zeitraum zu betrachten. So besucht im Laufe eines Monats jeder Zweite eine Sportveranstaltung (49 %), 45 Prozent gehen auf Partys, jeder Dritte besucht einen Gottesdienst (32 %) oder nutzt das Angebot einer Bibliothek (30 %). Jeder Zehnte geht in diesem Zeitraum ins Theater, in die Oper oder in ein klassisches Konzert (11 %). Pop, Rock- oder Jazzkonzerte besuchen sechs Prozent zumindest einmal pro Monat« (S. 11). Jugendliche sind also nicht ausschließlich mit ihrem Smartphone & Co beschäftigt, auch wenn es bei dem einen oder anderen der besagten Treffen ebenfalls eine Rolle spielen dürfte.

Bezogen auf die mediale Freizeitgestaltung kommt die Studie zu dem Ergebnis, dass quasi ab dem 12. Lebensjahr nahezu 100 % der Jugendlichen regelmäßig Zeit im Internet verbringen (Medienpädagogischer Forschungsverbund Südwest, 2017; vgl. Grobbin, 2016; Paus-Hasebrink u. Hasebrink, 2017) und die zeitliche Dauer weiter ansteigt. »Zugang zum Internet – unabhängig vom Verbreitungsweg – haben 99 Prozent der Zwölf bis 19-Jährigen zumindest selten, und dabei spielt es keine Rolle, welches Geschlecht, welches Alter oder welche Schulbildung sie jeweils haben. 89 Prozent sind täglich online – ein neuer Höchststand im Vergleich zu 2016 (+2 PP). Deutlicher nach oben entwickelt hat sich die Selbsteinschätzung der zeitlichen Zuwendung. Die 221 Minuten tägliche Nutzung (Mo–Fr) bedeutet einen Zuwachs um zehn Prozent. Dabei entfällt auf den Bereich der Kommunikation mit 38 Prozent zwar noch immer der größte Teil der Onlinenutzung, dieser rutscht aber erstmalig unter die 40-Prozent-Marke. Die unterhaltungsorientierte Nutzung macht 30 Prozent der jeweiligen Gesamtnutzung aus, genau ein Fünftel der Zeit wird mit Online-Spielen verbracht und auf die Nutzung informativer Inhalte entfallen elf Prozent« (Medienpädagogischer Forschungsverbund Südwest, 2017, S. 62).

Die vier beliebtesten Angebote (S. 33) im Netz sind YouTube, Whatsapp, Instagram und Snapchat. Im Hinblick auf die beliebtesten Apps (S. 34) gestaltet sich die Rangfolge wie folgt:
1. Whatsapp (88 %),
2. Instagram (39 %),
3. Snapchat (34 %),
4. YouTube (32 %),
5. Verschiedene Spiele-Apps (16 %),
6. Facebook (13 %).

Im Hinblick auf den Gerätebesitz fallen beim Smartphone »lediglich die Jüngsten (12–13 Jahre) auf, die ›nur‹ zu 92 Prozent ein Smartphone besitzen, ab 14 Jahren kann man mit 98 bzw. 99 Prozent Smartphonebesitz dann von einer Vollausstattung sprechen. Eine deutliche Zunahme mit dem Alter zeigt sich beim eigenen Laptop, die Ausstattungsrate verdoppelt sich von 33 Prozent bei den Zwölf- bis 13-Jährigen auf 66 Prozent bei den volljährigen Jugendlichen« (S. 9). Das Smartphone ist zugleich das Medium, welches am häufigsten (81 %) für die Internetnutzung eingesetzt wird (S. 27).

Umgang mit dem eigenen Körper und der Sexualität

Die Bundeszentrale für gesundheitliche Aufklärung führt in regelmäßigen Abständen repräsentative Befragungen unter den 14–17-jährigen Jugendlichen durch (BZgA, 2016). Im Jahr 2015 wurden erstmals auch 18–25-Jährige befragt. Im Hinblick auf Köperwahrnehmung und gelebte Sexualität kommt die aktuelle Studie zu den folgenden Ergebnissen: »Die Einstellung zur eigenen Körperlichkeit unterscheidet sich deutlich nach Geschlecht. Jungen/junge Männer kommen mit ihrem körperlichen Aussehen in ganz überwiegender Zahl gut klar. Nur jeder Fünfte empfindet Mängel an seinem Aussehen. Mädchen/jungen Frauen fällt es offensichtlich deutlich schwerer, den eigenen Körper in der gegebenen Form zu akzeptieren. Ein Viertel der 14- bis 17-jährigen Mädchen empfindet sich als ›zu dick‹ – umgekehrt bezeichnen sich nur sehr wenige als ›zu dünn‹. Die Norm einer ›Traumfigur‹ scheint in höherem Alter noch an Einfluss zu gewinnen: Von den 18- bis 25-jährigen Frauen bezeichnen sich sogar 30 % als ›zu dick‹. Drastische Aktionen in Form operativer Maßnahmen, um zu einem verbesserten Aussehen zu gelangen, werden nach wie vor nur von einer Minderzahl der Jugendlichen in Erwägung gezogen;

hier hat sich in den letzten zehn Jahren keine Zuspitzung ergeben« (Bode u. Heßling, 2015, S. 7 f.).

Schaut man sich die Zahlen zu den sexuellen Aktivitäten der Jugendlichen an, so wird möglicherweise die eine oder der andere überrascht sein, denn im Gegensatz zu dem zeitweiligen Eindruck, es gelte das Motto »Schneller, höher, weiter«, vermitteln die Daten ein etwas anderes Bild: »Auch wenn die (hetero-) sexuelle Aktivität im Jugendalter über die Jahrzehnte zugenommen hat: Von einer ungebrochenen Entwicklung zu immer mehr sexuell Erfahrenen (deutscher Herkunft) im jugendlichen Alter kann keine Rede sein, in den letzten Jahren scheint vielmehr eine leichte Rückentwicklung einzusetzen. Bei 14-, 16- und 17-Jährigen liegen die Anteile sexuell Aktiver niedriger als bei der letzten Trendmessung vor fünf Jahren. Bei der Ausnahme – den 15-Jährigen – stagnieren sie auf ähnlichem Niveau wie 2009. Die Zahl der sexuell aktiven 14-Jährigen (deutscher Herkunft) ist nach teilweise zweistelligen Werten im Zeitraum 1998 bis 2005 (zwischen 10 und 12 %) wieder in den einstelligen Bereich zurückgegangen (aktuell 6/3 %). Der größte Rückgang bei den Mädchen betrifft die Altersgruppe der 16-Jährigen (minus 5 Prozentpunkte gegenüber 2009). Bei den Jungen ist er in der Altersgruppe der 17-Jährigen mit minus 7 Prozentpunkten zu verzeichnen (bei den Mädchen gab es in dieser Altersgruppe bereits 2009 einen deutlichen Rückgang)« (S. 8).

Erfreulich ist die über die Jahre deutlich gestiegene Aufmerksamkeit bei der Verhütung. Die Jugendlichen zeigen sich hier sehr umsichtig (150 ff.), über 90 Prozent der sexuell aktiven jungen Menschen sprechen mit ihrer Partnerin oder ihrem Partner über Verhütung und beim ersten Mal treffen nur noch sechs Prozent der Jungen (1980: 29 %) und acht Prozent der Mädchen (1980: 20 %) keine Vorkehrungen.

In Bezug auf die Rolle des Elternhauses vermitteln die Daten der Studie ein klares Bild: »Die Eltern – für Mädchen gleichzusetzen mit der Mutter, für Jungen Vater und Mutter zu gleichen Teilen – haben großen Anteil an der Sexualaufklärung im Jugendalter und sind nicht nur für die Jüngeren auch als Vertrauenspersonen oder diejenigen, an die sich Jugendliche und junge Erwachsene bei empfundenen Wissensdefiziten gern wenden würden, von fast unverändert hoher Bedeutung. Mit steigendem Alter der Jugendlichen verlieren sie allerdings ihre Position als *vorrangige* Ansprechpartner, da weitere Bezugspersonen wie der Partner/die Partnerin oder Arzt/Ärztin hinzukommen. Einschränkend ist zu sagen, dass diese Aussagen vorrangig für junge Menschen deutscher Herkunft gelten. In Migrantenfamilien haben vor allem die männlichen Jugendlichen bzw. jungen Erwachsenen in Vater oder Mutter weit weniger einen Ansprechpartner, schon was die allgemeine Aufklärung betrifft« (S. 26).

Alkohol

Grundsätzlich ist die Zahl der Alkohol konsumierenden Jugendlichen in den letzten Jahren stetig gefallen. Waren es im Jahr 2004 noch 21,2 % der 12–17-Jährigen die regelmäßig einmal pro Woche zu alkoholischen Getränken griffen, so ist es im Jahr 2016 nur noch jeder zehnte (BZgA, 2017). Auch in der Gruppe der älteren Jugendlichen gibt es einen deutlichen Rückgang. Fast ein Drittel (30,7 %) trinkt in dieser Altersgruppe regelmäßig. Im Jahr 2004 waren es noch 43,6 %. Gleichzeitig hat sich das Alter, in dem Jugendliche zum ersten Mal Alkohol konsumierten, auf rund 15 Jahre erhöht. Das ist rund neun Monate später als noch im Jahr 2004. Und auch das ist bemerkenswert: Mehr als ein Drittel (36,5 %) der befragten Jugendlichen zwischen 12 und 17 Jahren gaben in der Studie an, noch nie Bier, Wein oder Schnaps probiert zu haben. Das ist der höchste Anteil von Abstinenzlern seit Beginn der Erhebung im Jahr 2001.

Die Drogenbeauftragte der Bundesregierung Marlene Mortler führte bei der Präsentation der BZgA-Studie die positiven Ergebnisse u. a. darauf zurück, dass die Aufklärungsarbeit durch die entsprechenden Institutionen und die Kampagne »Kenn dein Limit« Wirkung zeigten (www.zeit.de, vom 18.5.2017). Nach einem ebenfalls positiven Trend in den letzten drei Jahren bezüglich des sogenannten »Komasaufens« vermeldete die Krankenkasse DAK Ende des Jahres 2017 (www.zeit.de vom 29.11.2017) allerdings wieder steigende Zahlen.

Werte, Perspektiven, Identität

Wertebewusstsein

Schaut man sich die Wertorientierungen der Jugendlichen anhand der 16. und 17. Shell Jugendstudie an, so gibt es eine große Stabilität. »Was zählt, sind Freundschaft, Partnerschaft und Familie. [...] Auch 2015 gilt, dass enge persönliche Beziehungen für junge Menschen der wichtigste Anker eines guten und erfüllten Lebens sind. Zugleich wollen Jugendliche eine Person mit einem eigenen Profil sein. Deswegen bewerten sie Eigenverantwortung und Unabhängigkeit hoch. Wichtig ist ihnen auch, die eigene Phantasie und Kreativität zu entwickeln. Ein wesentliches Merkmal der Identitätsbildung im Jugendalter ist sowohl die Entwicklung von Bindungsfähigkeit als auch von Individualität« (Shell Deutschland, 2015, S. 238 f.). Einen weiteren Einblick gewährt Abbildung 1 aus dem Folienkatalog der Studie.

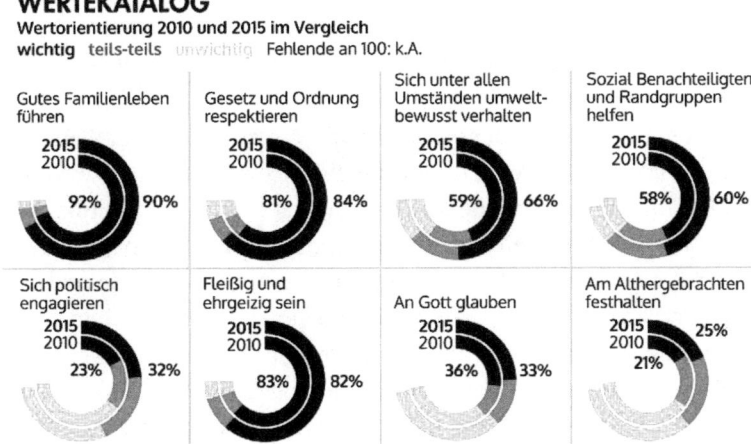

Abbildung 1: Wertekatalog der Jugendlichen und jungen Erwachsenen 2010 und 2015 (Quelle: 17. Shell Jugendstudie; Shell Deutschland, 2015, Folienkatalog)

Lebensperspektiven

Nach den Ergebnissen der Studie Jugendsexualität 2015 (Bode u. Heßling, 2015) gehören eigene Kinder zur Lebensperspektive der heutigen Jugendlichen zwischen 14 und 25 dazu: »Nur eine kleine Minderheit von 10 % spricht sich explizit gegen Kinder aus. Der Anteil derer, bei denen Kinder in der Lebensplanung nicht vorkommen, erweist sich von jungen Jahren an als sehr stabil, wobei Mädchen sich bereits früh auf eine Haltung gegenüber Kindern festlegen, während Jungen länger brauchen, bis sie zu einer Position finden. Ideal wäre es, zwei Kinder zu haben; darin stimmt mehr als die Hälfte der 18- bis 25-Jährigen überein. Aber erst nach Ausbildung und Berufserfahrung – das ist Konsens bei mehr als zwei Dritteln der jungen Frauen und Männer« (S. 12). Nach der Datenlage der 17. Shell-Studie glauben 27 % der jungen Männer und 16 % der jungen Frauen, dass man auch ohne Familie allein glücklich leben kann (Shell Deutschland, 2015, S. 56).

Grundsätzlich blicken junge Menschen laut der 17. Shellstudie optimistisch in die Zukunft (61 %). 36 % sagen »mal so, mal so« und nur 3 % bringen einen eher düsteren Blick zum Ausdruck (S. 14). »Damit erhöht sich der Anteil der optimistischen Jugendlichen gegenüber 2010 (59 %) noch einmal leicht und lässt den entsprechenden Wert aus 2006 (50 %) weit hinter sich. Von dieser Zuversicht profitieren Jugendliche aus der sozial schwächsten Schicht allerdings erneut nicht. Wie schon im Jahr 2010 äußert sich von ihnen nur ein Drittel (33 %) optimistisch hinsichtlich der eigenen Zukunft« (S. 14).

Diese Daten stimmen im Hinblick auf die unterschiedlichen Möglichkeiten der Jugendlichen je nach Herkunft und Bildungsgrad besonders nachdenklich, und es bleibt eine dringende gesellschaftliche Aufgabe, gerade hier für mehr Gerechtigkeit und Perspektiven zu sorgen.

Für Heiner Keupp ist die »Lebenssituation von Jugendlichen […] heute in der sozialen Lebenswelt durch eine eigentümliche Spannung gekennzeichnet: Einerseits sind schon für Jugendliche die Freiheitsgrade für die Gestaltung der eigenen individuellen Lebensweise sehr hoch. Andererseits werden aber diese ›Individualisierungschancen‹ erkauft durch die Lockerung von sozialen und kulturellen Bindungen. Der Weg in die moderne Gesellschaft ist, so gesehen, auch ein Weg in eine zunehmende soziale und kulturelle Ungewissheit, in moralische und wertemäßige Widersprüchlichkeit und in eine erhebliche Zukunftsunsicherheit« (Keupp, 2013, S. 19 f.). Dies führt nach Einschätzungen zahlreicher Forscher(innen) (Überblick bei Gille, 2012) dazu, dass immer häufiger Jugendliche mit ihren Plänen scheitern und sich selbst dafür verantwortlich fühlen. »Der Sozialwissenschaftler Klaus Hurrelmann (2011) rechnet fast ein Fünftel der gegenwärtigen Jugendgeneration zu den Modernisierungsverlierern« (Gille, 2012, S. 7). Die Phase, bis junge Erwachsene sich eines Arbeitsplatzes sicher sein können, verschiebt sich immer weiter nach hinten. Nicht selten werden sie von Zeitvertrag zu Zeitvertrag oder Projekt zu Projekt vertröstet.

Dieser »verzögerte Übergang in den Erwachsenenstatus führt zusammen mit dem immer früheren Eintritt in die Pubertät dazu, dass die Lebensphase Jugend zum Teil ihren Charakter als Übergangsphase verliert. Sie wird immer mehr zu einem eigenständigen Lebensabschnitt, der durchschnittlich 15 Jahre umspannt« (S. 7 f.).

Wer bin ich? – Der Weg zur eigenen Identität

Wie die letzten Ausführungen gezeigt haben, hat sich der gesellschaftliche Rahmen für ein Aufwachsen und Erwachsenwerden erheblich verändert und die Balance von Gelingen und Scheitern stellt eine große Herausforderung für die Jugendlichen und ihre Eltern dar. Geblieben ist das, was für den Psychologen Erik H. Erikson (1968, 2000) das zentrale Entwicklungsziel der Adoleszenz ist: Das Entwickeln und Gestalten einer eigenen Identität. »Es geht bei der Identitätsfindung immer darum, eine Übereinstimmung herzustellen zwischen dem subjektiven ›Innen‹ und dem gesellschaftlichen ›Außen‹. Genau in dieser Funktion wird der Doppelcharakter von Identität sichtbar: Sie soll einerseits das unverwechselbare Individuelle, aber auch das sozial Akzeptable darstellbar machen« (Keupp, 2010, S. 101). Der junge Mensch ist also herausgefordert, sich seiner

selbst bewusst zu werden, ein eigenes Lebenskonzept zu entwickeln und letztlich einen guten Platz in der Gesellschaft zu finden. Und das führt nicht selten zunächst in die Krise. Denn um das Eigene zu finden, gilt es, das Gewohnte zu hinterfragen:
- Wer bin ich?
- Woher komme ich?
- Was ist mir wichtig?
- Wo will ich hin?

Das sind die existenziellen Fragen, mit denen sich die heranwachsenden Kinder mit Beginn der Adoleszenz zum ersten Mal bewusst auseinandersetzen. Jugendliche spüren sich ganz neu – ihre Sexualität, ihre individuellen Fähigkeiten und Grenzen und die eigene Herkunftsgeschichte. Es ist eine spannende Zeit, vielleicht sogar die spannendste Zeit im Leben von Menschen. Es ist aufregend und verunsichernd, schön und schrecklich zugleich.

Die eigene Identität zu entwickeln, setzt also voraus, dass sich der junge Mensch seine familiäre, kulturelle und gesellschaftliche Herkunft bewusst macht und Gewohntes infrage stellt. Nur so ist er in der Lage, ein eigenes Werte- und Glaubenssystem zu entwickeln, eine politische Haltung zu finden und sich beruflich zu orientieren. Und so einfach die Frage: »Wer bin ich?« auf diesem Weg auch sein mag, so schwer kann es sein, sie zu beantworten. Letztlich geht es in diesem wichtigen Entwicklungsprozess immer darum, die Balance herzustellen zwischen Autonomie und Anpassung.

Identitätsfindung: Kein regelhaft-linearer Entwicklungsverlauf mehr

Vieles hat sich in den letzten Jahrzehnten in unserer Gesellschaft zum Positiven verändert. Die Anzahl der Bildungs- und Berufsoptionen sind z. B. enorm gestiegen. Dadurch eröffnet sich für die junge Generation ein Strauß von Entwicklungsmöglichkeiten. Allerdings hat dies teilweise auch einen hohen Preis, weil Selbstverständliches verloren geht: »Die Möglichkeitsräume haben sich in der pluralistischen Gesellschaft explosiv erweitert. In diesem Prozess stecken enorme Chancen und Freiheiten, aber auch zunehmende Gefühle des Kontrollverlustes und wachsende Risiken des Misslingens« (Keupp, 2010, S. 103).

In den 1980er Jahren wurde die Phase der Adoleszenz im Entwicklungsmodell von Erik H. Erikson in der Fachwelt kontrovers diskutiert (S. 101). Die Identitätsfindung als ein regelhaft-linearer Entwicklungsverlauf, der zum Ende der Adoleszenzphase erfolgreich abgeschlossen sein soll, setzt immer auch eine gesellschaftliche Kontinuität und Berechenbarkeit voraus. Das ist im Zeichen von Individualisierung, Globalisierung, Pluralisierung und permanenten Veränderungsprozessen, denen Menschen in der digitalisierten Gesellschaft ausgeliefert sind, so nicht mehr möglich. »Identität wird deshalb auch nicht mehr als Entstehung eines inneren Kerns thematisiert, sondern als ein Prozessgeschehen beständiger ›alltäglicher Identitätsarbeit‹, als permanente Passungsarbeit zwischen inneren und äußeren Welten. Die Vorstellung von Identität als einer fortschreitenden und abschließbaren Kapitalbildung wird zunehmend abgelöst durch die Idee, dass es bei Identität um einen ›Projektentwurf‹ des eigenen Lebens geht« (S. 102). Die Frage nach der eigenen Identität ist von daher nur noch temporär zu beantworten und die Antwort auf die Frage: »Wer bin ich?« ist also mit Eintritt ins Erwachsenenleben nicht endgültig abgeschlossen. Das ist ein interessanter und herausfordernder Aspekt. Restrukturierungsprozesse, Technologiewandel, Digitalisierung und Globalisierung erfordern also von den Menschen ein hohes Maß an Flexibilität und Anpassungsfähigkeit. Immer wieder gibt es in unserer schnelllebigen Gesellschaft neue Herausforderungen. Lebensentwürfe sind, anders als noch vor 50 Jahren, nur noch auf kurze Zeit angelegt.

Wie bereits oben beschrieben, fühlen sich junge Menschen mit diesem Grad der Komplexität nicht selten überfordert – sich für etwas zu entscheiden, bedeute immer auch, eine Vielzahl anderer Optionen nicht wahrzunehmen. Die Angst, etwas zu verpassen oder die falsche Entscheidung getroffen zu haben, lähmt viele Jugendliche, macht sie entscheidungsmüde und führt nicht selten in eine reaktive Depression. Studienabbrüche, Internetsucht und Depression sind die Symptome einer Entwicklungskrise, mit denen jungen Menschen heute vielfach zu kämpfen haben.

> »Niemand kann mir vorschreiben, was ich zu tun oder zu lassen habe. Was ich auch mache und was ich gleichzeitig lasse, habe ich selbst zu entscheiden und zu verantworten. Das ist eigentlich ein großes Privileg. Es macht das Leben aber nicht leichter. Meistens ist es sogar unglaublich anstrengend. Der Druck, etwas zu verpassen oder die falsche Entscheidung zu treffen, ist enorm groß.« (Lars, 21 Jahre)

Vielleicht ist es eine besondere Herausforderung unserer Zeit – gerade dann, wenn wichtige Entscheidungen gefällt werden müssen und Weichenstellungen für das Leben anstehen, gilt es, im Leben der heranwachsenden Kinder (wieder) Präsenz zu zeigen. In diesem Sinne sind Eltern noch einmal besonders gefragt. Denn auch hier gilt: Halt geben, zutrauen, (los)lassen und eventuell auffangen.

Zwischen Autonomie und Bindung

Johann Wolfgang von Goethe hat es einmal so formuliert: »Zwei Dinge sollen Kinder von ihren Eltern bekommen: Wurzeln und Flügel.« Dieses Bild aus der Natur macht deutlich, dass der junge Mensch immer beides braucht: Geborgenheit und Freiheit, Halt und Losgelassenwerden, das Sich-Ausprobieren und Aufgehobenfühlen. Es ist dieser spannende Prozess zwischen Autonomie und Bindung. Die Erfahrung gemacht zu haben, als Kind zu den Eltern oder mindestens zu einer verlässlichen Bezugsperson eine Bindung aufgebaut zu haben, spielt also im weiteren Entwicklungsprozess von Menschen eine entscheidende Rolle. Frühe und verlässliche Bindungserfahrung versetzen Kinder in die Lage, genügend Selbstvertrauen aufzubauen und im Sinne des Autonomieprozesses sich später als eigenständige Persönlichkeit zu entfalten. Die bekannte Kinderbuchautorin Astrid Lindgren (1907–2002) bringt es auf den Punkt: »Wir hatten Geborgenheit und Freiheit, das war genug« (zit. nach Rosemann u. Röhrbein, 2006, S. 30). In einem positiven Entwicklungsklima aufgewachsen zu sein, heißt nicht, Kinder unter allen Umständen vor negativen Erfahrungen zu bewahren. Ganz im Gegenteil – Jugendliche brauchen das Lernfeld, Krisen- und Konfliktsituationen eigenständig bewältigen zu können. Dies trägt zur Entwicklung von Selbstwirksamkeit und zur Stärkung der Persönlichkeit bei. Es geht immer um beides – Haltgeben und Loslassen, Bindung und Freiraum. Einerseits brauchen Kinder unbedingt die Erfahrung, zumindest temporär in einem Klima von Sicherheit und Geborgenheit aufgewachsen zu sein, und andererseits ist es genauso wichtig, dass sie genug Entwicklungsraum erhalten, um eigenen Erfahrungen machen zu können.

Die Bindungstheorie liefert wichtige entwicklungspsychologische Erkenntnisse, die verdeutlichen, wann junge Menschen in der Lage sind, enge Bindungen einzugehen oder nicht einzugehen (Streeck-Fischer, 2001, S. 166):
- »*Für sicher gebundene Jugendliche* haben Bindungen einen hohen Stellenwert (Allen u. Hauser, 1996). Sie können negative Erfahrungen mit ihren Eltern bei ihrer positiven Grundhaltung integrieren und Konflikte produktiv lösen. Bindung und Exploration sind im Gleichgewicht.
- *Unsicher-distanziert gebundene Jugendliche* weisen wenig Autonomie und geringe Verbundenheit gegenüber den Eltern auf und stellen sich als besonders unabhängig in Beziehungen dar; auffälligerweise neigen sie zur Idealisierung ihrer Eltern und haben Schwierigkeiten, negative Affekte bei sich und anderen wahrzunehmen (Becker-Stoll u. Fremmer-Bombik, 1997).
- *Unsicher-verwickelt gebundene Jugendliche* dagegen neigen eher zu einem erhöhten und unproduktiven Überengagement gegenüber den Eltern (ebd.), das Bindungssystem bleibt ständig aktiv.«

Der Übergang ins erwachsene Leben

Wie bereits beschrieben, spielen Eltern in diesem Ablösungs- und Gestaltungsprozess eine wichtige Rolle. Sie sind sozusagen der sichere Hafen und gleichzeitig Sprungbrett, um den Jugendlichen dabei zu unterstützen, den Sprung ins erwachsene Leben zu schaffen. Dies ist keine leichte Übung, und Eltern haben mitunter das Gefühl, dass ihnen auf den Nerven herumgetrampelt und ihre Geduld bis auf das Äußerste strapaziert wird. Um sich selbst zu finden, müssen sich die Kinder in der Phase der Adoleszenz von der »Übermacht« Eltern befreien. Eltern sind dann nicht mehr die wichtigste Bezugsperson oder das große Vorbild, sondern sie haben zeitweilig sogar die Rolle des »vermeintlichen« Gegenspielers. Jugendliche wollen ihre Eltern als Persönlichkeiten wahrnehmen, an denen sie sich bei der Suche nach dem eigenen Weg orientieren und messen, gegen die sie sich auflehnen oder von denen sie sich abgrenzen.

Eines ist sicher: Auch wenn die Jugendlichen die Einstellung und Reaktion ihrer Eltern mitunter nicht akzeptieren wollen – sie brauchen überhaupt erst einmal eine solche Gegenposition, um ihre eigene Position finden zu können. Sie bewegen sich in einem luftleeren Raum und suchen nach Fixpunkten. Oft wissen sie zu Beginn dieses Weges nicht, was sie wollen und in welche Richtung es gehen kann. Aber sie wissen genau, was sie (zunächst) nicht wollen, nämlich das, was ihre Eltern empfehlen und vorleben. Dabei geht es den Jugendlichen gar nicht mal so sehr um die konkreten Inhalte, sondern vielmehr um die Gegenposition.

Und das nimmt manchmal erstaunliche Formen an. Haben sich z. B. Eltern noch gegen die Zwänge der Gesellschaft und für mehr Freiheit und Individualität eingesetzt, so sehen sie sich bei ihren Kindern mit angepassten und konservativen Meinungen konfrontiert, die erschreckend denen der eigenen Eltern ähneln. Auf dem Weg zur individuellen Persönlichkeit und zur eigenen Identität wollen und müssen sich heranwachsende Kinder an ihren Eltern reiben, und das geht nicht ohne Konflikte einher und stellt das Familienleben mitunter auf eine harte Probe (Rosemann u. Röhrbein, 2006, S. 10).

Ambivalenzen

Adoleszenz ist also auch ein Generationenkonflikt und somit unausweichlich mit ambivalenten Gefühlen verbunden – bei den jungen Menschen genauso wie bei der älteren Generation, den Eltern. Einerseits ist der junge Mensch herausgefordert, diejenigen infrage zu stellen, auf die er gleichzeitig angewiesen ist. Und zugleich sehen sich »die Alten« in diesem Prozess mit der eigenen Endlichkeit konfrontiert. Die nachfolgende Generation repräsentiert nämlich das »Neue« und schafft mit rasanter Geschwindigkeit Neues und Anderes und löst damit die ältere Generation noch zu deren Lebzeiten ab. Schuldgefühle, Trauer, Unsicherheit und Verlustängste gehören genauso zum Repertoire der Gefühle wie Abenteuerlust, Neugier, Freude und Begeisterung. »Ambivalenzen spielen gerade in adoleszenten Familiendynamiken eine bedeutsame Rolle – nicht alleine deshalb, weil in intergenerationalen Verhältnissen, wie in allen sozialen Beziehungen, Nähe-Distanz-Konflikte oder Autonomie und Abhängigkeits-Konflikte auftreten können« (King, 2014, S. 106). In diesem Sinne bekommt der Generativitäts-Begriff von Erik H. Erikson (1959) auch noch mal eine besondere Bedeutung. »Eine produktive Fortsetzung der Generationenlinie schließt die kulturelle Weitergabe ein, lässt aber auch die Entstehung des Neuen zu und somit zugleich das Infragestellen und Abgelöstwerden des Vorausgehenden. Generativität bezeichnet somit gerade auch die Fähigkeit, das eigene Relativiert- und Abgelöstwerden im Verhältnis zu den Nachkommen zu ermöglichen und nicht destruktiv darauf zu reagieren« (King, 2014, S. 107). Generativität basiert also im Kern darauf, dass Eltern in der Lage sind, sich konstruktiv mit diesen ambivalenten Gefühlen auseinanderzusetzen – den eigenen und denen der heranwachsenden Kinder.

Jugendliche sind somit herausgefordert, ihre eigene Welt zu schaffen. »Entwicklung in der Adoleszenz kann als ein (nicht linearer) Dreischritt von Trennung, Umgestaltung und Neuschöpfung beschrieben werden« (King, 2014, S. 107). Adoleszente sind in dieser Zeit empfindlich und verletzbar, denn indem der junge Mensch die eigene Welt erschafft, muss er zumindest phasenweise auf die Anerkennung der Eltern verzichten. Und genau an diesem neuralgischen Punkt der Entwicklung sind Eltern noch einmal besonders herausgefordert, besonnen zu reagieren. Es ist hilfreich, wenn sie den Ablösungsprozess ihrer Kinder begrüßen, auch wenn es noch so schwerfällt, das eigene Wertesystem zu relativieren und auch wenn es noch so weh tut, den eigenen Trennungsschmerz auszuhalten. Und das ist sicher der schwerste Schritt – immerhin sind das eigene Wertesystem und die eigenen Errungenschaften wichtige Säulen der eigenen Identität. Auch deshalb sind die Autonomiebestrebungen der Kinder ein Spiegel der eigenen Endlichkeit.

Voneinander lernen – sich auf Augenhöhe begegnen

Wenden wir uns somit noch einmal dem gemeinsamen Entwicklungsprozess zu. Ist die verlässliche und enge Bindung für die Entwicklung der jüngeren Kinder grundlegend wichtig, so erweist sich diese »asymmetrische Interaktionsstruktur zwischen Eltern und Kindern in der Adoleszenz für die Entwicklung von Autonomie als hinderlich« (Metzger, Reinhard u. Wettach, 2015, S. 246). Beide Seiten sind also herausgefordert, eine neue Beziehungsstruktur zu entwickeln – von der abhängig-asymmetrischen, in der Bindung eine lebensnotwendige Rolle spielt, zu einer kooperativ-symmetrischen Struktur, die sich zum Ende der Adoleszenz immer mehr zu einer Beziehung auf Augenhöhe entwickelt. Eltern können dann in bestimmten Lebensbereichen, wie z. B. neue Medien, kulturelle Entwicklungen oder Lifestyle, von den heranwachsenden Kindern lernen. Und umgekehrt lernt die jüngere Generation von der Lebenserfahrung der »Alten«.

Abschließend stellt sich die Frage: Warum erleben Eltern und Jugendliche die Adoleszenz oft als die schwierigste Phase im Zusammenleben als Familie? Die Antwort darauf ist komplex: Zum einen fällt es Eltern möglicherweise schwer, loszulassen und zu akzeptieren, dass die eigenen Kinder sich abgrenzen und ihre eigenen Wege gehen. Zum anderen erleben Eltern nicht selten einen Kontrollverlust, sie fühlen sich hilflos ausgeliefert, machen sich Sorgen um ihr Kind und wissen nicht, wie sie handeln sollen. Mitunter stellen sie sogar ihre bisherige Erziehungsleistung komplett infrage und ziehen sich mehr und mehr zurück. Andererseits fühlen sich die Jugendlichen oft nicht richtig verstanden, zu Unrecht und zu hart kontrolliert, bevormundet oder gar nicht länger als geliebten Teil innerhalb des Systems Familie. Dies kann noch verstärkt werden, wenn durch Trennung und neue Beziehungen der Eltern sogenannte »Patchwork«-Konstellationen entstehen, in denen die Balance von unterschiedlichsten Wünschen und Bedürfnissen noch komplexer wird. In solchen Situationen kann die Unterstützung durch eine Beratungsstelle oder familientherapeutische Praxis ein wichtiger Schritt sein, um dass »Familienschiff auf Kurs zu halten«.

Erziehungsberatung und weitere Hilfen zur Erziehung

Mit welchen Themen kommen Jugendliche und ihre Eltern in die Beratungsstelle?

Die Bandbreite reicht von Diskussionen bezüglich Regelverletzungen (z. B. Mitwirkung im Haushalt, Alkohol- oder Medienkonsum), mangelnde (Schul-)Leistung und den (von den Eltern als problematisch empfundenen) Freundeskreis über Rebellion und Autonomiekonflikte bis hin zu Dissozialität, Kriminalität und Drogen. Auch eigene Grenzverletzungserfahrungen (Mobbing, körperliche und sexuelle Gewalt) können Anlass für das Aufsuchen einer Beratungsstelle sein.

Fendrich, Pothmann und Tabel (2016) formulieren im »Monitor Hilfen zur Erziehung 2016« im Hinblick auf grundsätzliche Herausforderungen: »Der Ausfall eines oder beider Elternteile, die Trennung und Scheidung, aber auch die Folgen von fehlenden materiellen Ressourcen sowie damit verbundene Ausgrenzungsprozesse stellen Lebenslagen mit einem erhöhten Bedarf an Unterstützungsleistungen dar« (S. 9.). In solchen und anderen Notsituationen haben Eltern (und Jugendliche) einen Anspruch auf Unterstützung und Hilfe zur Erziehung (SGB VIII § 27 Abs. 1).

In vielen dieser Beratungsprozesse geht es letztlich um die Rekonstruktion der Vertrauensebene, die Entwicklung von Verständnis für die jeweils »andere Seite«, die Rückkehr an den »Aushandlungstisch« und die (Wieder-)Entdeckung der liebenswerten Seiten am jeweils anderen.

In der systemischen Therapie und Beratung gehen wir grundsätzlich davon aus, dass unsere Klientinnen und Klienten über eigene Kompetenzen und Lösungsstrategien verfügen, um ihre Probleme lösen zu können. Zudem trennen wir in der Therapie das Handeln eines Menschen von seinem »Wert«, da wir davon ausgehen, dass jeder Mensch gute Gründe für sein Verhalten und Vorgehen besitzt, auch wenn sie sich für mich als Therapeut/-in nicht unmittelbar identifizieren lassen.

Röhrbein beschreibt für die Arbeit mit den Jugendlichen und ihren Eltern, dass es sich anbietet, sich »selbst [...] daher eher in der Rolle des Fragenden und möglicherweise an der einen oder anderen Stelle auch des Übersetzers [zu verstehen], wenn die Kränkungen und Enttäuschungen sich wie ein Nebel vor das jeweilige zwischenmenschliche Beziehungsauge geschoben haben und die Zeichen der Anerkennung, Wertschätzung und Liebe gar nicht mehr wahrgenommen werden können« (Röhrbein, 2016, S. 14). Häufig hilft es schon, wenn es analog zu der von Manfred Prior beschriebenen VW-Regel (Prior, 2002) gelingt, die Wünsche hinter den geäußerten Vorwürfen wieder zu identifizieren und die Orientierung an den Wünschen – als ein erster Schritt in Richtung einer Befriedung der Situation – wahrgenommen wird.

Zahlenmäßige Entwicklung der Hilfen zur Erziehung (HzE)

Schaut man sich die Entwicklung in diesem Bereich an, dann zeigt sich, dass die »Zahl der Hilfen zur Erziehung [...] in den letzten Jahren langsam, aber kontinuierlich zugenommen [hat]. Bereits 2012 wurde erstmals die Millionen-Grenze durchbrochen. Die Zahl der 2014 in Anspruch genommenen Hilfen zur Erziehung und der von diesen erreichten jungen Menschen ist nun noch einmal um 20.000 Leistungen gegenüber dem Vorjahr angestiegen (+2 %). Bezogen auf die unter 21-jährige Bevölkerung haben – statistisch betrachtet – damit fast 7 % dieser Altersgruppe irgendeine HzE-Leistung erhalten. […] Mit Blick auf die einzelnen Leistungssegmente wird vor allem der Zuwachs an ambulanten Hilfen deutlich. Zwischen 2000 und 2014 haben sich die ambulanten Leistungen mehr als verdoppelt« (Fendrich et al., 2016, S. 11 f.).

Wenn wir einen Blick auf die zahlenmäßige Verteilung der ambulanten Hilfen werfen, dann stellt die Erziehungsberatung die größte Gruppe dar: »Im Spektrum der Hilfen zur Erziehung nimmt die Erziehungsberatung den größten Anteil ein. Mit 452.918 Hilfen, dies entspricht einem Anteil von 44 %, liegt die Zahl der Beratungen im Jahr 2014 wie in den letzten Jahren deutlich über dem Wert für die weiteren ambulanten Leistungen (387.861) sowie der Anzahl an Fremdunterbringungen (196.949)« (S. 12).

Alters- und Geschlechtsverteilung in den Hilfen zur Erziehung

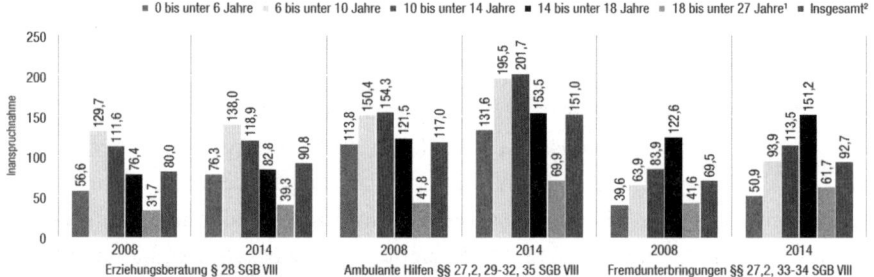

Abbildung 2: Junge Menschen in den Hilfen zur Erziehung (Fendrich et al., 2016, S. 15)

Aufschlussreich ist, dass gemäß Abbildung 2 die meisten Klientinnen und Klienten der ambulanten Angebote im Jahr 2014 6–13 Jahre alt sind. Dies bestätigt möglicherweise noch einmal die bereits oben beschriebene These, dass durch das immer frühere Eintreten der Pubertät auch die Konfliktfelder altersmäßig »nach vorne« rutschen. Nach dem »Monitor Hilfen zur Erziehung 2016« werden Erziehungsberatungen »am meisten von Kindern im Alter von 6 bis unter 10 Jahren bzw. von deren Eltern in Anspruch genommen (bevölkerungsbezogen aktuell 138 pro 10.000 Kinder dieser Altersgruppe). An zweiter Stelle ist die Bedeutung der Altersgruppe der 10- bis unter 14-Jährigen als Adressat(inn)en der Erziehungsberatung zu nennen (bevölkerungsbezogen 119 pro 10.000 Kinder dieser Altersgruppe)« (Fendrich et al., 2016, S. 15).

Schaut man sich auf der anderen Seite jedoch die Zahlen der Fremdunterbringungen an, dann bilden in dieser Hilfeform, wie auch 2008, die 14- bis unter 18-Jährigen die stärkste Gruppe. Hier ist sicher die These erlaubt, dass dies damit zu tun haben kann, dass bisherige Angebote keinen nachhaltigen Effekt erzielt haben, der bestehende Konflikt nicht beruhigt werden konnte oder die Verzweiflung und Ausstoßungstendenzen (im Verhältnis zu den Bindungskräften) zu intensiv waren, sodass ein weiteres Zusammenleben (vorübergehend) nicht mehr denkbar erschien (zum Umgang mit herausfordernden und sogenannten »hard to reach«-Klientinnen und Klienten siehe vertiefend: Gahleitner, 2013; Röhrbein, 2014, 2016).

In Bezug auf die Verteilung der Geschlechter finden sich insgesamt »in der Erziehungsberatung im Jahr 2014 – parallel zu der Verteilung in den anderen erzieherischen Hilfen – mehr Jungen als Mädchen […]. Dabei sind Mädchen vor allem in den Altersgruppen der 6- bis unter 10- sowie der 10- bis unter 14-Jährigen unterrepräsentiert […]; allerdings sind die Inanspruchnahmequoten in den letzten Jahren bei der weiblichen mehr als bei der männlichen Klientel angestiegen. Bei einer deutlich geringeren Anzahl an Hilfen für Jugendliche ist die Inanspruchnahme von Mädchen ab dem 14. Lebensjahr höher als bei den Jungen« (Fendrich et al., 2016, S. 16).

Familienstatus

Werfen wir abschließend noch einen Blick auf den familiären Status der jeweiligen Ratsuchenden in den unterschiedlichen Hilfearten. »Mit Blick auf die einzelnen Leistungssegmente zeigen sich deutliche Unterschiede. Erziehungsberatungen erhalten in 43 % der Fälle zusammenlebende Eltern. Im Vergleich dazu fällt der Anteil dieser Familienform in den Hilfen zur Erziehung (ohne Erziehungsberatung) mit 26 % wesentlich geringer aus. Hier wird fast jede zweite Hilfe für Alleinerziehende gewährt. Der Anteil der Alleinerziehenden beträgt bei den Fremdunterbringungen und ambulanten Leistungen jeweils 48 %« (Fendrich et al., 2016, S. 17 f.). Abbildung 3 gibt einen Überblick in Bezug auf die einzelnen Zusammenhänge.

Wie bereits oben beschrieben, stimmt auch diese Darstellung nachdenklich im Hinblick auf einen möglichen Zusammenhang von elterlichem Zusammenleben, sozialem Status und einer größeren Wahrscheinlichkeit, in der Erziehung mit den eigenen Kindern an seine Grenzen zu kommen, sodass intensivere Maßnahmen bis hin zur Trennung notwendig werden. Hier braucht es weiterhin eine große Bereitschaft der psychosozialen Community, frühzeitig kreativ anzusetzen, um (alleinerziehende) Mütter und Väter vor Überforderungssituationen zu bewahren, die schlussendlich häufig zulasten der Kinder und Jugendlichen gehen. Eine so verstandene Jugendhilfe investiert rechtzeitig in das Gesamtsystem der Familie, damit die Kompetenzen und Beziehungen gestärkt und Kindeswohlgefährdungen sowie (im besten Falle) dramatische Beziehungsabbrüche vermieden werden – die aber auch Mittel und geeignete Maßnahmen zur Verfügung stellt, wenn es gilt, Jugendliche vor Gefährdungen zu schützen: Denn Kinderschutz gilt auch für Jugendliche (Wazlawik, 2014).

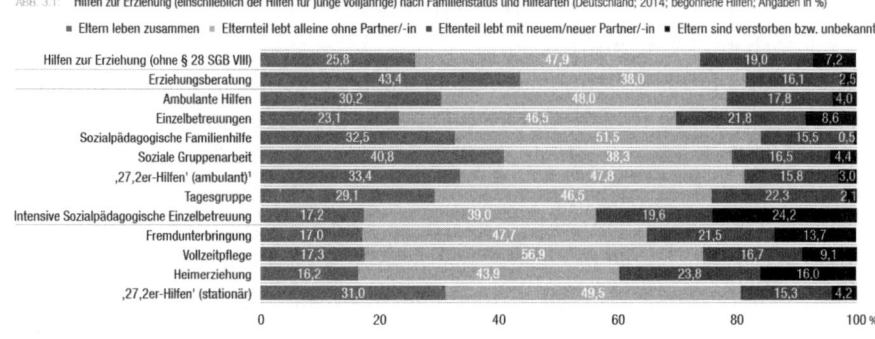

Abbildung 3: Hilfen zur Erziehung nach Familienstatus und Hilfearten (Fendrich et al., 2016, S. 20)

Ausblick

Das Zusammenleben mit Jugendlichen in der Familie kann bereichernd und beglückend, aber auch bedrückend und belastend sein. In jedem Fall prägt es in besonderer Weise. Kinder müssen sich im Verlauf der Adoleszenz aus dem Schoß der Familie lösen und aktiv von den Eltern abgrenzen. Dies gilt als wichtige Grundlage, um eigene Entscheidungen zu treffen und sich als eigenständige Persönlichkeit zu entwickeln – immer mit dem Ziel, letztlich mit beiden Beinen im Leben zu stehen. Wann und wie das gelingt, hängt – wie beschrieben – von zahlreichen Faktoren ab. Die Eltern bieten den entsprechenden Erziehungs- und Interaktionsrahmen für diese Selbstkonstruktion. Und die Familienberatung kann sowohl die Jugendlichen als auch die Eltern in diesem Prozess unterstützen, wenn es notwendig wird.

Aktuelle Erfahrungswerte deuten darauf hin, dass immer mehr Jugendliche eine »freundschaftliche Allianz mit den Eltern« eingehen und diese zu den wichtigsten Beratern und Partnern in allen Lebenslagen werden (Hurrelmann nach Kunstmann, 2018, S. 93). Das Ver- und Aushandeln werde immer mehr zum Regelfall und durch die größere Toleranz und Einfühlsamkeit der Eltern wird Rebellion teilweise überflüssig (S. 93). Welche Auswirkungen dies auf die Entwicklung der Jugendlichen und ihren Ablösungsprozess haben wird, bleibt abzuwarten. Kunstmann stellt diesbezüglich die Frage, ob es sich dabei möglicherweise um einen »riskanten Kuschelkurs« handelt, oder ob Pubertät auch so gelingen kann. Wir werden sehen.

In jedem Fall ist es ein Geschenk, wenn die Zeit zu einem solchen Ergebnis führt, wie es eine Mutter von vier erwachsenen Kindern beschreibt: »Eines Tages wurde ich wach und mir war klar: Jetzt können sich unsere Kinder auch ohne uns sehr gut weiterentwickeln. Das tut manchmal weh und erfüllt mich gleichzeitig mit tiefer Dankbarkeit« (Klientin).

Literatur

Allen, J. P., Hauser, S. T. (1996). Autonomy and relatedness in adolescent-family interactions as predictors of young adults' states of mind regarding attachment. Development and Psychopathology, 8, 793–809.

Bauer, C., Hegemann, T. (2008). Ich schaffs! – Cool ans Ziel. Das lösungsorientierte Programm für die Arbeit mit Jugendlichen. Heidelberg: Carl-Auer.

Becker-Stoll, F., Fremmer-Bombik, E. (1997). Adolescent-mother interaction and attachment: A longitudinal staudy. Vortrag für das Biennial Meeting of Society for Research in Child Development. Washington, DC.

Blandow, J. (2008). Jugend. In A. Hanses, H.-G. Homfeldt (Hrsg.), Lebensalter und Soziale Arbeit. Eine Einführung (S. 131–151). Baltmannsweiler: Schneider-Verlag Hohengehren.

Bode, H., Heßling, A. (2015). Jugendsexualität 2015. Die Perspektive der 14- bis 25-Jährigen. Ergebnisse einer aktuellen repräsentativen Wiederholungsbefragung. Köln: Bundeszentrale für gesundheitliche Aufklärung.

Borg-Laufs, M. (2013). Selbstmanagementtherapie mit Jugendlichen und das Web 2.0. In S. Trautmann-Voigt, B. Voigt (Hrsg.), Jugend heute – Zwischen Leistungsdruck und virtueller Freiheit (S. 107–119). Gießen: Psychosozial-Verlag.

Erikson, E. H. (1968). Kindheit und Gesellschaft. Stuttgart: Klett-Cotta.

Erikson, E. H. (2000). Identität und Lebenszyklus. Frankfurt a. M.: Suhrkamp.

Fend, H. (1990). Vom Kind zum Jugendlichen (Bd. 1). Bern u. a.: Huber.

Fend, H. (1991). Identitätsentwicklung in der Adoleszenz. Lebensentwürfe, Selbstfindung, Weltaneignung in beruflichen, familiären und politisch weltanschaulichen Bereichen (Bd. 2). Bern u. a.: Huber.

Fend, H. (2001). Entwicklungspsychologie des Jugendalters. Opladen: Leske und Budrich.

Fendrich, S., Pothmann, J., Tabel, A. – Arbeitsstelle Kinder- und Jugendhilfestatistik (AKJStat) (2016). Monitor Hilfen zur Erziehung 2016. Dortmund: Eigenverlag Forschungsverbund DJI/ TU Dortmund an der Fakultät 12 der Technischen Universität Dortmund.

Furman, B. (2007). Ich schaffs! Spielerisch und praktisch Lösungen mit Kindern finden. Heidelberg: Carl-Auer.

Gahleitner, S. (2013). Ob man denen vertrauen kann …? Traumatisierte und sozial benachteiligte Jugendliche verstehen und erreichen. In S. Trautmann-Voigt, B. Voigt (Hrsg.), Jugend heute. Zwischen Leistungsdruck und virtueller Freiheit (S. 139–152). Gießen: Psychosozial-Verlag.

Gahleitner, S., Wahlen, K., Bilke-Hentsch, O., Hillenbrand, D. (Hrsg.) (2013). Biopsychosoziale Diagnostik in der Kinder- und Jugendhilfe. Interprofessionelle und interdisziplinäre Perspektiven. Stuttgart: Kohlhammer.
Gille, M. (2012). Vom Wandel der Jugend. DJI Impulse, 3, 4–8.
Grabbe, M. (2009). Es gibt keinen Weg zu einer guten Beziehung – Eine gute Beziehung ist der Weg. Familiendynamik, 34, 266–274.
Grawe, K. (2000). Psychologische Therapie. Göttingen: Hogrefe.
Grawe, K. (2004). Neuropsychotherapie. Göttingen: Hogrefe.
Grobbin, A. (2016). Digitale Medien: Beratungs-, Handlungs- und Regulierungsbedarf aus Elternperspektive. München: Deutsches Jugendinstitut.
Hanses, A., Homfeldt, H. G. (Hrsg.) (2008). Lebensalter und Soziale Arbeit. Eine Einführung. Baltmannsweiler: Schneider-Verlag Hohengehren.
Hölzle, C., Jansen, I. (Hrsg.) (2011). Ressourcenorientierte Biografiearbeit. Grundlagen – Zielgruppen – Kreative Methoden. Wiesbaden: VS Verlag für Sozialwissenschaften.
Keupp, H. (2010). Identitäten, befreit von Identitätszwängen, aber verpflichtet zur Identitätsarbeit. Familiendynamik, 2, 100–109.
Keupp, H. (2013). Von der (Un-)Möglichkeit erwachsen zu werden. In S. Trautmann-Voigt, B. Voigt (Hrsg.), Jugend heute – Zwischen Leistungsdruck und virtueller Freiheit (S. 19–41). Gießen: Psychosozial-Verlag.
King, V. (2014). Ambivalenzen in adoleszenten Generationenbeziehungen. Familiendynamik, 2, 106–115.
Kunstmann, A. (2018). Ziemlich beste Freunde. Brigitte, 8, 93–94.
Leuschner, V., Scheithauer, H. (2011). Entwicklungsaufgaben und Entwicklungsherausforderungen im Jugendalter. IzKK-Nachrichten. Gefährdungen im Jugendalter, 1, 5–9. https://www.dji.de/fileadmin/user_upload/bibs/IzKK_Nachrichten_2011.pdf (29.10.2018).
Liechti, J. (2013). Dann komm ich halt, sag aber nichts. Motivierung Jugendlicher in Beratung und Therapie. Heidelberg: Carl-Auer.
Mattejat, F. (2008). Entwicklungsorientierte Verhaltenstherapie mit Kindern, Jugendlichen und ihren Familien. Verhaltenstherapie mit Kindern und Jugendlichen, 4, 77–88.
Medienpädagogischer Forschungsverbund Südwest (mpfs) (2017). JIM 2017 – Jugend, Information, (Multi-)Media. Basisstudie zum Medienumgang 12- bis 19-Jähriger in Deutschland. Stuttgart: mpfs.
Metzger, M., Reinhard, I., Wettach, L. (2015). Kinder lösen sich ab – nicht immer nach Plan der Eltern. Familiendynamik, 3, 246–253.
Oerter, R., Dreher, E. (2002). Jugendalter. In R. Oerter, L. Montada (Hrsg.), Entwicklungspsychologie (5. Aufl., S. 258–318). Weinheim u. a.: Beltz.
Oerter, R., Montada, L. (Hrsg.) (2002). Entwicklungspsychologie (5. Aufl.). Weinheim u. a.: Beltz.
Omer, H., Schlippe, A. v. (2004). Autorität durch Beziehung. Die Praxis des gewaltlosen Widerstands in der Erziehung. Göttingen: Vandenhoeck & Ruprecht.
Paus-Hasebrink, I., Hasebrink, U. (2017). Aufwachsen mit digitalen Medien. DJI Impulse, 3, 4–8.
Potreck-Rose, F., Jacob, G. (2016). Selbstzuwendung, Selbstakzeptanz und Selbstvertrauen. Psychotherapeutische Interventionen zum Aufbau von Selbstwertgefühl. Stuttgart: Klett-Cotta.
Prior, M. (2002). MiniMax-Interventionen. 15 minimale Interventionen mit maximaler Wirkung. Heidelberg: Carl-Auer.
Rhode, R., Meis, M. (2011). Wenn Nervensägen an unseren Nerven sägen. So lösen Sie Konflikte mit Kindern und Jugendlichen sicher und selbstbewusst. München: Kösel.
Röhrbein, A. (2014). Streitlustige Amazonen und wilde Krieger – Ideen für ein gelingendes Miteinander im Netzwerk Kinder- und Jugendschutz. In Die Kinderschutz-Zentren (Hrsg.), Nur schwierig oder schon gefährdet? Jugendliche in problematischen Lebenssituationen (S. 195–209). Köln: Kinderschutz-Zentren.

Röhrbein, A. (2016). Vertrauen schenken, Sicherheit aufbauen und Schätze heben – Ressourcen- und Lösungs-Orientierung mit Jugendlichen und ihren Eltern in schwierigem Terrain. In Die Kinderschutz-Zentren (Hrsg.), Jugendliche im Blick – Übergänge und Übergangene in der Kinder- und Jugendhilfe (S. 11–30). Köln: Kinderschutz-Zentren.

Rosemann, C., Röhrbein, A. (2006). Teenager-Alarm – 10 brandheiße Themen in der Teenager-Erziehung. Wuppertal: Brockhaus.

Schlippe, A. v. (2013). Von der Familientherapie zum systemischen Elterncoaching. Einführung in ein Spannungsfeld. In C. Tsirigotis, A. v. Schlippe, J. Schweitzer-Rothers (Hrsg.), Coaching für Eltern. Mütter, Väter und ihr »Job« (S. 9–24). Heidelberg: Carl-Auer.

Schwab, P. (2011). Kohärenz- und Identitätsentwicklung durch biografische Arbeit mit kreativen Medien in der Adoleszenz. In C. Hölzle, I. Jansen (Hrsg.), Ressourcenorientierte Biografiearbeit. Grundlagen – Zielgruppen – Kreative Methoden (S. 151–172). Wiesbaden: VS Verlag für Sozialwissenschaften.

Shell Deutschland (Hrsg.) (2015). 17. Shell Jugendstudie. Jugend 2015 – Eine pragmatische Generation im Aufbruch. Frankfurt a. M.: Fischer.

Steiner, T. (2013). Jetzt mal angenommen … Anregungen für die lösungsfokussierte Arbeit mit Kindern und Jugendlichen. Heidelberg: Carl-Auer.

Streeck-Fischer, A. (Hrsg.) (2004). Adoleszenz – Bindung – Destruktivität. Stuttgart: Klett-Cotta.

Trautmann-Voigt, S., Voigt, B. (Hrsg.) (2013). Jugend heute. Zwischen Leistungsdruck und virtueller Freiheit. Gießen: Psychosozial-Verlag.

Tsirigotis, C., Schlippe, A. v., Schweitzer-Rothers, J. (Hrsg.) (2013). Coaching für Eltern. Mütter, Väter und ihr »Job«. Heidelberg: Carl-Auer.

Wazlawik, M. (2014). Risiken und Gefährdungen im Jugendalter oder: Kinderschutz auch für Jugendliche? In Die Kinderschutz-Zentren (Hrsg.), Nur schwierig oder schon gefährdet? Jugendliche in problematischen Lebenssituationen (S. 67–84). Köln: Kinderschutz-Zentren.

Weiß, W. (2008). Philipp sucht sein Ich. Zum pädagogischen Umgang mit Traumata in den Erziehungshilfen. Weinheim u. München: Juventa.

www.zeit.de/wissen/gesundheit/2017–05/alkohol-verliert-wert-jugendliche-umfrage (Artikel vom 18.05.2017).

www.zeit.de/gesellschaft/zeitgeschehen/2017–11/alkoholkonsum-jugendliche-alkoholvergiftung-komasaufen-gestiegen (Artikel vom 29.11.2017).

Filip Caby

Jugend – eine Lebensphase, die es in sich hat (Teil 2): Gemeinsame Wege gehen mit Familien und deren Jugendlichen, aber auch mit Jugendlichen und deren Familien

Ein Einstieg

Inzwischen blicke ich auf eine lange Zeit als Kinder- und Jugendpsychiater und Psychotherapeut zurück. Aus den letzten 38 Jahren sind mir einige Jugendliche in lebhafter Erinnerung geblieben. Anke (der Name wurde wie alle folgenden Patientennamen frei erfunden) ist eine davon.

Ich lernte Anke kennen, als wir sie als 16,8-Jährige aus einer benachbarten Klinik übernahmen, weil die Kollegen vor Ort mehr Abstand zum elterlichen System für notwendig gehalten hatten und sich nicht mehr im Stande sahen, ihr wegen der zu großen Verstrickung zwischen Klinik und Familie ein wirksames Angebot machen zu können.

Anke wurde behandlungsbedürftig, weil sie immer weniger aß und langsam ihre Interessen aufgab. Sie war eine gute Schülerin, eine sehr gute Bratschistin und »Mittelkind«. Sie hatte eine jüngere Schwester, Geigerin, und einen älteren, nicht besonders musikalischen Bruder. Beide Eltern waren Profimusiker.

Ihr Verhalten in der Klinik wurde immer abstruser, sie gefährdete sich selbst, indem sie das Essen ganz einstellte, und musste zwangsernährt werden. Sie verletzte sich selbst und verkroch sich unter ihrem Bett. Im Gespräch war sie über Monate stumm, und die Therapie stagnierte. Sie verlor den schulischen Anschluss. Sie »wurde gelebt«.

Es wurden Medikamente eingesetzt, die allerdings nicht viel bewirkten.

Die Eltern reagierten sehr unterschiedlich. Die Mutter wirkte sehr besorgt, der Vater eher nachdenklich, aber nicht besonders emotional beteiligt. Die jüngere Schwester lebte ihr Leben und machte rasante Fortschritte. Sie war sportlich, schulisch und in der Musik erfolgreich. Der Bruder hatte inzwischen den elterlichen Haushalt verlassen und begann ein Ingenieurstudium.

Anke gab immer mehr auf, wurde rollstuhlpflichtig und schien ihr Leben nicht mehr auf dieser Welt zu leben. Die Eltern gaben nicht auf und kümmerten sich einerseits liebevoll, andererseits pflichtbewusst.

In einer (von vielen) Familientherapiesitzungen stellte ich die gewagte Hypothese auf, dass Anke wohl dabei sei, ihre Umwelt davon zu überzeugen, dass diese besser ohne sie auskommen würde und ihr Platz wohl eher in einer Pflegeeinrichtung wäre. Von Anke kam darauf keine Reaktion, von den Eltern kam Bestätigung!

Was als paradoxe Intervention gedacht war, traf genau das damalige Empfinden der Eltern. Sie waren am Ende und nicht mehr in der Lage, die emotionale Belastung zu tragen und zusehen zu müssen, wie ihre Tochter dahinsiechte. Es wurde schließlich eine Pflegeeinrichtung gefunden, die bereit war, eine Jugendliche aufzunehmen.

Ein Jahr später besuchte ich Anke. Es kam mir eine junge Frau entgegen, die sofort ins Gespräch ging und mir erzählte, dass sie in der Zwischenzeit ihre Schullaufbahn wieder aufgenommen hatte und »keinen Bock« mehr hatte, in diesem Heim zu bleiben. Sie wurde kurz darauf in die Heimatstadt entlassen und bezog ein Zimmer in einem Betreuten Wohnen.

Bei einem späteren Gespräch fragte sie mich, ob ich wissen wollte, was bei ihr gewirkt hat. Ich bejahte ganz neugierig. Sie sagte: »Sie haben nicht locker gelassen und Sie haben mich genervt mit Ihrer Frage: ›Wofür ist das gut?‹«

Irgendwann hatte sie die Frage für sich beantwortet: Für nichts. Und sie griff den Faden ihres Lebens wieder auf.

Ankes Geschichte ist außerhalb des Kontextes Psychiatrie eine eher ungewöhnliche, weil man vor Fragen steht wie:
- Wie entscheidet eine Jugendliche, diesen Weg zu gehen?
- Wie gehen Eltern damit um, machtlos zu sein bei der Erkrankung ihrer Tochter?
- Wie begleitet man einen Prozess, der Jahre dauert?

Die Geschichte von Jochen ist eine etwas häufigere. Jochen ist der Sohn eines hochstrittig geschiedenen Elternpaares. Er fiel dadurch auf, dass er in der Schule den Lehrern gegenüber unverschämt war, sich auch zu Hause kaum an Regeln hielt und leistungsmäßig eingebrochen war. Seine ältere Schwester war wegen ähnlicher Auffälligkeiten ebenfalls in Behandlung gewesen. Die Mutter war in der Therapie von Jochen hochmotiviert, wirkte »cool«, aber verstand die Welt nicht mehr. Die Therapie bestand aus drei Sitzungen. In der ersten beantwortete die Mutter die Frage: »Was glauben Sie, wie es Ihrem Sohn im Moment geht?« und der Sohn »Was glaubst du, wie es deiner Mutter jetzt geht?«

Die Fragen ermöglichten es beiden Beteiligten, die »Kampfebene« zu verlassen und neues Terrain zu betreten.

Die nächste Frage: »Wie geht es wohl deinem Vater/Ihrem Exmann?« wurde von beiden gleich beantwortet: »Den interessiert das nicht!«

»Und hat ›dein Problem‹ daran etwas verändert?« Antwort Jochen: »Nö!«

Die nächste Intervention bestand darin, ihm ein relativ sperriges Motorradmodell mitzugeben, das er ständig in der Hosentasche mit sich tragen sollte bis zum nächsten Termin. Es sollte ihn an sein »Nö« erinnern.

Beim nächsten Termin – vier Wochen später – meldete die Mutter, Jochens Klassenlehrer getroffen zu haben. Er habe von ihr wissen wollen, was wohl mit ihrem Sohn los sei. Er würde jetzt auf einmal mitarbeiten … In dieser Sitzung ging es nur noch darum, mit Jochen darüber zu sprechen, wie er dafür gesorgt hat, dass der Lehrer sich hat wundern können. Die Mutter hatte zu Hause ähnliche Beobachtungen wie der Lehrer gemacht.

Grundsätzliches zur Jugend

Bauer (2012) beschreibt, dass »die Jugend« eine von der Kindheit und dem Erwachsenenleben unscharf unterschiedene Lebensphase benennt und Annahmen über besondere Verhaltensmuster und Eigenschaften nahelegt, die als jugendtypisch gelten. Damit ist allerdings keine homogene Sozialgruppe gemeint, sondern ein heterogenes Subsystem unserer Gesellschaft. Deren Entwicklung ist abhängig von persönlichen, sozialen und materiellen Ressourcen und – für das »Abarbeiten« der für die Entwicklungsaufgaben relevanten – Kontextfaktoren. Sowohl die Adoleszenz als auch die Pubertät gehören zur Jugend dazu. Nach Fend (2001) liegt der Fokus in der Pubertät auf der körperlichen Entwicklung zur Geschlechtsreife und in der Adoleszenz auf den Besonderheiten der psychischen Entwicklung.

In der Behandlung und Beratung von Jugendlichen braucht es Systemkompetenz, was bedeutet, die Symptome bzw. das Verhalten der Jugendlichen auf dem Hintergrund ihrer jeweiligen Kontexte zu verstehen, um sie entsprechend begleiten zu können. Auch Bauer (2012) weist darauf hin, dass das bedeutendste Bezugssystem für Jugendliche die Familie ist. Meines Erachtens ändert sich das nicht, wenn Jugendliche in einem anderen Kontext als Familie aufwachsen. Bedeutungsvoller könnte dann allerdings die *Peergroup* (die Gruppe der Gleichaltrigen) sein.

Retzlaff (2008) betont, dass systemische Therapie mit Jugendlichen notwendigerweise netzwerkorientiert und multisystemisch angelegt sein soll. Die Kraft und die Ressourcen der Peergroup werden nach meiner Erfahrung auch bei familiär gut begleiteten Jugendlichen stark unterschätzt und zu wenig genutzt. Allerdings gehört im medizinischen Setting eine Erlaubnis der Eltern dazu, wenn man die Peergroup in der Therapie eines Jugendlichen miteinbeziehen will. Das schafft oft hohe Hürden.

Manchmal schwer – oder: Der schwierige Teil des Lebenszyklus

Nicht nur für Hegemann, Asen und Tomson (2000) gilt das, was Jugendliche managen müssen, zu den schwierigsten Herausforderungen des Lebens. Auch Erikson (1973) bezeichnete das Stadium 5 seines Stufenmodells der psychosozialen Entwicklung als das schwierigste. Die Aufgabe dieser Phase ist, eine Ich-Identität zu finden, um die Ich-Identitätsdiffusion zu verhindern. Interessanterweise ist auch das Jugendalter in einen Zyklus eingebettet, den familiären Lebenszyklus.

Das Erikson'sche Stufenmodell entspringt eindeutig dem analytischen Denken, allerdings ist es der Verdienst von Erik Erikson, dass er die Freud'sche Entwicklungslehre um psychosoziale Aspekte erweitert und teilweise sogar durch sie ersetzt hat. In der Phase der Jugend geht es nach Erikson darum, herauszufinden, wer man ist und wie man in diese Gesellschaft passt. In der Jugend analysiert man sozusagen alle Eindrücke, die auf einen einprasseln, und synthetisiert daraus ein Selbstbild und seine soziale Rolle. Es kommt darauf an, ein ausgewogenes Gleichgewicht zu erreichen zwischen dem Selbstbild und den gesellschaftlichen Rollen, die man zu spielen gedenkt. Wenn dieses Gleichgewicht gestört ist, beeinträchtigt dieser Zustand entweder die Identitätsfindung oder die Integration in den sozialen Kontext. Eine zu ausgeprägte Identität würde dann zu Intoleranz, eine zu schwache zu übermäßiger Identifikation mit oft nicht so guten Vorbildern führen.

Ergänzung

Fast gleichzeitig wie Erikson setzte sich auch Havighurst mit Entwicklungsaufgaben auseinander. Er sieht sie als ein Trialog zwischen den biologischen Veränderungen im menschlichen Organismus, den gesellschaftlichen Herausforderungen und den individuellen psychologischen Aspekten (Montada, 2002).

Die Entwicklungsaufgaben in der Jugend werden von Havighurst wie folgt umschrieben:
- sich den Eltern gegenüber verselbstständigen, um die Ablösung zu schaffen;
- einen eigenen ethisch-moralische Rahmen abstecken;
- eine eigene Identität auch im Hinblick auf die Sexualität entwickeln;
- eine Zukunftsvorstellung entwerfen, was auch mit der Berufswahl einhergeht.

In den letzten Jahren kommt es mir so vor, als ob die letzte Aufgabe die schwierigste zu sein scheint und auch immer schwieriger wird. Die Vielfalt an Möglichkeiten auf dem »Zukunftsmarkt« heute scheint viele Jugendlichen eher zu verunsichern als sie zielstrebiger zu machen.

Die Suche nach der eigenen Identität geht über mehrere Krisen und fordert Familien heraus. In dieser Lebensphase gibt es nach Hegemann, Asen und Tomson (2000) keine Verlässlichkeit mehr, die Stabilität der Kindheit ist hinüber. Das Ja und Nein ist gleichzeitig da.

Das Gespenst der Diagnose

Vieles, was in dieser Zeit »passiert«, lässt an Persönlichkeitszügen von Patienten denken, die später eine Borderlinestörung diagnostiziert bekommen. Es ist daher auch nicht verwunderlich, dass viele Jugendliche – vor allem Mädchen – schon im jugendlichen Alter diese Diagnose aufgedrückt bekommen, weil Hausärzte z. B. selbstverletzendes Verhalten mit einem Borderlinezustand gleichstellen bzw. verwechseln. Das Problem: Mit der Diagnosestellung werden die Ressourcen dieses Menschen oft gleich mit über Bord geworfen. Daher scheint mir einerseits die Psychoedukation in dieser Lebensphase eine sehr wichtige Intervention für die Familien der jeweiligen Jugendlichen, aber auch für die Jugendlichen selbst zu sein (siehe unten).

Bei besonders herausfordernden Verläufen dieser Lebensphase kann es unter Umständen auch zu einer handfesten psychoseähnlichen Symptomatik kommen, sodass die Differenzierung zwischen einer manifesten psychiatrischen Erkrankung und einem vorübergehenden Phänomen noch einmal eine eigene Herausforderung darstellt.

Weitere »Symptome«, die dazu verleiten, auf eine Problematik der Persönlichkeitsentwicklung zu schließen, sind u. a. auch suizidales und parasuizidales Verhalten. Die Auseinandersetzung mit sich führt fast zwangsläufig dazu, dass Jugendliche sich mit Grenzfragen auseinandersetzen. Dazu gehört auch und vor allem die Grenze zwischen Leben und Tod oder die Grenze zwischen dir und mir oder das Gespür, das der/die Jugendliche für sich selbst hat. Die Unsicherheit lädt ein, sich intensiv mit diesen Grenzfragen auseinanderzusetzen und »auf Messers Schneide« herumzuexperimentieren. Die Selbstverletzungen, die Selbsttötungsgedanken und letztendlich auch das fremdaggressive Verhalten sind Signale dieser Auseinandersetzung und sollten auch als solche verstanden werden. Einige Jugendliche sind mit dieser an sich selbst gerichteten Fragestellung überfordert und brauchen Hilfe, andere stecken diese Phase gut weg, weil sie auf stärkende Resilienzfaktoren zurückgreifen können.

Dieses Verhalten versetzt allerdings vor allem den familiären Kontext der

Jugendlichen in Aufruhr. Das ist ein sekundärer Effekt der Suizidalität und verleitet oft zu verständlichen, aber übereilten Reaktionen.

Die allerwichtigste Aufgabe ist, sich nicht allzu schnell in Aktivismus zu flüchten, sondern sich erst mal die Zeit zu nehmen, um in Ruhe den »Tanz« der Familie zu betrachten: Wer macht wann was? Über welche Ressourcen verfügt das System, um diese Krise zu bewältigen? Dass unser Gesundheitssystem nicht ganz unschuldig an dem übertriebenen Aktionismus ist, sollte an anderer Stelle vertieft werden. Die Tendenz, immer mehr kinder- und jugendpsychiatrische Krisenbetten einzurichten, führt dazu, dass man nicht mehr über Alternativen nachdenkt. Auch an dieser Stelle geht der Fokus auf die Ressourcen des betroffenen Familiensystems verloren.

Allerdings ist es bei dieser Tendenz zur Diagnose erst recht wichtig, die Ressourcen dieser Jugendlichen im Blick zu haben. Es gehört einiges dazu, mit den Umwälzungen und mit der zur Diagnose passenden Symptomatik umzugehen. Dazu werden viele Ressourcen eingesetzt, die die Jugendlichen auch an anderer Stelle gebrauchen oder worauf sie später zurückgreifen können.

Beispiele dazu:
- Wie hast du das ausgehalten?
    - Die sogenannten Copingfragen laden zu einer Reflexion über das eigene Handeln ein. Sie können auch zirkulär gestellt werden (Caby u. Caby, 2017).
- Welche deiner Stärken hast du da eingesetzt?
    - Eine besonders geeignete Intervention gerade mit Jugendlichen ist das sogenannte Ressourcenmemory. Dabei geht es zunächst um die Ressourcenfindung. Der/die Jugendliche wird gebeten, seine/ihre Ressourcen zu benennen, oder der begleitende Berater listet von ihm beobachtete Ressourcen auf. Diese werden alle einzeln auf Kärtchen oder Zetteln notiert. Dazu greift er zurück auf alles, was ihm vom Jugendlichen bekannt ist wie spezielle Interessen oder Hobbys, Vorlieben usw.

Danach werden die Ressourcen verknüpft mit der Problematik, die zur Diagnose geführt haben könnte. Es wird überlegt wie diese zur Lösung der Probleme beitragen können. Anschließend werden die Karten umgedreht und gemischt; danach wird der Klient gebeten, drei herauszuziehen. Die werden aufgedeckt und gemeinsam besprochen, vor allem dahingehend, was mit diesen drei Fähigkeiten an weiteren Ideen denkbar wäre (am besten mindestens drei Runden »spielen«).

Zu den jeweiligen Ressourcen können folgende Fragen gestellt werden:
> »Zu welcher Zeit hast du diese Ressource besonders eingesetzt?«
> Gab es eine bestimmte Situation, in der du eine bestimmte Ressource eingesetzt hast?

- Welche Stärke hättest du gebrauchen können, um es noch besser zu schaffen?
  - Mit dieser Frage begibt man sich auf ein eher hypothetisches Feld. Aber bekanntlich stellen Hypothesen auch Realitäten her ...

»Die« Jugend und die Familie

Die 17. Shell-Jugendstudie 2015 sammelte aus einer Stichprobe von 2.558 Jugendlichen im Alter von 12 bis 25 Jahren aus den alten und neuen Bundesländern eine Fülle von Daten.

So hat laut der Studie (Shell Deutschland, 2015) u. a. die Familie für Jugendliche nach wie vor einen sehr hohen Stellenwert. Sie finden dort den notwendigen Rückhalt und die positive emotionale Unterstützung auf dem Weg ins Erwachsenenleben. Mehr als 90 % der Jugendlichen berichten, ein gutes Verhältnis zu ihren Eltern zu haben. Fast 75 % würden ihre eigenen Kinder ungefähr so oder genauso erziehen, wie sie selbst erzogen wurden. Dieser Wert hat seit 2002 stetig zugenommen. Bei den Jugendlichen aus der unteren Schicht ist diese Zustimmung jedoch am geringsten.

Dagegen steht, dass bis zu 25 % der Jugend psychische bzw. seelische Probleme hat, was möglicherweise darauf schließen lässt, dass eine unterstützende Familie allein für einige Jugendliche nicht ausreicht, um gesund zu bleiben. Es kann also sein, dass eine intakte Familie nicht gegen alle Einflüsse von außen schützen kann. Umgekehrt heißt das dann auch, dass nicht alle Probleme von Jugendlichen auf nicht ausreichend stützende Familienressourcen zurückzuführen sind.

Trotzdem ist nach systemischem Gesichtspunkt die Zirkularität des Beziehungsgefüges zwischen dem Jugendlichen und seiner Familie nicht nur entscheidend im Hinblick auf die Hypothesen bezüglich der Ursachen bestimmter Ereignisse, sondern auch bei der Lösungssuche.

Dafür scheinen die Bedingungen also statistisch gut zu sein. Umso wichtiger ist es daher, in der Beratung oder Therapie mit Jugendlichen mittels geeigneter Methoden dazu beizutragen, den Einsatz der Ressourcen der Jugendlichen und ihrer Familien zu optimieren, damit die eigenen Lösungen auch zu wirklichen Lösungen werden können.

Weitere Daten und Fakten

Psychische Störungen bei Kindern und Jugendlichen treten weltweit mit einer Prävalenz von 10 bis 20 % auf, in Deutschland mit stabilen 10 % (Schulte-Körne,

2016). Zu den Krankheitsbildern gehören Angststörungen, Depressionen, Störungen des Sozialverhaltens sowie die Hyperkinetische Störung. Allerdings ist nur ein Drittel dieser Klientel in Behandlung. Das hat mit der geringen Zahl an Ansprechpartnern im Gesundheitssystem zu tun wie auch mit der Angst vor Stigmatisierung und der Unsicherheit, ob überhaupt eine Behandlungsbedürftigkeit vorliegt. Auf die Jugend bezogen würde das bedeuten, dass ca. 500.000 Jugendliche nicht behandelt werden.

Hinzu kommt, dass – bezogen auf eine Erhebung im schulischen Kontext – Pädagogen und Eltern unterschiedliche Dinge sehen. Lehrerinnen und Lehrer nehmen eher die hyperkinetischen Auffälligkeiten wahr, Eltern bei den gleichen Jugendlichen eher Depressionen und Angststörungen. Das wiederum bedeutet, dass das Feststellen etwaiger psychischer Auffälligkeiten optimalerweise sowohl das Eltern- wie auch das Lehrerurteil berücksichtigen muss.

Auch das stellt im Jugendalter eine besondere Herausforderung dar, dass Jugendliche nicht auf einer so großen Bühne stehen wollen, wenn es darum geht, ihre Probleme zu erörtern.

Pollak, Kapusta, Diehm, Plener und Skala (2018) weisen in einer österreichischen Studie darauf hin, dass gerade in dieser sensiblen Entwicklungsphase eine frühe Identifizierung der Betroffenen sehr relevant ist, um die Prognose zu verbessern. Hier wird auch zu Recht auf die »Sollbruchstelle« in der Versorgung hingewiesen, da die Jugendlichen mit dem Erreichen des 18. Lebensjahres oft aus der Versorgung herausfallen. Nicht umsonst wird die Planung und Durchführung von Transition als Kernelement in der Organisation des medizinischen Systems bezeichnet.

Nach Preuß (2011) hat Dissozialität im Jugendalter in der Zeit von 1994 bis 2001 bei den Jungen um 31 % und bei den Mädchen gar um 57 % zugenommen. Das trifft sehr gut den Eindruck, den wir im kinder- und jugendpsychiatrischen Alltag haben, dass auch in den Jahren danach trotz entgegengesetzter Demografie die Zahl der psychisch auffälligen Jugendlichen weiter zugenommen hat. Die Diskussion, welche Gründe dahinterstecken könnten, würde den Rahmen dieses Beitrages sprengen.

Doppelte Entwicklungsaufgaben für Pflege- und Adoptivkinder

Genauso kann folgendes Thema hier nur angerissen werden: Das Erfüllen der »Entwicklungsaufgaben« wird bei Jugendlichen oft komplex, wenn sie als *Pflege- oder Adoptivkind* in der neuen Familie aufwachsen und sowohl konkret in der aktuellen als auch latent in der Ursprungsfamilie sozusagen doppelte Aufgaben zu erfüllen haben. Dazu eine kleine Fallvignette

Die 17,5-jährige Anna, Adoptivtochter eines psychisch belasteten Ehepaares (Vater wegen Depression frühberentet), das noch einen 8-jährigen leiblichen Sohn hat. Es war zu einer Krisensituation gekommen, als Anna nach einem Streit mit ihrer Adoptivmutter »abgehauen« war. Im Rahmen dieser Eskapade erlitt Anna eine Synkope (kurze Bewusstlosigkeit), wonach sie in ein Krankenhaus eingeliefert wurde. Von dort aus wurde sie nach Ausschluss etwaiger somatischer Ursachen in die Kinder- und Jugendpsychiatrie überwiesen, wo sie eine Aufnahme auf die Psychosomatik ablehnte.

Fünf Tage später fand ein erneutes ambulantes Gespräch statt, das vom Vater mit der Ankündigung eröffnet wurde, dass seine Frau nach diesem Gespräch die Familie verlassen und mit dem Sohn zu ihren Eltern ins Ruhrgebiet fahren würde. Das Gespräch verlief wie folgt:

THERAPEUT: »Das hört sich nach Trennung an!«
VATER: »Ja!«
Mutter und Tochter schweigen.
THERAPEUT: »Herr Schmidt, können Sie das nachvollziehen?«
VATER: »Sie will nicht mehr!«
MUTTER: »Mir wird ständig gesagt, dass ich alles falsch mache.«
THERAPEUT: »Von wem?«
MUTTER: »Von ihr!« (Frau Schmidt schaut nur geradeaus und kämpft mit den Tränen.)
THERAPEUT: »Anna?«
ANNA: »Stimmt!«
Es geht sofort ein heftiger Streit los.
MUTTER: »Sie hasst mich!«
ANNA: »Das habe ich nie gesagt.«
THERAPEUT: »Ich habe es schon des Öfteren erlebt, wie eine Mutter und ihre fast erwachsene Tochter so aneinandergeraten, dass nichts mehr geht. Der Vater kann meistens nur noch ratlos zuschauen und das Pingpongspiel verfolgen.«
MUTTER: »Ich habe in den letzten Tagen so viel gelesen über Adoleszente …«
THERAPEUT: »Dann haben sie auch mitbekommen, dass, wenn man sich so streiten kann …«
MUTTER: »… man sich sehr lieben muss!«
Mutter steht auf und umarmt ihre Tochter.
THERAPEUT: »Ich gehe jetzt mal raus und lasse sie einen Moment alleine.«
Nach meiner Rückkehr sitzen alle drei gemeinsam auf einem Zweiersofa und halten sich die Hände. Anna erklärt, dass sie in der Vorwoche Kontakt zu ihrer leiblichen Schwester hatte und dadurch ins Schleudern geraten sei.

Das Setting von Jugendlichentherapie und -beratung

In einem Artikel über die DBT-A-Behandlung[1] von suizidalen und depressiven Symptomen bei Patienten mit einer Borderline-Persönlichkeitsstörung im Jugendalter (Fleischhaker u. Schulz, 2011) findet sich der Hinweis, dass es neben den Einzel- und Gruppentherapiesitzungen auch regelmäßige familientherapeutische Sitzungen geben soll. Dabei geht es vor allem darum, »jugendtümliche Dilemmata wie Autonomieentwicklung versus Abhängigkeit im familiären Kontext zu fokussieren und dysfunktionale Familieninteraktionen zu bearbeiten«.

Systemisch heißt das, dass problemerhaltende Muster in der Familie mit der Familie aufgegriffen werden, um anhand der Ressourcen der Familie zu neuen Lösungen zu gelangen. Dazukommt eine passende Psychoedukation, die erforderlich ist, um gute Entscheidungen treffen und diese neuen Lösungen finden zu können.

Mit wem reden?

Ein Jugendlicher ist durchaus in der Lage und bereit, allein mit dem Berater oder Therapeuten zu sprechen. Er muss nur dazu eingeladen werden bzw. sich dazu eingeladen fühlen. Es gibt genügend Themen, die ein Jugendlicher/eine Jugendliche in Abwesenheit der Eltern ansprechen möchte.

 So wurde neulich Tim, 14, als dringend vorgestellt, weil seine Eltern sich Sorgen darüber machten, dass Tim sich zunehmend über »Krankheiten« Gedanken machen würde, die er bekommen könnte. Die Versetzung in die nächste Klasse sei ebenfalls gefährdet, und er würde sich seit seinem 7. Lebensjahr mit der Frage beschäftigen, ob er im richtigen Körper geboren sei.

Im Erstgespräch erörterten wir seine bisherige – eher unauffällige – Entwicklung, aber auch die Sorge der Eltern, die Balance zu finden zwischen der Enttäuschung darüber, dass der einzige Sohn lieber ein Mädchen wäre, und ihrem Bedürfnis, ihm ihre volle Unterstützung in dem möglicherweise bevorstehenden Transgenderprozess zukommen lassen zu wollen.

Am Ende des Gespräches fragte ich Tim, ob er gerne mit mir allein sprechen würde. Er bejahte und eröffnete mir, dass er sich nicht traue, seinen Eltern zu sagen, dass er inzwischen überzeugt sei, kein Mädchen werden zu wollen. Er befürchtete aber, dass das als Strategie aufgefasst werden könnte, so die Schule doch noch

---

1 Dialektisch-Behaviorale Therapie für Adoleszente nach Marsha Linehan.

schaffen zu wollen. Das hätte doch gar nichts damit zu tun. Er hätte es ausprobiert, als Mädchen zur Schule zu gehen und hätte gemerkt, dass es nicht passte. Diese Phase war sowohl mit der Schule als auch mit der Familie vorbereitet worden. Jetzt würde er deswegen ein schlechtes Gewissen bekommen, weil ihn alle unterstützt hätten.

Dieser kurze Gesprächsabschnitt ergab die Wende und wird aber auch zu einer voraussichtlich längeren Begleitung führen.

Emotionen reflektieren

In diesen sowohl für die Eltern, die Jugendlichen und für die Geschwister stürmischen Zeiten der Adoleszenz schlagen die Emotionen hohe Wellen und sind allgegenwärtig. Trotzdem werden sie miteinander wenig kommuniziert. Das wiederum führt häufig dazu, dass in den Familien diese Wellen das gesamte Familienleben bestimmen und alle schnell gelernt haben, damit zu leben, weil das Muster sehr klar ist: »Wir – Eltern – wissen, wie es geht, und du – Jugendlicher – müsstest nur zuhören!« Umgekehrt heißt es: »Ihr – Eltern – habt gerade keine Ahnung und müsstet jetzt endlich mal zuhören!«

Diese Polarität ist verführerisch einfach und lädt dazu ein, immer wieder bedient zu werden. Sie sorgt auch dafür, dass keine neuen Themen mehr angesprochen werden, die »Veränderung erzeugen« könnten.

Wie im Beispiel von Jochen unterbricht man diesen »Familientanz« durch die zirkuläre Frage, was die Beteiligten meinen, wie es dem jeweils anderen geht. Das nennen Fonagy, Target, Steele und Steele (1998) »Reflective Functioning« (RF) und es wird vor allem im frühkindlichen Alter eingesetzt, um Eltern-Kind-Konstellationen mit einer Bindungsproblematik zu unterstützen im Aufbau einer emotionalen Beziehung zu dem Kind. Reflective Functioning kann auch in krisenhaften Zuspitzungen der Jugendphase erfolgreich eingesetzt werden.

Die Psychoedukation

Wie bereits erwähnt, kommt es in Familien häufig zu hoch konflikthaften Dauerkrisen. Dabei ist eine gute Psychoedukation unserer Erfahrung nach sehr hilfreich und sogar in der Lage, einige Wogen zu glätten.

Oft fühlen die Streitpartner sich von dem anderen provoziert, nicht ernst genommen, es wird sich gegenseitige Unzuverlässigkeit vorgeworfen.Indem man die Beteiligten darüber aufklärt, was sich gerade im Gehirn der Jugendlichen abspielt, ist es schon häufig zur Beruhigung gekommen nach dem Motto: »Jetzt habe ich verstanden, dass sie nicht mich meint, sondern dass sie keine andere Chance hat.« Zumindest wirkt es auf der Seite der Erwachsenen. Bei den Jugendlichen ist der Effekt zwar auch da, aber – gefühlt – nicht so ausgeprägt.

Bei der psychoedukativen Erklärung geht es z. B. darum, zu erläutern, dass in dieser Lebensphase gerade im Frontalhirn die Entwicklung mit unterschiedlichen Geschwindigkeiten stattfindet: Die oder der Jugendliche wird mit Emotionen überflutet. Diese werden sehr deutlich wahrgenommen, aber das Frontalhirn ist noch nicht in der Lage, adäquat damit umzugehen. Die Jugendliche reagiert irgendwie, ohne kontrolliert vorgehen zu können. Bei der nächsten emotionalen Überflutung findet wieder eine Reaktion statt, allerdings eine andere und wohl genauso unpassend wie die vorige. So sind die Jugendliche in dieser Phase sowohl für sich selbst wie auch für ihr Umfeld oft unberechenbar.

Die Grundvoraussetzung bei einer guten Psychoedukation ist, dass es nicht nur eine Vermittlung von Wissen ist, sondern ein Angebot an die Beteiligten darstellt, die Dinge mit einem anderen Fokus zu betrachten. Das geht in etwa so:

»Ich merke gerade, dass die Spannung steigt. Vielleicht ist es ein guter Moment, Ihnen zu erklären, was sich gerade im Gehirn Ihrer Tochter abspielt. Darf ich Ihnen das mal erläutern?« Diese Frage wird nie mit »Nein« beantwortet.

»Vielen Dank! Zunächst einmal muss ich Ihnen mitteilen, dass das menschliche Gehirn bis ins hohe Alter sehr flexibel ist und auch dann noch in der Lage ist, neue Netzwerke aufzubauen. Parallel dazu baut das Gehirn aber auch von der Geburt an ab. Es hat jedoch so viele Reserven, dass das keine allzu große Rolle spielt. Weiß jemand von Ihnen, wie viele Gehirnzellen wir zur Verfügung haben bei unserer Geburt? Ca. 90 Milliarden. Das bedeutet auch, dass es einiges an Organisation braucht, damit alles funktioniert, wie es funktionieren soll. Allerdings findet die Strukturierung im Gehirn zeitlich nicht besonders koordiniert statt. Für das Jugendalter bedeutet dies, dass z. B. im Frontalhirn die Emotionen sehr gut wahrgenommen werden können, die Netzwerke, die für den Umgang mit diesen Emotionen erforderlich sind, allerdings noch gar nicht etabliert sind. Deswegen trifft in dieser Altersphase jede Emotion auf ein völlig unbeackertes Feld und löst entsprechende Krisen aus. Es dauert seine Zeit, bis alles gut zueinander passt.«

Für viele Eltern hat es etwas Beruhigendes, zu wissen, dass Besserung in Sicht ist, dass Tochter oder Sohn gerade nicht anders kann. Es ändert aber nichts an der Verletzung, die mit dem Verhalten einhergeht. Sie lässt sich aber besser aushalten und schafft die nötige Distanz, um mit dem Verhalten des eigenen Kindes gelassener umzugehen und einen besseren Zugriff zu eigenen andere Lösungsstrategien zu finden.

Wenn es kaum noch auszuhalten ist ...

Heute ist häufig von »Systemsprengern« die Rede. Damit sind meistens Jugendliche gemeint, die ein bereits etabliertes Hilfskonstrukt sprengen, indem sie die Helfer mit ihrem Verhalten an die Grenze des Ertragbaren bzw. des Auffangbaren bringen.

Hier haben wir es in wenigen Fällen mit Jugendlichen zu tun, die das Herkunftssystem sprengen, indem sie in der Krise alles bisher Dagewesene infrage stellen und die Toleranzgrenzen der Beteiligten dermaßen überschreiten, dass das Zusammenleben kaum noch möglich scheint.

Für die Eltern kommt es dann zu sowohl massiven Kränkungen als auch zu tiefster Verzweiflung darüber, dem eigenen Kind nicht mehr helfen zu können. Auch die die Jugendlichen erleben ebenfalls genauso heftige Kränkungen, massive Wut und Verzweiflung darüber, nicht verstanden zu werden und die eigenen geliebten Eltern nicht mehr zu verstehen.

Oft suchen in solchen Konstellationen die Helfersysteme nach Lösungen, die außerhalb des Herkunftssystems stattfinden, und es wird über Jugendhilfe- oder Klinikmaßnahmen nachgedacht. Das kann in seltenen Fällen eine gute Idee sein, aber ist häufig zu verhindern. Gemäß der Kybernetik zweiter Ordnung (Ludewig, 2005) sind wir als Berater auch Teil des zu beratenden Systems! Damit geht auch die Verantwortung einher, gemeinsam mit dem hilfesuchenden System Lösungswege zu (er-)finden.

Das Modell Reflektierte Kommunikation

Ein solcher Weg könnte sein, mit mehreren dieser betroffenen Familien gemeinsam und zeitgleich zu arbeiten. Dabei geht es nicht um Settings wie Multifamilientherapie (MFT), sondern um ein Interventionssetting, in dem Jugendliche und deren Familien in die Lage versetzt werden, miteinander in die Reflexion zu gehen, wie es in der »Reflektierten Kommunikation« möglich ist. In diesem dreiphasigen Modell wird es den beteiligten Generationen ermöglicht, sich wohlwollend gegenseitig zu beobachten und über diese Beobachtung zu reflektieren:
- *Phase 1:* Wir bitten die Patienten, in einem Raum Platz zu nehmen und miteinander über mögliche – schon versuchte oder neue – Lösungen für ein bestimmtes Anliegen zu kommunizieren. Die Eltern werden in einem anderen Raum platziert und gebeten, das Geschehen per Videoübertragung zu beobachten – allerdings durch die lösungs- und ressourcenorientierte Brille:

Sie werden angeleitet, darauf zu achten, was ihnen am Beobachteten gefällt und was für sie neu ist.
- *Phase 2:* Hier haben die Eltern die Möglichkeit, ihre Beobachtungen miteinander zu teilen. Dabei werden sie aufmerksam von ihren Kindern beobachtet, die mit der gleichen Fragestellung – Was gefällt euch am Gesehenen und was ist für euch neu? – im Hinterkopf zuschauen.
- *Phase 3:* In diesem Abschnitt können die Jugendlichen ihre Beobachtung der elterlichen Reflexion miteinander reflektieren und kommunizieren, wonach die Sitzung beendet wird.

Die Rolle der Beratenden ist es, diesen Prozess zu begleiten und auf den wohlwollenden Fokus aller Beteiligten zu achten. Der Berater oder die Beraterin begleitet die Beteiligten zur eigenen Lösung, wohlwissend, dass jeder an diesem Prozess Beteiligte eigene Schlüsse daraus ziehen kann und wird. Das Setting ermöglicht einen neuen Blick auf die eigene Lage und die des »Konfliktpartners« und somit auch neue Lösungen.

Über Lösungen außerhalb des Systems kann dann immer noch nachgedacht werden. Es heißt ja nicht umsonst »Fremd«-Unterbringung. Diese gilt es, so lange wie möglich zu vermeiden. Für manche Konfliktkonstellationen kann sie aber trotzdem segensreich sein, wenn darin die Hoffnung auf einen Neustart liegt.

Literatur

Bauer, C. (2012). Jugendliche. In J. Wirth, H. Kleve (Hrsg.), Lexikon des systemischen Arbeitens. Heidelberg: Carl-Auer.
Caby, A., Caby, F. (2017). Die kleine psychotherapeutische Schatzkiste, Teil 2: Weitere systemisch-lösungsorientierte Interventionen für die Arbeit mit Kindern, Jugendlichen, Erwachsenen oder Familien (3., durchges. Aufl.) Dortmund: Borgmann.
Caby, F. (2008). Reflektierende Familien oder: Bench-Marking für Familiensysteme. Forum für Kinder- und Jugendpsychiatrie, Psychosomatik und Psychotherapie, 4, 46–59.
Erikson, E. H. (1973). Identität und Lebenszyklus. Frankfurt a. M.: Suhrkamp.
Fend, H. (2001). Entwicklungspsychologie des Jugendalters. Opladen: Leske und Budrich.
Fleischhaker, C., Schulz, E. (2011). Behandlung von suizidalen und depressiven Symptomen und Störungen bei Patienten mit einer Borderline-Persönlichkeitsstörung im Jugendalter. In U. Preuß (Hrsg.), Bad Boys – Sick Girls. Geschlecht und dissoziales Verhalten (S. 57–66). Berlin: Medizinisch-Wissenschaftliche Verlagsgesellschaft.
Fonagy, P., Target, M., Steele H., Steele, M. (1998). Reflective-Functioning Manual (Version 5). https://mentalizacion.com.ar/images/notas/Reflective%20Functioning%20Manual.pdf (31.8.2018).
Hegemann, T., Asen, E., Tomson, P. (2000). Familienmedizin für die Praxis. Stuttgart: Schattauer.
Ludewig, K. (2005). Einführung in die theoretischen Grundlagen der systemischen Therapie. Heidelberg. Carl-Auer.

Montada, L. (2002). Fragen, Konzepte, Perspektiven. In R. Oerter, L. Montada (Hrsg.), Entwicklungspsychologie (S. 3–53). Weinheim: Beltz.
Pollak, E. Kapusta N. D., Diehm R., Plener P. L., Skala K. (2018). Transitions- und Adoleszenzpsychiatrie in Österreich: eine Pilotuntersuchung zur Sicht von Expert(innen). Zeitschrift für Kinder- und Jugendpsychiatrie und Psychotherapie, 46 (4), 325–335.
Preuß, U. (2011). Dissozialität im Jugendalter. Geschlechtsunterschiede delinquenten Verhaltens Jugendlicher. In U. Preuß (Hrsg.), Bad Boys – Sick Girls. Geschlecht und dissoziales Verhalten (S. 27–56). Berlin: Medizinisch-Wissenschaftliche Verlagsgesellschaft.
Retzlaff, R. (2008). Spiel-Räume. Lehrbuch der systemischen Therapie mit Kindern und Jugendlichen. Stuttgart: Klett-Cotta
Schulte-Körne, G. (2016). Psychische Störungen bei Kindern und Jugendlichen im schulischen Umfeld. Deutsches Ärzteblatt, 113 (11), 183–190.
Shell Deutschland (Hrsg.) (2015). 17. Shell Jugendstudie. Jugend 2015 – Eine pragmatische Generation im Aufbruch. Frankfurt a. M.: Fischer.

III Methoden

Jörn Borke

Frage(n) nach Ausnahmen

STECKBRIEF: Frage(n) nach Ausnahmen

WAS: Einfache, flexible und umfangreich einsetzbare Methode zur Einnahme einer lösungsorientierten Perspektive sowie zur Erweiterung der Sichtweisen und Optionen.

WIE: Kann mit einzelnen Personen und in der Gruppe angewendet werden und dabei sowohl mit Erwachsenen wie auch mit (sprachfähigen) Kindern und Jugendlichen.

MATERIAL: Kein Material notwendig.

ZEIT: Je nach Umfang des Einsatzes und nach Anzahl der Fragen bzw. Nachfragen (mindestens 5–10 Minuten, aber zeitlich prinzipiell weit ausdehnbar).

WAS ZEICHNET DIE METHODE AUS:

Die Methode lässt sich vielfach einsetzen und bei den unterschiedlichsten Personen anwenden. Sie kann trotz (oder vielleicht auch wegen) ihrer scheinbaren Einfachheit eine starke Wirkung entfalten. Sie ist kulturübergreifend einsetzbar, und es lassen sich kaum Risiken und unerwünschte Nebenwirkungen denken.

Fragen als Grundmethode systemischer Familienberatung

Bei den systemischen Methoden und Herangehensweisen zur Familienberatung spielen Fragen eine besondere Rolle. Sie erweitern Möglichkeitsräume, laden zum Ändern von Perspektiven ein, machen Handlungsspielräume sichtbar und verdeutlichen Alternativen (Schlippe u. Schweitzer, 2013).

Es wurde dabei im Laufe der Zeit eine Fülle von unterschiedlichen Fragetypen entwickelt, welche Beratende bzw. Therapeutinnen und Therapeuten in vielfältiger Weise nutzen können – und dies natürlich nicht nur im Rahmen der Familienberatung, sondern in jedweden Beratungs- oder Therapiesettings und bei sämtlichen Anliegen. Sie können aber eben auch im Bereich der Familienberatung von großer Bedeutung und eine große Hilfe sein.

Die Frage nach der Ausnahme und die Lösungsorientierte Kurzzeittherapie

Diese Form der Fragen stellt (neben der Wunderfrage[1] und den Skalierungsfragen[2]) eine der zentralen Fragemethoden des Ansatzes der Lösungsorientierten bzw. Lösungsfokussierten Kurzzeittherapie (Solution Focused Brief Therapy/SFBT) dar, welcher Anfang der 1980er Jahre von Steve de Shazer (1940–2005) und Insoo Kim Berg (1934–2007) sowie ihren Kollegen am Brief *Family Therapy Center* (BFTC) in Milwaukee, Wisconsin, entwickelt wurde (z. B. De Jong u. Berg, 2002; de Shazer, 1992). Die Lösungsorientierte Kurzzeittherapie ist u. a. beeinflusst von dem hypnotherapeutischen Ansatz Milton Ericksons (Erickson u. Rossi, 2016), aber auch von der Philosophie Ludwig Wittgensteins wie von buddhistischen Denkweisen. Weiterhin sei in diesem Zusammenhang auf die Arbeiten von Gunter Schmidt hingewiesen, der in seinem Ansatz der »Hypnosystemischen Therapie« die Hypnotherapie mit systemischen Ansätzen verbindet (z. B. Schmidt, 2005).

---

1 Zum Beispiel: »Mitten in der Nacht geschieht ein Wunder, und das Problem, über das Sie heute mit mir sprechen, ist gelöst! Doch dies geschieht, während Sie schlafen, und deshalb können Sie gar nicht wissen, dass in der Nacht ein Wunder geschehen ist, das Ihr Problem gelöst hat. […] Worin könnte, wenn Sie dann morgen früh aufwachen, die kleine Veränderung bestehen, sodass Sie sagen: ‚Toll, es muss etwas passiert sein – das Problem ist weg!'« (Berg u. Dolan, 2001, S. 7, zit. nach de Shazer u. Dolan, 2008, S. 30 f.).

2 Zum Beispiel: »Auf einer Skala von 0 bis 10 (bzw. von 1 bis 10), wo standen die Dinge, als die [Therapie-] Stunde vereinbart wurde und wo stehen sie jetzt […]?« (de Shazer u. Dolan, 2008, S. 31).

Für den Ansatz zur Lösungsorientierte Kurzzeittherapie (wie auch für andere systemische Ansätze) ist u. a. eine therapeutische bzw. beraterische Haltung des Nicht-Wissens bedeutsam. Der Berater/die Beraterin können (und brauchen) demnach nicht zu wissen, wie das Problem zustande kam und was nun genau zu tun ist. Dies wäre immer eine spekulative Vereinfachung von unendlich komplexen Prozessen und somit lediglich das Benennen einer von prinzipiell endlos vielen Möglichkeiten und den daraus folgenden Dynamiken, und es würde somit Handlungsoptionen direktiv beschneiden.

Im Rahmen eines *lösungsfokussierten Dialoges* geht es also vor allem darum, dass der Klient/die Klientin den Raum der Möglichkeiten erkennen und erkunden kann, um so selbstgewählte (heilsamere) Wege, über die der Klient bereits ein (unbewusstes) Wissen hat, zu beschreiben (Varga von Kibéd, 2008).

Einer der grundlegenden Gedanken des Ansatzes macht deutlich, dass es zielführender ist, sich auf Lösungen und deren Entstehung zu konzentrieren (da dies eher Lösungen erzeuge) als auf Probleme (da dies eher Probleme erzeuge) oder, um es hypnotherapeutisch auszudrücken, um von einer »Problemtrance« zu einer »Lösungstrance« zu gelangen. Diese bewusste Konzentration auf Lösungen ist auch daraus abgeleitet, dass de Shazer die Trennung zwischen Problemen und Lösungen betont (1992, S. 12): »Man muss das Problem nicht kennen, um es zu lösen [...] Die Lösung hat mit dem Problem nicht unbedingt etwas zu tun.« Beziehungsweise es gilt auch: »Die Sprache der Lösungsentwicklung ist eine andere als die, die zur Problembeschreibung notwendig ist« (de Shazer u. Dolan, 2008, S. 24). Weitere zentrale Lehrsätze des Ansatzes lauten wir folgt:
- »Was nicht kaputt ist, muss man auch nicht reparieren.
- Das, was funktioniert, sollte man häufiger tun.
- Wenn etwas nicht funktioniert, sollte man etwas anderes probieren.
- Kleine Schritte können zu großen Veränderungen führen.
- Die Zukunft ist sowohl etwas Geschaffenes als auch etwas Verhandelbares.
- Kein Problem besteht ohne Unterlass; es gibt immer Ausnahmen, die genutzt werden können« (S. 23 f.).

Wozu die Ausnahmefragen gut sind

Letzterer Lehrsatz führt nun direkt zu den Fragen nach Ausnahmen: Es wird danach gefragt, wann und auf welche Weise es Situationen oder Momente gab, wo ein Unterschied hinsichtlich einer Verbesserung des als negativ, belastend oder schwierig erlebten Status quo festzustellen war. Diese »Ausnahmemomente« werden oftmals im Alltag nicht als solche wahrgenommen, da sie entweder in der Flut der Eindrücke untergehen oder aufgrund der schon festgelegten Perspektive auf das Problem einfach nicht erfasst oder allenfalls als Abweichung, welche die Regel bestätigt, abgetan werden.

Wird diese Frage aber im Rahmen von Beratung oder Therapie mit dem dort möglichen Raum zur Vertiefung und zum Nachdenken gestellt, so finden sich, nach einer gewissen Zeit des Prüfens und Nachfragens, eigentlich immer Ereignisse, die einen Unterschied in eine positive, gewünschte, erhoffte Richtung verdeutlichen. Diese Ausnahmen hin zum Positiven eröffnen nun verschiedene Möglichkeiten.

Zum einen wird dadurch ganz allgemein deutlich, dass es Unterschiede im Verlauf gibt. Oft erscheint es uns, dass Prozesse immer gleich ablaufen oder zumindest gleich enden. Menschen neigen dazu, zu vereinfachen und zu kategorisieren. Dies ist häufig auch notwendig, um mit der Komplexität, die permanent auf uns einströmt, umgehen zu können und handlungsfähig sein bzw. bleiben zu können. Aber diese Fähigkeit hat eben auch eine Schattenseite, nämlich die einer Vereinfachung und Komplexitätsreduktion, die es uns nur noch schwer möglich macht, Unterschiede und die immer wieder neuen und anderen Verläufe z. B. von Interaktionen und die darin liegenden Veränderungspotenziale und -optionen zu erkennen. Die Frage nach einer Ausnahme ermöglicht hier also das Erkennen von Unterschiedlichkeit und das Aufbrechen von Wahrnehmungen wie »Es ist immer gleich!«, »Da können wir halt nichts machen!«, »Da ändert sich nichts!«.

Zum anderen wird darüber hinaus aber nicht nur das Bewusstsein über die Unterschiedlichkeit von Verläufen und Prozessen allgemein angeregt, sondern eben im Speziellen über Unterschiede in Richtung eines positiven Verlaufes. Dadurch kann es ermöglicht werden, einen lösungsorientierten Blick auf die aktuelle Situation zu werfen. Auf diese Weise kann auch der Fokus von der Betrachtung und Besprechung von Problemen hin zu einer Betrachtung und Besprechung von Lösungen verändert und somit eine ressourcenorientierte Perspektive eingenommen werden.

Selbst wenn die aktuelle Situation als sehr dunkel und aussichtslos und ohne deutliche positive Ausnahmen erlebt wird, kann dennoch nach Unterschieden gefragt werden: »Wann war es mal weniger schlecht?« Dadurch wird es möglich, zu respektieren, dass es gerade tatsächlich kaum helle Momente zu geben scheint, und es kann dennoch auf die Verschiedenheit und unterschiedliche Abstufungen fokussiert werden. Auf diese Weise wird die Wahrnehmung des Klienten/der Klientin ernst genommen und gleichzeitig geöffnet für Situationen, in denen es, wenn noch nicht gut, so doch zumindest (etwas) besser war.

Aufbauend auf die Fragen nach Ausnahmen kann dann exploriert werden, woran es denn gelegen haben mag, dass es hier anders (besser) erlebt wurde

(»Wie erklären Sie sich, dass es hier anders abgelaufen ist?«; »Was denken Sie, haben Sie/hat Ihr Partner/Ihre Partnerin/Ihr Kind dazu beigetragen, dass es hier anders gewesen ist?«). Daran anschließend lassen sich Möglichkeiten reflektieren, wie und wo etwas zukünftig bewusst anders gestaltet werden könnte, wo anders gesprochen und argumentiert oder wahrgenommen und interpretiert werden könnte, um mehrere solcher »Ausnahmen« wahrscheinlich zu machen (»Was können Sie tun, damit es mehr von diesen Situationen gibt?«).

Dabei ist es gar nicht zwingend notwendig, dass sich der genaue Grund (die genauen Gründe) finden lässt (lassen), warum es diese Ausnahme gab (auch der wäre/die wären ja immer nur der Versuch einer Erklärung). Allein die Suche nach möglichen Erklärungen öffnet einen Raum, der neue Handlungsalternativen mit Hoffnung auf Veränderungen bereithält. Dieser Raum kann dann im weiteren Verlauf der Beratung bzw. Therapie beschritten werden.

Und hierbei kommt noch ein weiterer Vorteil dieses Vorgehens zum Vorschein. Es handelt sich bei den Ausnahmen nämlich um Alternativhandlungen bzw. -verläufe, die aus dem System (der Familie) selbst kommen und nicht von außen vorgegeben werden. Das heißt, die daraus erwachsenen Überlegungen hinsichtlich möglicher Veränderungen (Lösungen) sind anschlussfähig an die im System interagierenden Personen, und es kann gezeigt werden, dass diese ja dort schon einmal in positiver Weise gewirkt haben, ja im Grunde auch von diesem System hervorgebracht wurden. Dies kann sich positiv auf die Motivation des Klienten bzw. des Klientensystems (der Familie) hinsichtlich des Prüfens und Ausführens von Veränderungsoptionen auswirken, und es gibt der Beraterin zudem einen Einblick in funktionale Alternativoptionen, die in dem System angelegt sind und auf sie dann weiter aufbauen kann.

Kulturelle Anschlussfähigkeit an verschiedene Selbstkonzepte

Manche systemischen Fragen aus unterschiedlichen Ansätzen (hier eher nicht bezogen auf den Ansatz der lösungsorientierten Kurzzeittherapie) erfordern ein recht hohes Maß an Selbstretrospektion (»Wie fühlen Sie sich, wenn Sie hören, wie das, was Sie sagen, von Ihrem Partner wahrgenommen wird?«) bzw. vor allem auch an Introspektion in andere Personen (»Was denken Sie, wir Ihr Verhalten von Ihrer Partnerin empfunden wird?«).

Bezogen auf die Selbstkonstrukte von Personen lassen sich kulturelle Unterschiede beschreiben, die sich – Markus und Kitayama (1991) folgend – als independente und interdependente Selbstkonstrukte definieren lassen:

- *Independente Konstellationen* sind von einer klaren Trennung zwischen den Personen gekennzeichnet. Hierbei werden Grenzen wahrgenommen. Es kann also klar zwischen dem eigenen Selbst und dem von anderen Personen unterschieden werden und damit auch zwischen den Trägern von Gedanken, Gefühlen, Motiven, Handlungen etc. (das sind meine Gedanken, das sind deine Gedanken …). Dieses Selbstkonstrukt ist typisch für independente oder autonomieorientierte Kontexte (z. B. maßgeblich in weiten Teilen Europas und Nordamerikas) (z. B. Keller, 2007; Keller u. Kärtner, 2013).
- *Ein interdependentes Selbstkonstrukt* ist gekennzeichnet durch Verschmelzungen zwischen dem eigenen Selbst und dem von anderen (von zentralen Personen der Familie bzw. des engen sozialen Umfeldes). Die Grenzen werden also als fließend wahrgenommen. Hier ist eine Selbstzentrierung bzw. eine klare Abgrenzung der eigenen Gefühle, Wünsche und Motivationen von denen der Gruppe nicht in dem Maße üblich, wie dies in independenten Kontexten die Regel ist. Interdependente Selbstkonstrukte sind üblich in Kontexten, die durch eine starke Verbundenheit bzw. Gruppenzugehörigkeit gekennzeichnet sind, wie sie z. B. für ländliche Regionen Afrikas und Asiens beschrieben werden kann (z. B. Keller, 2007; Keller u. Kärtner, 2013).

Einige Fragemethoden der systemischen Ansätze erfordern ein Trennen zwischen dem eigenen Selbst und dem der anderen, sonst sind sie schwer zu beantworten. Wenn ich ein Selbstkonstrukt habe, bei dem ich immer automatisch auch Wünsche und Gefühle anderer miteinbeziehe (und auch als zu mir zugehörig empfinde) – und zwar ohne dies bewusst zu erleben oder wahrzunehmen – kann ich schwer eine Auskunft »nur« über mich oder »nur« über das Innere einer anderen Person geben.

Nicht alle Methoden der systemischen Ansätze sind also möglicherweise ohne Weiteres anschlussfähig an variierende kulturelle Hintergründe. Bei Methoden wie den Fragen nach Ausnahmen (wie eigentlich generell bei den Methoden der Lösungsorientierten Kurzzeittherapie) kann davon ausgegangen werden, dass sie direkt für alle Klientinnen und Klienten unabhängig vom kulturellen Hintergrund passend und verständlich sind. In diesem Sinne kann die Methode des Fragens nach Ausnahmen auch als kultursensitiv verstanden werden (Borke, 2013).

Grenzen der Methode: Was ist zu beachten?

Auch lassen sich wenig Risiken, Nebenwirkungen und Grenzen dieser Methode denken. Wichtig bei ihrem Einsatz ist, zu beachten, dass sie nicht fälschlicherweise als Schönreden oder Nicht-Ernstnehmen der aktuellen und Leid erzeugenden Situation wahrgenommen wird. Es soll ja nicht darum gehen, die Probleme abzutun oder nicht wahrhaben zu wollen, sondern vielmehr darum, den Fokus zu verschieben, ohne abzuerkennen, dass es die als problematisch erlebten Situationen und Verläufe gibt.

Wie bei allen sprachbasierten Methoden, gibt es auch hier eine Grenze, die durch das Alter der Kinder gesetzt wird. Eltern nach Ausnahmen zu fragen, ist natürlich möglich, genauso wie Jugendliche und auch Kinder, die schon über ausreichende Sprachfähigkeiten verfügen. Säuglinge und Kleinkinder können hier nicht direkt einbezogen werden, sondern lediglich indirekt durch die Berichte, Beobachtungen und Empfindungen der Eltern sowie durch die Wahrnehmungen des Beraters.

Fazit

Zusammenfassend kann festgehalten werden, dass Fragen nach Ausnahmen Einladungen zu einer Erweiterung des Möglichkeitsraumes und zu dessen Wahrnehmung darstellen sowie Ausnahmen hin zu einem positiveren Verlauf verdeutlichen, auf die weiter aufgebaut werden kann. Zudem verdeutlichen sie Änderungswege, die bereits in der Familie liegen, in dieser entstehen und somit schon Teil der aktuell ablaufenden Interaktionen sind. Und nicht zuletzt sind die Fragen nach Ausnahmen auch etwas, das als gut anschlussfähig an unterschiedliche kulturelle Kontexte erscheint, da der Fokus auf Situationen, in denen Abläufe und Prozesse positiver erlebt wurden, als universell einsetzbar angesehen werden kann.

Dieses Vorgehen ist also prinzipiell durchaus leicht umsetzbar, kann aber von immenser und tiefgreifender Wirkung sein und sehr flexibel eingesetzt werden. Somit stellt es für mich eine der bevorzugten Methoden aus dem breiten Repertoire an hilfreichen Methoden der systemischen Familienberatung dar.

Literatur

Berg, I. K., Dolan, Y. (2001). Tales of solutions: A collection of hope-inspiring stories. New York: Norton.

Borke, J. (2013). Kultursensitive systemische Familientherapie. In M. Grabbe, J. Borke, C. Tsirigotis (Hrsg.), Autorität, Autonomie und Bindung. Die Ankerfunktion bei elterlicher und professioneller Präsenz (S. 134–149). Göttingen: Vandenhoeck & Ruprecht.

De Jong, P., Berg, I. K (2002). Lösungen (er)finden. Das Werkstattbuch der lösungsorientierten Kurzzeittherapie. Dortmund: Verlag modernes Leben.

de Shazer, S. (1992). Das Spiel mit Unterschieden. Wie therapeutische Lösungen lösen. Heidelberg: Carl-Auer.

de Shazer, S., Dolan, Y. (2008). Mehr als ein Wunder. Lösungsfokussierte Kurzzeittherapie heute. Heidelberg: Carl-Auer.

Erickson, M. H., Rossi, E. L. (2016). Hypnotherapie: Aufbau – Beispiele – Forschungen (12. Aufl.). Stuttgart: Klett-Cotta.

Keller, H. (2007). Cultures of infancy. Mahwah, NJ: Erlbaum.

Keller, H., Kärtner, J. (2013). Development – The cultural solution of universal developmental tasks. In M. Gelfand, C.-Y. Chiu, Y.-Y. Hong (Eds.), Advances in culture and psychology (vol. 3, pp. 63–116). New York: Oxford University Press.

Markus, H. R., Kitayama, S. (1991). Culture and the self: Implications for cognition, emotion, and motivation. Psychological Review, 98 (2), 224–253.

Schlippe, A. v., Schweitzer, J. (2013). Lehrbuch der systemischen Therapie und Beratung. Band I: Das Grundlagenwissen. Göttingen: Vandenhoeck & Ruprecht.

Schmidt, G. (2005). Einführung in die hypnosystemische Therapie und Beratung. Heidelberg: Carl-Auer-Systeme.

Varga von Kibéd, M. (2008). Vorwort. In S. de Shazer, Y. Dolan, Mehr als ein Wunder. Lösungsfokussierte Kurzzeittherapie heute (S. 9–16). Heidelberg: Carl-Auer.

Heike Bösche und Monique Breithaupt-Peters

Marte Meo in der Familienberatung und Jugendhilfe

STECKBRIEF: Marte Meo

WAS: Lösungs-, ressourcen- und beziehungsorientierte Entwicklungsunterstützung mit Videobegleitung.

WIE: Im Einzelsetting oder mit mehreren Personen möglich und vielen verschiedenen Zielgruppen: Eltern, Kinder und Jugendliche, Fachkräfte, u. a. in der Jugendhilfe, Schule, Kitas, aber auch im medizinischen Bereich, in der Altenpflege, als Gruppenangebot bis hin zum Coaching von Führungskräften.

MATERIAL: Videoclips von ca. 10 Minuten in positiven Alltagssituationen, Möglichkeiten zum Filmen (Videokamera, Handy etc.) und zur Videopräsentation (Fernseher, PC o. ä.).

ZEIT: Beratung ca. 30–50 Minuten im Einzelsetting, die Vorbereitungszeit variiert.

WAS ZEICHNET DIE METHODE AUS:

Mithilfe von ressourcenorientierten, beziehungs- und entwicklungsunterstützenden Videobildern werden mit den Klienten konkrete alltagstaugliche Handlungsmöglichkeiten erarbeitet.

Entstehung der Marte-Meo-Methode

Marte Meo ist sowohl eine ressourcen- und lösungsorientierte als auch eine beziehungs- und entwicklungsorientierte Beratungsmethode, die mit Videoaufnahmen arbeitet. Sie wurde in den 1970er Jahren von der Niederländerin Maria Aarts aus der eigenen Praxis mit autistischen und psychotischen Kindern und Jugendlichen heraus entwickelt. Mittlerweile wird weltweit in über 50 Ländern (2019) erfolgreich nach der Methode gearbeitet. Auch in Deutschland expandiert die Methode aufgrund ihrer schnellen und hohen Wirksamkeit. Marte Meo entstand aus der Notwendigkeit heraus, Eltern von Kindern mit besonderen Bedürfnissen entwicklungsunterstützende Informationen in einfacher, verstehbarer und brauchbarer, also alltagstauglicher Sprache zu geben, die im persönlichen Alltag der Familien sofort anwendbar sind (Aarts, 2016).

Was ist Marte Meo?

Marte Meo in der Elternarbeit

Marte Meo wurde als Erstes in der Elternarbeit entwickelt. Eigene Veränderungswünsche und Bedürfnisse der Eltern werden hierbei in den Beratungsprozess integriert. Die Eltern lernen anhand der Videobilder, welche Bedeutung ein bestimmtes Verhalten auf die emotionale und soziale Entwicklung der Kinder hat.

> »Das Konzept richtet sich nach den Klienten und nicht der Klient nach dem Konzept.«
> Anmerkung einer Klientin

Der Name Marte Meo entstammt der lateinischen Mythologie und bedeutet »aus eigener Kraft«. Das Zitat von Lao Tse »Fang da an, wo sie sind, und arbeite mit dem, was sie haben« entspricht dem Prinzip der Marte-Meo-Philosophie und wird von Maria Aarts folgendermaßen ergänzt »Hilf Menschen dabei, neue Fähigkeiten zu entwickeln, die es ihnen ermöglichen, *ihr Leben* zu verbessern.« Marte Meo gilt dabei als ein hervorragendes, alltagstaugliches Handwerkszeug zur Entwicklungsunterstützung aller sozialen Schichten, also ganz konkret da, wo Menschen miteinander leben und in Beziehung sind (Aarts, 2016).

Ergebnisse aus der Hirnforschung unterstützen die Wirksamkeit der Methode, z. B. in Bezug auf beste Lern- und Entwicklungsbedingungen (Niklaus Loosli,

2010, 2012; Prechter, 2011). Die konkrete Verknüpfung der Unterstützungs- und Entwicklungsinformation mit dem Videobild und die positiv emotionale Anknüpfung an die Fähigkeiten und Bedürfnisse der zu beratenden Person, die dadurch »empfangsbereiter« und zugänglicher wird, sprechen unmittelbar an. Bilder sagen mehr als Worte und bieten zahlreiche Möglichkeiten, Information zu sehen, anstatt nur *darüber* zu sprechen.

Trotz aller Leichtigkeit ist Marte Meo eine sehr tiefgründige und präzise Methode. Die *Marte-Meo-Interaktionsanalyse* der Filmsequenzen ist das Herzstück der Methode. Sie bietet eine individuelle, sehr genaue Beurteilung des Entwicklungsstandes, also der Fähigkeiten und Bedürfnisse aller Beteiligten. Hierzu werden kurze Videoclips aus dem persönlichen Alltag der Betroffenen aufgenommen: etwa eine freie Spielsituation, um Spielfähigkeiten und soziale Kompetenzen zu beurteilen; strukturierte Situationen – wie gemeinsames Basteln, Tisch decken, Memory spielen –, um Leitungskompetenzen zu erkennen; gemeinsame Essenssituationen, um soziales Miteinander zu beurteilen.

Die Marte-Meo-Interaktionsanalyse steht immer am Anfang eines jeden Marte-Meo-Prozesses und gibt dem Marte-Meo-Berater (MM Therapist oder MM Colleague Trainer) Aufschluss über den Entwicklungsstand und insbesondere die sozial-emotionalen Fähigkeiten und Bedürfnisse aller Beteiligten. Die Auswertung der Filmclips geschieht nah am Bild und verzichtet auf Interpretation. Die Beraterin sucht ein, zwei Filmsequenzen aus, die z. B. unterstützendes elterliches Verhalten zeigen, und bespricht diese mit den Eltern. Marte Meo verzichtet auf die Problematisierung des schlechten Verhaltens und liest »die Marte-Meo-Entwicklungsbotschaft hinter diesem Verhalten: Was hat das Kind noch nicht entwickelt?«. So kann jedem einzelnen Kind, jeder einzelnen Familie individuelle Unterstützung gegeben werden (Aarts, 2016).

Über Jahre beobachtete Maria Aarts in gelungenen Kommunikationsmomenten immer wiederkehrende Verhaltensmuster. Einzelne Verhaltensweisen deklariert sie als Marte-Meo-Elemente. Diese sind uns allen nicht fremd, aber ihre hohe Bedeutsamkeit ist im Alltag selten bewusst, z. B.:
- *Das freundlich, zugewandte Gesicht* und die *attraktiven Töne* der Mutter oder des Vaters sorgen beim Kind für eine *gute Atmosphäre*.
  - So kommt es zu einem *positiven Kontakt* zwischen Mutter (bzw. Vater) und Kind.
  - Das Kind fühlt sich positiv wahrgenommen und erhält die Botschaft »Mama (Papa) liebt mich, sie (er) ist gerne mit mir zusammen. Ich bin da.« *Dieses immer wiederkehrende Verhalten unterstützt die Entwicklung des kindlichen Selbstbewusstseins, der Selbstwirksamkeit und stärkt die Mutter-/Vater-/Kind-Bindung.*

- Die Mutter/der Vater *achtet auf das Kind, schaut genau hin, nimmt die Initiativen des Kindes wahr, passt sich dem Tempo des Kindes an* und hat so die Möglichkeit,
  - die kindlichen Signale zu sehen und wahrzunehmen,
  - sie »zu entschlüsseln« und
  - somit adäquat darauf zu reagieren.

  Das Kind fühlt sich mit seinen Bedürfnissen richtig wahrgenommen und reagiert entspannt. Dadurch spürt die Mutter/der Vater die Richtigkeit ihres/seines Tuns und nimmt sich als fähigen Elternteil wahr. Sie/er fühlt sich immer sicherer und kann sich ebenfalls entspannen. Urvertrauen kann wachsen.
- Die Mutter/der Vater »spricht« mit dem Kind, *benennt* genau, *was sie/er selbst tut* oder *was das Kind tut oder fühlt*.
  - So lernt das Kind, sich selbst und sein Gegenüber mit all seinen Handlungen wahrzunehmen, und fängt an, zu verstehen, wie die Welt funktioniert.
  - Es lernt leichter, in Kontakt zu kommen und zu bleiben, da es Ansprache hat.
  - Die kindliche Sprachentwicklung wird unterstützt.
  - Das Kind lernt, sich zu konzentrieren.
  - Und von besonderer Wichtigkeit: Das Kind lernt, sich selbst zu *registrieren*. Das ist eine unbedingte Voraussetzung, um zu lernen, sich selbst zu *regulieren*.

  Es fühlt sich von Mutter/Vater gesehen und geliebt und erhält zusätzlich Unterstützung in der eigenen Wahrnehmung. Dies hilft dem Kind, eine innere Struktur aufzubauen und sich somit selbst zu erleben. Dies ist eine wichtige Voraussetzung im sozialen Gefüge, um andere Menschen wahrzunehmen und mit ihnen kooperieren zu können.

Wozu dient die Methode?

Maria Aarts schaffte es, eine Methode zu entwickeln, die diese positiven Verhaltensstrategien in *nicht* funktionierenden Systemen anwendbar macht. Eine besondere Stärke der Methode ist die Verknüpfung durch die sogenannten »3 Ws«:
- Die »3 Ws« der Marte-Meo-Methode: *WANN* tue ich *WAS* und *WOZU* ist es wichtig?

Die Klienten erhalten konkrete Informationen, wie sie ihre Kinder im Alltag unterstützen können und wozu dieses Verhalten dient. Sie erhalten die Chance, sich als erfolgreich und kompetent zu erleben und sind motiviert: Unterstützendes elterliches Verhalten kann wachsen und so gewinnen Eltern wieder neues Selbstvertrauen.

In der Kinder- und Jugendhilfe eignet sich die Methode neben der normalen Entwicklungsunterstützung besonders zur Unterstützung für Eltern von Kindern mit auffälligem Verhalten und besonderen Bedürfnissen. Die Konkretisierung des emotional-sozialen Entwicklungsstandes ermöglicht eine individuelle, »maßgeschneiderte« Beratung und Arbeitsweise.

Hervorzuheben sind z. B. folgende Bereiche:
- Kinder mit allgemeinen Entwicklungsverzögerungen/Entwicklungsstörungen unterschiedlicher Genese, im Speziellen auf sozial-emotionaler Ebene,
- kontaktarme und isolierte Kinder,
- Kinder mit Autismus,
- Kinder mit geistiger und/oder körperlicher Behinderung,
- Kinder mit AD(H)S.

Checklisten zur Interaktionsanalyse

Marte-Meo-Checklisten sind Orientierungshilfen zur Marte-Meo-Interaktionsanalyse. Sie sind hilfreich, um kindliche Fähigkeiten, aber auch Bedürfnisse und Entwicklungsdefizite, zu erkennen, und geben hierzu konkrete Entwicklungsinformationen.

Marte-Meo-Checkliste AD(H)S, Auszug *(nach Maria Aarts, Eindhoven/NL)*

Bei Kindern mit AD(H)S wird ein Augenmerk auf das besondere Verhalten dieser Kinder gelegt. In der Checkliste beschreiben die einzelnen Punkte das bedürftige Verhalten dieser Kinder. Gleichzeitig bietet sie Anregungen für noch zu *entwickelnde Fähigkeiten*. Hier eine kleine Auswahl:
- Sie sind nicht in der Lage, ihre Initiativen ausreichend wahrzunehmen.
  Diese ungenügende Selbstwahrnehmung erschwert ihnen eine vernünftige Entwicklung ihres Selbstbildes.
- Sie sind nicht in der Lage, ihre Initiativen angemessen zu wählen.
  Es fällt ihnen schwer, zu erkennen, welches Verhalten in welchen Momenten angebracht ist.
- Sie sind nicht in der Lage, ihre eigenen Initiativen zu begrenzen.
  Es »passiert«, ohne dass sie ausreichend Kontrolle darüber haben.
- Sie bemerken ihre Gefühle meist nicht rechtzeitig – wenn überhaupt.
  Sie haben oftmals keine geeigneten Modelle, mit ihren Gefühlen umzugehen.
- Sie haben keine geeigneten sozialen Verhaltensmodelle.
  Sie wissen nicht, was von ihnen erwartet wird.

Der ressourcenorientierte Ansatz

Marte Meo legt viel Wert auf einen ressourcenorientierten, positiven Ansatz. Das heißt, der Marte-Meo-Berater wählt auch in sehr belasteten Familien kurze Filmsequenzen aus, die erwünschtes Verhalten, wenn auch nur im Ansatz sichtbar, zeigen. Daran knüpft er an, informiert über die Wichtigkeit dieses Verhaltens und unterstützt die Klienten bei der Entwicklung weiterer Fähigkeiten – Schritt für Schritt, immer angelehnt an das Tempo der Klienten.

Die positiven Bilder zeigen den Eltern, dass sie ein aktiver Teil der Lösung sind. Sie sehen und erleben sich in gelungenen Momenten und werden so in ihrer Kompetenz bestätigt und gestärkt: »*Ich* kann etwas für mein Kind tun.« Die guten Bilder öffnen die Eltern (wieder) für einen positiv emotionalen Kontakt zum Kind. So kommen sie in eine positive Entwicklungsstimmung, die Voraussetzung für aktive Mitarbeit und Offenheit im Beratungsprozess ist. Wenn wir es schaffen, Eltern zu unterstützen, »Experten für ihre Kinder« zu werden, ihnen zu helfen, ihre »eigene Kraft« zu erkennen, zu mobilisieren und weiterzuentwickeln, ist dies eine Chance für die Kinder, verantwortungsbewusste, zukunftsorientierte und »überlebensfähige« Erwachsene zu werden.

Mehrdimensionales Marte Meo in der stationären Jugendhilfe

Marte Meo passt gut zu altbekannten Konzepten und Haltungen in der Jugendhilfe wie z. B. der Heilpädagogik, Bindungsorientierung oder auch Ressourcenorientierung. Maria Aarts legt großen Wert darauf, dass sich die Marte-Meo-Methode immer maßgeschneidert an das jeweilige Setting anpasst. Als ein Beispiel soll hier die Marte-Meo-Methode zugeschnitten auf die Jugendhilfe vorgestellt werden.

Kinder und Jugendliche, die in Heimen leben, haben eine Vielzahl von Bezugspersonen, mit denen sie interagieren. Erzieher erfüllen oft elternähnliche Aufgaben, sind in enger Beziehung mit den Kindern und übernehmen im Alltag wichtige erzieherische Aufgaben. Einrichtungen denken in der Regel mehrdimensional: Sie arbeiten mit den Kindern und Jugendlichen, aber auch mit den Eltern, stehen in Kooperation mit den Schulen oder verfügen sogar über eine eigene Schule innerhalb der Institution, unterschiedlichste Therapeuten unterstützen die Arbeit der Pädagogen etc. Es macht also Sinn, auch über ein mehrdimensionales Marte-Meo-Konzept nachzudenken.

Grundsätzlich starten wir auch in einem mehrdimensionalen Konzept mit einer gründlichen Marte-Meo-Interaktionsanalyse, möglichst in mehreren Situationen (z. B. eine strukturierte Situation, bei der Anweisungen befolgt werden müssen; eine freie Spielsituation, z. B. beim Bauen mit Legosteinen oder eine teilstrukturierte Situation beim Essen oder bei einem Gruppenangebot). Geschaut wird einerseits, welche Fähigkeiten das Kind schon entwickelt hat und welche es noch entwickeln sollte, um im Leben zurechtzukommen. Auch hier ist ein Blick auf die Marte-Meo-Checklisten und weitere bekannte Marte-Meo-Elemente und ihre Bedeutung hilfreich. Sind Fähigkeiten identifiziert, die das Kind noch weiterentwickeln muss, so suchen wir positive Bilder, also Situationen, in denen das Kind diese Fähigkeiten schon gezeigt hat. In einem Beratungsprozess bekommt das Kind einige wenige dieser ganz kurzen Momente als Videoclip vorgeführt: Das passende Verhalten wird so bestätigt, und das Kind nimmt sich als erfolgreich und positiv wahr. Wenn es sinnvoll ist (d. h. wenn das Kind emotional und intellektuell hierzu in der Lage ist), zeigen wir den Kindern danach manchmal einen mit der Videoaufzeichnung festgehaltenen verpassten Moment, also einen Moment, bei dem diese vorher bewiesene Fähigkeit gut zum Einsatz hätte kommen können. Wir müssen hier sehr einfühlig und in kleinen Schritten vorgehen.

Kinder haben anfangs oft keine konkreten Fragestellungen, mit denen sie zu uns kommen. Für manche Kinder reicht es aus, überhaupt einmal persönliche Erfolgserlebnisse demonstriert zu bekommen, und selbst dann ist es nicht immer einfach für sie, sich darauf einzulassen, die Bilder so stehen zu lassen, wie sie gefilmt werden, und diese positive Rückmeldung auch zu glauben. Hier ist das Handwerkszeug Video von unschätzbarem Wert, da an der Authentizität der Bilder nicht gezweifelt werden kann. Die Erfahrung lehrt, dass die Kinder und Jugendlichen durchaus profitieren, auch wenn der gesamte Prozess sehr zeitintensiv ist.

Gleichzeitig schauen wir, welche Fähigkeiten die Bezugspersonen der Einrichtung entwickelt haben, um das Kind in seiner individuellen Entwicklung optimal zu unterstützen. Unser Blick richtet sich gerade deswegen auch auf die Erzieher und Sozialpädagogen, weil sie mit den Kindern viele gemeinsame Stunden in jeder Lebenslage verbringen. Somit erfüllt das pädagogische Personal für die Entwicklung des Kindes eine ganz zentrale Bedeutung. Gelingt es den Betreuenden, das Kind passend zu seinem Entwicklungsstand zu unterstützen, so hat dies großen therapeutischen und heilpädagogischen Wert.

Ähnlich wie mit den Eltern beginnen wir deshalb mit den Betreuenden einen Marte-Meo-Beratungsprozess, bei dem wir ihnen gelungene Momente der Unterstützung in der Videoaufzeichnung zeigen. Bevor sich konkrete Arbeitsaufträge entwickeln, geht es am Anfang oft nur darum, das Kind wieder für die Betreuenden »attraktiv zu machen«. Dies bedeutet, den Betreuer oder die

Betreuerin für die guten zwischenmenschlichen Momente und konstruktiven Fähigkeiten des Kindes (wieder) zu sensibilisieren sowie subjektiv und negativ geprägte Erwartungsmomente in unvoreingenommene Beobachtungsmomente zu verwandeln. Marte Meo übernimmt hier für die professionellen Fachkräfte neben einer Methode zur Entwicklungsunterstützung eindeutig auch die Funktion einer Burn-out-Prävention. Sie fördert damit die Beziehung zwischen Bezugsperson und Kind und verhilft so zu einem positiv geprägten Kontakt in einer entwicklungsfreundlichen Umgebung.

Parallel dazu kann ein Marte-Meo-Prozess noch mit weiteren beteiligten Bezugspersonen erfolgen. Wenn Eltern in räumlicher Nähe leben, motiviert sind und regelmäßig zur Beratung kommen wollen, so starten wir auch mit ihnen einen solchen Prozess. Auch Lehrer und andere Fachkräfte sind in einem mehrdimensionalen Konzept denkbare Klienten. Selbst einmalige Marte-Meo-Beratungseinheiten können als Baustein individuell integriert werden, indem man beispielsweise den Eltern oder Bezugspersonen die besonderen Entwicklungsbedürfnisse des Kindes aufzeigt *(Marte-Meo-Eltern-Einladungsprogramm)*. Dies kann im Rahmen eines Hilfeplangespräches oder einer Fallkonferenz geschehen. Hier lässt sich Marte Meo maßgeschneidert an die fallspezifischen Bedürfnissen anpassen.

Wer profitiert von Marte Meo?

Inzwischen profitieren sowohl Erwachsene als auch Kinder in den unterschiedlichsten pädagogischen, therapeutischen und medizinischen Bereichen von der Marte-Meo-Konzeptvielfalt. Ohne bestehende Strukturen und Konzepte zu stören, passt sich die Methode den verschiedensten Arbeitsfeldern »wie ein Puzzle ohne Rand« an – Beispiele:
- ambulante/stationäre Kinder- und Jugendhilfe, sowohl in der Elternarbeit als auch in der Arbeit mit Fachkräften, Kindern und Jugendlichen;
- Kindertagesstätten, Schulen;
- SPZ, Autismus-/AD(H)S Zentren, »Schreibaby«-Ambulanzen;
- Kinder-, Jugend-, Erwachsenenpsychiatrie;
- Medizinisches und Pflegepersonal (Kliniken, Seniorenstifte, Kurkliniken, Altenpflege);
- therapeutisches Personal;
- Coaching u. a. auch im Businessbereich.

Was braucht es, damit Marte Meo wirken kann?

Wie oben beschrieben, kann die Methode in den unterschiedlichsten Settings eingesetzt werden. Grundvoraussetzung ist, dass die Menschen intellektuell in der Lage sind, sich zu entwickeln und Lust auf Entwicklung haben.

Marte Meo passt sich hier immer an dem Entwicklungsstand der Klienten an. Gelingt eine Umsetzung der gegebenen Information nicht sofort, so fragt sich die Beraterin immer zuerst selbst, ob die ausgewählten Bilder oder die Beratung anschlussfähig für den Klienten waren, d.h. ob die Information zur Lebenswelt des Klienten und seiner Veränderungsmotivation gepasst hat. Dies kann z.B. schwierig sein, wenn Menschen über viele Jahre hinweg nur Misserfolgserlebnisse hatten und die vorgeführten positiven Bilder von sich noch nicht verarbeiten können. In diesem Fall passt die Beraterin die Information und die Bilder noch einmal an den Entwicklungsstand an.

Fallbeispiele

Marte Meo in der Elternberatung

Die Situation

Marie (Name geändert), 4 Monate alt, lebt zusammen mit ihrem Vater (34 Jahre) und ihrer Mutter (31 Jahre). Schwangerschaft und Geburt verliefen ganz normal. Regelmäßige Vorstellungen beim Kinderarzt zeigten keine Auffälligkeiten. Doch nun schrie Marie seit vier Wochen deutlich mehr. Aus kinderärztlicher Sicht war ihre Entwicklung altersgerecht und zeigte keine Besonderheiten. Neben den nun angestrebten pädiatrischen Untersuchungen nahmen die Eltern auf Empfehlung der Erziehungsberatungsstelle an einer Marte-Meo-Beratung teil. Die Clips der Marte-Meo-Interaktionsanalyse wurden mit Einverständnis der Eltern erstellt.

Die Marte-Meo-Interaktionsanalyse

Gleich im ersten Clip, einer Wickelsituation mit der Mutter, wurde mithilfe der Marte-Meo-Interaktionsanalyse deutlich, dass die Mutter sehr liebevoll, mit freundlicher Stimme und herzlichem Blick auf Marie schaut.

Allerdings wurde ebenso deutlich, dass die Mutter trotz aller Mühe häufig die kindlichen Initiativen übersah. Wenn Marie z.B. gähnte, wegschaute und signalisierte: »Ich brauche ein bisschen mehr Zeit, eine Pause«, nahm die Mutter dieses Bedürfnis nicht wahr und war somit auch nicht in der Lage, auf Maries Initiative adäquat zu reagieren. In der Folge zeigte Marie eine deutliche Überforderung und reagierte gestresst, vermied Blickkontakt und begann zu weinen. Die Mutter ihrerseits reagierte ebenso deutlich gestresst und sagte: »Marie, was ist los? Ich bin doch da.« Marie schrie, strampelte und wandte sich ab. Für beide waren diese Momente ungute Interaktionsmomente.

Die Beratung

Als erste Bildsequenz wählte die Marte-Meo-Beraterin für die Mutter eine Situation aus, in der sie mit gutem Ton und freundlichem Gesicht ihrer Tochter zeigte: »Ich bin gerne mit dir zusammen und genieße es.« Die Beraterin verdeutlichte der Mutter, wie wichtig dies für die gemeinsame Bindung und für Maries Selbstbewusstsein ist. Die Mutter strahlte und war sichtlich gerührt.

Des Weiteren zeigte die Beraterin der Mutter lediglich den Ausschnitt, in dem Marie signalisierte: »Ich brauche mehr Zeit, bitte langsamer!« Die Beraterin nutzte diese Sequenz, um der Mutter Maries Gefühle und Bedürfnisse deutlich zu machen – eine Chance für die Mutter, Maries Welt kennenzulernen.

Da die Beraterin die Familie einmal in der Woche auch als Sozialpädagogische Familienhelferin (SPFH) begleitete, nutzte sie alltägliche Situationen, um Maries Verhalten für die Mutter deutlich zu machen.

Ein Beispiel dazu

Die Mutter hatte Marie auf ihrem Arm. Marie lächelte. Die Marte-Meo-Beraterin sagte zur Mutter: »Guck mal, deine Tochter lächelt.« Die Mutter schaute gar nicht zu ihrem Kind, sondern entgegnete sogleich: »Die lächelt nie!« Die Beraterin entgegnete: »Na, dann schau *jetzt* genau hin, dein Mädchen lächelt« Als die Mutter dann doch schaute, sagte sie: »Ja, *aber* gleich schreit sie wieder.«

Hier wurde deutlich, dass die Mutter ihrer Tochter gegenüber schon eine negative Erwartungshaltung entwickelt hatte. Die Marte-Meo-Beratung bot die Möglichkeit, mithilfe der positiven Bilder gute Interaktionsmomente zu zeigen und so das Kind für die Mutter wieder attraktiv zu machen.

Im Laufe der weiteren Unterstützung nutzte die Beraterin weitere positive Bilder, um der Mutter die Welt ihres Kindes »hautnah« zu präsentieren und zu erklären. Die Mutter lernte dadurch sehr schnell, die Initiativen ihres Kindes wahrzunehmen und zu erkennen, was Marie in jedem Moment brauchte. Nach kurzer Zeit wusste sie, wann und wie sie auf die Initiativen ihres Kindes reagieren bzw. ihr Kind *aktiv* unterstützen konnte. Maries Schreiattacken reduzierten sich deutlich und die familiäre Situation entspannte sich.

Kommentar der Mutter: »Ich habe immer Angst gehabt, gleich geht das Geschrei wieder los. Durch die Marte-Meo-Beratung habe ich gelernt, genau hinzuschauen und zu sehen, was mein Mädchen tut. Und dann weiß ich, was Marie braucht. Vorher habe ich immer nur gedacht: Ich muss, ich muss ..., habe gar nicht nach Marie geschaut. Die Marte-Meo-Bilder und -Clips haben mir Maries Welt gezeigt. Und sie haben mir gezeigt, was ich als Mutter schon gut mache. Das macht mich stolz. Ich möchte doch eine gute Mutter sein! Und nun weiß ich, worauf ich achten muss.«

Die Beratung der Eltern fand im Einzelsetting und in gemeinsamen Sitzungen statt und offenbarte neben der persönlichen Entwicklung des Einzelnen auch eine Stärkung der gemeinsamen Elternschaft.

Marte Meo mit einer Grundschülerin und ihrer Erzieherin in der stationären Jugendhilfe

Um zu zeigen, welche vielfältigen Möglichkeiten die Methode bietet, soll hier ein Beispiel aus der stationären Jugendhilfe beschrieben werden.

Tina (9 Jahre, alle Namen sind geändert) war seit einiger Zeit stationär in einer Jugendhilfeeinrichtung untergebracht. Neben einer massiven ADHS-Symptomatik, Teilleistungsstörungen und einem Verdacht auf Störungen des Autismus-Spektrums fiel den Betreuern immer wieder auf, dass sie ständig mit den anderen Kindern im Konflikt war. Dauernd »verpetzte« sie sie bei den Erwachsenen, lästerte über sie in aller Öffentlichkeit, geriet in Konkurrenz mit ihnen und wertete sie dann gleich vor allen ab. Dementsprechend geriet sie schnell in Auseinandersetzungen und hatte immer wieder Krach mit den anderen Kindern. Sie machte auch vor den Erwachsenen nicht halt, wurde schnell bockig, wenn man sie kritisierte und beschimpfte die Erwachsenen dann massivst. Frau Schmitz, ihre erfahrene Bezugserzieherin, war irgendwann im Kontakt mit ihr an ihre persönliche Grenze geraten und hatte alle Mühe, trotz der vielen Beschimpfungen noch Wohlwollen für das Mädchen aufzubringen. Deswegen nahm sie Kontakt mit einer Marte-Meo-Beraterin auf und bat um Unterstützung.

In der Marte-Meo-Interaktionsanalyse stellte sich sehr schnell heraus, dass Tina zwar gerne mit anderen Kindern in Kontakt sein wollte, dass sie aber keine Ahnung hatte, wie sie das hinkriegen sollte. Sie wusste nicht, wie sie sich bei anderen Kindern und Erwachsenen attraktiv machen sollte, und griff dann auf ihre gut geübte Strategie zurück: Sie erzeugte Aufmerksamkeit und Beachtung, indem sie über andere herzog.

Menschen, die wenig Selbstbewusstsein haben, müssen sich oft »groß machen«. Das bedeutet, dass sie sich immer wieder in den Mittelpunkt stellen. Tina tat dies auch, allerdings auf sehr negative und damit ungünstige Art und Weise. Tina nahm außerdem kaum Blickkontakt auf und konnte so die entsetzten und oft verärgerten Reaktionen ihrer Mitmenschen gar nicht sehen, geschweige denn darauf eingehen.

Die Marte-Meo-Beraterin fing daraufhin an, parallel sowohl mit Frau Schmitz als auch mit Tina zu arbeiten. Es war nicht einfach, bei Tina positive Bilder zu finden. Während der Beratungssitzung (Review genannt) zeigte die Beraterin Tina schließlich eine während eines Gruppenangebots gefilmte Sequenz, bei der Tina der Erzieherin ein Kompliment machte und sie mit den freundlichen Worten »Da hat die Frau Schmitz aber eine 1 verdient« lobte. Alle anderen Kinder fanden das eine gute Idee und zogen mit, sodass in diesem Moment sehr gute Stimmung in der Gruppe herrschte. Die Marte-Meo-Beraterin konnte Tina zeigen, dass *sie* in diesem Moment dafür gesorgt hatte, dass es allen gut ging. Tina freute sich, nahm die Information wohlwollend auf und gab sich selbst den Auftrag, zu versuchen, auch weiterhin für gute Stimmung in der Gruppe zu sorgen. In zwei weiteren Gruppensitzungen, die gefilmt wurden, versuchte Tina erneut, die anderen Kinder zu überzeugen, dass die Betreuerin die Note 1 verdient hatte. Dies gelang da natürlich nicht gut, weil die Gunst der Stunde und die Neuigkeit der Information verflogen war. Tina entging dies vollständig, da sie immer noch keinen Blick für die anderen entwickelt hatte. Es wurde aber deutlich, dass sie sehr großes Interesse daran hatte, es »gut zu machen« und mit den anderen und auch mit Frau Schmitz besser auszukommen. Was Tina fehlte, war die Fähigkeit, die Initiativen der anderen Kinder wahrzunehmen und genau zu deuten, um dann adäquat daran anzuschließen.

Für Frau Schmitz war diese Erkenntnis neu und auch eine große Entlastung. Ihr wurde durch die Betrachtung einiger ausgewählter Ausschnitte der Marte-Meo-Interaktionsanalyse völlig klar, dass Tina zwar wollte, es aber nicht besser konnte. Daraufhin beschloss Frau Schmitz, an einer umfassenden Marte-Meo-Beratung zur Unterstützung Tinas teilzunehmen.

Die Leitfrage des Prozesses mit Frau Schmitz war: Wie kann sie ihre besonderen Fähigkeiten gezielt einsetzen, um Tina besser in ihrer Entwicklung zu fördern? Frau Schmitz hatte eine besondere Gabe, die Erfolge der Kinder in der Gruppe »groß« zu machen. Es wurde schnell klar, dass alle Kinder, aber insbesondere Tina, davon profitierten. Frau Schmitz lobte die Kinder in den höchsten Tönen, staunte über gelungene Kunstprojekte und wurde nicht müde, die gemeinsam gekochten Gerichte positiv hervorzuheben. Frau Schmitz wurde dies in den Marte-Meo-Sitzungen gezeigt. Sie genoss es, ihre Wirkung auf die Kinder zu sehen, war davon überrascht und gewann ein intensiveres Bewusstsein für ihr gesamtes Handeln. Insgesamt verbesserte sich die Stimmung in der Gruppe gravierend. Auch Tina genoss die Bestätigung sehr.

Gleichzeitig machte Frau Schmitz die Kinder immer wieder gegenseitig auf deren Erfolge aufmerksam: »Hast du gesehen, wie schön Kim den Stern gebastelt hat?« Im Lauf der Zeit veränderten die Kinder ihr Verhalten und nahmen sich Frau Schmitz zum Vorbild. Sie entwickelten eine soziale Aufmerksamkeit füreinander und wiesen sich jetzt auch gegenseitig darauf hin, was bei den anderen Kindern gut gelungen war.

Anfangs hatte Tina jedes Bastelprojekt, das sie an Grenzen brachte, wütend auf den Tisch geknallt und war aus dem Zimmer gestürmt. Jetzt hatte sie gelernt, dass sie erfolgreich sein kann, wenn sie um Hilfe bittet. Sie hatte jetzt Freude am Basteln und auch an ihren eigenen Erfolgen. Gleichzeitig bemerkte Tina, wenn ihrer Tischnachbarin eine Bastelarbeit gut gelungen war und machte die ganze Gruppe darauf aufmerksam.

In einer Gruppensitzung versammelten sich alle Kinder der Gruppe um Frau Schmitz, nahmen sie in den Arm und winkten zum Abschied in die Kamera. Für Frau Schmitz und ihre Kollegin, die die Gruppe leiteten, war dies eine große Freude und Erleichterung. Es belegt deutlich, welche Auswirkung eine positive Atmosphäre auf Beziehungs- und Entwicklungsarbeit hat.

Die Arbeit mit Marte Meo bei Tina und Frau Schmitz wird fortgesetzt. Als Baustein fehlt hier noch die Elternarbeit mit Tinas Eltern. Sie waren an einer Arbeit mit Marte Meo interessiert, jedoch ist die Umsetzung aufgrund der räumlichen Entfernung zum Wohnort schwierig. In einer einmaligen Sitzung wurden Tinas Eltern schon einige Sequenzen aus Tinas Marte-Meo-Clips gezeigt, z. B. wie sehr sich Tina abmüht, alles richtig zu machen, wie wenig es ihr aber gelingt. Dies war für die Eltern sehr aufschlussreich und sie entwickelten ein neues Verständnis für ihre Tochter. Ziel einer Elternarbeit mit Tinas Eltern könnte sein, die Eltern dabei zu unterstützen, besondere Fähigkeiten zur Entwicklungsunterstützung ihrer Tochter mit einzubringen.

Fazit

Das videogestützte Vorgehen nach der Marte-Meo-Methode bietet für unterschiedliche Settings und Arbeitskontexte eine hilfreiche Bereicherung mit auffällig positiven Effekten. Heike Bösche hat das in einem früheren Artikel in der folgenden Weise auf den Punkt gebracht: »Jedem der behauptet, Marte Meo erscheint auf den ersten Blick simpel und einfach, gebe ich Recht. Aber genau das brauchen wir in unserem täglichen Kampf um Anerkennung, Verständnis und Professionalität. Zur Schaffung einer guten Atmosphäre gehören zwei Dinge: Ein gutes, freundliches Gesicht und ein freundlich zugewandter Ton. Dies ist die Voraussetzung für eine gelingende Interaktion. Nicht mehr, aber auch nicht weniger. Probieren Sie es aus, es lohnt sich. Und das [...] ist wirklich simpel, einfach und sollte selbstverständlich sein, eben Marte Meo« (Bösche, 2013, S. 10).

Literatur

Aarts, M. (2016). Marte Meo: Handbuch (4. Aufl.). Eindhoven: Aarts Productions.
Bösche, H. (2013). Marte Meo Entwicklungsunterstützung im medizinischen Alltag – Eine visuelle Methode in Worte gefasst. Kinderkrankenschwester, 32, 3–10.
Niklaus Loosli, T. (2010). Die Wirksamkeit von Marte Meo neurobiologisch erklärt. Marte Meo Magazin, 10, Artikel 04G.
Niklaus Loosli, T. (2012). Mit Marte Meo Entwicklungsunterstützungsmomente im gewöhnlichen Alltag nutzen. Marte Meo Magazin, 3, Artikel 19G.
Prechter, B. (2011). Marte Meo: Ein kybernetisches Lern- und Entwicklungsmodell. Marte Meo Magazin, Artikel 11G.

Felicia Schröck und Andreas Eickhorst

Arbeiten mit triangulären Familieninteraktionen: Das Lausanner Trilogspiel (LTP)

STECKBRIEF: Lausanner Trilogspiel (LTP)

WAS: Im Rahmen z. B. einer Beratungssitzung wird zwischen den drei entscheidenden Komponenten einer Familie – üblicherweise Vater, Mutter, Kind (Säugling/Kleinkind) – eine Spiel- bzw. Interaktionssituation hergestellt und in Bezug auf spezifische familiensystemische Kriterien hin per Video beobachtet. Die Erkenntnisse werden der Familie durch das Videofeedback wertschätzend und therapeutisch nutzbringend »zurückgespielt« und zugleich besprochen.

WIE: Gruppensetting: Familie zusammen mit Therapeut/-in.

MATERIAL: Benötigt werden drei Stühle (für Vater, Mutter und Kleinkind bzw. Säugling) – wobei auch der Kleinkind-/Säuglingsstuhl von der Größe und Form her passen muss, z. B. Maxi-Cosi – und eine Kamera (auch einfache Beobachtung ohne Kamera ist möglich).

ZEIT: Reine Durchführung etwa 15 Minuten (am besten im Rahmen einer Beratungssitzung).

WAS ZEICHNET DIE METHODE AUS:

Das LTP ist ein präzises, praktikables Diagnose- und Interventionsinstrument, das zur systematischen Beobachtung frühester triangulärer Interaktionen von Eltern und Kind dient.

Überblick

Zunächst beleuchten wir im Rahmen von triangulären Interaktionen mögliche Beziehungserfahrungen und ihre wichtige Bedeutung für individuelle psychische Entwicklungen. Die Berücksichtigung dieser Aspekte kann als eine spezifische Perspektive – insbesondere als Erweiterung oft betrachteter dyadischer Konstellationen von Eltern-Kind-Beziehungen bei der Beratung und Behandlung von Familien genutzt werden.

Die Aspekte bilden den Entstehungshintergrund des »Lausanner Trilogspiels« (engl. Lausanne Trilogue Play, LTP; Fivaz-Depeursinge u. Corboz-Warnery, 1999), den wir im zweiten Teil näher vorstellen. Das LTP ist ein Diagnose- und Interventionsinstrument, das zur systematischen Beobachtung frühester triangulärer Interaktionen von Eltern und Kind entwickelt wurde.

Wir beschreiben die praktische Durchführung sowie Auswertungsdimensionen des LTP und diskutieren Einsatzmöglichkeiten für die Arbeit mit Familien, die auch ohne eine umfangreiche Ausbildung in der Auswertung des LTP gelingen können.

Strukturelle Besonderheiten triangulärer Interaktionen

Trianguläre Interaktionen in der Kernfamilie können grundsätzlich in verschiedenen Beziehungskonstellationen aus aktiver oder passiver Beteiligung jeder der drei Partner gestaltet werden. Dazu zählen die verschiedenen im Rahmen der Triade möglichen dyadischen Interaktionen (z. B. Vater-Kind-Dyade), während die dritte Person (z. B. die Mutter) passiv anwesend ist, ebenso wie eine gemeinsame aktive Interaktion aller drei Beteiligten. Daraus ergeben sich eigene besondere Möglichkeiten an Beziehungserfahrungen wie das Erleben von und der *Umgang mit Alternativen* (alternativen Partnern und alternativen Beziehungen), die *Möglichkeit von Positions- und damit Perspektivwechseln* (zwischen aktiver Beteiligung einerseits und passiver Beobachtung andererseits) sowie *Erfahrungen als Teil einer triangulären Beziehungsgestalt.*

Alternative Partner und Beziehungen ermöglichen die Erfahrung von Differenzen und des Umgangs mit ihnen (Buchholz, 1990). Aus unserer Sicht zentral sind hier Erfahrungen eines Sowohl-als-auch von Alternativen, die bei einer kooperativen Beziehungsgestaltung in der Triade erlebt werden und die die trianguläre Kommunikation erleichtern können. Kooperieren alle drei Partner, so können diese erfahren, dass verschiedene Partner mit ihren jeweiligen Eigenheiten miteinander vereinbar sind. Die dadurch entstehende Diversität kann die Interaktion bereichern, und die Erfahrung gegenseitiger Unterstützung öffnet den Raum für individuelle Entwicklung. Im Gegensatz dazu stehen Erfahrungen eines Entweder-oder, also von Alternativen (z. B. die Interaktionsangebote der Mutter zum Kind gegenüber denen des Vaters), die z. B. bei einer konflikthaften Beziehungsgestaltung in der Triade mit deutlichen Einschränkungen der Selbstentfaltungsmöglichkeiten oder auch dem Erleben von Unvereinbarkeit dieser Alternativen einhergehen können. Individuelles Nachspüren und Nachgehen eigener Wünsche und Bedürfnisse sind hier unserer Erfahrung nach häufig beeinträchtigt. Darüber hinaus lässt sich argumentieren, dass ein dauerhaft fehlendes Erleben einer (ausreichend) liebevollen Bezogenheit zwischen dem Elternpaar zur Verinnerlichung eines Beziehungsmusters des Entweder-oder, sprich zum Erleben der Unvereinbarkeit mehrerer enger Beziehungen führen kann (Dammasch, 2006).

Positionswechsel im Rahmen der verschiedenen möglichen Beziehungskonstellationen der Triade beinhalten Wechsel zwischen Interaktionspartnern und auch zwischen aktiver und passiver Beteiligung. Sie eröffnen Vergleichsmöglichkeiten zwischen Erfahrungen in den verschiedenen eingenommenen Positionen und fördern damit das Erleben von Perspektivwechseln und Perspektivität (Buchholz, 1990). Für Prozesse der Reflexion, auch der Selbstreflexion, sind Perspektivwechsel und das Einnehmen einer dritten, beobachtenden Position, die auf die Verknüpfung zwischen zwei Aspekten blicken lässt, essenziell. (Selbst-)Reflexiven Fähigkeiten kann wiederum für die Bewältigung psychischer Herausforderungen in der individuellen Entwicklung eine entscheidende Rolle zugesprochen werden (z. B. Fonagy, Gergely, Jurist u. Target, 2002).

Die *trianguläre Beziehungsgestalt* bietet im Vergleich zur Dyade eine größere Distanz und eine geringere Exklusivität in den Beziehungen bei höheren Freiheitsgraden für die Beteiligten (Grieser, 2007). Sie beinhaltet auf der physischen und auf der psychischen Ebene die Öffnung eines Freiraums oder Spielraums zwischen den Partnern und bietet somit einen Entwicklungsraum, in dem sich die sozio-emotionale Entwicklung der Beteiligten entfalten kann.

Bedeutung von Beziehungserfahrungen für individuelle Entwicklungen

Geht man davon aus, dass (insbesondere frühe) Beziehungserfahrungen verinnerlicht und als mentale Repräsentanzen Erwartungen und Verhalten in vergleichbaren Strukturen späterer Situationen mitprägen (vgl. z. B. Stern et al., 2012), liegt die Annahme nahe, dass Interaktionserfahrungen in der Triade nachfolgendes Erleben und Verhalten der einzelnen Beteiligten in triangulären

Situationen – sowohl auf der innerpsychischen Ebene als auch auf der Ebene des realen Interaktionsverhaltens – beeinflussen. Ergebnisse empirischer Langzeitstudien stützen diese Annahme: So konnten beispielsweise Favez und Kollegen (2012) systematische positive Einflüsse von kooperativen Interaktionen in der frühen Triade auf die sich im Vorschulalter beim Kind entwickelnde Theory of Mind einerseits sowie dessen Fähigkeit zu autonomem Verhalten in der Familie andererseits dokumentieren (Favez et al., 2012). Langzeitstudien weiterer Arbeitsgruppen verweisen ebenfalls auf die Bedeutsamkeit früher Beziehungserfahrungen in der Triade für entwickelte reflexive Fähigkeiten und soziale Kompetenzen des Kindes im Vorschulalter (z. B. Hedenbro u. Rydelius, 2014).

Das Lausanner Trilogspiel (LTP)

Der Lausanner Arbeitsgruppe um Elisabeth Fivaz-Depeursinge und Annette Corboz-Warnery ist es gelungen, eine Methode zur systematischen Analyse von Aspekten der Funktionalität des Beziehungsverhaltens in frühen familiären Triaden (also mit einem Säugling) zu entwickeln: das Lausanner Trilogspiel. Das LTP ist ein semi-standardisiertes Diagnose- und Interventionsinstrument, das seit rund zwanzig Jahren sowohl in der klinischen Begleitung als auch der empirischen Erforschung frühester triangulärer Interaktionen in der Kernfamilie eingesetzt und dabei auch methodisch immer noch weiterentwickelt wird (z. B. Fivaz-Depeursinge, Corboz-Warnery u. Keren, 2004).

Anknüpfend u. a. an die strukturellen Interaktionsanalysen von Minuchin und Kollegen (Minuchin, Rosman u. Baker 1978) nimmt das LTP alle drei Partner und die verschiedenen möglichen Beziehungskonstellationen aus aktiver oder passiver Beteiligung innerhalb der frühen Triade in den Blick. So setzt sich das Trilogspiel aus insgesamt vier Phasen zusammen, in denen die drei möglichen aktiven dyadischen Interaktionen im Angesicht eines passiven Dritten (2+1-Situationen) sowie die aktive Interaktion aller drei Beteiligten (3-gemeinsam-Situation) beim gemeinsamen Spiel realisiert werden sollen. Mithilfe objektivierter Beobachtungskriterien können dabei vorherrschende Muster und Dynamiken im interaktiven Wechselspiel sowohl auf der Ebene der Triade als Ganzen als auch auf den Ebenen des elterlichen sowie kindlichen Subsystems identifiziert werden. Dabei ermöglicht das LTP nicht nur problematische Allianzen, sondern ressourcenorientiert auch die besonderen Chancen und Qualitäten gelungener triangulärer Interaktionen systematisch zu beobachten.

Eine wachsende Anzahl an Studien zeigt, dass diese identifizierbaren Qualitäten der interpersonalen Bezogenheit für das Wohlbefinden und die Entwicklung der Partner im günstigen Fall förderlich und unterstützend, im ungünstigen Fall dysfunktional und hemmend sein können (z. B. Favez et al., 2012). Aktuelle Studien ermittelten, dass sich bestimmte strukturelle Persönlichkeitsmerkmale der Elternteile systematisch auf die charakteristische Qualität der interpersonalen Bezogenheit in der frühen familiären Triade auswirken. Zugleich ergaben sich auch für Merkmale des soziokulturellen Umfelds (z. B. das Ausmaß sozialer Unterstützung) systematische Zusammenhänge mit dem allgemeinen Funktionsniveau der Interaktionen in der frühen Triade (Schröck, 2017).

Neben individuellen Charakteristika der Elternteile und Merkmalen des soziokulturellen Umfelds kann insbesondere Merkmalen der elterlichen Beziehung eine wesentliche Bedeutung für strukturelle und affektive Beziehungsqualitäten in Eltern-Kind-Triaden zugesprochen werden. Mithilfe des LTP untersuchten Fivaz-Depeursinge und Kollegen nun bereits in frühen familiären Triaden mit einem Säugling oder Kleinkind Interaktionsdynamiken in Abhängigkeit von der elterlichen Kooperation (Co-Parenting; Fivaz-Depeursinge, Lopes, Python u. Favez, 2009). Dabei berücksichtigen sie auch die Beiträge des Kindes zur Beziehungsgestaltung. In Tabelle 1 sind die von der Lausanner Arbeitsgruppe identifizierten charakteristischen Formen funktionalen sowie dysfunktionalen Co-Parentings und damit häufig einhergehende Interaktionsstile in der frühen Triade zusammengefasst.

Tabelle 1: Formen funktionalen sowie dysfunktionalen Co-Parentings und korrespondierende interaktive Stile in der frühen familiären Triade (nach Fivaz-Depeursinge et al., 2009; Fivaz-Depeursinge u. Favez, 2006)

	Eltern	Kind	Triade
kohäsives Co-Parenting	hohe elterliche Kooperation	Position: Verbundenheit mit beiden Eltern bei hohen Freiheitsgraden in der Interaktionsgestaltung	normale Hierarchie der Generationen: Übernahme der elterlichen Fürsorgerolle sowie klare elterliche Grenzsetzungen, die spielerisch und an kindliche Bedürfnisse angepasst eingefordert werden; Eltern fördern trianguläre Kommunikation
	angemessenes, an die jeweilige (aktive oder passive) Rolle angepasstes Engagement gegenüber dem Kind	häufiges Verhalten: Engagement	kooperative Familienallianz

		Eltern	Kind	Triade
kindzentriertes Co-Parenting		elterliche Kooperation nur über die vermittelnde Rolle des Kindes	Position: Sündenbock oder Fürsorgender im elterlichen Spannungsfeld	normale Hierarchie der Generationen wird umgedreht: kindliche Übertreibung triangulärer Kommunikation (z. B. erhöhte Aufmerksamkeitskoordination)
		Kind als Dreh- und Angelpunkt des Erlebens und Verhaltens	häufiges Verhalten: Überengagement (übermäßiger Einsatz an Konfrontations- und/oder Animationstaktiken in manipulativer, kontrollierender und weniger in altersangemessener Weise): Das ist gut erklärt!	konflikthafte oder desorganisierte Familienallianz
konkurrenzbetontes Co-Parenting		Beeinträchtigung der elterlichen Kooperation	Position: zwischen beiden Elternteilen gefangen	trianguläre Fähigkeiten des Kindes werden für Spannungsregulierung zwischen den Eltern benutzt auf Kosten von dessen eigener Entwicklung
		Eltern konkurrieren um die Aufmerksamkeit des Kindes	häufiges Verhalten: Überengagement	konflikthafte oder desorganisierte Familienallianz
ausschließendes Co-Parenting		Beeinträchtigung der elterlichen Kooperation	Position: in der Beziehung mit einem Elternteil festgehalten und von der Interaktion mit dem anderen Elternteil abgeschnitten	normale Hierarchie der Generationen wird z. T. umgedreht: bei kindlichem Überengagement in kollusiver Dyade mit engagiertem Elternteil
		starkes Ungleichgewicht des elterlichen Engagements	häufiges Verhalten: Überengagement (häufig bei wenig elterlichen Initiativen) oder Rückzug/übermäßiger Gehorsam (häufig bei intrusivem oder feindseligem elterlichen Stil) hier auch möglich: Engagement in funktionaler dyadischer Interaktion, allerdings ohne Erfahrung funktionaler Triangulierung	desorganisierte Familienallianz

Aufbau und Durchführung des LTP

Der grundsätzliche Aufbau des LTP sieht wie folgt aus: Vater, Mutter und Kind sitzen in einem gleichseitigen Dreieck nah beieinander und erhalten die Aufgabe, sich in vier Phasen miteinander zu beschäftigen, zu sprechen und zu spielen:
1. Zunächst entscheiden Vater und Mutter, wer von ihnen anfängt, mit dem Kind zu spielen, während der andere Elternteil »einfach nur anwesend« ist.
2. In der zweiten Phase wechseln die Eltern die Rollen.
3. In der dritten Phase spielen alle drei gemeinsam. Was genau sie dabei machen, bleibt den Eltern selbst überlassen, allerdings soll das gesamte Spiel möglichst ohne Spielzeuge auskommen und das Kind (soweit seine Stimmung dies zulässt) in seinem Sitz verbleiben.
4. In der vierten Phase unterhalten sich die Eltern miteinander, während jetzt das Kind »einfach nur anwesend« ist. Wieder gibt es keinerlei thematische Vorgaben, auch wird der Kontakt zum Kind (anschauen, berühren) in dieser Phase nicht weiter reglementiert, als dies durch den Passus »einfach anwesend« geschieht.

Abbildung 1: Die vier Phasen des LTP (Fotos FS)

Das gesamte Spiel soll zwischen 8 und 12 Minuten dauern. Die Eltern leiten die Phasenwechsel jeweils selbst ein, koordinieren sich dabei selbständig und entscheiden auch, wann das Spiel zu Ende ist. Überdies sollen sie während aller Phasen auf die Bedürfnisse des Kindes achten und reagieren. So können sie auch eine Aktivität unterbrechen oder beenden, um auf das Kind einzugehen (wenn es z. B. weint oder unzufrieden ist). Abbildung 1 illustriert den Aufbau des LTP und die in den vier unterschiedlichen Phasen realisierten Beziehungskonstellationen.

Einsatzmöglichkeiten in Beratungssituationen

Um Einsatzmöglichkeiten des LTP bzw. seiner Elemente in Beratungssituationen angemessen beschreiben und diskutieren zu können, scheint es zunächst wichtig, das, was mithilfe dieser Methode gezielt beobachtet werden kann, näher vorzustellen. Zur klinischen Verwendung hat die Lausanner Arbeitsgruppe Dimensionen identifiziert, die aus ihrer entwicklungssystemischen Sicht charakteristische Merkmale der Funktionalität bzw. Dysfunktionalität beobachtbarer triangulärer Interaktionen widerspiegeln. Diese Dimensionen können anhand eines Auswertungsmanuals, der *Familienallianz-Assessment-Skala* (FAAS; Lavanchy Scaiola, Favez, Tissot u. Frascarolo, 2008), eingeschätzt werden. Ihre Anwendung ermöglicht eine (relativ gute Annäherung an eine) objektivierbare Beurteilung von Aspekten der Funktionalität triangulärer Interaktionen.

Triadisch wichtige Dimensionen und einige ihrer Beobachtungskriterien werden im Folgenden vorgestellt.

Triadisch wichtige Dimensionen der Familienallianz-Assessment-Skala

Auf welche Charakteristika triangulärer Interaktionen in der Familie kann beim Beobachten gezielt geachtet werden? Die FAAS umfasst eine größere Anzahl an Dimensionen, mit deren Hilfe sowohl strukturelle als auch dynamische Interaktionsqualitäten systematisch beobachtet und eingestuft werden können. Wir konzentrieren uns hier auf Dimensionen zur diagnostischen Einschätzung von Interaktionen auf der Ebene der Triade als Ganze, die sich aus unserer Sicht auch als Orientierungshilfen für diagnostische Einschätzungen triangulärer Familieninteraktionen im Praxisalltag eignen. In der Hoffnung, die Beschreibungen möglichst gut für den Praxisalltag nutzbar zu machen,

sind für jede Dimension die Beobachtungskriterien in Form von Leitfragen formuliert:
- *Familienallianz:* Wie kann die charakteristische Qualität des familiären Zusammenhalts eingestuft werden? In welchem Maß gelingt es der Triade, als Team zusammenzuarbeiten? Wie groß ist das Ausmaß an Engagement und Koordination bei allen geteilten Aktivitäten? Sind die triangulären Interaktionen im Allgemeinen von *kooperativen, konflikthaften* oder *desorganisierten* Formen der wechselseitigen Bezogenheit geprägt? Diese drei Formen wechselseitiger Bezogenheit bilden in der FAAS die Grundlage zur Einstufung der Familienallianz.
- *Beteiligung:* Öffnet die körperliche Ausrichtung (Körperhaltungen, Blicke) einen Interaktionsraum, der eine Beteiligung aller drei Partner begünstigt? Wird jemand systematisch ausgeschlossen oder schließt sich jemand systematisch selbst aus?
- *Organisation der Rollen:* Können vorgegebene Rollen (z. B. sich zugunsten von Aktivitäten zwischen den anderen beiden Partnern auch zurückhalten zu können oder, umgekehrt, für den Spiel- bzw. Interaktionsfluss in der Triade erforderliche Aktivität einbringen zu können) und Strukturen (z. B. zeitliche Vorgaben) eingehalten werden?
- *Fokussierung:* Gibt es co-konstruierte, kreative Aktivitäten oder dominieren die Initiativen von einzelnen Beteiligten? Sind die elterlichen Interaktionsangebote an den Zustand und Entwicklungsstand des Kindes angemessen angepasst (keine Über- oder Unterstimulation) und für die Beteiligten, insbesondere das Kind, vorhersagbar (keine chaotische Stimulation)?
- *Affektiver Kontakt:* Wie reichhaltig und warm gestaltet sich die affektive Färbung der familiären Interaktionen in der Triade? Zirkulieren Affekte in der Triade, d. h. werden Affekte immer wieder auch von allen drei Partnern geteilt?[3] Sind die gezeigten Affekte authentisch? Werden die einzelnen Partner, insbesondere das Kind, in ihrem affektiven Erleben von den anderen Partnern wahrgenommen, akzeptiert, angemessen interpretiert und wird darauf empathisch eingegangen (affektive Validierung)?
- *Umgang mit Kommunikationsfehlern:* Wie wird mit – unvermeidlich auch entstehenden – Fehlabstimmungen in der Koordination gemeinsamer Aktivitäten in der Triade umgegangen? Welche Folgen haben solche Fehler in der Kommunikation für den weiteren Verlauf, für die Dynamik der Interaktion

---

3 Das bedeutet nicht, dass alle drei Partner den gleichen Affekt erleben müssen. Vielmehr geht es um einen gemeinsamen Fokus, bei dem die Partner wechselseitig auch affektiv Anteil am Erleben der anderen Partner nehmen.

in der Triade? Gibt es Reparationsversuche? Wenn ja, erfolgen diese schnell und effektiv, sodass sie die Beteiligten wenig Energie und Zeit kosten, oder kosten sie viel Mühe und Energie? Häufen sich Fehler in der Kommunikation, ohne dass wirklich eine Reparation oder Lösung stattfindet, sodass es zu größeren Unterbrechungen/Brüchen in den interaktiven Abfolgen kommt und das Aufrechterhalten gemeinsamer Aktivitäten in der Triade für die Beteiligten immer anstrengender wird?

Voraussetzungen für den Einsatz der Methode

Inwiefern einem Berater bzw. einer Therapeutin in der Familienberatung eine adäquate, sprich reliable, Beurteilung der einzelnen von der FAAS berücksichtigten Dimensionen gelingt, hängt mitunter wesentlich von seinem Trainingsgrad ab. Für den Einsatz des LTP in empirischen Studien sind ein intensives Training und eine ausreichend hohe nachgewiesene Übereinstimmung mit Anwendungsexperten erforderlich. Aber auch ohne ein solches Training stellen aus unserer Sicht die vorgestellten Dimensionen und ihre Beobachtungskriterien wichtige und hilfreiche Anhaltspunkte für Diagnostik und Intervention in triadischen Beziehungsstrukturen dar. Diese können auch in kleineren und leichter einsetzbaren Einheiten und Techniken angewandt werden. Explizit gesagt, sind dabei weder der oben skizzierte »strenge« Aufbau in einem gleichseitigen Dreieck, noch die exakte Abfolge der vier definierten Schritte, noch z. B. eine Videoaufnahme zwingend erforderlich.

Fallbeispiel

Familie Müller mit Tochter Leonie (6 Monate), Klientennamen geändert.

Das folgende Fallbeispiel aus einer Eltern-Säuglings-Sprechstunde verdeutlicht den Ablauf der vier Phasen des Lausanner Trilogspiels mit ihren jeweiligen Charakteristika. Verschiedenste Elemente sind gut erkennbar: etwa Momente von Unsicherheit und Konkurrenz, das Ausprobieren unterschiedlicher Grade an Stimulierung des Säuglings, aber auch immer wieder gelingende Momente der Kooperation und des Bemühens um eine gemeinsame Struktur im Sinne der Aufgabeninstruktion.

Mutter, Vater und Leonie sitzen sich im Beratungsraum für die vorher vereinbarte Durchführung eines LTP in einem Dreieck gegenüber. Leonie sitzt in einem speziell angefertigten Hochstuhl. Sie kann darin sicher festgeschnallt und der Sitz kann ihrer Körpergröße angepasst werden. Der Sitz ermöglicht, dass alle drei sich in etwa gleichen Abständen zueinander befinden und durch ihre Körperhaltungen ein Dreieck bilden. Die für das LTP vorgegebene Zeit beträgt insgesamt 8 bis 12 Minuten, selbständig aufgeteilt auf vier Phasen. In der ersten Phase spielt zunächst die Mutter aktiv mit Leonie, während der Vater »einfach anwesend« ist, bis der Wechsel zwischen den beiden Eltern stattfindet.

Die Mutter singt und spielt Fingerspiele mit Leonie. Leonie folgt dem Spiel der Mutter mit ihrem Blick und stößt freudige Laute aus. Der Vater verfolgt das Spiel aufmerksam und lacht mit. Als Leonie sich für einen Moment ihm zuwendet, lächelt er aktiv zurück. Die Mutter bemerkt die Interaktion zwischen Tochter und Vater und fragt, ob Leonie nun mit dem Vater spielen wolle. Da sie fühlt, dass die Zeit noch nicht zu Ende ist, spielt sie noch eine Weile weiter. Als Leonie erste Müdigkeitszeichen zeigt, leitet die Mutter den Wechsel zum Spiel mit dem Vater ein.

Die zweite Phase verbringt nun der Vater als aktiver Part, die Mutter ist »einfach anwesend«.

Der Vater initiiert nun ebenfalls ein Singspiel mit Leonie. Diese ist mittlerweile etwas unruhiger und der Vater hat mehr Mühe, ihre Aufmerksamkeit zu gewinnen. Zunächst sucht er die Rückversicherung der Mutter. Doch mit der Zeit stimmen sich der Vater und Leonie im Tempo und Rhythmus ihres Wechselspiels aufeinander ab. Der Vater greift Leonies Initiative auf und beschäftigt sich mit ihren Fingern, berührt sie mehrmals und verlangsamt sein Spieltempo. Leonie schaut daraufhin dem Fingerspiel ihres Vaters immer wieder aufmerksam zu. Sie wechselt zwischen Momenten leichten Quengelns und aufmerksamer Teilnahme am Fingerspiel mit dem Vater.

In der dritten Phase des LTP spielen Vater, Mutter und Leonie zu dritt zusammen. In der Regel stellt dies den schwierigsten Spielabschnitt dar, da die Beteiligten aufgefordert sind, die noch recht neue triadische Interaktion gemeinsam aktiv zu gestalten.

Leonie quengelt beim Spiel mit dem Vater für einen kurzen Moment. Die Mutter kommt daraufhin mit ihrem Oberkörper nach vorne und fragt, ob sie nun zu dritt spielen sollen. Der Vater geht nicht auf die Frage ein und versucht, sein Spiel noch etwas fortzusetzen. Leonie quengelt intensiver, und der Vater nimmt sie für einen Moment aus dem Stuhl. Als er beginnt, ein neues

Spiel zu initiieren, fragt die Mutter erneut: »Spielen wir zusammen?«. Der Vater bejaht und schiebt Leonies Stuhl ein Stück weit in die Mitte zwischen die Eltern. Die Mutter zieht daraufhin den Stuhl noch ein Stück weiter zu sich, ergreift beide Hände von Leonie und stimmt ein Lied an. Sie wendet sich kurz auffordernd zum Vater, welcher dann in das Lied mit einstimmt. Die Mutter befindet sich mit ihrem Gesicht nun recht nah an Leonies Gesicht und singt intensiv, während sie weiterhin beide Hände der Tochter hält. Leonie wendet ihren Kopf ab. Der Vater verstummt in seinem Gesang. Nach einer kurzen Weile zieht der Vater den Stuhl von Leonie aktiv in die Mitte und gemeinsam singen die Eltern die letzten Worte des Liedes. Der Vater fragt: »Wie groß ist die Maus?«, während die Mutter gleichzeitig äußert: »Ganz schön schwierig ohne Spielzeug.« Der Vater beginnt ein neues Spiel mit den Fingern. Leonie folgt mit ihrem Blick dem Fingerspiel und gähnt intensiv. Der Vater spielt noch weiter, während die Mutter fragt: »Willst du singen?« Sie beginnt ein neues Lied und der Vater stimmt mit ein. Nun singen beide: »Der Kuckuck und der Esel …«. Beide sind weit vorgebeugt und dicht an Leonies Gesicht. Dabei hält die Mutter Leonies Füße und bewegt sie mit, während der Vater ihr mal ans Ohr, an die Wange, Arm oder die Lippe fasst. Schließlich zieht der Vater Leonies Stuhl ganz zu sich rüber, sodass Leonie mit ihrem Körper auf ihn ausgerichtet sitzt. Leonie ist noch im Blickkontakt mit der Mutter und muss dafür nun ihren Kopf zur Seite drehen. Die Mutter sagt: »Du bist ein Löwe«, und macht eine Grimasse, die Leonie imitiert. Der Vater tippt ihr gleichzeitig auf die Nase und sagt: »Kuck mal, da ist die Nase.« Die Mutter hält einen Moment inne, dann geht sie auf Leonies einsetzende Laute ein und sagt: »Ja, erzähl mal was!« Der Vater stimmt ein. Dann fragt die Mutter: »Lallst du wieder rum?«, während der Vater gleichzeitig fragt: »Willst du noch mal?« Er beginnt erneut mit seinem Fingerspiel. Leonie beginnt, darauf einzugehen und sagt »Oh!«. Die Mutter wiederholt: »Ja, oh!« Der Vater stimmt ein und setzt dann sein Spiel fort: »Wie groß ist die Maus?« Leonie blickt nach unten, dann folgt sie noch mal dem Fingerspiel des Vaters. Sie stößt einige Laute aus. Die Mutter greift sie kurz auf und schlägt dann vor: »So, jetzt lassen wir sie alleine spielen, ne?« Der Vater schaut auf die Uhr. Aus Leonies Lautieren werden protestierende Laute. Der Vater beginnt daraufhin erneut sein Spiel, während die Mutter sich schon in Richtung des Vaters ausgerichtet hat, um das Gespräch mit ihm zu beginnen. Sie wartet einen kurzen Moment ab, engagiert sich noch einmal mit im Spiel. Der Vater fährt weiter mit Spielen fort und die Mutter sagt: »Ja, jetzt denke ich, sollten wir mit dem nächsten Teil beginnen.« Leonie beginnt zu weinen, und die Mutter sagt: »Ich denke, das wird jetzt sehr ungemütlich.«

In der vierten Phase unterhalten sich dann die beiden Eltern, während Leonie »einfach anwesend« ist.

 Die Eltern beruhigen Leonie erst, dann richtet sich der Vater nun auch mit seinem Unterkörper so aus, sodass sich beide zum Gespräch gegenübersitzen und anschauen. Während des Gesprächs beginnt Leonie mehrfach, zu weinen. Die Eltern geben ihr einen Schnuller, mit dem sie sich schnell beruhigt und dann zu spielen beginnt. Der Vater blickt während des Elterngesprächs weiter immer wieder zu Leonie. Die Mutter zeigt nach wenigen Minuten an, dass sie fertig seien.

Ausblick: Einsatz des LTP in der Familienberatung

Das LTP ermöglicht den Einbezug der gesamten Kernfamilie in die familientherapeutische Beratung. So bietet es einen Ansatz, wie die in der Literatur mittlerweile auch schon im Säuglingsalter des Kindes immer mehr berücksichtigten Väter in der familientherapeutischen Praxis von Beginn des Lebens eines Kindes an gleichberechtigt einbezogen werden können (Schröck u. Eickhorst, 2016). Erfreulicherweise ist das vorgestellte Setting dabei nicht auf die klassische Kernfamilie begrenzt, sondern kann auch bei weiteren triadischen Zusammensetzungen, etwa einem homosexuellen Elternpaar (D'Amore, Simonelli u. Miscioscia, 2013), gleichermaßen eingesetzt werden. Auch sind Adaptationen je nach Alter des Kindes und auch bei mehr als einem Kind möglich (Fivaz-Depeursinge u. Corboz-Warnery, 1999).

Für die praktische Umsetzung in einer Beratungssituation sind nun neben der oben beschriebenen »klassischen« Durchführungsweise auch Vereinfachungen und Abwandlungen sehr gut vorstellbar. Denn die hier beschriebenen, vom Lausanner Team identifizierten Dimensionen und Beobachtungskriterien sind aus unserer Sicht für eine systematische Beobachtung und Beurteilung triangulärer Interaktionen im familientherapeutischen Setting auch an sich anwendbar und erfordern nicht notwendigerweise die Durchführung des gesamten vier-phasigen LTP:
- So können zum einen einzelne, besonders interessierende Beziehungskonstellationen aufgegriffen werden: Das Ausmaß an Co-Konstruktion von Aktivitäten oder auch an Selbst- oder Fremdausschluss einzelner Partner lassen sich zum Beispiel bei einer von allen drei Partnern gemeinsam zu gestaltenden Aktivität (3. Phase des LTP) gut beobachten, während vorhandene Konflikte zwischen den Eltern oftmals bei der Aufgabe, miteinander zu sprechen, während das Kind »einfach anwesend« ist (4. Phase) am deutlichsten hervortreten. Gleichwohl bietet die Realisierung aller möglichen Beziehungskonstellationen in der Triade das umfassendste Bild für die Einschätzungen der interessierenden Parameter.

- Zum anderen sind die Lausanner Beobachtungskriterien von uns so wiedergegeben, dass sie unseres Erachtens auf trianguläre Interaktionen im Allgemeinen (z. B. auch mit einem älteren Kind) anwendbar sind. Dabei können ausgewählte und auf den jeweiligen Kontext der aktuellen Familie abgestimmte kurze Sequenzen einzeln zum Videofeedback genutzt und an ihnen jeweilige therapeutische Aspekte erläutert werden (Fivaz-Depeursinge et al., 2004). Hier kann es sich sowohl um Sequenzen gelungener triangulärer Interaktionen im Sinne eines ressourcenstärkenden Feedbacks als auch um Sequenzen mit Schwierigkeiten in der triangulären Interaktion handeln. Bei dysfunktionalen Interaktionsmustern können so eine Verbesserung des Problemverständnisses, das Einnehmen von Perspektivwechseln sowie die Entwicklung von alternativen, günstigeren Lösungsmöglichkeiten gemeinsam thematisiert und probiert werden.

Bei dieser Art der Rückmeldung sollten die allgemeinen Regeln eines guten und wertschätzenden Videofeedbacks selbstverständlich eingehalten werden (z. B. Thiel-Bonney, 2014), sodass auch Klienten, für die diese Art der Rückmeldung neu ist, behutsam an das Material herangeführt und nicht beschämt werden. Dies ist insbesondere bei der Besprechung von dysfunktionalen Interaktionsmustern wichtig.

Ergänzend weisen Fivaz-Depeursinge und ihre Kollegen darauf hin, dass aus systemischer Sicht bereits die Teilnahme an dieser Prozedur eine Intervention darstellt und einen stabilisierenden sowie die Familie stärkenden Prozess in Gang setzen kann (Fivaz-Depeursinge et al., 2009).

Literatur

Buchholz, M. B. (1990). Die Rotation der Triade. Forum der Psychoanalyse, 6, 116–134.
Dammasch, F. (2006). Der unsichtbare Dritte. Über die innere Welt eines vaterlos aufgewachsenen Mädchens. In F. Dammasch, H.-G. Metzger (Hrsg.), Die Bedeutung des Vaters. Psychoanalytische Perspektiven (S. 155–178). Frankfurt a. M.: Brandes & Apsel.
D'Amore, S., Simonelli, A., Miscioscia, M. (2013). La qualita delle interazioni triadiche nelle famiglie lesbo-genitoriali: uno studio pilota con la procedura del Lausanne Trilogue Play (The quality of triadic interactions in lesbo-parental families: A pilot study with the Lausanne Trilogue Play procedure). Infanzia E Adolescenza, 12 (2), 113–127.
Favez, N., Lopes, F., Bernard, M., Frascarolo, F., Scaiola, C. L., Corboz-Warnery, A., Fivaz-Depeursinge, E. (2012). The development of family alliance from pregnancy to toddlerhood and child outcomes at 5 years. Family Process, 51 (4), 542–556.
Fivaz-Depeursinge, E., Corboz-Warnery, A. (1999). The primary triangle. A developmental systems view of mothers, fathers and infants. New York: Basic Books.

Fivaz-Depeursinge, E., Corboz-Warnery, A., Keren, M. (2004). The primary triangle. Treating infants in their families. In A. J. Sameroff, S. C. McDonough, K. L. Rosenblum (Eds.), Treating parent-infant problems. Strategies for intervention (pp. 123–151). New York: Guilford.

Fivaz-Depeursinge, E., Favez, N. (2006). Exploring Triangulation in Infancy: Two Contrasted Cases. Family Process, 45 (1), 3–18.

Fivaz-Depeursinge, E., Lopes, F., Python, M., Favez, N. (2009). Coparenting and toddler's interactive styles in family coalitions. Family Process, 48 (4), 500–516.

Fonagy, P., Gergely, G., Jurist, E. L., Target, M. (2002). Affect Regulation, Mentalization and the Development of the Self. New York: Other Press.

Grieser, J. (2007). Freiheit und Entwicklung im triangulären Raum. Psyche, 61 (6), 560–589.

Hedenbro, M., Rydelius, P. (2014). Early interaction between infants and their parents predicts social competence at the age of four. Acta Paediatrica, 103 (3), 268–274.

Lang, H. (1995). Das Konzept der »strukturalen Triade«. In P. Buchheim, M. Cierpka, T. Seifert (Hrsg.), Lindauer Texte: Konflikte in der Triade, Spielregeln in der Psychotherapie, Weiterbildungsforschung und Evaluation (S. 50–58). Berlin u. Heidelberg: Springer.

Lavanchy Scaiola, C., Favez, N., Tissot, H., Frascarolo, F. (2008). Family Alliances Assessment Scale (FAAS). Coding Manual (deutsche Übersetzung: Schwinn, L.). Unpublished Manual.

Minuchin, S., Rosman, B. L., Baker, L. (1978, dt. 1981/1991) Psychosomatische Krankheiten in der Familie (5. Aufl.). Stuttgart: Klett.

Reich, G., Cierpka, M. (2003). Der psychodynamische Befund. In M. Cierpka (Hrsg.), Handbuch der Familiendiagnostik (2. Aufl.). Berlin u. Heidelberg: Springer.

Schröck, F. (2017). Prozesse der Familienbildung in der frühen familiären Triade: das Zusammenspiel intrapersonaler, interpersonaler und soziokultureller Faktoren in chilenischen und deutschen Familien. Unveröffentlichte Dissertation, Ruprecht-Karls-Universität Heidelberg.

Schröck, F., Eickhorst, A. (2016). Die Rolle der Väter in der primären Triade – Chancen des Lausanner Trilogspiels für Diagnostik, Therapie und Beratung. In A. Eickhorst, A. Röhrbein (Hrsg.), »Wir freuen uns, dass Sie da sind!« Beratung und Therapie mit Vätern (S. 127–139). Heidelberg: Carl-Auer.

Stern, D. N., Bruschweiler-Stern, N., Lyons-Ruth, K., Morgan, A. C., Nahum, J. P., Sander, L. W. (2012). Veränderungsprozesse. Ein integratives Paradigma. Frankfurt a. M.: Brandes & Apsel.

Thiel-Bonney, C. (2014). Beratung und Therapie mit Video und Videofeedback. In M. Cierpka (Hrsg.), Frühe Kindheit 0–3 Jahre (2. Aufl., S. 415–440). Berlin u. Heidelberg: Springer.

Lea Linke

Kompetente Eltern – ganzheitliche Kompetenzförderung in der Jugendhilfe

STECKBRIEF: Ganzheitliche Kompetenzförderung jugendlicher Eltern

WAS: Effiziente Vorgehensweise durch Kombination kind- und elternzentrierter Methoden, um Ressourcen in Erziehung und sozialer Kompetenz ganzheitlich zu aktivieren und auszubauen.

WIE: Sowohl Einzelsetting als auch Gruppensetting notwendig.

MATERIAL: Verfügbares Material sowie Manuale bestehender Methoden und verschiedenste Materialien zur interaktiven Umsetzung von Stundenzielen (Bastelmaterialen, Instrumente, Karten etc.).

ZEIT: Circa 50 Minuten im Einzelsetting bzw. 90 Minuten im Gruppensetting.

WAS ZEICHNET DIE METHODE AUS:

Diese Kompetenzförderung vereint effiziente, bestehende Methoden zu einer Vorgehensweise, die durch gezielte und multimodale Ansatzpunkte die Klienten aus einer ganzheitlichen Sicht betrachtet und somit auf verschiedenen Ebenen eine hilfreiche Unterstützung zur Entwicklung bieten kann. Sie lässt sich sehr flexibel und individuell zugeschnitten auf die einzelnen Bedürfnisse der Klienten und Klientinnen anpassen und anwenden.

Ausgangslage und Vorschau

Die tägliche Arbeit in einer stationären Jugendhilfeeinrichtung ist von ständig neuen Herausforderungen und Anforderungen an sowohl die Mitarbeiter als auch die dort lebenden Eltern und Kinder geprägt. Durch die Arbeit als hauseigene Psychologin einer stationären Mutter/Vater-Kind-Einrichtung, im Speziellen in einer Clearinggruppe, konnte ich diese Problematiken in den letzten Jahren selbst beobachten und erleben. Im laufenden Einrichtungsalltag wurde ich mit diversen Situationen und Gegebenheiten konfrontiert, die mich dazu veranlassten, meine theoretischen Kenntnisse aus dem Studium mit den praktischen Fähigkeiten, welche ich in meiner laufenden Approbationsweiterbildung zur psychologischen Psychotherapeutin erlangt habe, zu verknüpfen und anzupassen.

Hier gehe ich darauf ein, unter welchem Erwartungsdruck die Klienten häufig stehen, welche psychologischen Auswirkungen dies auf eine günstige Prognose und langfristige Perspektive haben kann und welche Kompetenzen bzw. Defizite noch zu wenig im aktuellen Jugendhilfealltag berücksichtigt werden. Unter diesen Aspekten werde ich theoretisch wie praktisch auf die Thematiken der Elternkompetenz und Sozialen Kompetenzförderung eingehen. In erster Linie berücksichtige ich die Themengebiete der Emotionsregulation, des Bindungsaufbaus und der Notwendigkeit von grundsätzlichem Wissen, welches verständlich und nachvollziehbar den Eltern vermittelt werden kann, um bestmögliche Ergebnisse zu erzielen.

Theoretischer Hintergrund

Basierend auf der Bindungstheorie nach Bowlby (1995) und den daraus entstandenen Forschungsrichtungen in der Entwicklungspsychologie ist die enorme Wichtigkeit von feinfühligem Verhalten durch die Eltern, die direkte Reaktion auf die Bedürfnisse des Säuglings und die Vorhersehbarkeit im Verhalten der Eltern bekannt geworden und etabliert sich zunehmend als Grundpfeiler einer konstruktiven und positiven Erziehungsform.

Ein erstrebenswertes Ziel in der Familienarbeit ist es, eine weitestgehend sichere Bindung des Kindes an seine wichtigsten Bezugspersonen zu ermöglichen und zu fördern. In der Zusammenarbeit mit selbst teils sehr schwerwiegend belasteten und psychisch beeinträchtigen Klienten stellen schon diese Grundpfeiler eine große Herausforderung dar. Im Alltag meiner Arbeit wurde zunehmend deutlich, dass das Eltern-Klientel der Jugendhilfe in den häufigsten Fällen selbst eine dysfunktionale Bindungsstruktur aufzeigte und somit eher wenig oder kein Empfinden oder Verständnis einer sicheren Bindung entstehen konnte. Somit war es zunächst meist unmöglich für die Eltern, nachzuvollziehen und zu spüren, wie es sich anfühlt, ein sicheres Bindungsangebot an die eigenen Kinder zu machen. An dieser Stelle nur mit Regeln und Vorgaben zu agieren, brachte nicht den gewünschten Erfolg, da sich kein Verständnis bei den Eltern einstellte.

Einen weiteren Faktor bildete die häufig auftretende Schwierigkeit der Emotionsregulation der Klienten dar. Dies hatte zur Folge, dass eine Vorhersehbarkeit des Verhaltens der wichtigsten Bindungsperson für die Säuglinge und Kinder oftmals ebenfalls nicht möglich war. Zu Beginn meiner Tätigkeit beobachtete ich, dass dieser Dysfunktionalität im Regulieren der eigenen Empfindungen, oftmals zusätzlich zu dem per se schon sehr strukturierten Wohngruppenalltag, mit weiteren Regeln und Konsequenzen seitens der Mitarbeiter begegnet wurde. Dies ist in konstruktivem Ausmaß und als haltgebende Intervention als absolut sinnvoll anzusehen, dennoch wurde deutlich, dass durchaus noch andere Aspekte der Psychologie eine sinnvolle Ergänzung zu den bestehenden Methoden der Pädagogik liefern konnten.

Unter Berücksichtigung des Sozialen Kompetenztrainings nach Pfingsten (2000) und den daraus entstandenen Strömungen sind weitere Aspekte, wie u. a. das eigene Selbstwertgefühl, Vertrauen in sich und seine Stärken, positive Erfahrungen in sozialen Situationen und das Bestehen schwieriger und angsteinflößender Situationen von großer Wichtigkeit für eine positive soziale Interaktion. Das Erlernen dieser Fähigkeiten und Kompetenzen ermöglicht eine weitergehende Entwicklung der Klienten und ein besseres Verständnis im Umgang mit den eigenen Kindern als das alleinige Einhalten von Gruppenregeln, das Erledigen von Notwendigkeiten und die Fokussierung auf zunächst nur die grundlegende Kinderversorgung.

An dieser Stelle beziehe ich mich auf die Erkenntnisse nach Linehan (1996); im Speziellen, dass das unangemessene Reagieren auf Emotionsäußerungen des Kindes zu »invalidierenden Erfahrungen« beim Kind führen kann, was wiederum den Bindungsprozess negativ beeinflusst und im weiteren Verlauf zu tiefgreifenden Persönlichkeitsproblematiken, ebenfalls im Bereich der Emotionsregulation, führen kann. Zusätzlich kann dies dazu führen, dass das Kind seine eigenen Bedürfnisse nicht mehr angemessen wahrnimmt bzw. ihnen vertraut und sie dysfunktional äußert, was im Endeffekt zusätzliche Anforderungen an die bereits belastete Bindungsperson stellt. Diese Tatsache lässt sich u. a. durch die Forschung um Ainsworth und Bell (2003) belegen.

Um diesen aus fachlicher Sicht bestehenden Teufelskreis zu durchbrechen, ist es notwendig, an zwei Fronten zu arbeiten. Zum einen an der Nachvollziehbarkeit einer konstruktiven Bindungserfahrung, zum anderen an dem Verständnis der Emotionsregulation bei der Bezugsperson und dem Kind. Dies beinhaltet die Unterstützung beim Erlangen von Techniken, um bessere Kompetenzen in diesen Punkten zu erlangen.

Ein weiterer Aspekt, den ich in meiner Arbeit als sehr wichtig erfahren habe, ist die Tatsache, dass gerade bei sozial schwächeren Klienten noch häufig nach althergebrachten Erziehungs- und Glaubenssätzen gelebt und agiert wird. So bestehen noch immer tiefgehende Überzeugungen, dass mit allen Kindern weitestgehend gleich verfahren werden müsse. Bezieht man sich an dieser Stelle auf die Theorien und Erkenntnisse nach Greenspan (2001), wird deutlich, dass großer Bedarf nach einer bildenden Unterstützung der Klienten und auch Mitarbeiter besteht.

Aufgrund dieser Beobachtungen und Erfahrungen habe ich begonnen, eine Verknüpfung mehrerer Methoden zu erarbeiten. Um den Eltern grundlegende und nach neusten wissenschaftlichen Studien belegte förderliche Erziehungsmethoden und Kompetenzen mitzugeben, entwickelte ich ein bestehendes Elternkompetenztraining der Einrichtung weiter. Dies beinhaltete viele psychoedukative Elemente der entwicklungspsychologischen Wissenschaft wie Bindungsförderung, Emotionsregulation bei Kindern, Feinfühligkeit und Beziehungsgestaltung sowie regelmäßige interaktive Komponenten, um den Klienten die Möglichkeit zu geben, das Erlernte selbst zu erfahren und somit tiefgreifender und nachhaltiger zu verinnerlichen.

Ablauf

Der Ablauf unterteilt sich in zwei wöchentliche Gruppenelemente und weitere therapeutische Einzeleinheiten mit den Klienten. Auch das Coaching des multiprofessionellen Teams stellt eine wichtige Komponente meines Konzeptes dar.

In der ersten Gruppenstunde des Elternkompetenztrainings (mindestens fünf bis maximal acht Teilnehmende) werden die relevantesten Themen vorgestellt und es wird den Teilnehmenden die Möglichkeit gegeben, Wünsche zu weiteren Themen zu äußern und dadurch das Gefühl von Autonomie und Selbstbestimmung zu erhalten. Häufig gewünschte Themen der Klienten waren die Ernährung von Kindern, Maßnahmen bei Erkrankungen sowie der Umgang in der Trotzphase. Die gesamten Themen werden über zwölf Wochen verteilt.

Jede Stunde beginnt mit einer »Aufwärmrunde« (abgeleitet aus der Gruppentherapie), welche stets psychologische Elemente der Gefühlsexpression enthält. Durch diese Aufwärmrunden vor Beginn jeder Trainingseinheit entstand das Konzept der Kombination des Elternkompetenztrainings mit Facetten des Sozialen Kompetenztrainings.

Im weiteren Verlauf der Trainingseinheit vermittelt man – basierend auf vielen Beispielen – die Theorien der relevanten psychoedukativen Inhalte: »Was ist Emotionsregulation bei mir und meinem Kind?«, »Warum ist es so wichtig, feinfühlig zu reagieren?«, Vorhersehbarkeit und Transparenz in der Erziehung, Konsequenz und Echtheit im Verhalten, Erkennen von Bedürfnissen, Umgang mit Trotzverhalten, individuelles Einstellen auf mein Kind, überholte Erziehungsannahmen, »Welchen Einfluss hat mein Verhalten auf mein Kind?«, »Meine Rolle als Bezugsperson«, Umgang mit Überforderung, normale Entwicklung meines Kindes, Bindung und Förderung des Kindes.

Diesen Theorieteil habe ich mit zusätzlichen vertiefenden Übungen unterstützt. So können die Klienten z. B. ausprobieren, wie es sich am eigenen Leib anfühlt, wenn ich lediglich eine begrenzte Möglichkeit habe, meine Bedürfnisse anzuzeigen und zu äußern (hier mit einer Rassel), meine Bezugsperson *erraten* muss, was ich brauche und ich mich darauf verlassen muss, dass es ihr gelingt. Durch diese Übung setzt häufig ein Aha-Effekt bei den Teilnehmenden ein, was es für ihre Kinder bedeutet, über einen längeren Zeitraum zu schreien und wie unermesslich wichtig eine unmittelbare Reaktion darauf ist. Auch bei den Themen Grenzen und Konsequenz kommen oft Rollenspiele und interaktives Ausprobieren zum Einsatz, da Beobachtungen zeigten, dass interaktives Lernen und Erleben zu einem besseren Abspeichern des Erlernten bei den Klienten führte als lediglich das Vermitteln der reinen Theorie.

Das Soziale Kompetenztraining verlief ebenfalls im Gruppenkontext und beinhaltete eine Kombination verschiedenster psychologischer Ansätze und Strömungen. In meinem individuellen Konzept dieser Methode nutzte ich Basiselemente aus der Grundfassung von Pfingsten (2000), Aspekte des Achtsamkeitstrainings (Urheber u. a. Kabat-Zinn u. Hanh, 1990), aber auch selbsterarbeitete Elemente aus meiner praktischen Zeit um das Studium sowie Entspannungstechniken.

Ziel dieses Gruppentrainings war es, den Klienten Wege und Möglichkeiten aufzuzeigen, mit ihren teils sehr aversiven und heftigen Emotionen umzugehen. Es wurde deutlich, dass sie bisher gelernt hatten, diese Empfindungen entweder sofort auszuleben oder zu unterdrücken und nicht mitzuteilen. Im Rahmen der Übungsgruppe sollte ihnen die Chance gegeben werden, die Emotionen kennenzulernen, zu erfahren, ihnen die Bedrohlichkeit zu nehmen, sich Techniken des Umgangs mit ihnen anzueignen und im Endeffekt entscheiden zu lernen, wie sie mit ihnen umgehen möchten.

Weiterhin sollte der Selbstwert gestärkt werden, um die Fähigkeit zu erlangen, die konstruktive Kritik der Mitarbeitenden annehmen zu lernen und nicht als Angriff aufzufassen (was ansonsten oft zu häufigen Eskalationen und kontraproduktivem Verhalten der Klienten und Klientinnen führte).

Einen weiteren sehr wichtigen Teilaspekt stellte die Vertrauensarbeit dar. Hierzu nutzte ich Elemente aus klassischen Coachingprogrammen wie die Augenkontaktübung oder das Führen mit verbundenen Augen. Auf Basis dieser Übungen ist es möglich, zu erarbeiten, auch den Mitarbeitenden der Einrichtung mehr Vertrauen schenken zu können und in Überforderungssituationen Hilfe als solche zu erkennen und anzunehmen – ohne Angst vor einer direkten negativen Meldung an andere Hilfsinstanzen.

Fallbeispiel

Ein sehr passendes Beispiel der konstruktiven Wirkung dieser Methodenkombination konnte ich anhand meiner Klientin Mona (23 Jahre) und ihrer 18 Monate alten Tochter Emma beobachten (Klientennamen geändert). Mona kam aus einer anderen Einrichtung zu uns in die Wohngruppe und wurde als »schwieriger Fall« übergeben. In unserer Mutter-Kind-Wohngruppe (kurz MuKi) der stationären Jugendhilfeeinrichtung sind in der Regel acht Mütter und ihre Kinder untergebracht. Aufgrund des Schwerpunkts Suchterkrankungen und psychische Beeinträchtigungen der Mütter wird diese Gruppe u. a. für Eltern mit Schwierigkeiten in anderen Wohneinrichtungen genutzt. Die Betreuung findet rund um die Uhr durch ausgebildete Fachkräfte im Bereich der Pädagogik, Sozialen Arbeit, Kinderpflege etc. statt. Durch die hauseigene Psychologenstelle haben die Bewohner die Möglichkeit, Einzelgespräche zu führen, Bindungsdiagnostik durchzuführen und Hilfe bei weiteren psychologisch-pädagogischen Aspekten zu bekommen.

Mona ist selbst in jungen Jahren adoptiert worden, und bei ihren Adoptiveltern bis sie acht war behütet aufgewachsen, dann aber aufgrund von zunehmenden Schwierigkeiten mit Aggressionen ins Heim gegeben worden, wo Mona geblieben ist. Die Beziehung zu den Adoptiveltern bestehe weiterhin und sei grundsätzlich gut, wobei die damalige Abgabe ins Heim jedoch emotionale Spuren bei Mona hinterlassen habe. Zu ihrer eigenen Mutter habe sie inzwischen ebenfalls, wenn auch ambivalenten Kontakt. Mit dem Kindsvater sei Mona schon einige Zeit zusammen, was jedoch von den Adoptiveltern nicht gerne gesehen werde, da sie ihn als ungünstigen Einfluss für ihre Tochter ansehen und eigentlich gerne den Kontakt untersagen würden. Mona selbst sei der Kontakt jedoch sehr wichtig, da sie sich für ihre Tochter Emma die Familie wünscht, die sie selbst nie gehabt habe. Der

Vater zeigt sich phasenweise sehr bemüht, dann aber auch wieder sehr desinteressiert an Mutter und Kind.

Uns übergeben wurde Mona aufgrund »großer Schwierigkeiten in der Erziehung der Tochter«, weshalb man in der vorherigen Wohngruppe schon mehrfach über eine Trennung des Kindes von der Mutter gesprochen habe. In den von Beginn an stattfindenden Einzelgesprächen wurde sehr schnell deutlich, dass eine Hauptproblematik Monas darin bestand, keinerlei Vertrauen in Mitarbeitende aufbauen zu können, und die Befürchtung, dass Hilfe zu holen oder um Unterstützung zu bitten, eine Inobhutnahme ihrer Tochter Emma zur Folge hätte. Diese Kausalität habe sie in der vorherigen Einrichtung empfunden, da dort die Frage nach Hilfe, in ihren Augen, als Versagen in der Erziehung und zu geringen elterlichen Qualitäten gewertet worden sei. Durch diese Grundstruktur manövrierte sich Mona häufig in starke Überforderungssituationen und wertete sich aufgrund dieser Erlebnisse im Nachhinein stark ab, da sie im Zuge dessen teilweise laut zu Emma wurde oder nicht mehr so reagieren konnte, wie sie es von sich selbst erwartete.

Weiterhin wurde deutlich, dass Mona in der Struktur und Annahme gefangen war, dass sich alles um ihr Kind drehe und nur Emmas Bedürfnisse beachtet werden müssten und sollten. Dies führte häufig zu einem Rückzug – abhängig von ihrem Überforderungsgrad –, zu inkonsistenten Beziehungsangeboten an ihre Tochter, emotionalen Ausbrüchen und zu starkem Erschöpfungsempfinden aufseiten Monas, da sie ihre eigenen Bedürfnisse gar nicht mehr wahrnehmen und beachten konnte und wollte.

Durch die unsichere und wechselnde Konzeption der Mutter war auch die Tochter zunehmend verunsichert und nutzte dies einerseits zum starken Ausweiten ihrer Grenzen, war aber zum anderen häufig überfordert mit der Inkonsistenz und Inkonsequenz ihrer Bezugsperson.

Ein erster Schritt, diesen Teufelskreis zu durchbrechen bestand darin, Mona an der Elternkompetenzgruppe teilnehmen zu lassen. Es zeigte sich eine deutliche Entlastung, da sie durch die dortige Psychoedukation zum Thema und den interaktiven Austausch in der Gruppe konkrete Anhaltspunkte bekam, wie sie auf Emmas Austesten von Grenzen besser reagieren könnte. Auch verstand sie zunehmend mehr grundlegende Dinge, wie die Tatsache, dass Emma vieles noch gar nicht verstehen und erfassen konnte. Es wurde deutlich, dass sie zuvor stets von einer Absicht ihrer Tochter und gezielt manipulativem Verhalten gegen sie selbst ausgegangen war und sich deshalb persönlich angegriffen gefühlt hatte. Mit zunehmendem Verstehen von entwicklungspsychologischen Gegebenheiten konnte Mona ihrer Tochter mehr und mehr Verständnis entgegenbringen und zunehmend ruhiger und persönlich weniger »getriggert« reagieren.

Auch die Wichtigkeit von Konsequenz und Vorhersehbarkeit wurde ihr klarer und trug im alltäglichen Umgang mit Emma Früchte, was sich vor allem in zuvor sehr schwierigen Situationen wie dem Essen beobachten ließ. Bisher verlief die Essensituation so, dass Mona zunächst versuchte, gewisse Regeln durchzusetzen, mit zunehmendem Quengeln und Schreien ihrer Tochter jedoch nachgab. Dies führte zu Situationen, in denen Mona Emma untersagte, den Belag vom Brot zu essen, ihr im Nachhinein aber doch das Stück Wurst in die Hand gab, nur um »sie ruhigzustellen« und »damit sie nicht extra noch mehr schreie«.

Im alltäglichen Umgang mit anderen Klienten und Mitarbeitern zeigten sich weitere Problembereiche von Mona. Die Fähigkeit, Kritik als konstruktiv zu verstehen und anzunehmen, war weiterhin sehr ausbaufähig, und auch Unstimmigkeiten in der Gruppe verarbeitete und wertete Mona auf eine eher dysfunktional-kindliche Art und Weise.

Durch die an diesen Problemen ansetzende Einzelarbeit mit Mona und den bezugnehmenden Fachgesprächen im Team entstand die Idee, hier eine erste Kombination zu versuchen, um ihr zu ermöglichen, durch eine gestärkte soziale Kompetenz besser auf Kritik reagieren zu können sowie einen konstruktiveren Umgang mit den eigenen Emotionen zu erlangen, um damit ihren Selbstwert langfristig zu stärken.

Während der Teilnahme an der Sozialen Kompetenzgruppe wurde sehr schnell deutlich, dass die eigenen unsicher-ambivalenten Beziehungserfahrungen eine Hauptschwierigkeit von Mona darstellten. Mithilfe von Rollenspielen, Vertrauensübungen, Lob- und Kritikrunden, interaktionellen Übungen und weiteren selbstwertstärkenden Übungen – die auch in den Einzelsitzungen weiterbearbeitet wurden – gelang es Mona stetig etwas besser, Kritik als hilfreich und nicht als Angriff zu empfinden, ihren aktuellen Zustand mitzuteilen und Vertrauen aufzubauen. Dadurch eröffnete sich ihr die Möglichkeit, um Hilfe zu fragen, ihr Verhalten zu reflektieren und eine Idee davon zu bekommen, was an ihrem Verhalten für ihre Tochter Emma von großer Wichtigkeit ist. Auch lernte sie ihre eigenen Bedürfnisse wieder wahrzunehmen und den Zusammenhang zwischen ihrem eigenen Wohlbefinden und einem förderlichen Umgang mit ihrem Kind zu erkennen.

Am konkreten Beispiel der Essenssituation war es durch die gezielte und kombinierte Arbeit in den verschiedensten Bereichen Monas möglich, dass diese Schwierigkeit ganz anders beleuchtet und multidimensionaler angegangen wurde. Dies beinhaltete für Mona die Vermittlung von Wissen und Kompetenz über Kindererziehung, um das Verhalten Emmas zu verstehen, das Erlernen von Feinfühligkeit sowie den Aufbau von Selbstwert und den konstruktiven Umgang mit Kritik. Im Kollegium beinhaltete es die dafür notwendige Erarbeitung eines Funktionsmodells Monas und das Coaching des multiprofessionellen Teams bezüglich Monas individueller Bedürfnisse und eines funktionalen Umgangs mit diesen.

Durch dieses Zusammenspiel der vielen Facetten verstand Mona, wie enorm wichtig eingehaltene Konsequenz von ihrer Seite (als die Bezugsperson) für ihr Kind ist, aus welchen Gründen ihre Tochter sich so oder so verhält und dass dies absolut nachvollziehbar und altersangemessen ist. Weiterhin konnte sie immer mehr annehmen, dass keine böse Absicht hinter Emmas Handlungen stand. Ergänzend gelang es Mona in schwierigen Situationen immer besser, die eigenen Emotionen mitzuteilen, zu steuern und bei Überforderungserleben nach Hilfe zu fragen. Sie wurde zunehmend reflektierter, sicherer und regulierter in ihrem Verhalten.

Bei der vorgestellten Klientin Mona war es besonders essenziell, das Erarbeitete häufig zu wiederholen und ihr bei der Umsetzung im Alltag fortlaufende Unterstützung zu bieten. Aus diesem Grund wurden die Teamsitzungen von mir genutzt, um die erarbeiteten Dinge zu besprechen und aus psychologischer Sicht konkrete und sinnvolle Handlungsansätze zu vermitteln sowie interdisziplinär zu erarbeiten. Ich fungierte hier als eine Art Coach und Mediatorin, und es wurde deutlich, dass auch das Team stark davon profitierte, einen anderen Blick auf Mona zu bekommen und selbst zu verstehen, warum es für die Klientin zuvor so schwierig war, Kritik anzunehmen, warum Vertrauen für sie zunächst kaum möglich war und was ihre eigene Bindungsstruktur mit dem von ihr gezeigten Verhalten zu tun hatte.

Durch diesen fachlichen Austausch im Team konnte der Alltag mit Mona individueller gestaltet werden. An bestimmten Stellen konnten Regeln angepasst oder Defizite ausgeglichen werden, indem die Mitarbeiter der Klientin positive Beziehungserfahrungen, Transparenz und Vorhersehbarkeit anbieten konnten, die sie so bisher nie erfahren hatte. Dies machte es Mona wiederum leichter, an ihren eigenen Themen zu arbeiten.

Ein sehr wesentlicher Punkt stellte das Verständnis der Mitarbeiter dar, dass auch Mona nicht aus boshafter Absicht agierte, sondern lediglich so handelte, wie es ihr ihre Strukturen ermöglichten und wie sie bisher gelernt hatte, durchs Leben zu gehen. Durch einen globaleren, fachlich breiter gefächerten und dadurch »sanfteren«, d. h. verständnisvolleren Blick auf die Dynamik im Erleben der Klientin sowie im Alltag mit ihrer Tochter konnten beide an den individuell auf sie zutreffenden Stellen unterstützt und das ganze System somit positiv verändert werden.

Nach Monas eigenen Angaben war eben diese *Kombination* aus den einzelnen Faktoren besonders hilfreich. Durch die psychoedukative Elternkompetenzgruppe konnte sie viele Gegebenheiten besser oder überhaupt erst verstehen. Durch die Arbeit in den Einzelsitzungen und der Sozialen Kompetenzgruppe fasste sie wieder mehr Vertrauen in sich und andere, lernte ihre Gefühle viel besser kennen und erlernte einen konstruktiveren Umgang mit für sie schwierigen Situationen. Das zusätzlich veränderte und individuell auf sie abgestimmte Verhalten der Mitarbeiter war ein weiterer, äußerst wichtiger Faktor für sie. Da Mona gar nicht um die konkreten Absprachen innerhalb des Teams wusste, war es umso bemerkenswerter zu beobachten, dass sie sich deutlich akzeptierter, gesehener und angenommener fühlte. Dies zeigt noch mal sehr deutlich die große Wichtigkeit der dritten Komponente des Konzeptes, nämlich, dass alle Beteiligten miteinbezogen und bei Bedarf geschult werden und dass fachlich fundierte, individuelle Verhaltensperspektiven im Umgang mit dem Klienten bzw. der Klientin erarbeitet werden.

Alles in allem verdeutlicht dieses Fallbeispiel, wie konstruktiv und förderlich eine Berücksichtigung aller bestehenden Komponenten und Teilbereiche in der Arbeit mit Klienten sein kann. Der Zusammenschluss bestehender Methoden und die individuelle Anpassung führten in diesem Fall zu einer deutlich positiveren Entwicklung, als es bis dato möglich gewesen war. Insbesondere das durch mein Vorgehen entstandene größere Verständnis und die Akzeptanz der Klientin durch das Team führten auf ihrer Seite zu einer deutlich größeren Bereitschaft zur Mitarbeit, als sie sie, ihren Angaben zufolge, bisher zeigen konnte.

Ziele und Nutzung in allen Bereichen der Familienberatung

Ich hoffe, der Beitrag konnte einen ersten Eindruck des von mir entwickelten und genutzten Vorgehens geben. Die Kombination aus unterschiedlichen Bereichen der Psychologie und des sozialen Sektors – im Rahmen des Alltags einer stationären Mutter/Vater-Kind-Einrichtung – hat deutlich positive Ergebnisse gezeigt, sowohl im multidisziplinären Team als auch bei den Klienten und Klientinnen. Die oben beschriebene Verknüpfung der Methoden ist auch auf andere Bereiche der Familienberatung gut zu übertragen. So ist in jedem interaktionellen System eine umfassende Betrachtung aller Lebensbereiche der Klienten notwendig. Das Vermitteln von grundlegendem Wissen über beispielsweise wichtige Erkenntnisse der entwicklungspsychologischen Forschung, von konstruktiven Erziehungsmethoden, systemischen Aspekten und dem Funktionieren dynamischer Systeme ist eine Basissäule für die positive Veränderung in Familienstrukturen.

Auch der Aspekt der individuellen Schwierigkeiten in den Bereichen der Bindung, Emotionsregulation, sozialen Kompetenz und dem Selbstwertempfinden spielt eine zentrale Rolle für eine langfristige und förderliche Veränderung in Familien und anderen sozialen Systemen.

Somit ist die Berücksichtigung und Kombination dieser beiden Pfeiler eine hilfreiche und nachhaltige Nutzung bestehender Methoden. Besonderer Nachdruck sollte auch auf die Basissäulen von Empathie, Akzeptanz und Annahme in der interaktionellen Arbeit mit den Klientinnen und Klienten gelegt werden. Dies könnte beispielsweise in den Bereichen Elterncoaching, Präventivkurse,

Beratungsangebote und vielen weiteren Strömungen der allgemeinen Familienberatung angewendet werden.

Ein weiterer Punkt, der sehr wichtig zu berücksichtigen ist, ist der Einbezug und die Schulung der Beteiligten anderer Fachrichtungen, um ein *einheitliches Verständnis* und somit ein gemeinsames Arbeiten mit den Klienten möglich zu machen. Beispielsweise sollte beim Vorliegen bestimmter Punkte, wie bei einem traumatisierten Klienten, die Intervention nicht duchgeführt werden, um Schaden zu vermeiden. Eine Kontraindikation wäre eine schwere Traumatisierung der Klienten, da die Arbeit an der Emotionsregulation und -expression in diesem Fall eine Destabilisierung und Dekompensation zur Folge haben könnte.

Weiterhin bildet das fachliche Wissen um bestehende und zugrunde liegende Persönlichkeitsstrukturen und deren Entstehung wie auch um ihren Einfluss auf den Alltag der Klientinnen und Klienten einen Grundpfeiler und eine unbedingte Voraussetzung für das Nutzen dieses Ansatzes.

Das Zusammenfassen der schon bestehenden Konzepte und die Entwicklung meiner Methode im Kontext der stationären Jugendhilfeeinrichtung hatte für mich zum Ziel, die Ressourcen der Klienten in bestmöglichem Maße zu aktivieren. Durch diesen Ansatz kann eine lösungsorientierte Perspektive eingenommen und auf ein positives und für alle Beteiligten förderliches Zusammenleben hingearbeitet werden – in den Einrichtungen der Mutter-Kind-Jugendhilfe und natürlich ebenso im späteren Leben.

Literatur

Ainsworth, M., Bell, S. (2003). Die Interaktion zwischen Mutter und Säugling und die Entwicklung von Kompetenz. In K. E. Grossmann, K. Grossmann (Hrsg.), Bindung und menschliche Entwicklung. John Bowlby, Mary Ainsworth und die Grundlagen der Bindungstheorie (S. 217–241). Stuttgart: Klett-Cotta.

Bowlby, J. (1995). Elternbindung und Persönlichkeitsentwicklung: Therapeutische Aspekte der Bindungstheorie. Heidelberg: Dexter.

Greenspan, S. I. (2001). Das große Erziehungshandbuch für die ersten sechs Lebensjahre. Düsseldorf u. Zürich: Walter.

Greenspan, S. I., Wieder, S. (2001). Mein Kind lernt anders. Ein Handbuch zur Begleitung förderbedürftiger Kinder. Düsseldorf u. Zürich: Walter.

Kabat-Zinn, J., Hanh, T. N. (1990). Full catastrophe living: Using the wisdom of your body and mind to face stress, pain, and illness. New York: Delta Trade Paperbacks.

Linehan, M. (1996). Dialektisch-Behaviorale Therapie der Borderline-Persönlichkeitsstörung. München: CIP-Medien.

Pfingsten, U. (2000). Training sozialer Kompetenz. In J. Margraf (Hrsg.), Lehrbuch der Verhaltenstherapie, Band 1 (2. Aufl., S. 473–481). Berlin u. Heidelberg: Springer.

Bernd Reiners

Kinderorientierte Familientherapie

STECKBRIEF: Kinderorientierte Familientherapie

WAS: Kindgerechte Familientherapie mithilfe von Spielen, die gemeinsam von Eltern und Therapeut/-in per Video ausgewertet werden. In weiteren Spielsequenzen werden neue Verhaltensweisen ausprobiert. Bei Erfolg wird eine Übertragung in den Alltag angestrebt. Fußend auf psychodynamischer Spieltheorie, Verhaltenstherapie (konkretes Einüben) und systemischer Therapie (Fokus auf Interaktion).

WIE: Kombination von Einzelsetting: Kind/Therapeut/-in, Familiensetting: Kind/Eltern/Therapeut/-in.

MATERIAL: Üblicherweise Tischsandkasten mit Menschenfiguren, wilden und zahmen Tieren, Zäunen, Häusern, Bäumen, Fahrzeugen, einer Alter-Ego-Figur für den Therapeuten. Möglich sind aber auch: Handpuppen, Playmobil, Materialien zur haptischen Entwicklung (Socken, Bällebad, Erbsenkiste etc.), Gesellschaftsspiele, Ballspiele etc. In jedem Fall Videokamera und Bildschirm.

ZEIT: 1–3 Stunden für die Vorgespräche mit den Eltern; 15–20 Minuten Einzelspiel mit dem Kind, 30–40 Minuten Auswertung durch den Therapeuten allein, 1 Stunde Auswertung mit den Eltern: insgesamt ca. 2 Stunden (gelegentlich sind mehrere Spiele mit dem Kind sinnvoll); 3–8 Familienspiele inklusive Auswertungssitzungen (gleicher Zeitaufwand wie beim Einzelspiel).

WAS ZEICHNET DIE METHODE AUS:

Das Kind zeigt seine Problem- und Lösungssicht im Spiel; Eltern verstehen ihr Kind durch die Videoanalyse. Sie können neue (Erziehungs-)Verhaltensweisen im Spiel ausprobieren und auf den Alltag übertragen. Die Methode ist anwendbar z. B. bei Schulkindern mit Verhaltensauffälligkeiten, die von

> Eltern nicht verstanden werden; Grenzverletzungen; Schüchternheit/Ängstlichkeit; selektivem Mutismus; Hyperaktivität; Konzentrationsproblemen; Kontaktschwierigkeiten.

Theoretischer Hintergrund

Die Kinderorientierte Familientherapie wurde in den 1980er Jahren von dem norwegischen Psychologen und Kinder- und Jugendlichentherapeuten Martin Soltvedt entwickelt. Er experimentierte mit dem klassischen Setting der Kindertherapie. Dabei störte ihn die Abwesenheit der Eltern während der Spieltherapie. Er stellte fest, dass die Eltern ihr Kind besser verstanden, wenn sie bei der Spieltherapie zuschauten. Zudem hatten sie durchaus auch Ideen, wie der Therapeut den Kindern im Spiel besser helfen könnte. Dies brachte ihn auf die Idee, die Eltern mögen doch selbst mitspielen und diese Ideen in ihr Spiel einfließen lassen. Da sowohl die Therapeutin/der Therapeut als auch die Eltern recht aktiv in das Spiel einsteigen, ist das Erinnern der Handlungsabläufe oft schwieriger als in nondirektiver Spieltherapie oder der klassischen Sandspieltherapie. Um die Spielsequenzen besser analysieren zu können, nahm Soltvedt sie daher auf Video auf.

Soltvedt (2005) beschreibt drei Grundlagen für das theoretische Gerüst der Kinderorientierten Familientherapie:
- Die psychodynamische Kindertherapie mit ihrem Wissen um Entwicklungspsychologie, dem kindlichen Spiel mit der Symbollehre, der Bindungstheorie und der neueren Säuglingsforschung. Später kam die Theorie mentalisierungsbasierter Prozesse hinzu.
- Die systemische Therapie mit ihrem Blick auf das ganze System, seine Beziehungen, seine Interaktionsmuster und seine Kommunikation. Besonders betont er Allparteilichkeit und Neutralität als Grundhaltungen sowie Auftragsklärung und Joining als wesentliche Methoden.
- Die Verhaltenstherapie mit ihrer Betonung der konkreten Handlungen, der Möglichkeit, verändertes Verhalten auszuprobieren und einzuüben, sowie der Lerntheorie als Hintergrund.

Für Details dieser Theorien sei auf die Grundlagenliteratur verwiesen. Reiners (2019) beschreibt sie in Bezug auf die Kinderorientierte Familientherapie.

Statt Kinderorientierter Familien*therapie* könnte es auch Kinderorientierte Familien*beratung* heißen. Tatsächlich sind die Übergänge zwischen Beratung und Therapie fließend. Sicher sind sie in vielen Fällen nicht trennscharf voneinander abzugrenzen. Hierüber wird in der Literatur vielfach diskutiert. Der Name »Kinderorientierte Familientherapie« entspricht dem norwegischen Original und hat sich in Deutschland inzwischen etabliert. Für die Beratung ist der Ansatz jedoch ebenso geeignet.

Indikation

Kinderorientierte Familientherapie, kurz KOF, ist besonders geeignet für Familien mit einem »Problemkind« im Spielalter, also im Alter zwischen drei und zehn Jahren bzw. einem entsprechenden Entwicklungstand.

Brolin-Bjurmark und Nilsson (1996) fanden KOF in ihrer Studie besonders wirksam bei folgenden familiären Schwierigkeiten:
- Eltern verstehen ihr Kind nicht
- Tempo- und Aktivitätsunterschiede zwischen Eltern und Kind z. B.:
  - schüchterne, ängstliche, zurückhaltende Kinder
  - Kinder, die aggressive Verhaltensweisen zeigen
  - hyperaktive Kinder
  - wenig präsente Eltern etc.
- Kontaktprobleme (als besondere Formen: Autismus oder selektiver Mutismus)
- Konzentrationsprobleme, AD(H)S
- Diagnostik und Verbesserung der familiären Beziehungen
- Anbahnung von Adoption oder Aufnahme in Pflegefamilien, Rückführung in die Herkunftsfamilie, Umgangsanbahnung

Ausführlicher wird die Indikation bei Reiners (2019) beschrieben. Kontraindikationen sind nicht bekannt, jedoch genügt KOF als alleinige Intervention bei multiplen Bedarfen nicht immer. Hier lässt sich KOF in einen Beratungsplan mit verschiedenen Methoden gut einbetten. So ist es z. B. möglich, eine zusätzliche Paartherapie durchzuführen, eine Familienhilfe zu installieren, eine Gruppentherapie anzubieten etc. Zudem kann es begründete Widerstände gegen die Videoaufnahmen geben. Dies wäre allerdings lediglich eine Kontraindikation gegen die Videoaufzeichnung, nicht gegen das Vorgehen als solches.

Zielsetzung

KOF hilft zunächst dem Kind, seine Problem- und Lösungssicht im Spiel zu zeigen. Auf diese Weise gelingt es häufig sehr viel besser als mit gesprochenen Worten. Dies hilft den Eltern, ihr Kind besser zu verstehen. So werden bei allen Beteiligten Ressourcen aktiviert. Die spielerische Situation fördert das Ausprobieren von neuen Verhaltensweisen. KOF wird sowohl für die familiäre und individuelle Diagnostik verwendet als auch für die Beratung oder Therapie.

Praktische Anwendung

Ein Hauptbestandteil der KOF ist das freie Spiel mit dem Kind bzw. mit der Familie. Dabei wird üblicherweise ein Spiel im Tischsandkasten vorgeschlagen, bei dem alle Beteiligten eine Figur für sich wählen – inklusive der Therapeutin. Ziel ist es, im Spiel miteinander in Kontakt zu kommen und Spaß zu haben. Es wird davon ausgegangen, dass sich die kindliche Problematik und seine Ressourcen ebenso zeigen wie Probleme und Ressourcen der Eltern bzw. der Interaktion. Daher ist es wichtig, das Spiel möglichst frei zu gestalten.

Ein konstituierendes Merkmal des KOF-Spiels im Sand ist die therapeutische Spielfigur. Diese erlaubt der Therapeutin, in das Spiel aktiv einzugreifen, eigene Ideen einzubringen, Mitspielenden beizuspringen etc. Nicht zuletzt wird die Interaktion des Kindes bzw. der Familie so »hautnah« von der Therapeutin erlebt, was das Einfühlen in Eltern und Kind vereinfacht und Rückmeldungen authentischer gestalten lässt.

Dabei ist das Sandspiel keineswegs zwingend. Ähnlich geeignet ist das Spiel mit Playmobil, Handpuppen oder auch Spiele, bei denen die haptische Erfahrung im Vordergrund steht (Bällebad, Erbsenkiste etc.) – hier kann lediglich die Videoaufnahme aufgrund der fehlenden räumlichen Begrenzung unter-Umständen etwas komplizierter sein.

Schwieriger sind Gesellschafts- oder andere Regelspiele, weil sie den freien Ausdruck (von Ideen, Erwartungen, Erfahrungen etc.) weniger fördern. Malen ist zwar eine gute Möglichkeit, sein Inneres auszudrücken, jedoch ist die Interaktion beim Malen nicht so vielfältig wie im freien Spiel. Wenn aber ein Kind das freie Spiel verweigert, können diese Formen des Spiels alternativ verwendet werden.

Soltvedt (2005) hat einen idealtypischen Ablauf für KOF entwickelt. Diesen versteht er als Leitfaden, jedoch nicht als verpflichtendes Manual. Er sieht vor:
1. *Ein bis drei Vorgespräche* mit den Eltern (Auftragsklärung, Joining; Erläuterung des Settings).

2. *Spielsequenz zwischen Kind und Therapeut/-in mit Videoaufzeichnung (ca. 15 Min.)* – Eltern schauen zu.
3. *Videoauswertung der Spielsequenz* mit den Eltern (ca. 60 Min.): Welche Parallelen erkennen die Eltern zwischen Spiel und Alltag? Was benötigt das Kind, um in Kontakt zu kommen? Vorbereitung der Eltern auf das familiäre Spiel.
4. *Spielsequenz zwischen Familie und Therapeut/-in mit Videoaufzeichnung (ca. 15 Min.):* Die therapeutische Spielfigur versucht aktiv, gemeinsame Handlungen in der Familie zu unterstützen oder zu ermöglichen. Es entsteht ein Bild des Zusammenspiels zwischen den Familienmitgliedern.
5. *Videoauswertung mit den Eltern (ca. 60 Min.):* Emotionales Erleben im Spiel, Parallelen zum Alltag, Nähe-Distanz, Unterschiede zwischen den Eltern, ihre Kooperation miteinander und mit dem Kind, Zielentwicklung für das kommende Spiel: Was möchten die Eltern anders machen als im ersten Spiel?
6. Einige *Wiederholungen* der familiären Spielsequenz mit Nachgespräch.

Schmitt und Weckenmann (2009) fordern aufgrund empirischer Belege ein multi-systemisches Setting, also einen Settingwechsel in verschiedenen Phasen der Beratung oder Therapie. Überdies legen empirische Befunde Elternsitzungen nahe, die fast alle systemischen Therapieformen beinhalten, die zur Anerkennung der systemischen Therapie geführt haben. Insofern entspricht der hier dargestellte idealtypische Ablauf von KOF der empirischen Forschung zur Wirksamkeit der Behandlung von Problemen im Kinder- und Jugendalter.

Von dem hier beschriebenen Ablauf empfehlen sich gelegentlich Abweichungen: Zum Beispiel ist eine Wiederholung der ersten Spielsequenz mit dem Kind anzuraten, wenn kein guter Kontakt gelungen ist. Manchmal zeigen sich Probleme der Eltern, die in einem anderen Setting besser bearbeitet werden können. Nicht zuletzt kann der Arbeitskontext (stationäre Jugendhilfe, kassenfinanzierte Kindertherapie etc.) andere Abläufe verlangen. Hier gilt es, flexibel mit den Ideen der Kinderorientierten Familientherapie umzugehen, ohne sich zu zwanghaft an den idealen Ablauf zu halten.

Zur Verdeutlichung führe ich ein Fallbeispiel aus meiner Praxis an. Dabei ist das präsentierte Problem etwas unüblich und erscheint möglicherweise harmlos. Es zeigt jedoch anschaulich, wie das wiederholte familiäre Sandspiel schließlich durch ein verändertes Elternverhalten auch das Verhalten des Kindes verändert.

Fallbeispiel

 Die Eheleute Roko (Klientennamen geändert) haben einen achtjährigen Sohn Adrian, der durch viele Lügengeschichten auffällt. Er kommt in der Schule gut klar, eckt aber immer wieder durch die Angebereien an, wird damit häufig gehänselt und teilweise ausgegrenzt. Den Eltern ist völlig unklar, warum Adrian so aufschneidet. Er habe das gar nicht nötig. Er sei begabt, sportlich, habe Freunde etc. Das Angeben sei schon im Kindergarten aufgefallen, richtig schlimm sei es aber erst im letzten halben Jahr geworden. Seitdem werde er zunehmend ausgegrenzt und sogar sein langjähriger, bester Freund habe sich jetzt zurückgezogen und anderen Kindern zugewandt. Abends liege Adrian häufig wach und weine im Bett.

Die Eltern präsentieren sich als recht verunsichert. Es sei schon immer schwierig mit Adrian gewesen. Als Baby habe er nicht trinken wollen, er sei ein Schreikind gewesen und geschlafen habe er auch damals schon nicht. Sie wüssten überhaupt nicht, wie sie Adrian erziehen sollten. Fürs Autofahren benötige man einen Führerschein, aber als Eltern hätten sie nicht einmal einen Kurs gemacht. Vielleicht würden sie ja alles falsch machen. Der Idee, die Kinderorientierte Familientherapie auszuprobieren, stehen sie sehr offen gegenüber.

Im ersten Spiel mit mir verhält sich Adrian zunächst sehr vorsichtig, fast zurückhaltend. Er wählt die Figuren mit Bedacht. Er baut sein Haus nahezu identisch auf, wie ich es vorgemacht habe. Nach einer Aufbauphase fragt er, ob er ein Tier wählen dürfe. Schließlich nimmt er einen Tiger. Der sei aber »ganz lieb«. Das Spiel läuft gemächlich dahin. Die anfängliche Schüchternheit verschwindet erst, als Björn, meine Alter-Ego-Figur, zum wilden Kampf mit dem Tiger einlädt. Jetzt wird gekämpft, gebrüllt, gegraben. Dabei wahrt Adrian mit seinem Tiger jedoch gut die Grenzen, es wird nichts zerstört, der Sand fliegt nicht durch die Gegend etc. Insgesamt empfand ich das Spiel als angenehm, leicht steuerbar, lebendig, gelungen.

Im Nachgespräch zeigt sich, dass die Eltern das Spiel ganz anders empfunden haben. Sie waren sehr enttäuscht, wie vorsichtig Adrian begonnen habe, er habe mir alles nur nachgemacht. Er habe sich ja nicht einmal getraut, sich eine menschliche Figur zu nehmen. Das sei überhaupt immer so, dass er gar nicht recht wisse, wer er sei, wie er sein soll etc. Er sei überhaupt nicht selbstbewusst. Auch dass der Tiger »lieb« sei, freut sie nicht. Vielmehr sehen sie darin, dass er sich nicht wehren könne, da sei es ja kein Wunder, dass er in der Schule ausgegrenzt würde. Bei dem wilden Spiel kritisieren sie, dass er nun »hinterhältig plötzlich doch böse« sei. Auch dies kam ihnen aus ihrem Alltag bekannt vor.

Dass Eltern im Spiel etwas anderes sehen als ich und es auch anders bewerten, ist nicht selten. Es gibt hier immer verschiedene Möglichkeiten, damit umzugehen:

Es ist möglich, dass die therapeutische Sichtweise aus der Spielsituation wenig mit dem Alltag übereinstimmt, es könnte sein, dass die Eltern eine sehr eigene Akzentuierung vornehmen, eventuell ergänzen sich die beiden Sichtweisen erst zu einem Ganzen etc.

In diesem Fall fiel mir auf, dass die Eltern fast jede Verhaltensweise ihres Sohnes negativ bewerteten. Ich fragte mich, ob diese negative Bewertung auch eine Parallele zum Alltag habe und wenn ja, ob es einen Zusammenhang zu den Lügengeschichten des Sohnes geben könne. Zunächst aber war ich damit zufrieden, dass die Eltern viele Parallelen zum Alltag herstellen konnten und sehr motiviert waren, ein gemeinsames Spiel auszuprobieren.

Das erste familiäre Spiel beginnt ähnlich vorsichtig wie das erste Spiel mit Adrian. Besonders Frau Roko benötigt lange Zeit, um sich für eine Figur zu entscheiden. Auch beide Eltern bauen sich ein Zuhause, dass meinem maximal gleicht. Sie halten ihre Figuren kaum in den Händen, diese wirken wenig lebendig. Das Spiel schleppt sich etwas dahin. Herr Roko bittet Adrian, doch endlich eine menschliche Figur zu wählen. Roko nimmt daraufhin die Superman-Figur und fliegt in den Sandkasten. Frau Roko: »Menschen können nicht fliegen!« Adrian schaut mich unsicher an. Auch Herr Roko fällt ein: »Mensch, Adrian, du kannst doch nicht einfach fliegen.« Nun sagt Björn (ich) zu Hasso (seinem Hund; bevor ich das Gehörte verarbeitet habe): »Wow, da ist Superman, der kann sogar fliegen!« Adrian freut sich sichtlich und fliegt weiter über den Sandkasten. Im weiteren Verlauf hilft er den elterlichen Figuren, bringt ihnen Dinge, nach denen sie gefragt haben etc. Erneut scheint mir das Spiel einigermaßen gelungen, auch wenn mir klar wird, dass mein »Superman-Kommentar« nicht allparteilich und den Eltern missfallen haben dürfte.

Die Eltern sind im Nachgespräch sauer auf mich. Adrian habe im Spiel sein angeberisches Verhalten gezeigt, weswegen sie zu mir gekommen seien: Mit Superman zu fliegen sei doch die Angeberei in Reinform. Wie hätte ich ausgerechnet das unterstützen können? Ich erläutere, dass ich beim Betrachten des Videos auch den Eindruck gehabt hätte, ich sei ihnen in den Rücken gefallen. Andererseits würde ich nach wie vor finden, Superman könne eben fliegen und das sei im Spiel auch okay. Adrian sei ja auch sehr kooperativ gewesen. Die Parallele zur Angeberei hätte ich tatsächlich übersehen.

Hier stellt sich erneut die Frage, ob die Interpretation der Eltern übernommen werden soll. Das würde nahelegen, dass man im Spiel versuchen könnte, die »Angeberei« zu stoppen. Was bräuchte Adrian, um das nicht mehr nötig zu haben? Eine andere Perspektive wäre, die elterliche Interpretation als problemerzeugend zu verstehen. Das würde nahelegen, die Eltern von einer anderen, hilfreicheren Interpretation zu überzeugen. Im Sowohl-als-auch läge die dritte Variante. Ich entscheide mich für eine weitere Idee: Ich frage die Eltern, was die elterlichen Figuren gefühlt haben, als Superman fliegen konnte. Beide äußern Angst als vorherrschendes Gefühl. Die Angst, Adrian nicht mehr steuern zu können, er sei ihnen dann so überlegen etc. Was denn die Eltern bräuchten, um nicht so viel Angst zu haben? Frau Roko antwortet lachend, dass sie selbst ein starkes Tier bräuchte.

Diese Idee wird im nächsten familiären Spiel umgesetzt. Frau Roko wählt einen großen Dinosaurier als Alter-Ego-Figur, Herr Roko einen Polizisten. Adrian wählt gleichzeitig eine Panzerknacker-Figur. Er will eine Bank ausrauben, die er sofort im Niemandsland aufbaut. Es gelingt den Eltern relativ problemlos, den Panzerknacker davon abzuhalten, die Bank auszurauben. Der große Dino stellt sich in den Weg, der Polizist will den Panzerknacker ins Gefängnis bringen. Verständlicherweise zieht sich Adrian nun ziemlich zurück.

Björn überlegt mit den elterlichen Figuren, was der Panzerknacker denn besonders gut könne. Ihnen fällt außer kriminellen Machenschaften nichts ein. Björn glaubt, er sei stark, gewitzt, könne gut Heimlichkeiten verbergen etc. Lachend erklärt die väterliche Figur, dass seien doch Fähigkeiten, die im Zirkus sehr gefragt seien. Gemeinsam wird daher in der Mitte des Sandkastens ein Zirkus aufgebaut, zu dem die elterlichen Figuren und Björn als Gäste gehen.

Die Eltern sind sehr zufrieden mit dem Spiel. Es sei ihnen gut gelungen, ihren Sohn zu stoppen. Adrian habe nach dem Spiel gesagt, so schön sei es noch nie gewesen in der Therapie.

Diesmal fällt es ihnen schwer, Parallelen zum Alltag herzustellen. Frau Roko meint, wie solle sie denn im Alltag ein Dino sein? Und: Adrian könne man ja nicht in den Zirkus schicken. Mit etwas Mühe gelingt es jedoch, dass beide Eltern Parallelen erkennen können: Wenn diese sich stark genug fühlen, können sie Adrian stoppen. Das allein verhindert zwar das störende Verhalten, führe aber zu Adrians Rückzug.

Nach wie vor falle es mir schwer, die »Angeberei« im Spiel negativ zu bewerten – ich sehe das einfach als Spiel. Wie dem auch sei, in einer solchen Situation wäre es hilfreich, die dahinterliegenden Fähigkeiten zu würdigen und ihnen eine sinnvolle Aufgabe zu suchen. Das möchten die Eltern auch im Alltag probieren. Diese Versuche scheitern jedoch, wie sie in den folgenden Elterngesprächen immer wieder schildern, sodass wir erneut ein familiäres Spiel anberaumen.

Die Eltern wählen menschliche Figuren. Diesmal nimmt Adrian den großen Dino, den im letzten Spiel die Mutter hatte. Als der Dino Hunger bekommt und den Baum im väterlichen Grundstück aufessen möchte, gelingt dem Vater die Grenzsetzung hervorragend. Björn überlegt mit Frau Rokos Figur, was man dem Dino stattdessen anbieten könne. Frau Rokos Figur holt ein paar weitere Bäume aus dem Vorrat, bietet sie dem Dino an. Als dieser satt ist, diskutiert Björn mit den elterlichen Figuren, wie denn der Dino seine Stärke sinnvoll einsetzen könne. Schließlich bittet die mütterliche Figur ihn, ihr beim Bau einer Mauer zu helfen, die sie um ihr Grundstück haben möchte. Als sich Herr Roko ebenfalls bei dem Bau einbringt, gelingt ein sehr schönes Zusammenspiel zu dritt.

Dies war das letzte Spiel der Familie. Die Eltern waren durch das Spiel sehr gestärkt. Sie hatten gelernt, sich mit ihren natürlichen Mitteln zu wehren, ohne sich mit den Fähigkeiten eines Dinos oder eines Polizisten zu überhöhen. Sie hatten im Spiel erlebt, dass sie sich wehren konnten. Zudem verstanden sie, dass Adrians »Hunger« zunächst gestillt werden musste, bevor er seine Fähigkeiten konstruktiv einsetzen konnte. Sie sahen die Angeberei als ungeschickt ausgedrückten Wunsch nach Anerkennung, die sie ihm nun viel mehr zollen konnten als zu Beginn der Therapie. Die Abwertungen seines Verhaltens hatten stark abgenommen. Vielmehr lobten sie ihn häufig, verstanden sein Fehlverhalten als Wunschausdruck und konnten ihm selbst helfen, seine Wünsche zu verstehen. Insbesondere fühlten sie sich gestärkt in ihrer elterlichen Kompetenz. Die »Angebereien« wurden nicht schlagartig weniger, aber doch schleichend. Zunächst jedoch lernte Adrian, für seine Wünsche einzustehen. Das sorgte für mehr Akzeptanz in der Schule und bei seinen Freunden.

Das Beispiel verdeutlicht, wie Eltern durch das Spiel ihr Kind besser verstehen lernen. Im reinen Gespräch wäre das vermutlich schwierig geworden. Weiter zeigt es, dass die Einsicht allein nicht immer ein neues Verhalten ermöglicht. Adrians Eltern benötigten auch im Spiel etwas Übung. Und der Transfer in den Alltag benötigt weitere Übung.

In diesem Sinne verdeutlicht das Fallbeispiel gut die typischen Schritte einer KOF-Beratung.

Wirkungsweise

Besonders hilfreich ist es, dass die KOF das Verständnis der Eltern für ihr Kind verbessert. Dies geschieht u. a. dadurch, dass das Kind im freien Spiel mit der Therapeutin seine Sicht der Welt zeigt. In der Regel offenbart sich im Spiel das Problemverhalten ebenso wie Lösungsideen. In der anschließenden Videoanalyse ohne das Kind können Eltern durch lösungsfokussierte Fragen der Therapeutin ihr Verständnis weiter verbessern. Diese Betrachtung erleichtert den Perspektivwechsel. Fragen nach dem therapeutischen Vorgehen ermöglichen indirekt die Reflexion über elterliches Verhalten. Nicht zuletzt ist das erste Spiel für das Kind selbst heilsam, wie die Kindertherapie seit Beginn ihres Bestehens hilfreich ist. Das Kind erlebt ein Verständnis, kann innere und äußere Konflikte ausagieren, eventuell Lösungen erspielen etc.

Im *ersten familiären Zusammenspiel* und seinem Nachgespräch erkennen die Eltern günstigenfalls ihr eigenes Verhalten und seine Auswirkungen auf das

Kind. Durch die Unterstützung der therapeutischen Alter-Ego-Figur können die Eltern, wenn es gut läuft, gelungene Interaktion erleben, die allen Beteiligten Spaß bereitet. Das Kind fühlt sich von seinen Eltern verstanden und unterstützt. So ist allein das gute Gefühl dieses Spiels für viele Familien erstaunlich förderlich.

In *weiteren familiären Spielsituationen* können die Eltern andere Verhaltensweisen ausprobieren. Häufig gelingt dies im Spiel besser als im Alltag. Das liegt zum einen natürlich an der Anwesenheit des Therapeuten, die an sich deeskalierend wirkt. Zum anderen unterstützt die Alter-Ego-Figur aktiv ein gelungenes Zusammenspiel der Familienmitglieder. Eltern trauen sich aber auch im Spiel eher das Ausprobieren ungewöhnlicher Verhaltensweisen als im Alltag. Ein Scheitern wäre nicht so schädigend wie abseits der Therapie. Besonders wirksam sind diese veränderten Verhaltensweisen, weil die Eltern im Spiel sofort eine Art Feedback oder Erfolgskontrolle erhalten. (Das Nachgespräch kann dies verstärken.) Dieser Wirkmechanismus ist im beschriebenen Beispiel mit Adrian am deutlichsten zu erkennen. In anderen Familien sind andere Mechanismen vorherrschend.

Auch wenn im familiären Spiel nun eine konstruktive Steuerung durch die Eltern gelungen ist, ist noch unklar, ob diese Steuerung im familiären Alltag auch gelingt. Vielen Eltern glückt der *Transfer in den Alltag* wie von selbst. In manchen Fällen kann es aber sinnvoll sein, mit Eltern darüber zu sprechen, was es für Hindernisse gibt, das im Spiel erfolgreiche Verhalten auch im Alltag zu zeigen. Dies können biografische Gründe, innere Überzeugungen oder auch bislang nicht verstandene Details in der Interaktion sein. Manche wollen das veränderte Verhalten auch wiederholt im Spiel »einüben«, um im Alltag leichter darauf zurückgreifen zu können.

Wie ersichtlich, ist die Kinderorientierte Familientherapie in der Lage, verschiedene Wirkmechanismen zu bedienen. Die KOF kann auf spielerische Weise das Verständnis und die Einsicht fördern, neue konstruktivere Verhaltensweisen auszurobieren, einzuüben und sie in den Alltag zu transferieren.

Literatur

Brolin-Bjurmark, G., Nilsson, G. (1996). Arbete med barnorienterad familjeterapi – BOF. Stockholms läns landsting, omsorgsnämndens rapportserie, 96–103.
Reiners, B. (2019). Kinderorientierte Familientherapie (2., komplett überarb. Aufl.). Göttingen: Vandenhoeck & Ruprecht.
Schmitt, A., Weckenmann, M. F. (2009). Settingdesign in der (systemischen) Therapie mit Kindern. Familiendynamik, 34 (1), 74–91.
Soltvedt, M. (2005). BOF. Barnorienterad Familjeterapi. Falun (Schweden): Mareld.

Birgit Fischer und Annette Rupp
Das Familienwappen

STECKBRIEF: Familienwappen

WAS: Kreative Selbstvergewisserungsmethode mit dem Fokus auf verbindende Familienstrukturen, Ressourcen der Familie und ihrer Biografie.

WIE: Im Einzelsetting oder mit mehreren Familienmitgliedern möglich.

MATERIAL: Großes Zeichenpapier, ansprechende Farben.

ZEIT: Je nach Setting 60 Minuten oder mehr.

WAS ZEICHNET DIE METHODE AUS:

Die Methode wirkt emotional berührend und identitätsstiftend. Sie ist vielseitig einsetzbar: im Einzelsetting und als Methode mit der gesamten Familie. Und sie hat eine struktur- und damit haltgebende Wirkung.

Warum wir die Methode lieben – Einführende Gedanken

Wir würden Sie gerne mitnehmen in das Zeitalter der Ritter und adligen Familien mit ihren Burgen, Schlössern und eindrucksvollen Wappen. Wappen dien(t)en der Identifizierung von Familien. Über Form, Farbe und Symbolik verdeutlichten die Wappen Besonderheiten und Stärken der jeweiligen Sippe. Sich mit solch einem Wappen identifizieren zu können, hatte eine stärkende, stabilisierende und sinngebende Wirkung.

Genau diese Wirkungsweisen macht sich die systemische Therapie zunutze, indem im Rahmen eines Prozesses ein persönliches Wappen gestaltet wird (siehe Abbildung 1). Charakteristisch für diese Methode, genannt »Familienwappen«, ist die Vielfalt der Einsatzmöglichkeiten. Kinder, Jugendliche und Familien finden gleichermaßen einen Zugang. Die Kommunikation zwischen Therapeut und Klient erfährt Leichtigkeit, der Ressourcenpool vergrößert sich und Klienten überraschen sich selbst durch unerwartete Ideen und Erkenntnisse. Zudem wird durch das kreative Tun die nicht-sprachliche Gehirnhälfte angesprochen und miteinbezogen. Die Methode wirkt also auf verschiedensten Ebenen.

Die Vorgehensweise ist leicht erklärt. Fast jeder – Kind, Jugendlicher oder Erwachsener – kennt die Bedeutung von Wappen. Malen und Zeichnen sind

Abbildung 1: Wappengalerie

vertraute, häufig angewandte Praktiken, die den therapeutischen Prozess bereichern und sogar Spaß machen können.

Die mögliche oder voraussichtliche Erwartung des Klienten, hier werde vor allem über Schwierigkeiten gesprochen, wird durch diese kreative Übung überraschend aufgehoben und eröffnet neue sowie ungewöhnliche Möglichkeiten im Verlauf der Therapie. Eine Methode, deren Ursprung aus einem anderen Kontext kommt, macht zudem neugierig und erleichtert den gemeinsamen therapeutischen Prozess.

Das Familienwappen und seine Ursprünge in der Kunsttherapie

Eine Wurzel der Methode des Familienwappens liegt in der Kunsttherapie. Hier werden mittels verschiedener Gestaltungsmedien, wie Farbe oder Ton, persönliche Anliegen, innere Bilder oder der Blick auf die Welt gestaltet. Eine anschließende therapeutische Kommunikation über das Werk und die erlebte Kreativität kann dem Klienten helfen, konstruktiv neue Perspektiven und Handlungsspielräume zu finden sowie Ressourcen zu entdecken. Die Arbeit mit Materialien regt die Kreativität an und hat durch die selbstgestaltete, analoge Ausdrucksebene eine lösende und zugleich strukturierende Wirkung.

Die sogenannte kunsttherapeutische Triade verdeutlicht den Unterschied zwischen der Kunsttherapie und vielen anderen Therapieformen: Anstelle einer bilateralen Klient-Therapeut-Beziehung entsteht in der Kunsttherapie ein Beziehungsdreieck zwischen Klient, Therapeut und dem gestalteten Werk (siehe Abbildung 2). Dieses Beziehungsdreieck lässt den gestalterischen Prozess, die Beziehung zwischen Klient und Therapeut und den bildnerischen Ausdruck lebendig werden.

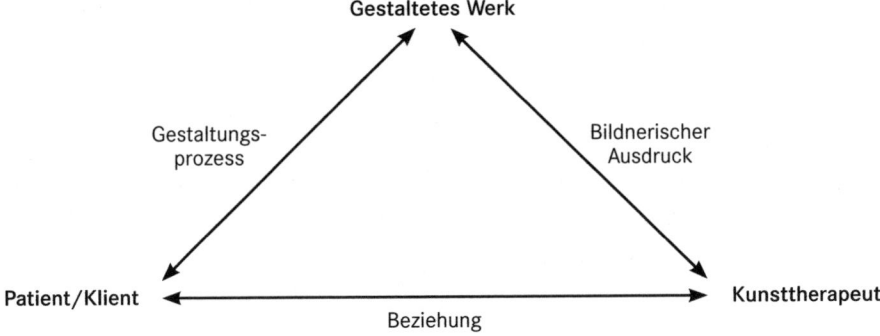

Abbildung 2: Schema Kunsttherapie

Je nach therapeutischer Ausrichtung werden die Beziehungsebenen unterschiedlich gewichtet und betrachtet:
- Im *tiefenpsychologischen* Ansatz werden durch die Interpretation des Werks seelische Konflikte diagnostiziert und später im therapeutischen Gespräch aufgegriffen.
- Im *prozessorientierten* Ansatz steht das künstlerische Tun im Vordergrund. Die Interaktion von Gedanken, Händen und Material, die Konzentration und die Verlangsamung im Prozess haben therapeutische Wirksamkeit und unterbrechen wiederkehrende Denkmuster.
- Im *rezeptiven* Ansatz liegt der Fokus auf dem Ausdruck, der Wirkung und Auswirkung des gestalteten Werks. In der Betrachtung und im Dialog über das Werk findet eine Bewusstseinserweiterung statt.
- Die *systemische* Betrachtungsweise des Familienwappens lehnt sich weitestgehend an den prozessorientierten und den rezeptiven Ansatz an.

Eine für alle Beteiligten beeindruckende Methode

Die Wirkung der Methode des Familienwappens haben wir in unserer Tätigkeit als lehrende Therapeutinnen in einem Weiterbildungsinstitut bereits vor Jahren entdeckt: Die Weiterbildungsteilnehmenden malen und zeichnen dabei mit dem Fokus auf Spuren- und Ressourcensuche ihr eigenes Familienwappen. In der Beobachtung der Gestaltungsprozesse und der anschließenden Reflexion mit den Teilnehmenden haben wir immer wieder die Erfahrung gemacht, wie bereichernd und berührend es sein kann, innere Ressourcen nach außen, in das Bewusstsein und auf das Papier zu bringen. Eigene Ressourcen und das Potenzial der Familie kommen häufig unerwartet und überraschend als Schätze hervor, positive Erinnerungen aus der eigenen Biografie werden wiederbelebt und oft aus einem neuen Blickwinkel betrachtet. Auch schwierige, herausfordernde Themen können bildhaft angesprochen und neu betrachtet oder anders erzählt werden. Viele Teilnehmende berichten, dass sie nie gedacht hätten, so viele besondere Schätze zu entdecken und so intensive emotionale Eindrücke zu bekommen.

Die berührenden Erfahrungen in der Weiterbildung haben uns inspiriert, diese Methode in den unterschiedlichsten Settings in vielfältiger Art und Weise in die Therapie zu integrieren.

So kommt das Familienwappen in der Therapie zum Einsatz

Bevor wir die Klienten einladen, mit dem Malen und Zeichnen zu starten, ist es hilfreich, ihnen einige Grundsätze des Wappens und der Methode an sich zu erklären. Diese Informationen sind wichtig, um die Klienten einzustimmen und um später zu konstruktiven Ergebnissen zu kommen. Zunächst fragen wir nach, was die einzelnen Familienmitglieder mit dem Begriff »Wappen« verbinden. Dann besprechen wir, welche Wirkungen ein Wappen auf seinen Besitzer haben kann, wie z. B. ein Gefühl von Sicherheit, Stärke und Halt.

Das Wappen, das nun entstehen soll, wird zu einem individuellen Ausdruck verschiedener innerer Anteile. Anfänglich gibt es manchmal spontane Reaktionen wie Ängstlichkeit oder die Sorge, nicht gut genug malen zu können oder nicht ausreichend Ideen zu haben. Hier können wir den Klienten nochmals das Ziel eines persönlichen Wappens erläutern, nämlich innere Werte und Ressourcen nach außen zu bringen und sie damit zu festigen. Dabei soll es nicht darum gehen, dass andere die Symbole als solche erkennen, es geht nicht um richtig oder falsch, schön oder weniger schön. Ansprechende Materialien, leuchtende und vielfältige Farben unterstützen aber die Kreativität, die Bereitschaft und die Lust, sich auf das Erstellen des Familienwappens einzulassen.

Im Setting mit mehreren Personen ist es nützlich, nicht nur den Umgang mit sich selbst, sondern auch den Umgang mit den anderen zu thematisieren. Insbesondere bei Familien mit Kindern und Jugendlichen geht es darum, zu vermitteln, dass jeder so malen darf, wie er/sie es möchte. Gemäß der Aussage von Watzlawick (2015), dass wir Menschen nicht nicht kommunizieren können, erläutern wir die Wirkung von verbaler und nonverbaler Kommunikation. Es gibt kein Richtig und kein Falsch, jeder trägt ein ganz individuelles Bild seines Wappens in sich.

Bei der späteren Besprechung des fertigen Familienwappens gilt dann das Gleiche wie oben, verknüpft mit dem Wunsch, sich respektvoll in der Haltung und in der Sprache zu begegnen. Bei sehr strittigen oder impulsiven Familienmitgliedern kann auch ein Stopp- oder Redesymbol nützlich sein. Möglich sind auch Moderationskarten, auf die die Zuhörenden ihre Fragen, Ideen oder Gefühle schreiben können, um diesen später Raum geben zu können.

Der Begriff Ressource ist nicht jedem geläufig und bedarf oftmals einer Erklärung. Hilfreich ist, einige Beispiele parat zu haben, woher Ressourcen kommen und wie sie gewonnen werden.

Ganz praktisch: Varianten zur Gestaltung von Familienwappen

Variante I: Jeder bekommt ein Wappenfeld

Das Wappen, das schon in seiner Grundform auf Papier gezeichnet ist, wird in so viele Felder geteilt, wie Familienmitglieder in der Therapie anwesend sind. Die Felder werden auseinandergeschnitten und jedes Familienmitglied zeichnet für sich seinen persönlichen Teil am gesamten Wappen. Diese Wappenteile werden in der Regel in der Therapie angefertigt, können aber auch als Hausaufgabe mitgegeben werden.

Hier hat es sich bewährt, den Umgang mit Hausaufgaben in der Therapie zu besprechen, z. B.: Wer hat wann Zeit für Hausaufgaben? Was ist, wenn die Aufgabe nicht erledigt wird?

Wenn alle Teile fertig sind, wird das Familienwappen auf einem großen Blatt Papier zusammengefügt.

Diese Form der Methode erlaubt es, dass jeder für sich arbeiten kann, geschützt vor Beeinflussungen und Ablenkung. Der Überraschungseffekt beim Zusammenfügen des Familienwappens ist hierbei besonders groß: Wo gibt es Unterschiede, was stimmt überein? Was ist den einzelnen Familienmitgliedern wichtig? Welchen familienbezogenen Erinnerungen wurde Raum gegeben? Wer bringt was und in welcher Form in den Vordergrund? Was soll besprochen werden? Was verbindet die Familie? Welche spontanen Impulse spürt der Einzelne? Welche Lösungsideen und Zukunftsvisionen entstehen und können sich daraus entwickeln?

Variante II: Gemeinsame Arbeit am unterteilten Wappen

Eine andere Möglichkeit ist, die Familie gemeinsam an dem unterteilten Familienwappen zeichnen zu lassen. Jeder setzt sich hierzu an eine Ecke. Bei diesem Prozess findet familiäre Kommunikation statt. Systemisch fragend wird das Familienwappen wie oben besprochen, zusätzlich erhält die Therapeutin hier weitere Informationen über Kommunikationsstrukturen innerhalb der Familie.

Diese Variante kann neben den anderen Wirkfaktoren sehr verbindend wirken, beinhaltet aber auch »Risiken und Nebenwirkungen«. Bei hoch konflikthaften Strukturen in einer Familie oder z. B. auch bei verstärkter Geschwisterrivalität bieten sich eher andere Varianten an.

Variante III: Gemeinsame Arbeit am nicht unterteilten Wappen

Hier wird das Familienwappen nicht unterteilt. Die Familienmitglieder dürfen reihum abwechselnd malen, bis keine Ideen mehr vorhanden sind oder das »Kunstwerk« als fertig angesehen wird.

Durch das Warten, Zuschauen und Interpretieren inspirieren sich die Familienmitglieder gegenseitig. Bei dem im Anschluss an den Gestaltungsprozess ausführlichen gemeinsamen Gespräch dürfen Nachfragen erfolgen, Hypothesen erstellt und natürlich Komplimente verteilt werden.

Es ist also eine Variante, die schon während des Gestaltungsprozesses sehr stärkend wirken kann.

Variante IV: Jeder malt sein Familienwappen

Jedes Familienmitglied malt für sich sein individuelles Familienwappen. Dies kann im Beratungssetting erfolgen, hier sollte jeder für sich eine ruhige Ecke oder einen eigenen Raum haben. Wenn es für die Klienten angenehm ist, kann auch Hintergrundmusik zu einer inspirierenden Atmosphäre beitragen.

Für manche Klienten ist es wichtig, das eigene Wappen zu Hause fertigmalen zu können. Es wird dann vereinbart, dass alle ihr Wappen mitnehmen, die Hausaufgabe ist dann, das Bild nochmals wohlwollend zu betrachten und je nach Bedarf daran weiterzuarbeiten. Das Wappen wird dann zur nächsten Sitzung mitgebracht.

Das Gute an dieser Variante der Wappenerstellung ist, dass jedes Familienmitglied nur bei sich und den eigenen Ressourcen und Geschichten ist. Beim gemeinsamen Besprechen und Reflektieren kommen häufig Überraschungen zum Vorschein, manchmal werden Muster der Familienkommunikation sichtbar.

Diese Variante bietet sich in Familien an, für die eine Zusammenarbeit aufgrund der eingebrachten Thematik zu herausfordernd wäre. Das Nachgespräch braucht mehr Zeit und erfolgt zumeist in mehreren Beratungsstunden. Nicht immer möchten alle Familienmitglieder ihr Wappen besprechen oder zumindest nicht gleich. Für diese Entscheidung braucht es ebenfalls Wertschätzung und Anerkennung, die von der Seite des Therapeuten angeregt wird.

Variante V: Gemeinsames Zukunftswappen

Hier können junge Familien und neu entstandene Patchworkfamilien ihre Wünsche und Werte für das zukünftige Zusammenleben gemeinsam in das Familienwappen malen.

In anschließenden Gesprächen kann beispielsweise besprochen werden, wie diese Werte, Wünsche und Anliegen an das Zusammenleben in der neuen Familie spürbar und sichtbar gemacht werden könnten und wie die Familie sie umsetzen möchte. Hier machen wir immer wieder die Erfahrung, dass bisher verdeckte Konflikte sichtbar werden, denn malend kann mehr ausgedrückt werden als sprechend. Lösungen können dann im geschützten therapeutischen Setting gefunden werden.

Variante VI: Erstellung des Familienwappens im Einzelsetting

Im Einzelsetting kann schon während der Erstellung des Familienwappens ein Austausch mit systemischen Fragen, Hypothesen, Komplimenten etc. neue, unerwartete Perspektiven und Handlungsoptionen ermöglichen.

Auch hier bieten wir gegebenenfalls an, das Familienwappen zur Fertigstellung mit nach Hause zu nehmen mit dem Ziel, es bei der nächsten Stunde zu besprechen. Zumeist aber entscheiden sich Klienten, dieses persönliche Werk im geschützten Rahmen der Therapie fertigzumalen und darüber im Gespräch zu bleiben.

Ausblicke: Das Familienwappen ist fertig

In seinem Buch »Spiel-Räume« gibt Rüdiger Retzlaff (2016, S. 267 ff.) einen anschaulichen Überblick, welche Aspekte nach Fertigstellung eines Bildes angeschaut werden können und teilt sie in zwei Betrachtungsebenen ein. Eine Ebene ist der Blick auf den Prozess, eine weitere Ebene der Blick auf den Inhalt:
- Die *Prozessebene* spiegelt die Familieninteraktion, Familienregeln und -muster wider. Wird eine typische Rollenverteilung sichtbar? Gibt es einen Bestimmer, einen Querläufer, einen Hilfsbedürftigen? Wie geht die Familie an die Aufgabe heran, und wie wird untereinander kommuniziert? Gibt es Verbündete? Wer nimmt wie viel Raum in Anspruch und wie wird mit dem Gezeichneten des und der anderen umgegangen?
- Die *Inhaltsebene* bezieht sich auf die gemalten Ressourcen. Wie viel Übereinstimmungen gibt es hier? Wie kann ein und dieselbe Ressource in vielfältiger

Art und Weise ausgedrückt werden? Welche Bedeutung wird den gezeichneten Symbolen gegeben? Wo werden Unterschiede erkennbar, und was ist überraschend? Wie fühlt es sich an, das Familienwappen zu betrachten?

Bei der inhaltlichen Betrachtung des Wappens entsteht eine Fülle von Gesprächsstoff. Hypothesen, Fragen und erzählte Geschichten bereichern den Beratungsprozess. Der Blick ist ganz auf die Einzigartigkeit fokussiert, den Reichtum und die Fülle des Familiensystems. Basierend hierauf werden mit Leichtigkeit neue Perspektiven und Handlungsmöglichkeiten entdeckt.

Die Prozessebene gibt viel Raum, zu hypothetisieren und die Familie immer wieder in einem anderen Licht zu sehen. Aufgrund des ungewöhnlichen Zugangs zum Familiensystem und kreativen Arbeitens ist der Spielraum auch für ungewöhnliche Fragen offen.

Die Gestaltung eines Familienwappens macht Spaß: Wirkungen und Effekte

Malen ist per se ein guter »Türöffner«. Die Gestaltung eines Familienwappens hat sich dabei in vielseitiger Weise als besonders wirkungsvoll gezeigt. In der Familientherapie, geht es oftmals um die Themen Adoleszenzkonflikte und -krisen, Loyalitäten, Beziehungskrisen und Trennungen, mangelnde gegenseitige Anerkennung und Wertschätzung. Hier ist das Familienwappen eine geeignete Methode, um Kinder, Jugendliche, Eltern und Elternteile zu stärken, mit ihren reichhalten Ressourcen zu überraschen, Lösungsideen an die Hand zu geben, Schritte in der Zukunft zu planen und Handlungsalternativen zu besprechen. Die Wirkung des Wappens, also das Sichtbarmachen und Herausstellen der Ressourcen des einzelnen Familienmitglieds, ermöglicht es, freier und unbedarfter über das innere Erleben zu sprechen und die dahinterliegenden Geschichten zu betrachten. Eine Reintegration der entdeckten Ressourcen und der neu betrachteten Geschichten wird in der Folge erleichtert.

Ein weiterer Aspekt ist, dass Jugendliche und Erwachsene gleichermaßen die Möglichkeit haben, intuitiv frei zu entscheiden, wie viel Konzentration sie auf das Gespräch oder das Gestalten legen möchten. Die Sprache und der Austausch müssen nicht im Vordergrund stehen. Insbesondere Erwachsene (Jugendliche haben weniger Hemmungen beim Umgang mit dem Familienwappen) haben hier die Gelegenheit, auch über andere Sinne als die gewohnte Sprache mit sich selbst in Kontakt zu kommen, schon Bekanntes anders, eventuell offener und konstruktiver, auszudrücken und auch Neues, vielleicht bisher nicht Gekanntes, zu kreieren.

Schon während des Malens wird die Vielfalt der Ressourcen sowohl im Individuum als auch in der Familie offenkundig. Oft handelt es sich dabei um Fähigkeiten und Stärken, die – aus unserer Sicht – in dieser Form und Deutlichkeit und in der Kürze der Zeit in einem Beratungsgespräch weniger oder kaum zum Ausdruck kommen würden.

Gleichzeitig wird durch das Malen der Prozess verlangsamt, die Fokussierung und Konzentration auf bestimmte innere Anteile führen zu ungeahnten Ideen und Handlungsoptionen und die erfahrenen Inhalte des Erlebten werden in besonders intensiver Weise verarbeitet, bereichert und abgespeichert.

Das Familienwappen ist für sich identitätsstiftend. In der Einzelberatung kann der Jugendliche das Verbindende seiner Herkunftsfamilie entdecken und seine persönlichen Schätze und Ressourcen in sein Bild der Familie integrieren. Das macht Jugendliche stolz und trägt zur Erhöhung und Stärkung ihres Selbstwerts bei. Genauso können schwierige, verletzende Themen und Ereignisse ihren Platz finden, diese werden im Bild platziert, manchmal dürfen sie besprochen werden, manchmal ist es einfach nur erst mal gut, dass das als schwierig Erlebte »heraus durfte«, ohne etwas dazu sagen zu müssen.

Wird die Methode im Setting der Familientherapie eingesetzt, entsteht zumindest in Teilen eine (Wieder-)Annäherung der einzelnen Familienmitglieder, positive Familiengeschichten werden belebt, schwierige Geschichten können wohlwollender betrachtet werden oder auch so, wie sie sind, verabschiedet werden. In jedem Fall wird die Kommunikation untereinander angeregt oder gar neu entdeckt.

Besonders schön: Es entsteht ein die Therapie überdauerndes »Kunstwerk«, etwas Handfestes, Dauerhaftes und Bedeutsames, das die Familie begleiten und auch immer wieder ergänzt werden kann.

Wann ist das Familienwappen nicht die Methode der Wahl?

Entsprechend unserer Grundhaltung ist jeder Mensch eigenverantwortlich und weiß, was gut für ihn passt; wir überreden niemanden, der zum Ausdruck bringt, dass er Malen oder Zeichnen nicht mag. Wir laden ein, wir erzählen schöne Beispiele, ermutigen und lassen zugleich unsere Klienten entscheiden, ob sie Lust haben, sich auf diesen Prozess einzulassen. Außerdem weisen wir darauf hin, dass diese Methode Zeit benötigt.

Und hier verweisen wir noch auf eine weitere Einschränkung: Die Methode braucht Zeit. Auch wenn das Wappen von manchen Klienten schnell gezeichnet wird, brauchen wir Zeit und Raum zur Nachbesprechung und zumeist auch zu

Folgegesprächen. Wir wissen zu Beginn der Methode nicht, wie viel Zeit zum eigentlichen Gestalten des Wappens gebraucht wird. Diesen Prozess können und sollten wir nicht steuern. Unserer Erfahrung nach bietet sich die Methode auch nicht uneingeschränkt an, z. B. bei getrennten Elternteilen, wenn der jeweils andere als schuldig oder verantwortlich für das erlebte Leid betrachtet wird. Hier kann es eine Variante sein, nur das Kind oder die Kinder malen zu lassen.

Was befördert das Gelingen?

Eine vorherige ressourcenorientierte *Genogramm*arbeit kann den Prozess des Erstellens eines Familienwappens erleichtern. Klienten kennen viele ihrer Geschichten aus der Vergangenheit, sie wissen um ihre Ressourcen und anderen Schätze. Außerdem ist es hilfreich, wenn die Klienten auf eine ansprechende und reichhaltige Auswahl an Materialien zurückgreifen können: Papierbögen und Stifte in unterschiedlichen Größen und Farben erleichtern die Arbeit.

Aus der Praxis

 Viktoria (Klientenname geändert) ist 15 Jahre alt, als sie das erste Mal in Begleitung ihrer Mathematiklehrerin in die Beratungsstelle kommt. Die Noten in der Schule würden zunehmend schlechter, und Viktoria könne sich nicht mehr gut konzentrieren, insbesondere bei Klassenarbeiten, wenn alles ruhig sei. Sie ist in der 10. Klasse und würde gerne gute Noten haben, um eine weiterführende Schule besuchen zu können.

Ihre Eltern sind geschieden und kommunizieren überwiegend über Anwälte. Viktoria fürchtet sich vor einer eventuell anstehenden gerichtlichen Befragung. Die Familie wurde bisher auch vom Jugendamt betreut. Ihre Mutter erhofft sich von diesem Gespräch, dass Viktoria dem Vater sagt, was sie (Viktoria) denkt und was in ihr vorgeht. Die 15-Jährige steht dem Gespräch aber sehr kritisch gegenüber. Sie sieht darin keinen Sinn. Trotzdem fühle sie sich verpflichtet, den Termin wahrzunehmen, sagt Viktoria.

Über die Zusammenarbeit unserer Beratungsstelle mit dem Jugendamt erfahre ich, dass der Vater sich seinerseits über fehlende Informationen und Ausgrenzung beklagt.

Vanessa, die zwei Jahre ältere Schwester von Viktoria, ist zu diesem Zeitpunkt u. a. wegen selbstverletzenden Verhaltens in einer psychosomatischen Klinik in einem anderen Bundesland. Das Verhältnis der Schwestern ist gut. Die Beziehung zur Mutter ist eng und vertrauensvoll, zum neuen Ehemann der Mutter besteht ein guter Kontakt.

Seit einiger Zeit gibt es zum Vater wenig bis zeitweise keinen Kontakt. Viktoria wirft ihm vor, dass er seine Kinder vernachlässige, sie nicht liebe und auf Bedürfnisse und Wünsche nicht eingehen könne.

Früher hat Viktoria ihrer Meinung nach ein sehr gutes Verhältnis zum Vater gehabt. Sie beschreibt sich als Papakind und ihre Schwester als Mamakind. Alle 14 Tage sei sie am Wochenende beim Vater und einmal pro Woche zum Essen dort gewesen. Sie sagt, sie wäre ihrem Vater sehr ähnlich und sie hätten die gleichen Interessen.

Mittlerweile besucht Viktoria ein Gymnasium. Sie ist emotional sehr schwankend. Wenn es ihr schlecht gehe, berichtet sie, explodiere sie ganz schnell vor Wut, werde sehr traurig oder spüre sie nichts mehr. Ihr sei dann alles egal, sie ziehe sich zurück und habe keine Motivation mehr. Schuldgefühle und weitere depressive Symptome würden dann aufkommen. Da der Vater nicht wollte, dass sie nach dem Realschulabschluss ins Gymnasium wechselte, sondern eine Ausbildung machen sollte, setzt sich Viktoria unter großen Druck, ihrem Vater zu beweisen, dass er sich in ihren Fähigkeiten getäuscht hat.

Auf die Frage, ob sie ihrem Vater die sehr guten Noten in der neuen Schule mitteilen möchte, antwortet sie, dass sie befürchte, er erwarte dann durchgängig diese Leistungen.

Viktoria erlebt sich in einem Loyalitätskonflikt, der es ihr nicht erlaubt, den Vater in positiver Weise zu betrachten. Wenn sie die negativen Dinge erzählt, ist die emotionale Abwärtsspirale im Raum spürbar.

Viktoria kann die Ressourcen und positiven Seiten ihrer beiden Elternteile aufgrund des Elternkonflikts und dem daraus resultierenden Loyalitätskonflikt wenig ausschöpfen und hat zum Teil derzeit keinen Zugriff darauf. Ihre für sie hilfreiche Lösungsstrategie ist es, sich auf die Seite der Mutter zu stellen.

Um genau diese wertvollen Aspekte von beiden Seiten für Viktoria wieder zugänglich und sichtbar zu machen, erhält sie das Angebot, ein eigenes Wappen zu erstellen. Das Wappen, das ihr persönliches Wappen wird, ermöglicht ihr, sich nur auf sich und ihre Lebenswelt zu konzentrieren. Der Loyalitätskonflikt ist hierbei nicht mehr beherrschend.

Viktoria war sofort an der Wappenidee interessiert und neugierig geworden. Sie legte am Flipchart los und teilte zunächst das Wappen in zwei Teile: Die eine Seite für die väterliche Herkunft, die andere für die mütterliche Herkunft (siehe Abbildung 3).

Auf der mütterlichen Seite steht das Herz für Liebe, die Noten für die Heavy-Metal-Musik, die sie liebt und durch ihre Mutter kennt. Aber auch für die Liebe

Das Familienwappen 187

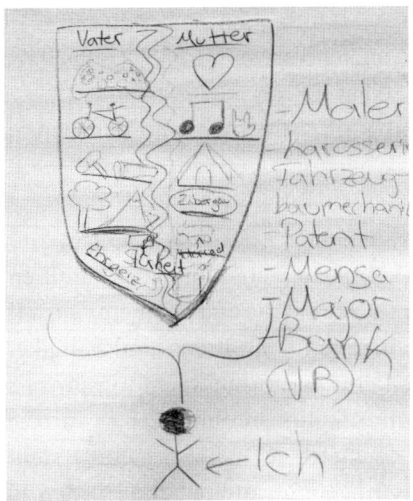

Abbildung 3: Familienwappen von Viktoria

zur Musik allgemein. Zelt und Motorrad stehen für Rockertreffs, bei denen sie mit ihrer Mutter war. Ihr begeistertes Erzählen macht den Stolz über das Erlebte spürbar. Der Kochtopf ist Symbol dafür, dass alle in der Familie gerne kochen, die Rezepte werden von Generation zu Generation weitergegeben. Für Viktoria ist dies ein Zeichen für familiären Zusammenhalt.

Auf der väterlichen Seite malt sie eine Spielkonsole, sie steht für das »Zocken« und die Liebe zum Spielen allgemein. Der Vater hat von klein auf mit ihr Spiele gespielt. Das Fahrrad steht für den Spaß am Fahrradfahren. Ganz besonders schön war es für sie, dass sie mit dem Rad des Vaters gefahren ist. Hammer und Säge: Handwerkliches Arbeiten findet sie toll, sie hat auch bei der Renovierung helfen dürfen, Wände verputzt, gestrichen und Ähnliches. Durch den Vater hat sie einen Blick für die Natur bekommen, er war oft mit ihr spazieren. Auch ihren Ehrgeiz, der sie viele Ziele erreichen lässt, hat sie vom Vater geerbt. Davon ist Viktoria überzeugt.

Von beiden Seiten habe sie ihre Sturheit, symbolisiert mit »gegen eine Wand reden«.

Während des Malens erzählt sie mir von vielen schönen Momenten mit Mutter oder Vater und ist sichtlich stolz auf ihre Erlebnisse und emotional berührt.

Wie schon erwähnt, regt der Prozess des Wappenmalens neue, erhellende Perspektiven an und kann gewinnbringende Erkenntnisse und Effekte hervorbringen. Bei Viktoria wurde dies in besonderer Weise deutlich:

 Schon beim Malen der familiären Besonderheiten, verknüpft mit den ressourcenvollen Geschichten, wird ihr Selbstwert sichtlich gestärkt. Ganz besonders wirkungsvoll wird der methodische Prozess für Viktoria, als sie spontan aus sich heraus die Wappen-Hälften mit rosa für weiblich und blau für männlich markiert. Dazu kennzeichnet sie noch, was typisch weibliche bzw. typisch männliche Vorlieben aus ihrer Sicht sind. Sie spürt und benennt beim Betrachten ihres Werks, dass sie mehr »männliche Vorlieben« hat. Das Strichmännchen, das sie dann unter das Wappen zeichnet, bekommt einen Kopf, der zu Zweidrittel blau und einem Drittel rosa ausgestattet wird.

Im Laufe des anschließenden Gesprächs fügt Viktoria noch die Berufe einzelner Familienmitglieder hinzu und befördert damit auch noch weitere Fähigkeiten ihrer Familie, die für sie von Bedeutung sind, ins (Selbst-)Bewusstsein.

Abschließende Bemerkungen

Im therapeutischen Kontext steht bei der Methode »Gestaltung eines Familienwappens« im Vordergrund, mehr über sich selbst und die eigenen Familienmitglieder zu erfahren sowie das Sichtbarmachen von Ressourcen und Fähigkeiten. Über die Interaktion der Familie im Gestaltungs- und Betrachtungsprozess eröffnen sich neue Verhaltens- und Kommunikationsmöglichkeiten für die Zukunft. Die Klientin erlebt, wie sie ihrer eigenen Kreativität gegenübersteht, welche Ansprüche sie an sich hat und wie es ihr gelingt, anfängliche Hürden zu überwinden. Die eigenen Wurzeln, die persönliche Herkunft mit all dem weitergegebenen Potenzial sichtbar und spürbar zu machen, berührt das Selbstbewusstsein und fördert die Persönlichkeitsentwicklung.

Wir haben in unseren Ausführungen den Teil der Einsatzmöglichkeiten dieser Methode beschrieben, der uns wichtig war. Wir möchten betonen, dass es nur ein Teil ist. Alle, die wir neugierig gemacht haben, laden wir ein, die Methode weiterzuentwickeln und ihrem therapeutischen Setting anzupassen. Es gibt eine Fülle von Variationsmöglichkeiten.

Literatur

Campana, R. (2010). Das Familienwappen: Eine Methode zum besseren Verständnis der emotionalen Situation und dem familiären Umfeld von Kindern und Jugendlichen. Kontext, 41, 101–116.
Kaufmann, R. A. (1990). Die Familienrekonstruktion. Erfahrungen, Materialien, Modelle. Heidelberg: Asanger.
Retzlaff, R. (2016). Spiel-Räume. Lehrbuch der systemischen Therapie mit Kindern und Jugendlichen (6. Aufl.). Stuttgart: Klett-Cotta.
Schottenloher, G. (1992). Kunst- und Gestaltungstherapie. Eine praktische Einführung (3. Aufl.). München: Kösel.
Watzlawick, P. (2015). Man kann nicht nicht kommunizieren. Ein Lesebuch (2. Aufl.). Bern: Huber.

Katja Seidel
Die Postkartenmethode als analoger Einstieg

STECKBRIEF: Postkartenmethode als analoger Einstieg

WAS: Die Postkartenmethode ist multifunktional einsetzbar: Sie dient als Icebreaker und Einstieg in die tagesaktuelle Beratung/das Thema, zum Abfragen der aktuellen Befindlichkeit, zur Auftragsklärung oder Fokussierung auf einen (Teil-)Themenbereich, zur Spezifikation innerhalb eines Themas durch gezielte Aufgabenstellungen, als Einladung zum Perspektivwechsel, als Feedback- und Abschlussrunde etc.

WIE: Einsetzbar in Einzelberatung, Familienberatung, Arbeit mit Klienten- und Seminargruppen, in Einzel- oder Teamsupervision.

MATERIAL: Verschiedene Postkarten, eigene Fotografien oder selbst gestaltete Bildkarteien mit ansprechenden, möglichst positiv besetzten Motiven oder Sprüchen, gegebenenfalls ein vorbereitetes Arbeitsblatt mit weiterführenden Fragen (Seminargruppe).

ZEIT: Ab 30 Minuten aufwärts, je nach gewähltem Setting.

WAS ZEICHNET DIE METHODE AUS:

Äußerst variable Methode, die einen intuitiven Zugang zu sich selbst und insbesondere zur eigenen Gefühlsebene ermöglicht, Ressourcen und kreative Ideen aktiviert, zur Kommunikation einlädt und auch unbewusste innere Anteile, Impulse, Ideen und Vorstellungen ansprechen und zugänglich machen kann.

Was ist und wozu dient die Methode?

Die Postkartenmethode ist überaus vielfältig und gewinnbringend einsetzbar, sowohl im Einzel- und Familiensetting als auch in Seminargruppen oder in der Supervision.

Im Gruppensetting (Groß- oder auch Kleingruppe) kann durch sie ein neugieriger, lustvoller und kreativer Einstieg in das Thema gelingen und die freigesetzten Ideen und Impulse zur Weiterarbeit genutzt werden. Röhrbein beschreibt den hilfreichen Effekt wie folgt: »Der Einsatz von Bildern, Symbolen etc. kann gerade am Anfang eines Themas oder Seminars einen leichten (weil niedrigschwelligen) Einstieg ermöglichen. In Gruppen starte ich daher sehr gerne damit, dass sich die Teilnehmer(innen) zu einer bestimmten Fragestellung […] eine Karte aus einem Fundus derselben auswählen können. Die Teilnehmer(innen) sprechen dann zunächst über die Bilder […] und dennoch immer auch über sich selbst. Der Bezug auf die Bilder […] bietet dabei eine gute Möglichkeit, zu überlegen, was jede/r Einzelne über die eigenen Gedanken und Gefühle (bereits jetzt) preisgeben und was sie oder er (noch) zurückhalten möchte« (Röhrbein, im Druck).

Auch als Meinungsbild oder Stimmungsabfrage und als Abschluss- und Feedbackrunde ist der Einsatz von Postkarten gut denkbar. Im Einzel- oder Familiensetting lädt die Postkartenmethode darüber hinaus auch eher zurückhaltende Klienten und Klientinnen zur Mitarbeit ein, unterstützt die Reflexionsfähigkeit, die aktive Teilnahme am Gespräch und somit das Erleben von Selbstwirksamkeit. Klienten, die hingegen zur Weitläufigkeit in Beschreibungen neigen, kann es gelingen, sich zu fokussieren und »thematisch am Ball« zu bleiben. Die Beraterin hat immer wieder die Möglichkeit, die Karte und somit das Thema zurück in den Blick zu holen. Im Rahmen der Supervision – aber auch in den oben genannten Anwendungsfeldern – bietet sich diese Methode besonders bei solchen Themen an, die bisher ausschließlich auf einer analytisch-sachlichen Ebene betrachtet worden sind, um den Zugang zu den dazugehörigen Gefühlswelten zu ermöglichen.

Zum Einsatz geeignet sind sowohl selbst erworbene Postkarten als auch Freecards, die in diversen gastronomischen oder kulturellen Lokalitäten zu erhalten sind, aber auch eigene Fotografien mit ansprechenden Motiven und Sprüchen, Zitaten oder Slogans. Darüber hinaus bietet der Handel mittlerweile eine Vielzahl an Bildkarteien zu diversen Themen an.

Diese werden den Klienten durch Auslegen im Raum zur Verfügung gestellt und wecken so schon beim Eintreten eine gespannt-neugierige Haltung (Röhrbein, 2019). Meist nutzen die Klienten bereits ohne eine konkrete Arbeitsaufgabe die Möglichkeit, sich die ausgelegten Motive anzusehen. Ganz automatisch regt sich eine leise Neugier auf das Kommende, werden positive Erinnerungen oder Assoziationen geweckt, Imagination entsteht und erste Impulse werden gesetzt. Die weiteren möglichen Arbeitsschritte variieren nun, je nach gewähltem Setting.

Für die Arbeit mit Seminargruppen verweise ich an dieser Stelle auf das Buch »Und das ist noch nicht alles – Systemische Biografiearbeit« von Ansgar Röhrbein (2019), der zahlreiche Impulse hierzu gibt. Im Einzel- und Familiensetting kann sich an das erste Erkunden des neu gestalteten Raumes nun eine kurze Begrüßungsrunde anschließen und nachfolgend die zu bearbeitende Aufgabe konkretisiert werden. Im Fallbeispiel werde ich hierauf näher eingehen.

Die Postkartenmethode lernte ich in meiner eigenen Ausbildung zur systemischen Therapeutin und Beraterin am Institut für systemische Forschung (ISFT) in Magdeburg kennen. Seither dient sie mir in vielerlei Variation als immer wieder erstaunlich effektive, neue Horizonte eröffnende Methode und hat sich einen besonderen Platz in meinem Methodenkoffer erarbeitet.

Ein singulär-theoretischer Hintergrund lässt sich per se nicht eruieren. Vielmehr erschließt sich die Methode als systemisch-kreatives Werkzeug auf der Grundlage verschiedener theoretischer Ansätze.

Im Hinblick auf den Einsatz von Bildern im Allgemeinen hat Bullinger (1995, S. 153 f.) u. a. folgende hilfreichen Effekte beschrieben:
- Bilder ermöglichen einen mehrdimensionalen Zugang zur eigenen Person.
- Nicht nur die bewusste Ebene des Erlebens und Verhaltens wird angesprochen, sondern auch die unbewussten Einstellungen und Motive.
- Bilder stimulieren zur Projektion.
- Die Arbeit mit Bildern kann intensive Gefühle aktualisieren.
- Bilder ermöglichen einen emotionalen Zugang zu Problemen und Fragestellungen.
- Die projektive Stimulation durch Bilder kann im Rahmen einer themenzentrierten Arbeit zielgerichtet zur Bearbeitung vorgegebener Fragestellungen eingesetzt werden.

Der theoretische Hintergrund

Oftmals gibt der visuelle Reiz, gekoppelt mit einigen gut platzierten Fragen, den Impuls zur Auswahl eines Bildes, auf dessen Grundlage sich Themen leicht und mit viel Kreativität, aber auch treffend und richtungsweisend, bearbeiten lassen. Es eröffnen sich neue Zugänge und Sichtweisen, wo zuvor eine verfahrene Starre herrschte. Wie lässt sich das erklären?

Hierzu möchte ich beispielhaft auf die Arbeit von Maja Storch und Frank Krause (2007) hinweisen, die mit dem Zürcher Ressourcen-Modell (ZRM) ein schulenübergreifendes und praktisches Trainingsmanual mit fundierter wissenschaftlicher Grundlage geschaffen haben. Ein Teil dieses Manuals bedient sich der Arbeit mit einer Bildkartei, die dabei helfen soll, das eigene Thema zu klären und zu präzisieren. Durch die Bilder sollen unbewusste Anteile der Persönlichkeit angesprochen und ein Reflexionsprozess in Gang gesetzt werden (S. 160 ff.).

Der Einstieg über Bilder entstammt der »Multiple Code Theory« von Wilma Bucci. Bucci gelang es, psychoanalytisches Gedankengut mit den aktuellen Erkenntnissen der Hirnforschung zu vereinen (Tschacher u. Storch, 2009). Ihre Theorie besagt, dass der Mensch über drei Arten der Informationsverarbeitung verfügt: über Bilder, die Sprache und den Körper. Die Bilderwelt wird hierbei als Angelpunkt zwischen der Welt der Sprache und der des Körpers angesehen und daher im ZRM als Einstieg gewählt (Storch, 2016).

So dient also der erste Impuls bzw. die Anweisung, ein Bild auszuwählen, das den Klienten anspricht und etwas Positives in ihm anregt, zur Erfassung vorbewusster (positiver) Assoziationen. Frei nach dem Motto »Das passt zu mir, das wähle ich aus!« hat der Klient nachfolgend die Möglichkeit, über den Auslöser, etwa ein Gefühl oder eine erinnerte Situation, zu sprechen. Diese Art des Sprechens über die gewählte Postkarte und den Auslöser der Auswahl hat eine Art Schutzfunktion: Der Klient erzählt über die Karte, diese dient als eine Art Filter. Dabei muss er nur berichten, was er möchte. Im weiterführenden Prozess, nachdem der Klient über die Karte gesprochen hat, berichtet er, wie dies mit ihm in Zusammenhang steht. Er kommt quasi über das Bild ins Sprechen. Mit Buccis Worten ausgedrückt: Das Bild verbindet die Welt der Sprache mit der des Körpers. Dies ist ein wechselseitiger Prozess und ermöglicht somit eine Ganzheitlichkeit.

Die Postkartenmethode kann also genutzt werden, um die emotionale Ebene des Gegenübers positiv anzusprechen. Sie ersetzt jedoch keine Therapie. Die Anwendung bei psychosenahem Erleben erscheint kontraindiziert.

Fallbeispiel

 Das folgende Fallbeispiel entstammt der Arbeit einer Erziehungsberatungsstelle mit folgender Familie (Klientennamen geändert): Frau M. (46 Jahre), Herr F. (49 Jahre), Mats (21 Jahre), Ole (18 Jahre), Kim (7 Jahre).

Frau M. kam in die Beratung, da sie Probleme mit ihrem 18-jährigen Sohn Ole hat. Er lerne nicht für das anstehende Abitur, bringe schlechte Noten mit nach Hause, fälsche ihre Unterschrift und bleibe der Schule fern, bediene sich am Eigentum der anderen Familienmitglieder, wie es ihm beliebe. Ole habe zudem keine Pläne oder Vorstellungen davon, was er nach dem Abitur machen wolle und kümmere sich auch nicht darum. Er sei mit dem Gesetz in Konflikt geraten und habe Sozialstunden leisten müssen.

Der ältere Sohn Mats (21 Jahre) habe ein gutes Abitur abgelegt und gehe nun seinen beruflichen Weg, er werde bald ausziehen. Dies wünsche sie sich auch für Ole. Frau M. lebt vom Vater der Söhne seit langen Jahren getrennt. Zum Vater hätten die Söhne sporadisch Kontakt, würden dort aber immer wieder enttäuscht werden durch Versprechen, die nicht eingehalten würden.

Die Beziehung der Söhne zu ihrem langjährigen Lebenspartner Herrn F. und dem Vater von Kim (7 Jahre) sei sehr schlecht. Ein Zusammenleben der fünf Personen sei gescheitert, daher lebe Herr F. seit etwa fünf Jahren in einer eigenen Wohnung. Frau M. lebe unter der Woche mit den zwei Söhnen und der Tochter Kim in ihrer Wohnung, am Wochenende lebe sie mit Partner und Tochter in seiner Wohnung und die großen Söhne blieben allein. Nach dem Abitur von Ole wolle Frau M. mit ihrem Lebenspartner und der gemeinsamen Tochter zusammenziehen.

Frau M. äußerte im Erstgespräch den Wunsch, zum einen konsequent und grenzsetzend Ole gegenüber sein zu können, andererseits wolle sie ihn verstehen, etwas von ihm erfahren, mit ihm in Kommunikation kommen und ihn unterstützen, seinen Weg zu gehen. Sie wirkte in all ihren Überlegungen gut durchdacht und hatte Ole bereits einiges an strukturierten Lösungsoptionen angeboten. Insgesamt äußerte sie sich nun resigniert ob des »Schwarzen Schafes« in ihre Familie und wünschte sich, er würde sich an Mats ein Beispiel nehmen.

Frau M. äußerte den Wunsch eines gemeinsamen Gespräches mit Ole. Aufgrund der Vorgeschichte entschied ich mich – nach Absprache mit Frau M. – dazu, beide Söhne schriftlich einzuladen, da auch Mats eine wichtige Rolle zu spielen schien. Da Frau M. trotz ihrer durchaus kompetenten und reflektierten Persönlichkeit immer wieder in ein (an)klagendes Beschreibungsmuster verfiel, entschied ich mich für die Postkartenmethode zur Rahmung der Gesprächssituation.

Nach einer kurzen Begrüßung im Wartezimmer wurden Mutter und Söhne in den Beratungsraum begleitet. In einem gemeinsamen Dialog ergaben sich drei

Themen, die alle gleichermaßen beschäftigten: Zukunft – Miteinander – Wohnsituation.

Nun bat ich alle, aus mehreren zuvor im Raum verteilten Karten diejenige zu wählen, die die jeweils eigene aktuelle Lebenslage am ehesten widerspiegele, sodann die Karte kurz vorzustellen und zu schildern, was diese im Inneren zum Klingen gebracht und welche positive Botschaft sie für den Moment habe.

Ole wählte eine Karte mit dem Motiv »Buntstifte« aus mit dem Slogan »Leben ist Zeichnen ohne Radiergummi«. Seine Rückmeldung dazu lautete: »Naja, man muss eben mit Bedacht wählen. Man kann im Leben nichts rückgängig machen, man kann es dann nur anders machen. Wenn man wählt, hat das Konsequenzen. Daher sollte man nicht einfach drauflosmalen, sondern eben mit Bedacht wählen.«

Mats wählte das Schwarz-Weiß-Motiv eines Weges aus, auf dem »LOVE« stand, und sagte: »Der Weg hier, der ist da hinten bestimmt kurvig, steinig, hat Höhen und Tiefen, Ecken und Biegungen. So ist ja auch oft das Leben. Aber hier vorn das Wegstück, das kann ich sehen und das ist für mich strukturierbar und planbar. Und die Schrift da, LOVE? Ach, das ignorier ich erst mal.«

Frau M. wählte eine Karte mit dem Slogan »Rede, damit ich dich sehe!« aus und sagte dazu: »Naja, eigentlich müsste auf der Karte stehen: ›Zähne zusammenbeißen!‹ – weil ich das grade mache!« Beraterin: »Nun haben Sie diese Karte gewählt, die am ehesten zu Ihrer derzeitigen Lebenssituation passt. Was hat diese Karte denn Positives in Ihnen zum Klingen gebracht?«

Frau M.: »Ja, also, die Karte hier, die zeigt meine Hoffnung, heute einen guten Anfang zu finden im Gespräch, Themen zu besprechen und Fragen zu beantworten. Ich will dich [Blick zu Ole] halt reden hören, will wissen was du machst und was du dir vorstellst.«

Aufgrund der Beschreibungen sowohl der Söhne als auch der Mutter ergab sich eine lebhafte Diskussion um die zuvor gesammelten Themen und dazugehörigen Gefühlslagen. Gemeinsam wurden diese konkretisiert und nach der Bedeutung für die einzelnen Personen skaliert.

Dabei ergaben sich teilweise überraschende Übereinstimmungen zwischen Frau M. und Ole, was dazu führte, dass er aus seiner Rolle als Schwarzes Schaf zeitweilig heraustreten konnte. Frau M. konnte das Zögern des Sohnes bezüglich der beruflichen Orientierung aufgrund seiner Beschreibung anders, wohlwollender betrachten. Andererseits gelang es Ole, für ihn wichtige Fragen bezüglich der zukünftigen gemeinsamen Wohnsituation zu stellen und darauf Antworten zu erhalten. Frau M. äußerte sich erleichtert und gab die Rückmeldung, dass sie sich nun über Oles Gedanken und Gefühlen besser informiert fühle.

Mats war in der Lage, sowohl die Ansichten der Mutter als auch die des Bruders als relativ neutrale, aber mit dem System vertraute Person aus der jeweiligen

Perspektive nachzuvollziehen und für den anderen noch mal genauer zu erklären. Er wirkte als eine Art Co-Therapeut, der eine verbindende Rolle zwischen den Parteien einnahm, ohne die (für ihn größtmögliche) Neutralität zu verlieren. Auch im häuslichen Setting setzte er dies in Streitsituationen fort.

Frau M. bekam Zugang zu ihren unterschiedlichen Gefühlen und konnte diese dem Sohn mitteilen. Ole gelang es besser, erste konkrete Ideen zu entwickeln und sich aktiver zu beteiligen – sowohl im Familiengespräch als auch bei den am Beginn gesammelten Themen und der Frage, was sinnvollerweise der nächste Schritt sein könnte.

So gingen alle Beteiligten mit konkreten Ideen für den nächsten Schritt aus dem Gespräch. Um eine Ankerung des Erarbeiteten zu initiieren, wurde folgende Frage gestellt: »Angenommen, diese Karte, die heute so einige Erkenntnisse, gute Kommunikation und kreative Ideen mit sich gebracht hat, hätte einen guten Platz in Ihrer Wohnung gefunden. Wo würde diese Karte stehen oder hängen, damit sie jeden Tag einen Spritzer Energie an Sie weitergeben kann, um zu den benannten Themen ›am Ball‹ zu bleiben?«

Variationen

In diesem Fallbeispiel wurden vor der Arbeit mit der Postkartenmethode Themen gesammelt. Dies ist kein Muss – es ist durchaus möglich, auch ohne Themensammlung mit der Methode zu starten. Für diese Entscheidung ist zum einen das Setting, zum anderen die Einschätzung des Beraters ausschlaggebend. Bei der Auswahl der Bilder sollte das Prinzip gelten, das diese eine positive Grundstimmung ausstrahlen. Eine gezielte Zusammenstellung der Motive ist meines Erachtens vorab nicht notwendig, da im Voraus nicht abzusehen ist, welches Bild welche Person ansprechen wird. Bei der Vorauswahl von Karten besteht zudem die Gefahr der unbewussten Beeinflussung durch den Berater, der eine Auswahl möglicherweise auf Grundlage seiner aufgestellten Hypothesen trifft.

Literatur

Bullinger, H. (1995). Bilderarbeit als eine Methode in der Arbeit mit Männern. In H. Stapelfeld, E. Krichbaum (Hrsg.), Männer verändern sich – Wie Männergruppen Lebendigkeit entfalten (S. 153–160). Bielefeld: Kleine.

Röhrbein, A. (im Druck). Und das ist noch nicht alles – Systemische Biografiearbeit. Heidelberg: Carl-Auer.

Storch, M. (2016). Embodiment in Aktion. Eröffnungsvortrag des 2. Fachkongresses »Reden Reicht Nicht!?« Heidelberg, 26.–29.5.2016. www.youtube.com/watch?v=1eOTCsYtrQY (6.6.2018).

Storch, M., Krause, F. (2007). Selbstmanagement – ressourcenorientiert. Grundlagen und Trainingsmanual für die Arbeit mit dem Zürcher Ressourcen-Modell (ZRM) (4. Aufl.). Bern: Huber.

Tschacher, W., Storch, M. (2009). Vom Embodiment-Konzept zur körperzentrierten Psychotherapie. Universitäre Psychiatrische Dienste Bern. http://majastorch.de/download/1106_Embodiment-Forschungsbericht.pdf (6.6.2018).

Elisabeth Nicolai

Schatzkammer der Familie

STECKBRIEF: Schatzkammer der Familie

WAS: Eine Möglichkeit, unbeachtete Ressourcen von einzelnen Familienmitgliedern und der Familie als Gesamtsystem sichtbar und erlebbar zu machen.

WIE: In Therapie und Beratung von Familien mit Kindern und Jugendlichen nutzbar, insbesondere im Familiengesamtsetting mit dem Therapeuten bzw. der Beraterin.

MATERIAL: Runde Moderationskärtchen, kleine Tierfiguren und vielfältige andere Gegenstände und Symbole.

ZEIT: 60–90 Minuten.

WAS ZEICHNET DIE METHODE AUS:

Die Visualisierung der Ressourcen in zwei Schritten unterstützt Familien in wertschätzender Wahrnehmung und Kommunikation. Im ersten Schritt werden Ressourcen für jedes Familienmitglied aufgeschrieben und auf dem Boden zu einem Ressourcenteppich ausgelegt. Im zweiten Schritt werden Symbole für die Ressourcen ausgewählt und deren Bedeutung für jedes Familienmitglied besprochen.

Die Anregung eines Ressourcen- statt eines Problemsystems

Ressourcenorientierte Konzepte sind in den letzten Jahren insbesondere von Vertretern systemisch-familientherapeutischer, hypnotherapeutischer und kognitiv-verhaltenstherapeutischer Ansätze weiterentwickelt worden (Willutzki, 2000). In der systemischen Beratung besteht Einigkeit darüber, dass unter den Haltungen, die für das systemische Handeln charakteristisch sind, die Ressourcenorientierung eine der wesentlichen Grundhaltungen ist (Hargens, 1998; Ludewig, 1992; de Shazer, 1989a, 1996). Die Frage, wie Veränderungsprozesse angestoßen werden können, ist allerdings damit noch nicht beantwortet.

Um Bewegung in stabil gewordene Probleme zu bringen, benötigen Menschen zunächst eine Unterbrechung der bisherigen Denk-, Verhaltens- und Interpretationsmuster. Familien sehen zu Beginn eines Beratungsprozesses naturgemäß eher ihre Probleme als ihre Möglichkeiten. Die meisten haben eine mehr oder weniger lange Phase mit verschiedenen Problemlösungsversuchen, Hoffen auf ein Wunder oder plötzlichen Veränderungen von außen durchlebt, bevor sie professionelle Hilfe suchen. Das Bild der Familie, in einer Krise zu stecken, stabilisiert sich mit der Dauer des Problems und mit der Kommunikation darüber. Die Kommunikation der Beteiligten über das Problem äußert sich nicht nur sprachlich, sondern in jeder Interaktion, die im Familiensystem stattfindet. Alles, was im System geschieht und nicht geschieht, ist Kommunikation.

Die Familienmitglieder sind sich in der Deutung der Situation als Problem in groben Zügen einig, auch wenn sie sich manchmal in ihren Erklärungen und den daraus folgenden Notwendigkeiten unterscheiden. Die Kommunikation über das Problem hat oft einen problemstabilisierenden Effekt, da die Wirklichkeitskonstruktion einer Familie auf den selektiven Wahrnehmungen jedes Einzelnen beruht, die durch die Kommunikation darüber zunehmend übereinstimmender werden.

In der systemischen Beratung geht es nun darum, ein Ressourcensystem im Unterschied zum Problemsystem anzuregen. Die Kommunikation über die problemzentrierten Beschreibungen der Familie einerseits und die Einladung zu einer Ressourcensicht andererseits kann als eine Form der produktiven Differenz den Weg für Veränderungen öffnen (Essen, 1990; Goolishian u. Anderson, 1987).

Grundsätzlich scheinen die subjektiv wahrgenommenen Ressourcen für die Bewältigung von Aufgaben und Problemen entscheidend zu sein (Jerusalem, 1990). Die Reflexion über die eigenen Ressourcen generiert dabei eine Art Metawissen über die eigenen Möglichkeiten. Wird dieser Prozess bei allen Familienmitgliedern angeregt, entfaltet dieses Wissen über die Ressourcen eine vielfache Wechselwirkung im Familiensystem. Die Entdeckung der Ressourcen ist gleichsam wie die Öffnung einer ganzen Schatzkammer.

Für die Anregung von Veränderungen ist die Wahrnehmung von Ressourcen also zentral. Die Beratenden können dazu verschiedene Zugänge nutzen:
- Sie können sich darum bemühen, Ressourcen zu »erkennen«, die die Klientinnen und Klienten (noch) nicht sehen, und mit den Ressourcen im Sinne des Utilisationskonzeptes Ericksons (1980) arbeiten, d. h. jeder Eigenart der Klienten und ihrer Lebenssituation mit Wertschätzung zu begegnen und das jeweils Einzigartige daran zu nutzen.
- Sie können ebenso versuchen, die Orientierung der Klientinnen auf ihre Defizite sozusagen zu verstören, sodass sie selbst die eigenen Möglichkeiten als Ressourcen wahrnehmen können.
- Sie können zudem mit Ressourcen arbeiten, die die Klienten bereits als solche wahrnehmen.

Ressourcen- und erlebnisorientierte Methoden

Ressourcen können in der Familienberatung mit erlebnisorientierten Methoden häufig leichter erarbeitet werden als mit reinen Gesprächsrunden – erlebnisorientiert werden mehr Sinneskanäle aktiv genutzt.

Bereits das Visualisieren der Ressourcen erzeugt eine neue Sichtweise der Familie, die im Gespräch zu einer kollektiven Neukonstruktion der Veränderungspotenziale, Gestaltungsfähigkeiten und Lösungsmöglichkeiten der Familie genutzt werden kann. Die Einführung der Metapher »Schatzkiste« stellt einen weiteren Beitrag zur positiven Veränderung des Problemsystems dar.

Wurde über das Problem bislang vorwiegend rational-analytisch nachgedacht und gesprochen, so ergibt sich ein wesentlicher Perspektivenwechsel, wenn eine bildlich-intuitive und auch sinnlich-emotionale Ebene angesprochen wird (Lindemann u. Rosenbohm, 2012).

Nun muss vorausgeschickt werden, dass aus systemisch-konstruktivistischer Sicht Systeme bereits über Ressourcen verfügen, die sie zur Lösung von Problemen benötigen, die sie aber bisher (noch nicht) nutzen (de Shazer, 1989b). Die Familienmitglieder haben in diesem Sinne gemeinsam eine Vielzahl von Ressourcen, die aus den Fähigkeiten, Potenzialen, Begabungen, Erfahrungen und Erfolgen der Einzelnen und deren Wechselwirkungen im Familiensystem bestehen.

In der Arbeit mit dem »Ressourcenteppich« (Nicolai, 2009) wird mit bunten Kärtchen gearbeitet, auf die die jeweiligen Ressourcen, Fähigkeiten und Potenziale der Familienmitglieder geschrieben wurden. Legt man diese Kärtchen jeweils zu Füßen der Eltern und Kinder aus, ergibt sich ein wunderbar bunter, vielfältiger gemeinsamer Teppich. Es ist bildhaft wahrzunehmen, auf welchen Ressourcengrundlagen die Familie ihr gemeinsames Leben meistert.

Die Metapher der Schatzkammer erweitert das Bild der Ressourcen auf Symbole, mit denen wir auch kleinere Kinder gut erreichen können und für alle gemeinsam ein noch eindrücklicheres Bild der Vielfalt entstehen lassen können.

Nachdem eingeladen wurde, statt auf Probleme und Defizite auf Ressourcen und Assoziationen zu schauen, bieten wir mit der Schatzkammer eine große Auswahl an Symbolen und damit eine weitere Ebene des Perspektivwechsels an.

Ein gewähltes Symbol repräsentiert nicht allein die Ressource eines Familienmitglieds, sondern reichert gewissermaßen durch die Eigenschaften, Fähigkeiten und Zuschreibungen, die dem Symbol in einem anderen Bedeutungszusammenhang eigen sind, die Ressource, für die es steht, zusätzlich positiv an (Zillig, 1994). In einem Fallbeispiel waren sich die Familienmitglieder einig, dass die Mutter immer schnell zur Stelle sei, helfen könne und Rat wisse. Für die Schnelligkeit der Mutter wurde von einem der Kinder ein Rennpferd als Symbol gewählt und damit unwillkürlich um die implizit mit dem Rennpferd verbundenen Zuschreibungen wie durchtrainiert, elegant, ausdauernd, stolz und anderem erweitert. So füllt sich der Raum um jedes Familienmitglied und zwischen allen nach und nach zu einer Schatzkammer.

Praktisches Vorgehen

Die Familie wird mit der Metapher der Schatzkammer bekannt gemacht, indem ich eine Einladung etwa in folgendem Wortlaut ausspreche: »Aus meiner Erfahrung haben alle Familien wahre Schätze an Fähigkeiten, Erfahrungen, guten Geschichten, Begabungen usw. Diese Familienschätze liegen manchmal wie in einer vergessenen Schatzkammer. Dort funkelt und glänzt es nur so von Ressourcen, die man dringend brauchen kann, um Probleme zu lösen, und irgendwie sind sie in Vergessenheit geraten. Ich würde mich heute gerne mal daranmachen, die Schatzkammer zu öffnen. Sind Sie auch neugierig, was es dort an Schätzen gibt?«

Erster Schritt: Der Ressourcenteppich

Danach werden die Familienmitglieder der Reihe nach aufgefordert, aufzuzählen, welche Fähigkeiten, guten Geschichten und Erfahrungen sowie Erfolge sie über sich selbst berichten können. In einem zweiten Schritt werden alle Familienmitglieder um Ergänzungen aus ihrer Sicht gebeten. Das geschieht reihum für jedes Familienmitglied. Alles Genannte wird in kurzen und prägnanten Sätzen oder Begriffen auf bunte kleine Kärtchen geschrieben. Jedem Familienmitglied wird im Vorfeld eine Farbe zugeordnet. Die beschrifteten Karten werden vor Eltern und Kindern ausgelegt.

Zum Start bitte ich einen der beiden Elternteile oder eines der Kinder, das nicht im Fokus der Problemgeschichte steht. Danach gehe ich der Sitzreihe nach weiter, bis alle dran waren.

Zweiter Schritt: Die Schatzkammer der Symbole

In diesem Schritt zeige ich der Familie eine große Auswahl von Symbolen. Dazu gehören neben kleinen Tierfiguren auch Märchenfiguren, kleine Gegenstände, Muscheln, Sterne, glitzernde Steine, Würfel usw.

Wiederum nacheinander werden die bereits aufgeschriebenen Ressourcen der Familienmitglieder mit Symbolen versehen. Jede Ressource wird besprochen: Es kann Konsens bestehen, welches Symbol am besten passt, Geschwister oder Eltern können jedoch auch unterschiedliche Symbole für dieselbe Ressource auswählen. Schließlich können auf einer Karte eine oder mehrere Symbolfiguren stehen.

Dieser Prozess ist in der Regel mit großem Engagement und viel Spaß verbunden und wird nacheinander für alle Familienmitglieder durchgeführt.

Dritter Schritt: Innehalten und Würdigung

Nachdem die Schatzkammer in der Mitte in ihrer ganzen Fülle sichtbar ist, wird ein Moment des Innehaltens initiiert. Die Therapeutin äußert ihren Respekt und ihre Bewunderung für die Fülle und Vielfalt der Schätze und bedankt sich für den Prozess.

Vierter Schritt: Gemeinsame Reflexion

In einem weiteren Schritt regt die Therapeutin einen Austausch unter den Familienmitgliedern an, in welcher Weise und zu welchem Zeitpunkt sie ihre Ressourcen für die Lösung ihrer Probleme nutzen können und wollen.

Einige Fragebeispiele:
- »Was überrascht Sie an dieser Schatzkammer am meisten?«
- »Welcher Schatz ist Ihnen bekannt vorgekommen? Eher wie etwas lange Vergessenes, aber durchaus Bekanntes, das wieder auftaucht?«
- »Was hat Sie am meisten gefreut, was war am wenigsten anschlussfähig?«

- »Wenn Sie alle (die Familienmitglieder) auf die wohlgefüllte Familienschatzkammer schauen, welche Schätze und Ressourcen können Sie leicht und unverzüglich für erste Schritte in Richtung Lösung nutzen?«
- »Welche könnten später genutzt werden?«

Zielgruppe

Die Schatzkammer der Ressourcen kann als Methode besonders für Familien mit Kindern und Jugendlichen empfohlen werden.

Für Familien mit jüngeren Kindern bietet die Methode den Vorteil, dass die Familienmitglieder leichter eine Verständnisebene trotz unterschiedlich kognitiver Entwicklungsstufe der Geschwisterkinder finden.

Und gerade für Jugendliche stellt die Zuschreibung durch das Bedeutungsumfeld des Symbols eine unausgesprochene Aufwertung dar. Symbole und Bilder erzeugen aber bei allen – wenn auch in unterschiedlicher Weise – Resonanz.

Eltern, denen eine ressourcenorientierte Sicht auf ihre Kinder möglicherweise aus der aktuellen Krisensituation heraus schwerfällt, kann die Metapher der Schatzkammer und die Arbeit mit Symbolen den Zugang zu Ressourcen erleichtern. Auch Eltern, die sich selbst als verzweifelt erleben, möglicherweise ganz selektiv in Wahrnehmungen ausschließlich negativer Verhaltensweisen ihrer Kinder feststecken, können von der Arbeit mit Symbolen sehr profitieren. Sie werden nicht nur nach positiven Erfahrungen und Verhaltensweisen, Ausnahmen vom Problem, Erfolgen gefragt, sondern mit der Auswahl eines Symbols auch zu einem Suchprozess aufgefordert, in welchen erweiterten Bedeutungskontext die Ressource passen könnte.

Thema

Die Arbeit mit der Schatzkammer der Familie kann in jedem System hilfreich sein, das die eigenen Ressourcen aus dem Blick verloren hat und den Zugang dazu wiedergewinnen möchte.

Diese Methode ist nicht themenspezifisch eingeschränkt: Wenn es um die Bewältigung von Trennung/Scheidung in Familien oder um den Umgang der Familie mit einer Suchterkrankung eines Elternteils geht, um Abschied und Trauerprozesse in Familien, Schulprobleme von Kindern und Jugendlichen, Grenzrekonstruktionen zwischen Eltern und Kindern usw. – immer kann die Schatzkammer der Ressourcen zur Selbstwertstärkung der Einzelnen beitragen, das Wir-Gefühl in ein kraftvolles Bild bringen und einen starken Perspektivenwechsel ermöglichen.

Zielsetzung

Die Schatzkammer-Methode will eine Ressourcenaktivierung im gesamten Familiensystem ermöglichen. Sie geht über den sprachlichen Austausch der Ressourcen der Einzelnen hinaus, der manchmal flüchtig bleiben kann. Optisch wahrgenommene Bilder werden besser abgespeichert als der verbale Austausch über die gleichen Inhalte. Die Arbeit mit den Symbolen unterstützt daher mit eindrucksvollen Bildern die Nachhaltigkeit des Gesamtprozesses.

Eine weitere Zielsetzung ist der Perspektivwechsel von der Fokussierung auf ein Problem oder ein Familienmitglied, das ein Problem hat, auf die Fähigkeiten und Ressourcen des gesamten Systems, mit einer schwierigen Lage umzugehen. Das Problem wurde und wird in Kommunikation gemeinsam erzeugt, die Lösung und Veränderung werden aus dem gemeinsam genutzten Ressourcenraum entstehen. Die Einladung in diesen Raum soll lustvoll, anregend, vielversprechend sein und neugierig machen.

Fallbeispiel

Familie A wendet sich nach dem Hilfeplangespräch beim Allgemeinen Sozialen Dienst an mich. Es gibt Probleme mit dem ältesten Sohn, die sich derzeit eher zuspitzen als besser zu werden. Im Vorfeld hatte die seit einem Jahr in der Familie tätige Kollegin von der Sozialpädagogischen Familienhilfe nachdrücklich zu einer zusätzlichen Unterstützung der Familie durch eine ambulante Familientherapie geraten. Die Familie möchte in der Familientherapie einen Ausweg aus der Negativspirale finden, in die sie mit dem Sohn gekommen ist.

Die Familie hat vier Kinder im Alter von 5–12 Jahren (Klientennamen geändert): Der 12-jährige Sohn Till gilt als schwierig. Die drei Töchter Sonja (10), Anna (8) und Briska (5) werden als unauffällig beschrieben – »eben Mädchen«, wie die Mutter sagt. Die jüngste Tochter ist vor zwei Jahren bei einem Haushaltsunfall schwer verletzt worden. Sie hat sich weitgehend davon erholt, wird aber lebenslang deutlich sichtbare Narben tragen. Die Eltern schildern zögernd, dass sie sich immer wieder Vorwürfe wegen des Unfalls machen und deshalb nicht so konsequent mit der 5-Jährigen umgehen würden, wie es eigentlich nötig sei. Die Jüngste sei manchmal auch ein kleiner Tyrann und erlaube sich Sachen, die die Eltern den anderen nicht durchgehen lassen würden.

Der Vater erzählt von seiner schwierigen Kindheit und Jugend, die ihn sogar in eine einjährige Jugendstrafe führte, bevor er doch noch »die Kurve bekommen habe«. Seine größte Sorge besteht darin, dass sein Sohn auch auf die schiefe Bahn geraten könnte, weshalb er ihn seit vielen Jahren immer wieder eindringlich davor warnt.

Seit etwa einem Jahr hat Till einen für die Eltern besorgniserregenden Freundeskreis, der überwiegend aus jungen Erwachsenen besteht, die nicht den besten Ruf in der Kleinstadt haben. Der Vater sieht nun seine schlimmsten Befürchtungen bestätigt, dass der Sohn dort als nicht strafmündiger Handlanger für kriminelle Aktivitäten genutzt wird. Er beobachtet daher seinen Sohn sehr argwöhnisch, warnt und ermahnt ihn mehr als je zuvor, dass dieser sicher im Gefängnis lande, wenn er sich nicht sofort von Grund auf ändere. Der Sohn reagiert trotzig, er fühlt sich abgelehnt und verkannt, und zieht sich immer mehr zurück.

Als ich die Arbeit mit der Schatzkammer anbiete, sind alle sofort bereit, der Vater und der Sohn jedoch eher skeptisch. In zwei Runden entsteht bereits ein beachtlicher Ressourcenteppich (Schritt 1 der obigen idealtypischen Abfolge):

Vor Tills Platz kann man jetzt lesen »Kann gut Fußball spielen«, »Kann gut Mathe erklären«, »Holt Anna zuverlässig von der Schule ab«, »Ein toller Bruder«, »Hilft im Haushalt«, »Kann gut Geschichten erzählen«, »Mit ihm kann man viel Quatsch machen«, »Ist lustig« usw.

Diese und einige andere Ressourcen stammen aus Tills Selbstbeschreibung, aus den Zuschreibungen der Schwestern und auch seiner Eltern. Als Briska meint, ihr Bruder könne gut Geschichten erzählen, lacht der Vater bitter auf: »Ja, das kann ich bestätigen, so oft wie mein Ältester mich schon angelogen hat!« Ich würdige seinen Kommentar als eine sehr kluge Beobachtung, nämlich dass Fähigkeiten und Probleme immer zwei Seiten haben, bitte aber für den Moment darum, die Ressourcen einfach so stehen zu lassen, wir könnten später noch darüber sprechen.

Vor Sonjas Platz stehen u. a. folgende Ressourcen: »Kann gut zeichnen«, »Ist lieb«, »Schwimmt schnell«, »Hat viele Freundinnen«, »Liest gern«, »Mag Pferdebücher«, »Ist zuverlässig«, »Lacht viel«.

Über Anna wird u. a. gesagt: »Ist der ruhige Pol«, »Bastelt gern«, »Macht Puzzles, die keiner sonst kann«, »Backt gern mit Mama«, »Kann gut teilen«.

Briskas Platz füllt sich mit folgenden Aussagen: »Klettert auf Bäume«, »Hat ihren eigenen Kopf«, »Kann sich durchsetzen«, »Wickelt Papa um den Finger«, »Ist ein Wirbelwind«, »Pippi Langstrumpf«, »Kann schon lesen«, »Spielt gerne mit Puppen«, »Kann gut Seilhüpfen«.

Bei Mutter Silvia sammeln sich folgende Ressourcen: »Liest gerne«, »Liebt kreative Bastel-Samstage«, »Offen für Neues«, »Kann am besten kochen«, »Schlichtet jeden Streit«, »Hat einen grünen Daumen«, »Macht gern Ausflüge«, »Hat im TV eine Lieblingsserie (und da darf man sie nicht stören)«.

Vater Harald fällt zunächst nichts über sich selbst ein. Dann sammeln sich doch Ressourcen vor ihm: »Ist immer da, wenn man ihn braucht«, »Ist superstark«, »Liebt Motorrad fahren«, »Liebt uns [Kinder]«, »Kann gut nachdenken«, »Kann jedes Kreuzworträtsel«, »Kann Gute-Nacht-Geschichten erzählen!« usw.

Als Nächstes (Schritt 3 der idealtypischen Abfolge) wurde der entstandene Teppich bewundert und gewürdigt. Der Vater stellte staunend fest, dass er diese Fülle nicht für möglich gehalten hätte.

Ich frage alle reihum (Schritt 4 der idealtypischen Abfolge), was sie am meisten überrascht habe, welche Schätze sie vergessen und nun neu entdeckt hätten, welche gänzlich neu ins Blickfeld gekommen seien.

Ein erster therapeutischer Meilenstein ist an dieser Stelle die Unterhaltung der Eltern darüber, dass sie die zuverlässige, auch die unbeschwerte und heitere Seite des Sohnes lange aus den Augen verloren hatten.

Der nächste Schritt (Schritt 2 der idealtypischen Abfolge) ist die Auswahl der Symbole. Am Beispiel Till soll dieser Prozess verdeutlicht werden:
- Till selbst wählt für »Holt Anna zuverlässig von der Schule ab« ein kleines Pferd, und alle stimmen zu, dass das ein passendes Symbol sei. Vielstimmig ergänzen und unterstreichen die Schwestern und sogar die Eltern seine Symbolwahl. Ein Pferd sei schnell und kenne seinen Weg, es trage Lasten genauso wie Menschen, es sei umsichtig.
- Dagegen gibt es für die Ressource »Ein toller Bruder« bei ihm gleich mehrere Symbole: Er selbst wählt einen kleinen Pokal, was die anderen nicht aussagekräftig finden. Anna, die diese Ressource genannt hatte, entscheidet sich für die Figur des Robin Hood – weil ihr Bruder sie in der Schule immer beschützt. Briska wählt eine Weltkugel aus der Sammlung der Miniaturen, weil sie ihren Bruder dafür bewundere, dass er über alles etwas weiß. Sonja schließt sich der Weltkugel an. Vater und Mutter einigen sich auf eine Miniatur von vier im Kreis stehenden Menschen und betonen damit die Loyalität der Geschwister, die sie, wie sie sagen, manchmal gar nicht so offensichtlich mitbekämen.
- So haben sich vor den Augen der Familie zwei Ressourcen von Till (»Holt Anna zuverlässig von der Schule ab« und »Toller Bruder«) in einem spielerischen, dennoch ernsthaften Prozess vervielfacht. Till wird nun als jemand beschrieben, der Verantwortung übernimmt, klug ist, schnell und zielgerichtet handeln kann, andere mutig beschützt, für Gerechtigkeit eintritt, von anderen anerkannt wird, und der loyal ist. An dieser Vervielfachung beteiligen sich alle Familienmitglieder reihum lebhaft.

Auf dem Ressourcenteppich der Familie entsteht auf diese Weise nach und nach ein dichte Szene aus einer Vielzahl an Tieren, u. a. einem Gorilla, einem Hasen, zwei

Flugdinosauriern, mehreren Pferden, einem Schaf, einem Elefanten, drei Hundewelpen, zwei Giraffen; an Gegenständen wie etwa einer kleinen roten Kugel, einem Würfel, einem Miniaturflugzeug, einer kleinen Plastikzitrone, einem rosa Minimuffin, mehreren bunten Murmeln, einem kleinen, aus Draht geformten Fahrrad und einem Kastanienmännchen und verschiedenen Märchenfiguren wie einem Zauberer, einer Fee und zwei Prinzessinnen.

Zu jeder Symbolwahl werden ausführlich Bedeutungen gesammelt und ergänzt und bilden somit eine stetige Erweiterung der schon aufgeschriebenen Ressourcen.

Am Ende werden alle zunächst in ihrem eigenen Ressourcenfeld fotografiert und zudem wird die Schatzkammer als solche fotografisch festgehalten. Die reich gefüllte Schatzkammer ist ein eindrucksvolles Bild, das mit der Familie eingehend gewürdigt wird.

(Es folgt die Fortsetzung von Schritt 4 der idealtypischen Abfolge.) Zunächst werden die Eltern gefragt, wie sie ihre eigenen neu- oder wiederentdeckten Ressourcenschätze für eine konstruktive Veränderung der familiären Herausforderungen nutzen können. Welche der hier sichtbaren Ressourcen sie ermutigen, der gesamten Familie eine positive Weiterentwicklung zuzutrauen.

Kinder und Eltern werden gefragt, wie sie in ihrem täglichen Miteinander die Ressourcen stärker nutzen, aber auch aufmerksamer wahrnehmen können.

Alle miteinander geben die Rückmeldung, dass sie sich in einer sehr gehobenen Stimmung befänden, und abschließend sagt der Vater, dass er heute seinen Sohn noch einmal neu entdeckt habe.

Literatur

de Shazer, S. (1989a). Der Dreh. Überraschende Wendungen und Lösungen in der Kurzzeittherapie. Heidelberg: Carl-Auer.
de Shazer, S. (1989b). Wege der erfolgreichen Kurztherapie. Paderborn: Junfermann.
de Shazer, S. (1996). »… Worte waren ursprünglich Zauber«. Dortmund: Verlag Modernes Lernen.
Erickson, M. H. (1980). The nature of hypnosis and suggestion. New York: Irvington.
Essen, S. (1990). Vom Problemsystem zum Ressourcensystem. In E. J. Brunner, D. Greitemeyer (Hrsg.), Die Therapeutenpersönlichkeit. Zweites Weinheimer Symposium (S. 178–181). Wildberg: Bögner-Kaufman.
Goolishian, H., Anderson, H. (1987). Language systems and therapy: An evolving idea. Psychotherapy, 24 (3), 529–538.
Hargens, J. (1998). Von Lösungen zu Ressourcen. Oder: Wie lassen sich Haltungen operationalisieren? Und wie noch? Und was geschieht mit Problemen? Zeitschrift für systemische Therapie, 16, 4–8.
Jerusalem, M. (1990). Persönliche Ressourcen, Vulnerabilität und Streßerleben. Göttingen: Hogrefe.
Lindemann, H., Rosenbohm, C. (2012). Die Metaphern-Schatzkiste. Göttingen: Vandenhoeck & Ruprecht.

Ludewig, K. (1992). Systemische Therapie. Grundlagen klinischer Theorie und Praxis. Stuttgart: Klett-Cotta.

Nicolai, E. (2007). Ressourcenteppich. In S. Fliegel, A. Kämmerer (Hrsg.), Psychotherapeutische Schätze: 101 bewährte Übungen und Methoden für die Praxis (S. 151–152). Tübingen: DGVT Verlag.

Petzold, H. G. (1997). Das Ressourcenkonzept in der sozial-interventiven Praxeologie und Systemberatung. Integrative Therapie, 4, 435–471.

Schlippe, A. v., Schweitzer, J. (1996). Lehrbuch der systemischen Therapie und Beratung. Göttingen: Vandenhoeck & Ruprecht.

Willutzki, U. (2000). Positive Perspektiven in der Psychotherapie. Ruhr-Universität Bochum, Fakultät für Psychologie: Unveröffentlichte Habilitationsschrift.

Zillig, W. (1994). Wörter, Felder und Wortfelder. Ein Essay über eine sprachwissenschaftliche Metapher. In W. Zillig (Hrsg.), Jost Trier. Leben, Werk, Wirkung (S. 129–203). Münster: Aa-Verlag.

Anja Novoszel

Das »Second-Best«-Prinzip

STECKBRIEF: Das »Second-Best«-Prinzip

WAS: Eine effiziente Methode zur Auftragsklärung und Zielfokussierung.

WIE: Im Einzelsetting.

MATERIAL: Es bietet sich an, erstbeste Lösungen an einem für den Klienten sicheren Ort (z. B. Schatztruhe, Briefkuvert) zu verwahren.

ZEIT: Die Dauer der Methode ist nicht in Minuten festzuhalten. Es gilt, den richtigen Zeitpunkt im therapeutischen Prozess zu wählen.

WAS ZEICHNET DIE METHODE AUS:

Das »Second-Best«-Prinzip zeichnet sich durch eine hohe Transparenz in der Auftragsklärung aus und gestaltet den Lösungsprozess realistisch. Die Klienten fühlen sich in ihren Wünschen und Sehnsüchten authentisch gesehen und wissen, was sie im therapeutischen Prozess erwarten können, was aber auch nicht.

Methode – eine Frage der Haltung

»Ich will, dass meine Mama wiederkommt!«
»Mama und Papa sollen wieder zusammen sein!«
»Papa soll wieder gesund sein!«

Kommen Ihnen diese Aussagen auch bekannt vor? Hören Sie auch so häufig wie ich die inneren Wünsche und Sehnsüchte Ihrer großen und kleinen Klienten, von denen Sie als Beraterin bzw. Therapeut auf der anderen Seite des Tisches genau wissen – zumindest im Moment und manchmal auch für immer –, dass diese Ziele bzw. Lösungen unerreichbar sind? Das bedeutet für unsere Arbeit im Umkehrschluss häufig aber auch, dass wir mit unseren Klienten und Klientinnen Lösungen erarbeiten, die sie eigentlich überhaupt nicht wollen. Mit einem Kind zu erarbeiten, dass die hochstrittigen Eltern sich höchstwahrscheinlich nicht mehr vertragen werden und eben kein Paar mehr werden; zu überlegen, was genau eine gute Möglichkeit wäre, mit einer schwerwiegenden physischen oder psychischen Erkrankung eines Elternteils zu leben, oder gar den schmerzhaften Verlust eines geliebten Menschen in eine lebbare Lösung umzuschreiben – dies bedeutet für uns Therapeuten, *nicht gewollte Alternativen* mit unseren Klienten zu erarbeiten, gemessen an dem, was für jene die erstbeste Lösung erscheint. Und hier greift das »Second-Best«-Prinzip.

Es geht also in erster Linie nicht (nur) um die Erarbeitung einer sauberen, konstruktiven Lösungsorientierung im Sinne der bekannten Auftragsklärung, sondern (auch) um das Aufspüren der inneren Wünsche und Sehnsüchte. Denn so kann ein sinnvoller nächster Schritt im Lösungsprozess erarbeitet werden. Im »Second-Best«-Prinzip steht die Suche nach einer anderen Lebensmöglichkeit angesichts der (temporär) nicht möglichen erstbesten Lösung im Vordergrund.

Hintergrund

Einer der wesentlichen Grundpfeiler in der systemischen Arbeit mit unseren Klienten ist die Fokussierung einer konstruktiven Lösung. Als systemisch arbeitende Fachleute wissen wir, dass jedes System längst über die Ressourcen verfügt, die es zur Bewältigung und Lösung seiner Probleme benötigt, und dass der Fokus im Beratungs- und Therapieprozess von Beginn an auf der Konstruktion von Lösungen liegen sollte (von Schlippe u. Schweitzer, 2007).

Und hier sind wir Systemiker auf Zack! Die Erarbeitung erster konstruktiver Lösungsschritte liegt uns im Blut. Im Sinne einer sauberen Auftragsklärung gelangen wir mit unseren Klienten und Klientinnen schnell an den Punkt, was sich wie schnell verändern darf und soll, woran wir es erkennen können, wer es vielleicht als Erster bemerkt und welche kleinen Schritte in die gewünschte Richtung schon erfolgreich bewältigt wurden! Im Kontext einer Beratungsstelle mit Klienten und ihren Anfragen unterschiedlicher Couleur erlebe ich dann häufig nach einer ersten Euphorie und einem hohem Motivationsschub bezüglich ihrer Veränderungsimpulse Gefühle der Resignation, Blockierungen, »Ja-aber«-Argumentation und »Ich konnte nicht weil«-Begründungen. Kennen Sie das auch?

Bereits Schmidt, Dollinger und Kalthoff (2011), basierend auf dem Konzept der Restriktionen und zweitbesten Lösungen, sowie Kachler (2014) mit dem hypnosystemischen Ansatz, Trauerreaktionen als Lösungsversuch angesichts einer unlösbaren Situation zu verstehen, legen den Fokus insbesondere auf jene therapeutische Settings, in denen ein systemisch-lösungsorientierter Ansatz neu überdacht und adaptiert werden muss. Auch ich habe an diesem Punkt wertvolle Erfahrungen damit gemacht, mich gut zu hinterfragen, ob ich den »Arbeitsvertrag« mit meinen Klienten wirklich sorgfältig genug entworfen habe. Habe ich gründlich genug zugehört und vor allem danach geschaut, was eigentlich nicht (mehr) lebbare bzw. unmögliche Lösungen sind?

Natürlich entspricht es dem systemischen Grundgedanken, dass wir nicht nur eine mögliche Lösung erarbeiten, sondern viele Alternativen. Zu kurz kommt jedoch oft, dass wir mitunter nicht genau hinschauen bzw. dass die Alternativen oft Vorschläge sind, die die Klienten eigentlich nicht wollen. Unberücksichtigt bleibt dabei, dass der eigentliche Wunsch, eben die erstbeste Lösung, nicht möglich ist. Das zu akzeptieren, fällt den Klienten verständlicherweise sehr schwer – verdient jedoch in gleicher Weise Anerkennung und Respekt wie gelungene Alternativlösungen. Es macht einen großen Unterschied, ob wir an möglichen Alternativlösungen arbeiten oder an zweitbesten Lösungen, die auch als solche benannt werden. Denn nur wer von einer zweitbesten Lösung spricht, kann die erstbeste auch gesehen haben!

Einsatzmöglichkeiten und mögliche Vorgehensweisen

Sehnsuchtsziele können den Blick in die Zukunft blockieren. Ohne einen respektvollen Umgang mit diesen wichtigen inneren Bedürfnissen und ohne die Einladung durch uns als Beraterinnen und Therapeuten, dass genau diese Gefühle und Wünsche ihre absolute Daseinsberechtigung im therapeutischen Prozess haben, werden wir wohl noch viele Schleifen der Auftragsklärung drehen und uns fragen, warum sich bei diesen Klienten irgendwie nichts verändert. Die Einsatzmöglichkeit des »Second-Best«-Prinzips ist nahezu in jedem therapeutischen Setting denkbar. Es bietet sich an, wie bereits beschrieben, dieses Prinzip vor allem im Sinne der Auftragsklärung zu nutzen, vor allem dann, wenn Sie das Gefühl beschleicht, der eigentlich (gewollte und gewünschte) Auftrag schlummert noch im Ungesagten oder wurde gut verpackt in den Herzenswünschen Ihrer Klienten. Das »Second-Best«-Prinzip darf gern auch als Haltungsfrage in der respektvollen Begegnung mit den Aufträgen der Klienten verstanden werden. Wie sonst können die mitunter großen Ambivalenzen unserer Klienten und Klientinnen in therapeutischen Prozessen richtig eingeordnet werden, wenn es darum geht, eigene Aufträge und Lösungen zu formulieren.

Ich muss Sie enttäuschen: *Den* einen Weg des »Second-Best«-Prinzips gibt es nicht. Jedoch möchte ich Ihnen in enger Anlehnung an Roland Kachler (2014, S. 73 ff.) eine mögliche Vorgehensweise beschreiben:

- In einem ersten Schritt gilt es für den Berater, mit einer feinfühligen Professionalität herauszufiltern und zu erkennen, welches Sehnsuchtsziel, d. h. die (derzeit) unmögliche beste Lösung, hinter dem vermeintlichen Auftrag liegt. Fragen der allgemeinen systemischen Auftragsklärung (von Schlippe u. Schweitzer, 2007, S. 146) unterstützen dabei ein gutes Grundgerüst, um eine Auftragsklärung zu erhalten. Die Kunst, es nicht bei allgemeinen Fragen zu belassen, sondern einem inneren Bauchgefühl und Erfahrungswerten zu folgen, ist ein Fundament im »Second-Best«-Prinzip. Hier gilt es, auch mit ein bisschen Mut und Zutrauen bei unseren Klienten zu hinterfragen, ob wir als Beraterinnen und Therapeuten auch wirklich alles im Blick haben. Das behutsame Verbalisieren der (derzeit) unmöglichen besten Lösung folgt dann als ein weiterer wichtiger Schritt im »Second-Best«-Prinzip.
- Natürlich reicht allein die Verbalisierung des Unmöglichen bei Weitem nicht aus, um mit Klienten ihren Möglichkeitsraum zu erweitern. Natürlich stoßen wir an die Grenzen von dem, was Therapie und Beratung in Bezug auf die unmögliche beste Lösung leisten können. Und das muss benannt und transparent gemacht werden.
- Im Kernstück des »Second-Best«-Prinzips ist Platz und Raum für die lebbaren Möglichkeiten. Hier wird mit den Klienten daran gearbeitet, was statt des Unmöglichen möglich sein darf oder manchmal sogar muss. Und vergessen Sie nicht – hier werden Dinge erarbeitet, die zwar möglich, aber eigentlich nicht gewollt sind!
- In den wenigsten Fällen werden Ihre Klientinnen und Klienten bei der Erarbeitung der »Second-Best«-Möglichkeiten in Begeisterungsstürme ausbrechen. Niemand möchte die zweite Wahl für sein Leben! Die bis zu diesem Punkt idealerweise aufgebaute Wahrnehmung und realistische Einschätzung, dass die erstbeste Lösung (für den Moment) unerreichbar ist,

stürzt eine Vielzahl der Klienten in ein großes Ambivalenzverhalten. Hier gilt es, sorgfältig zu eruieren, welche Ideen die Klienten für sich annehmen können, was sie an alternativen Lösungen zulassen und ertragen können, denn gleichzeitig darf nicht das Gefühl entstehen, dass die eigentlich favorisierte (aber nicht mögliche) Lösung dadurch ihre Wichtigkeit und Daseinsberechtigung verliert.
- Am Ende dieses »Second-Best«-Prinzips, also am Ende des guten Abwägens, ob es diese zweitbesten Möglichkeiten überhaupt gibt bzw. geben darf, ob das Zulassen alternativer Lösungsansätze gerade für den Klienten zu leisten ist, brauchen Sie selbstverständlich auch die Erlaubnis, dass damit gearbeitet werden darf.

»Nebenwirkungen«

Auch wenn, wie oben beschrieben, das »Second-Best«-Prinzip bei nahezu jeglicher Form von Auftragsklärung angewandt werden kann, gibt es aus professioneller Sicht einige wenige, aber dennoch wichtige Aspekte zu berücksichtigen. Zum einen geht das Erkennen und Benennen der erstbesten (unmöglichen) Lösung nahezu automatisch mit der Auseinandersetzung mit Themen einher, die für Klienten nicht nur eine gewisse Schwere in sich bergen, sondern auch mit traumatischen Erlebnissen verknüpft sein können. In der intensiven Auseinandersetzung mit diesen schweren Themen ist es denkbar, dass durch die Vertiefung der eigenen Erfahrungen die Gefahr einer Retraumatisierung gegeben ist. So ist es vor allem aus traumapädagogischer Sicht unerlässlich, immer wieder gut zu überprüfen, ob Klienten genügend innere und äußere Stabilität und Sicherheit besitzen, um sich den nicht mehr lebbaren Möglichkeiten zu stellen. Bekannte Methoden aus dem traumpädagogischen/therapeutischen Bereich wie beispielsweise der sichere Ort, der Notfallkoffer und/oder Klopftechniken gehören somit im besten Fall zum Repertoire des Beraters bzw. Therapeuten und lassen ihn handlungsfähig bleiben.

Zum anderen muss vor allem in der Arbeit mit unseren kleinen und jungen Klienten eine gute Differenzierung zwischen dem Verbalisieren und den Grenzen der erstbesten (nicht möglichen) Lösung im Beratungsprozess stattfinden. Aufkommende und zu starke Sehnsuchtsgefühle, die ungestillt bleiben müssen, lassen uns Gefahr laufen, an diesem Punkt des therapeutischen Prozesses stecken zu bleiben, weil die Konfrontation mit der zweitbesten Möglichkeit (»Second-Best«-Prinzip) für unsere Klienten und Klientinnen nicht auszuhalten ist.

Fallbeispiel

In der Beratungsstelle meldete sich Sofie (Klientenname geändert), ein jugendliches Mädchen. Ihre Mutter und ihre Großmutter hatten sich große Sorgen um die Jugendliche gemacht, da sie ein ernsthaftes Ritzverhalten zeigte und depressive Episoden aufwies. Sofieses Eltern lebten seit Beginn des Jahres getrennt. Der Trennung ging eine durch massive Streitigkeiten gekennzeichnete Paarbeziehung voraus. Kurz bevor die Familie sich in der Beratungsstelle anmeldete, war Sofies Vater inhaftiert worden. Der anstehende Gefängnisaufenthalt des Vaters war abzusehen gewesen und wurde zuvor in der Familie auch transparent besprochen. Dennoch kam die sofortige Inhaftierung nach der Verhandlung überraschend, und Sofie konnte sich nicht wie geplant von ihrem Vater verabschieden. Bis zu diesem Zeitpunkt hatten Sofie und ihr jüngeres Geschwisterkind regelmäßig Zeit mit ihrem Vater verbracht.

Sofie konnte sich schnell auf den Kontakt in der Beratungsstelle einlassen und sogar reflektiert über ihr Ritzverhalten sprechen. In der Auftragsklärung, in die auch Mutter und Großmutter einbezogen worden waren, wurde seitens der Familie erarbeitet, was gemeinsam getan werden und was Sofie dabei unterstützen könnte, wieder mit Spaß und Freude in den Tag zu starten und so in erster Linie das Ritzen einzustellen.

Sofie kam nun regelmäßig in die Beratung, und es wurde über viele Dinge und Menschen gesprochen, die für sie sehr wichtig waren und ihr Halt und Kraft gaben. Auch über die Inhaftierung des Vaters konnte Sofie reden, legte bei diesem Thema jedoch eine übertriebene, nicht authentisch wirkende Gelassenheit an den Tag. Ihr Ritzverhalten stabilisierte sich schnell, die traurige, melancholische Stimmung blieb jedoch. Immer wieder versicherte sie, es gehe ihr gut – sie komme aber gern wieder. Und immer wieder kam das Gespräch auf ihren Vater, bis ich sie eines Tages fragte, in welcher Art und Weise sie sich vorstellen könne, auch im Gefängnis Kontakt mit ihrem Vater zu halten, sofern sie das denn wünsche. An diesem Punkt reagierte Sofie sehr emotional und weinte bitterlich. Vorsichtig formulierte ich die Hypothese, dass ich mir vorstellen könnte, dass der Gefängnisaufenthalt des Vaters ihr doch mehr zu schaffen mache, als sie es andere (inklusive mir) glauben lassen wollte. Sie berichtete mir, dass es nicht der Gefängnisaufenthalt an sich sei, der ihr so zu schaffen mache, sondern die Tatsache, dass sie ihren Vater vor der Verhandlung nicht gut behandelt habe, wütend war, ihn nicht mehr habe sehen wollen und sehr gemein zu ihm gewesen sei. Das schlechte Gewissen, das sich seit seiner plötzlichen Inhaftierung bei ihr aufgestaut habe, sei kaum zu ertragen – gekoppelt mit dem unbändigen Wunsch, die verlorene Zeit mit ihrem Vater zurückzuholen. Der Gedanke, diese wertvolle Zeit verschwendet zu haben, mit dem Wissen, dass viel

Zeit vergehen wird, ehe sie wieder in diesen Genuss komme, sei unerträglich und schmerzlich.

Die Grenzen der Beratung waren auch Sofie klar. Weder konnte durch mich der Vater aus dem Gefängnis kommen, noch konnte ich die verlorene Zeit wiederbringen. Die Arbeit mit dem »Second-Best«-Prinzip war für meine Klientin sehr herausfordernd. Immer wieder mussten ihre starken Ambivalenzgedanken für sie neu geordnet werden: »Ich möchte gern Kontakt zu ihm, aber eigentlich bin ich wirklich enttäuscht.« »Möchte mein Papa das auch?« »Wenn ich Papa schreibe, schreibt er dann zurück?« »Wenn er nicht zurückschreibt, mag er mich dann nicht mehr, weil ich so gemein war?« »Ich möchte ihn zwar sehen, aber ich weiß, dass es nicht dasselbe ist wie früher. Schaffe ich das? Verliere ich den Respekt vor meinem Papa?« Schlussendlich konnten wir erarbeiten, dass ein Briefwechsel, Telefonate und Besuche im Gefängnis für Sofie durchaus akzeptable zweitbeste Lösungen darstellen könnten bzw. zumindest ausprobiert werden sollten. Die große Hürde und die Zweifel, ob ihr Vater nicht doch böse auf sie sei, konnten durch Mithilfe der Mutter (sie hatte Kontakt zum Vater aufgenommen) und einen liebevollen Brief von ihm an seine Tochter aus dem Weg geräumt werden. Und auch wenn die Dinge einen guten Lauf genommen haben, so ist das Wechselspiel zwischen der »Akzeptanz« der nicht mehr möglichen Lösung (verlorene Zeit mit dem Vater nachholen) und dem »Akzeptieren« der »Second-Best«-Möglichkeiten (Wie kann ich jetzt Zeit mit meinem Vater verbringen, sodass das Kontingent an verlorener Zeit nicht größer wird?) im Beratungsprozess über einen großen Zeitraum von beträchtlicher Relevanz geblieben.

Ausblick

Hier finden Sie eine kurze Version des »Second-Best«-Prinzips mit möglichen Formulierungen, die Sie je nach Setting, Auftrag und Fall variieren können und sollten (s. a. Kachler, 2014, S. 73 ff.):
- feinfühliges Herantasten und Verbalisieren der (derzeit) unmöglichen besten Lösung;
- die Grenze der Beratung bzw. Therapie im Sinne einer unmöglichen besten Lösung angemessen und respektvoll benennen;
- Beschreibung der lebbaren (mitunter auch erzwungenen und begrenzten) Möglichkeiten im Sinne des »Second-Best«-Prinzips;
- sorgfältige Abwägung von auftretenden Ambivalenzen bezüglich der »Second-Best«-Möglichkeiten;
- Einholen der Erlaubnis, dass mit einer »Second-Best«-Möglichkeit ein Auftrag formuliert und damit gearbeitet werden darf.

Ich wünsche Ihnen viel Spaß und Erfolg, aber auch liebevolle Geduld beim Arbeiten mit dem »Second-Best«-Prinzip. Die Akzeptanz, das Erstbeste (für den Moment) nicht erreichen zu können, und über zweitbeste Lösungen nachzudenken, fordert unseren Klientinnen und Klienten viel ab. Wie gut, dass man Sie an ihrer Seite weiß!

Literatur

Kachler, R. (2014). Hypnosystemische Trauerbegleitung. Heidelberg: Carl-Auer.
Rufer, M. (2012). Erfasse komplex, handle einfach. Systemische Psychotherapie als Praxis der Selbstorganisation – ein Lehrbuch. Göttingen: Vandenhoeck & Ruprecht.
Schlippe, A. v., Schweitzer, J. (2007). Lehrbuch der systemischen Therapie und Beratung. Göttingen: Vandenhoeck & Ruprecht.
Schmidt, G., Dollinger, A., Kalthoff, B. M. (2011). Gut beraten in der Krise. Konzepte und Werkzeuge für ganz alltägliche Ausnahmesituationen. Bonn: managerSeminare.

Kathrin Stoltze, Beate Meißner und Anke Kasner

Familiengeschichte(n) in »guten Händen« – symbolisches Arbeiten mit der Handmetapher

> **STECKBRIEF: Symbolisches Arbeiten mit der Handmetapher**
>
> **WAS:** Therapeutische Nutzung der menschlichen Hand als handlungsorientierte Methode.
>
> **WIE:** Für die Arbeit in familiären Kontexten geeignet.
>
> **MATERIAL:** Mal-/Zeichenutensilien, große Pinsel, A3-Papier, Fingerfarben.
>
> **ZEIT:** Je nach Setting und Kontext etwa 20–60 Minuten.
>
> **WAS ZEICHNET DIE METHODE AUS:**
>
> Für alle Anliegen geeignet, bei denen Personen in Berührung gebracht werden sollen: miteinander, mit den eigenen Stärken, emotionalen und biografischen Kraftquellen. Große Verbreitung und allgemeine Verständlichkeit der Handmetapher: Beim Einsatz der Händesymbolik gibt es kaum sprachliche, kulturelle, ökonomische, kognitive oder altersbezogene Hindernisse.

Die Handmetapher und ihr Nutzen für die Biografiearbeit

»Reich mir die Hand, mein Leben ...« – was in Mozarts Arie den sehnsuchtsvollen Wunsch eines Liebenden nach Bindung an seine Angebetete ausdrückt, könnte in der Familienberatung für einen ganzen Themenkomplex um die Suche nach familiärer Identität und Zugehörigkeit exemplarisch sein. Zudem stehen Suchprozesse nach (gerade) verborgener Nähe und Verbundenheit, nach dem Zugriff auf Energie- und Kraftquellen in der eigenen Lebensgeschichte oder für den Wunsch, wieder in Kontakt mit den eigenen Lebenszielen zu gelangen, im Vordergrund. Die menschliche Hand als Methode sowohl im symbolisch-metaphorischen Sinne als auch unmittelbar erfahrungsbezogen (im Hand-eln) zu nutzen, stellt eine besondere Technik des Arbeitens in familiären Kontexten dar, wie wir in diesem Beitrag zeigen.

Sich den angesprochenen Themenfeldern auf eine lebendige und vielfältige Art zu widmen – dafür bietet die biografische Arbeit mit Klienten im Beratungs-/Therapiesetting großartige Möglichkeiten. Biografiearbeit speist sich aus einem bunten Potpourri wissenschaftlicher Perspektiven der Bereiche Psychologie, Psychoanalyse, Sozialwissenschaft, Erziehungswissenschaft, Anthroposophie, Geschichts- und Literaturwissenschaft u. a. (Reich, 2008). Grundsätzlich kann Biografiearbeit den Klientinnen und Klienten Wege aufzeigen, sich mit den Wechselwirkungen zwischen der eigenen Lebensgeschichte und der Familiengeschichte im Kontext der Zeitgeschichte auseinanderzusetzen. Im systemischen Verständnis ermöglicht die biografische Arbeit eine Wirklichkeitskonstruktion von Vergangenheit und Gegenwart, die ein biografisches Ressourcenfundament entstehen lässt. Dies geschieht zumeist durch eine sogenannte Rekonstruktion hinderlicher Wirklichkeitskonstruktionen und deren Umwandlung in lösungsdienliche Perspektiverweiterung (von Schlippe u. Schweitzer, 2003). Wird dieses Vorgehen mit weiteren systemischen Interventionen, wie sie beispielsweise die Arbeit mit Ritualen bietet, ergänzt, lassen sich sehr passfähige und zieldienliche Beratungs-/Therapieprozesse anregen (Stoltze, 2018).

Ein Ausflug in die Geschichte der Handmetapher

In der menschlichen Evolution lernte die durch den aufrechten Gang »befreite« Hand, als unspezifisches Universalorgan *Hand*lungen auszuführen und Werkzeuge zu gebrauchen (Peez u. Schacht, 1999). Als Kommunikationsmittel spielte der Austausch von Handgesten sowohl für Möglichkeiten der Verständigung als auch zur Bezugnahme auf Dinge in der Außenwelt eine entscheidende Rolle bei der Entwicklung von Sprache und sozialen Strukturen. In unserer modernen Welt hat trotz aller wissenschaftlich-technischer Entwicklungen kaum ein anderer Begriff ein solch breites Bedeutungsspektrum erhalten wie der Begriff »Hand«. Die Assoziationen erstrecken sich in körperlich-anatomische, sinnliche, künstlerisch-ästhetische, religiöse, soziale, wirtschaftliche, politische und viele andere Bereiche des menschlichen Lebens.

Hände können zeigen, greifen, tasten, fühlen, halten, füttern. Wir essen, grüßen, geben, nehmen, beten, schwören, schreiben, zählen mit ihnen. Blinde lesen mit den Händen, Stumme sprechen mit den Händen. Mit Händen kann man Klavier spielen oder eine Waffe abfeuern, Menschen führen, Kunstwerke schaffen und Dinge zerstören. Wir han(d)tieren mit Erinnerungen, handeln im gegenseitigen Einverständnis oder sprechen hinter vorgehaltener Hand. Wir händeln unseren Alltag in unserer individuellen Weise und wir nehmen etwas in die Hand, um es voranzubringen. Wir handhaben Regeln oder halten uns an Handreichungen. Könige regierten mit harter Hand, manche Staatsoberhäupter stehen für eine Politik der ruhigen Hand. Ein Händedruck stellt eine besondere Art des Ausdrucks von Vertrauen und Verbindlichkeit dar. Der Ring an der Hand bezeugt die Verbindung zweier Liebender für die Außenwelt; wir halten die Hände über etwas oder jemanden, das oder der uns wertvoll ist.

Auch Handabdrücke haben offenbar schon immer ihren Platz im Leben der Menschen. Schon für unsere frühen Vorfahren schienen Handabdrücke eine Art künstlerische, zumindest kommunikative Ausdrucksmöglichkeit zu sein, auch wenn uns deren Symbolik immer noch Rätsel aufgibt. Die Handnegative in der Höhle El Castillo in Nordspanien gelten als die ältesten Zeugnisse von früher Kunst. Sie sollen mindestens 40.000 Jahre alt sein.

Piktogramme mit Händen ermöglichen die Verständigung über Sprachgrenzen hinweg, Eltern künden mit dem Handabdruck ihres Neugeborenen von dessen willkommener Ankunft im Leben, Künstler hinterlassen auf dem Hollywood Walk of Fame ihren Handabdruck, um sich ihrer eigenen Bedeutung zu versichern. Graffitis von Hand an Häuserwände gesprüht stehen für eine Art Marker: »Hier bin ich gewesen.«

Die Vielfalt der Sprachbilder zum Thema »Hand« – insbesondere auf der Ebene der zwischenmenschlichen Kommunikation und Beziehungsgestaltung –, ihre große Verbreitung und allgemeine Verständlichkeit machen die Nutzung von »Händen« als Methode in der systemischen Familienarbeit so attraktiv. Die Assoziation von Hand und Familiensystem liegt dabei sehr nahe und bietet über die biografische Arbeit hinausgehend im oben beschriebenen Sinne viele Möglichkeiten, wie im Weiteren gezeigt werden soll.

Symbolisches Arbeiten mit Händen: Berührende Bedeutungsvielfalt in der systemischen Beratungspraxis

Die therapeutische Nutzung der menschlichen Hand als Methode kann übersichtlich in einer Abbildung visualisiert werden (siehe Abbildung 1). Die Basis bildet die vielfältige symbolische Bedeutungsgebung, wie oben dargestellt. Diese scheint dem Menschen eigen und leicht zugänglich. Die nächste Stufe ist der Handabdruck als Instrument des gemeinsamen Arbeitens im Sinne eines angeleiteten Perspektivwechsels. Seiner ursprünglichen Schlichtheit kann so durch familienorientierte Schwerpunkte (z. B. Genogramm und Biografiegeschichten) mit sowohl problem- als auch lösungsbezogenen Beschreibungen ein individueller Bedeutungsrahmen gegeben werden. Für einzelne Familienmitglieder könnte somit das Sichtbarmachen ihrer individuellen Kompetenzen für eine aktuelle Herausforderung im Vordergrund stehen. Ebenso könnte es bedeutsam sein, die Familie in ihrem Zusammenhalt als Einheit zu aktivieren.

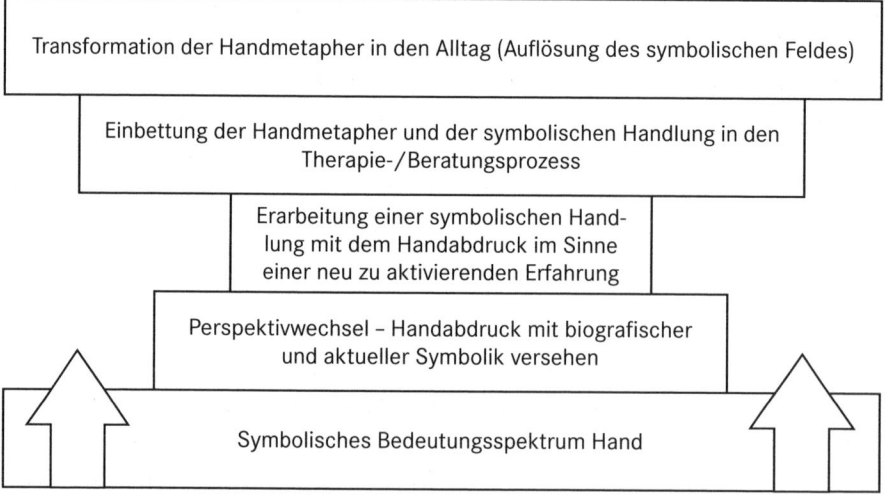

Abbildung 1: Darstellung zum Prozessablauf einer Entwicklung und Nutzung der Handmetapher als Intervention

Schon durch das möglichst gegenseitige Anmalen der Hände mit Farben und Pinsel zur Vorbereitung des Händeabdrucks können emotionale Prozesse angeregt werden, was bereits eine erste inhaltsreiche Intervention darstellen kann, im Sinne von (wieder) mehr in den Kontakt kommen. Für die Familienmitglieder wird durch das Auftragen der Farbe ein direkter körperlicher Kontakt ermöglicht, der eventuell eine schon länger vermisste Vertrautheit, z. B. in Zeiten von Problemen in der Familie, wieder aktivieren kann. Durch das Auftragen der Farbe mit einem Pinsel oder Schwamm kann jedes Familienmitglied die Intensität der Berührungen individuell bestimmen, beispielsweise durch Berührung nur mit dem Pinsel, eventuell Berührung oder leichtes Halten der Hand, unterschiedliche räumliche Nähe zwischen den beteiligten Familienmitgliedern.

In der nächsten Stufe wird die symbolische Handlung gemeinsam vorbereitet und durchgeführt. Sie wird im Sinne des Anleitens für eine neu zu aktivierende Erfahrung ermöglicht. Im symbolischen Handeln gilt es also, die wahrgenommenen Probleme im Sinne der Erarbeitung von Lösungsideen wieder in die Selbstwirksamkeit zu bringen. Damit wird auch eine Einbettung in den Gesamt-Therapieprozess denkbar. Möglicherweise bietet sich die Weiterentwicklung des Prozesses im Sinne einer Ritualkonstruktion an (Stoltze, 2018).

Die prozessbegleitende systemische Arbeit kann durch konstruktive Fragen ergänzt werden, beispielsweise:
- Wodurch bleiben Familientraditionen in fester Hand?
- Welche Erfahrungen der letzten Jahre gibt es, bei der jeder Einzelne dazu beigetragen hat, dass die Familie zusammenhält?
- Was sind Ihre besten Erfahrungen, wie jemand, der nicht zur Familie gehört, Ihnen die Hand gereicht hat?
- Welche Ihrer Fähigkeiten ist auch in schwierigen Situationen für die Familie haltgebend?
- Welche Fähigkeit aus der Familie, die in diesem Jahr zur Bewältigung einer schwierigen Situation eingesetzt war, hat Sie besonders berührt?
- Wie wird auch in Zukunft jeder Einzelne für erfolgreiche Familienprojekte mit seinem Handeln beitragen?
- Welches sogenannte Familienprojekt wollen Sie in naher Zukunft in die Hand nehmen? Wer übernimmt dafür welche Aufgaben? Beschriften Sie dafür symbolisch die einzelnen Finger/Daumen Ihrer Hand!

Wichtig ist, dass abschließend die Metapher in den Alltag bzw. das Alltagserleben transferiert wird. (Wofür steht die Metapher? Wozu dient uns dieses Handeln?) Hierfür eignen sich Fotos, die die Symbolkraft aufnehmen, oder auch weiterführende Anregungen zur Beobachtung, wo lösungsdienliches Verhalten, lösungsdienliche Kompetenzen ihren Platz finden.

Symbolisches Arbeiten mit Händen: Alles spricht für Einsatzvielfalt

Die Methode erweist sich für alle Anliegen besonders gut, bei denen Personen im wörtlichen Sinne in *Berührung* gebracht werden sollen. Dies kann eine Berührung miteinander sein, mit ihren Stärken, mit ihren emotionalen und biografischen Kraftquellen, ihren aktuellen Unterstützern oder ihren Lebenszielen. Es ist eine Methode, die viel Nähe schafft, aber auch aushält, und daher vor allem für Familien mit Kindern geeignet ist. Sie befördert mehr emotionale Zugangsmöglichkeiten zur eigenen Familiengeschichte, als es z. B. die eigentliche Genogrammarbeit vermag. Basierend auf der vielfältigen Handsymbolik kann sie insbesondere Familienbeziehungen darstellen und so ein gemeinsames Arbeiten über die Kräfte, die in Familien verbindend wirken, ermöglichen: Wo kommen sie her? Wie kann man sie möglicherweise wieder in erlebbare Wirksamkeit bringen? Was haben wir als Familie oder was habe ich alles »schon gut im Griff«?

Die weiterentwickelte Handmetapher fokussiert auf die bereits vorhandenen/bewährten Kompetenzen, die jeder für die Lösung einer schwierigen Familiensituation einbringen kann. Hier lassen sich auch sehr gut Zuordnungen einzelner Finger nutzen, um die vorhandenen Fähigkeiten ins Blickfeld zu rücken. So wird Schritt für Schritt das Ressourcenfundament als Voraussetzung für die Hinwendung zu schwierigen oder schmerzvollen Familienthemen erweitert.

Ganz interessant: Ein spezielles Evaluationsverfahren, das in pädagogischen Kontexten mit Schülergruppen angewendet wird, nutzt Umrisszeichnungen der Hände und gibt jedem Finger eine bestimmte symbolische, schulbezogene Bedeutung. So kann ein Daumen für das stehen, was an Fähigkeiten, bezogen auf Schule, positiv ist (Daumen zeigt hoch). Mit dem Zeigefinger kann auf konkrete Veränderungen hingewiesen werden. Für den Mittelfinger kann gelten, dass er ein Missfallen ausdrückt. An den Ringfinger können emotionale Bewegungen geknüpft werden. Mit dem kleinen Finger ist es möglich, sich bei einem Thema sozusagen einzuhaken bzw. dranzubleiben (Peez u. Schacht, 1999).

Der Abschluss des Einsatzes der Methode sollte erfahrungsgemäß handlungsbezogen visualisiert werden (z. B. durch ein Foto). Damit ist ein hohes Maß an Transformation in den Alltag gewährleistet.

Hände(ln) ohne Risiken? Wie achtsames Vorgehen Nebenwirkungen vermeidet

Für die praktische Umsetzung einer Methode stellt sich stets die Frage nach der Handhabbarkeit und den notwenigen Vorbereitungen. Unzweckmäßig scheint die Methode für größere Arbeitssysteme oder Arbeitsteams zu sein, da durch das Anstreichen der Hände Berührungen entstehen, die auch eine zu große Nähe darstellen könnten. Im familiären Kontext ist die Aktivierung dieser Nähe wiederum meistens erwünscht. Der Vorteil des Einsatzes der Händesymbolik ist, dass es kaum sprachliche, kulturelle, ökonomische, kognitive oder altersbezogene Hindernisse gibt. Mit dem Symbol »Hand« verbinden wohl die meisten Kulturen die Assoziationen, wie sie weiter oben beschrieben wurden, ohne dass sie umfangreich erklärt werden müssen. Sowohl sehr junge Kinder als auch Kinder und Jugendliche mit kognitiven Einschränkungen verfügen nach unserer langjährigen Beratungserfahrung über Möglichkeiten, sich für Interventionen die notwenigen Bedeutungen einer Hand zu erschließen.

Trotzdem ist es für die systemischen Beratungsziele notwendig, zur metaphorischen Bedeutung eine sprachliche Einführung der Symbolik zu geben. Insbesondere sollte die Bedeutung des Symbols Hand mit dem damit verbundenen Ziel der Methode unbedingt erläutert und zur besseren Verdeutlichung festgehalten werden, z. B. in Form von Sätzen oder Überschriften. Beispiele dafür sind: »Wir gehören zusammen«, »Gemeinsam sind wir stark«, »Wir halten (uns) zusammen«, »Wir tragen uns gemeinsam durch diese Zeit«, »Wir geben uns Halt«.

Da der Einsatz der Hände fast immer eine handlungsorientierte Methode darstellt, ist sie besonders in der Arbeit mit Kindern und Familiensystemen geeignet. Jedes Familienmitglied kann beteiligt werden. Die notwendigen Arbeitsmaterialien beschränken sich auf Farben, Pinsel, möglichst in unterschiedlichen Größen, sowie größere Papierbögen.

Selbstverständlich ist die Grundbereitschaft, Berührungen zuzulassen, auch bei Familiensystemen unabdingbar. Aus der eigenen Beratungstätigkeit ist bekannt, dass der körperliche Kontakt von Eltern zu ihren Kindern für manche nicht oder kaum alltäglich ist. Dies erfordert einerseits ein hohes Verständnis und Einfühlungsvermögen seitens der Beratenden, anderseits auch eine gewisse Vertrautheit der Klienten hinsichtlich solcher Berührungen.

Grundsätzlich ist der Einsatz schwierig, wenn gewalttätiges Verhalten in irgendeiner Form zwischen den Familienmitgliedern stattgefunden hat, z. B. in Form von Schlägen mit der Hand. Auch wenn das Erleben von Gewalt außerhalb der Familie erfolgte, bedarf es vom Berater oder von der Beraterin ein besonderes Maß an Einfühlungsvermögen und Kompetenz, um das Symbol Hand konstruktiv einzuführen. Auf jeden Fall sollte in der Vorbereitung der Methode abgeklärt werden, welche individuellen Implikationen die Handmetapher hat.

Familien in »Handarbeit« – Beispiele aus der Praxis

»In diesen Zeiten halten wir zusammen«

Zwei Halbgeschwister (ein Junge, Finn, neun Jahre, und ein Mädchen, Leonie, fünf Jahre; Klientennamen geändert) wurden von der leiblichen Mutter beider Kinder und dem Vater des Mädchens vorgestellt. Bei beiden Kindern bestand der Verdacht des sexuellen Missbrauchs durch den Großvater väterlicherseits von Leonie. Eine Anzeige gegen den Großvater war bei der Polizei durch die Eltern erstattet worden. Familienanamnestisch ist anzumerken, dass jedes Elternteil der Kinder wieder in neuer Partnerschaft lebte, d. h. dass sich insgesamt drei Paare auch offiziell für die Kinder verantwortlich zeigten. Leonie lebte im sogenannten Wechselmodell eine Woche bei ihrer Mutter mit neuem Partner und dem neunjährigen Halbbruder Finn und in der anderen Woche beim Vater mit der neuen Partnerin und einer neugeborenen Halbschwester. Leonie und Finn hatten vor allem an den Wochenenden Kontakt zu den Großeltern väterlicherseits, da beide Kinder gemeinsam diese Zeiten dort verbrachten. Vor der Trennung von Leonies Eltern wohnte die Familie gemeinsam mit Finn im Haus der Großeltern.

Finn hatte Umgang mit seinem Vater und dessen neuer Partnerin 14-täglich am Wochenende. Alle Eltern wünschten nun Beratung und eventuelle therapeutische Begleitung für beide Kinder, um das Geschehene besser verarbeiten zu können.

Zu Beginn der Beratung wurden die Eltern von Leonie und Finn als wenig aktiv in der direkten Ansprache der Kinder zur vermuteten psychischen Belastung und vor allem zum seelischen Wohlbefinden wahrgenommen. Die Familienmitglieder glaubten, es gehe den Kindern eigentlich ganz gut und sie hätten die sexuellen Übergriffe gut verkraftet, da weder Leonie noch Finn aus ihrer Sicht besonderes, d. h. anderes Verhalten als sonst zeigten. Nach der Vorstellung der Kinder wurde schnell deutlich, dass sich beide hoch belastet fühlten. Dies äußerte sich dadurch, dass Finn und Leonie im Interview angaben, Erinnerungen an die Tat zu haben sowie Ängste vor Wiederholung und Durchschlafstörungen. Die Erwachsenen zeigten sich tief betroffen über diese Aussagen ihrer Kinder. Die beiden Geschwister hätten ihre Eltern nie in der Nacht geweckt. Mit den Eltern konnte daraufhin besprochen werden, dass es für eine gesunde Entwicklung unabdingbar ist, dass sie sich als

»mutige und starke« Eltern der Kinder zeigen, denen es zuzumuten ist, dass sich die Kinder in seelisch schwierigen Situationen befinden.

Ein erstes Ziel der anfänglichen Beratung war somit die Entwicklung von Elternkompetenz, und hier aller beteiligten elterlichen Patchworksysteme. Für das Verdeutlichen der elterlichen Verantwortungsgemeinschaft dieses großen Patchworksystems wurde eine handlungsorientierte Methode vorgeschlagen. Als Symbol dafür wurde die Hand eingeführt, als Metapher des Haltens, des Zusammengehörigkeitsgefühls und des gemeinsam ausgerichteten Handelns im Sinne von Schutz und Stärkung. Bei der praktischen Umsetzung der Methode waren alle drei Erwachsenenpaare sowie Finn und Leonie anwesend. Im Sinne der Neutralisation für eine eventuell schwierige Verknüpfung mit Händen bei sexuellen Übergriffen oder Gewalttätigkeit haben wir auf die Symbolik des gemeinsamen Haltens – »wir schaffen das Hand in Hand« – fokussiert, nicht auf die Symbolik des Berührens. Dies ist als Intervention zu verstehen.

Zuerst konnte sich im gemeinsamen Gespräch jeder eine Lieblingsfarbe aussuchen. Im nächsten Schritt trugen sich alle gegenseitig ihre Lieblingsfarbe auf die Hände auf. Durch das Zulassen der Berührung der Hände wurden verschiedene Sinneswahrnehmungen angesprochen und es entstand eine besondere Nähe und Verbundenheit zwischen allen Beteiligten. Gleichzeitig war eine aufgeschlossene, herzliche Atmosphäre spürbar. Anschließend wurden alle Hände gemeinsam auf ein großes Blatt Papier gedruckt. Danach konnte durch alle ausgedrückt werden, dass dieses Bild der Bedeutung entsprach »In diesen Zeiten halten wir zusammen«. Den Erwachsenen wurde anschließend zusätzlich vorgeschlagen, zu überlegen, inwieweit der Satz »Wir als Erwachsene, alle, sind für euch da« wichtig wäre. Erst nach einer gemeinsamen Erwägung wurde das den Kindern eröffnet und an Leonie und Finn gerichtet gesagt: »Wir *alle* sind für euch da.« Beide Sätze wurden auf das Blatt geschrieben. Um die erarbeitete Bedeutung »In diesen Zeiten halten wir zusammen« auch in den Alltag zu transferieren, wurde sowohl ein Foto der Händeabdrücke als auch ein Familienfoto angefertigt und jedem für zu Hause mitgegeben.

Durch die Aktivierung eines neuen gemeinsamen Handelns und die Schaffung einer ressourcenstärkenden Familienidentität konnte den Kindern symbolisch und im Alltagsleben verdeutlicht werden, dass jeder dieses Patchworksystems hinter den Kindern steht, sie unterstützt und dass keiner ausgeschlossen ist oder die Last des sexuellen Missbrauchs allein tragen muss. Die Stärkung der Selbstwirksamkeit der Kinder gelang somit über ein Sichtbar-, aber auch Erlebbarmachen von Resilienzfaktoren beider Kinder (z. B. ein Sprechen ist möglich). Gleichzeitig gelang es, Schwierigkeiten mit dem »Unaussprechbaren« bewusster zu machen. Dieser Aspekt setzte dann im späteren Verlauf einen kinderpsychotherapeutischen Schwerpunkt.

Auch für die Erwachsenen hatte die Umsetzung der Metapher der Hand eine starke selbstwirksamkeitsaktivierende Bedeutung. Vor allem Leonies und Finns Mutter, die das größte Bindeglied zwischen den verschiedenen Systemen und für beide Kinder sorgeberechtigt war, hatte sich vorher psychisch hoch belastet empfunden. Zudem gab sie große Schwierigkeiten an, den Kindern emotional zur Verfügung zu stehen. Somit konnte die Aktivierung des Gemeinschaftsgefühls und des Zusammenhalts auch für sie als besonders lohnenswert erlebt werden (vgl. Abbildung 2).

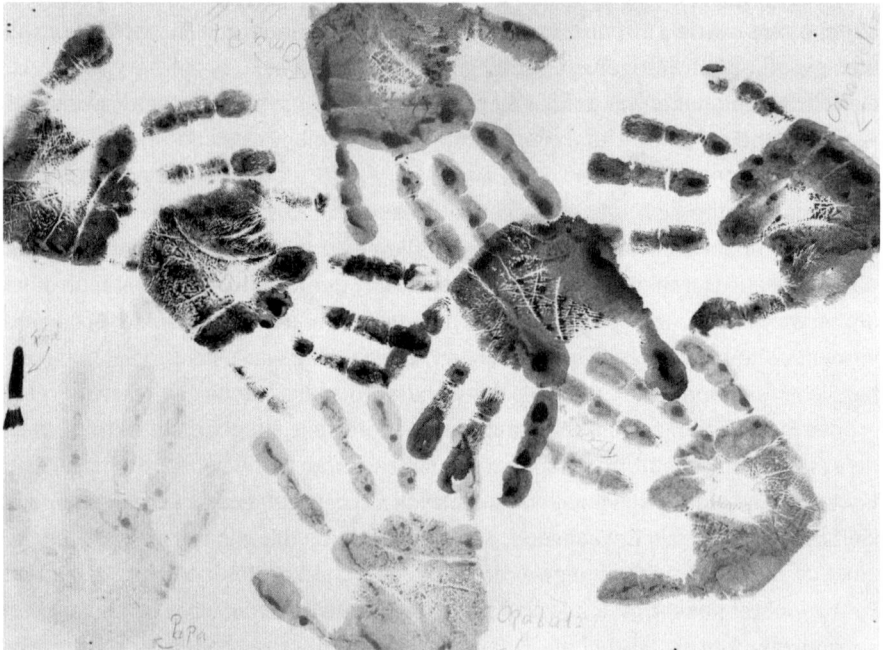

Abbildung 2: Systembezug Handabdrücke, hier transgenerational

Was ich schon gut »im Griff habe«

Nach sexuell auffälligem Verhalten zweier Brüder (Ben, elf, und Lukas, 13 Jahre alt; Klientennamen geändert), die mit zwei weiteren Geschwistern (Lilli, zehn Jahre, und Oskar, acht Jahre alt) gemeinsam mit den leiblichen Eltern in einer Dreizimmerwohnung lebten, arbeiteten wir mit den Jungen bezüglich der sexuellen Selbstbestimmung, zu Grenzverletzungen, Grenzsetzungen, Geheimnissen. Zum Abschluss des Beratungsprozesses wählten wir eine Methode mit der Handmetapher aus, um das Erlernte noch einmal sichtbar und »handhabbar« darzustellen.

Ziel der Methode war es hier, zum Abschluss bereits erworbene Kompetenzen bezüglich der sexuellen Selbstbestimmung, des Selbstwirksamkeitserlebens und speziell des Perspektivwechsels noch einmal für die beiden Brüder zu verdeutlichen. Zudem war angestrebt, dass das Erleben von Verantwortungsbewusstsein für sich selbst, aber auch für den kleineren Bruder Oskar im Sinne des systemischen Familienbezugs gestärkt wurde.

Dafür wurde die Handmetapher mit der Methode des Handabdrucks auf ein Blatt Papier genutzt. Unter dem Thema »Was ich schon gut im Griff habe« wurden Ben und Lukas angeregt, jeden Finger mit einer anderen Farbe anzumalen, den Handabdruck auf das Papier zu bringen und jedem einzelnen Finger eine ihrer nun aktivierten Fähigkeiten zuzuordnen. Durch die Farbigkeit sollte die Unterschiedlichkeit und Vielfalt der eigenen Stärken besser sichtbar werden. Lukas setzte dies so um; Ben blieb bei einer Farbe. Dem Zeigefinger (in der Bedeutung: Achtung – worauf ich jetzt achten kann) wurde beispielsweise die Fähigkeit »anders mit Geheimnissen umgehen«, dem Daumen (in der Bedeutung: Daumen hoch – gelingt prima) »Kompromisse bei Schwierigkeiten finden« und dem Ringfinger (im Sinne von Verbundenheit – wer mir wichtig für Beziehung ist) »Ich sehe nicht nur mich, sondern auch meine Brüder« zugeordnet. Die Fähigkeiten wurden im gemeinsamen Gespräch erarbeitet. Zusätzlich gab es einen zirkulären Austausch zwischen Lukas und Ben mithilfe der Frage: »Was denkst du, welche gute Eigenschaft verbindet dein Bruder mit dem Zeigefinger?«. Im Anschluss wurde sofort jeder einzelne Finger entsprechend beschrieben, damit die Kompetenzen festgehalten und auch verinnerlicht werden konnten. Ein Foto von jedem Handabdruck wurde den Jungen mit nach Hause gegeben, um die persönlichen Stärken und neu erlernten Möglichkeiten des Handelns im Alltag präsent zu haben.

Diese handlungsorientierte Methode war geeignet, um in relativ kurzer Zeit mit wenigen Worten und Farben zu symbolisieren, welche nun vorhandenen Kompetenzen die Jungen aus dem Beratungsprozess in den folgenden Lebensabschnitt übertragen können. Lukas und Ben gelang es sehr gut, ihr Ressourcenfundament auch mit dem Blick auf die durchaus beschwerte Vergangenheit darzustellen. Durch die Handlungsorientiertheit war es wiederum möglich, dass die mit unterschiedlichen kognitiven Fähigkeiten ausgestatteten Brüder beide von dem Prozess profitieren und ihre Erkenntnisse besser in den Alltag übertragen konnten.

Literatur

Heinemann, P. (2014). Das Geheimnis der weißen Hände. www.welt.de/wissenschaft/article 133442959/Das-Geheimnis-der-weissen-Haende.html (20.1.2018).

Peez, G., Schacht, M. (1999). Die Zwischenräume begreifen. Ästhetische Zugänge zu unserem elementaren Wahrnehmungs- und Erkenntnisorgan Hand. PÄD Forum, 3 (6), 249–255.

Reich, K. (Hrsg.) (2008). Methodenpool. http://methodenpool.uni-koeln.de/impressum.html (20.1.2018).

Schlippe, A. v., Schweitzer, J. (2003). Lehrbuch der systemischen Therapie und Beratung (10. Aufl.). Göttingen: Vandenhoeck & Ruprecht.

Stoltze, K. (2018). Arbeit mit Ritualen. In K. von Sydow, U. Borst (Hrsg.), Systemische Therapie in der Praxis. Weinheim: Beltz.

Martina Furlan

Papaland – Mamaland:
Eine Reise zwischen zwei Welten

STECKBRIEF: Papaland – Mamaland

WAS: Kreative Methode zur Visualisierung und Bearbeitung der Kinderperspektive in Trennungs- und Scheidungssituationen.

WIE: Geeignet für Kinder im Alter von ca. 5–10 Jahren, in der Kindertherapie im Einzelsetting, je nach Konstellation auch im Familiensetting in Anwesenheit der Eltern.

MATERIAL: Auf ausreichend Platz im Raum sollte geachtet werden; vielfältige Materialien wie Seile, Figuren, Symbole, Klötze, Stifte, Muscheln können genutzt werden, der Fantasie sind keine Grenzen gesetzt. Ich verwende gern Seile, weil sie sich so gut zur Gestaltung von Räumen und Grenzen eignen.

ZEIT: Mindestens 30 Minuten, die Übung kann auf mehrere Sitzungen aufgeteilt werden.

WAS ZEICHNET DIE METHODE AUS:

Mit der Reise ins »Papaland« und »Mamaland« können Kinder alle Aspekte ihres Erlebens der Trennungssituation explorieren. Durch Visualisierung des kindlichen Erlebens und der kindlichen Bedürfnisse können Eltern einen Einblick in die Welt ihres Kindes erhalten und sich davon berühren lassen.

Hintergrund

Die Trennung von Eltern ist in der Regel damit verbunden, dass aus einem gemeinsamen Zuhause zwei getrennte Haushalte werden. In beiden sollen die Kinder ihren Platz haben, sich wohl und »zu Hause« fühlen, unabhängig davon, ob sie dort ihren Lebensmittelpunkt haben oder »nur« Wochenenden verbringen. Für das Kind sind diese Veränderungen mit erheblichen Anpassungsleistungen verbunden. Sie erleben unterschiedliche Welten, eben ein »Papaland« und ein »Mamaland«: mit unterschiedlichen Regeln, Grenzen und Alltagsgewohnheiten. Angefangen vom Abendritual über den Medienkonsum bis zu den Mahlzeiten sind die Unterschiede oft erheblich. Hinzu kommen häufig Patchworkkonstellationen, die das gesamte Beziehungsgefüge noch einmal verändern. Und auch der »emotionale Haushalt« unterscheidet sich oft gravierend: In der Nachtrennungsphase ist die Gefühlslage der getrennten Partner selten identisch. Während ein Partner zum Beispiel noch in der Trauer und Wut über das Scheitern der Beziehung feststeckt, hat sich der andere möglicherweise schon neu orientiert, genießt das Alleinleben oder ist bereits eine neue Beziehung eingegangen. Das »emotionale Klima« klafft dann weit auseinander und verlangt von den Kindern auch auf dieser Ebene Anpassung. Je konflikthafter die Beziehung zwischen den Eltern – noch – ist, desto weniger gelingt es in der Praxis, sich auf gemeinsame Absprachen zu besinnen und zu einigen. Die Lebenswelten sind dann oft wenig verbunden, und es bleibt den Kindern überlassen, die Übergänge dazwischen zu gestalten und die Unterschiede zu integrieren. Dass Kinder sich in so herausfordernden Situationen gelegentlich »auffällig«, »belastet« oder »schwierig« verhalten, scheint dann doch eher »normal« zu sein, eher mag es erstaunen, wie gut das vielfach gelingt!

Neben den unvermeidlichen schmerzhaften und traurigen Aspekten erleben die Kinder aber auch positive Aspekte: Vielleicht entspannt sich die durch den Elternstreit anspannte Stimmung, vielleicht entsteht Vorfreude auf das neue Bett oder das neue Zimmer, das ein Elternteil mit dem Kind einrichtet, vielleicht genießt das Kind ungeteilte Zeit mit Mutter oder Vater. Auch diese positiven, entwicklungsorientierten Gefühle können und dürfen da sein. Als Beratende sollten wir zumindest neugierig sein, uns auch in dieser Hinsicht auf die Suche zu begeben.

Mit der Reise ins »Papaland« und »Mamaland« können die Kinder alle Aspekte ihres Erlebens explorieren – als Beraterin oder Berater begleiten wir sie auf der Reise in ihre innere Welt und unterstützen sie dabei, ihr Erleben zu beschreiben und zu verdeutlichen, was sie von ihren Eltern in dieser Lebensphase an Unterstützung und Begleitung brauchen. Wenn Eltern bereit sind, die

Perspektive ihrer Kinder anzuschauen, bietet die Visualisierung des kindlichen Erlebens und der kindlichen Bedürfnisse einen Einblick in die Welt des Kindes, von der sich Eltern berühren lassen, auch wenn sie (noch) sehr in das eigene Erleben verwickelt sind.

Einsatz

Die Übung eignet sich insbesondere für Kinder im Alter von fünf bis zehn Jahren, um deren Bedürfnisse, Wünsche und Befürchtungen zu verstehen und in Kommunikation mit den Eltern zu bringen. Es bietet sich an, im Einzelsetting mit dem Kind zu arbeiten und die Ergebnisse mit den Eltern rückzukoppeln. Dies kann durch Fotos oder Videosequenzen, aber auch durch Einbeziehen der Eltern am Ende einer Beratungsstunde passieren. Selbstverständlich muss mit dem Kind vorab klar vereinbart werden, welche Informationen an die Eltern weitergegeben werden. Alternativ ist es auch möglich, mit dem Kind im Beisein der Eltern oder eines Elternteils zu arbeiten. Das setzt voraus, dass die Eltern in der Lage sind, an dem Prozess teilzunehmen, ohne einzugreifen oder im Anschluss das Kind unter Druck zu setzen – was in der Regel nicht mit Vorsatz passiert. Es setzt bei den Erwachsenen eine emotionale Stabilität voraus, die es erlaubt, die kindliche Perspektive in den Mittelpunkt zu stellen, ohne sich dadurch verletzt zu fühlen. Sobald das Kind spürt, dass es bestimmte Gefühle zurückhalten muss, weil Papa oder Mama sonst z. B. traurig wird, kann es sich nicht mehr frei ausdrücken. Wenn Umgangsfragen zwischen den Eltern strittig sind, ist die Anwesenheit der Eltern aus meiner Erfahrung eher hinderlich. Das Kind soll die Möglichkeit haben, sein Erleben auszudrücken und im Rahmen der Übung seine Lösungswünsche und -ideen darzustellen.

In der parallelen Elternarbeit kann das Ergebnis helfen, den Eltern die inneren Konflikte des Kindes zu verdeutlichen. Fast immer tauchen Aspekte auf, die für beide Eltern unerwartet und überraschend neu sind.

Ablauf

Zur weiteren Gestaltung stehen Materialien zur Verfügung: Figuren, Klötze, Steine, Muscheln, Knöpfe … der Fantasie sind keine Grenzen gesetzt. Die eingesetzten Materialien haben ausschließlich den Sinn, das Kind bei der Externalisierung seines emotionalen Erlebens zu unterstützen.

Einstimmung

Die Art der Einstimmung muss individuell sorgfältig überlegt werden und zur Situation und Sprache des Kindes passen. Es lohnt sich, vorab zu überlegen, welche Ideen Sie transportieren wollen. Sie könnte z. B. folgendermaßen beginnen:

> »Wenn Eltern sich trennen und in verschiedenen Wohnungen leben, sind die meisten Kinder ganz traurig und wünschen sich, es soll wieder so sein wie früher, als alle noch zusammen waren. Manche haben das Gefühl, dass sie zwischen Mama und Papa hin- und herreisen müssen wie zwischen ganz verschiedenen Ländern. Das kann ganz schön anstrengend sein! Und manchmal auch ganz spannend und aufregend! Wie ist das bei dir? Wie sehen dein Mamaland und dein Papaland aus?
> Manche Kinder fragen sich, ob sie schuld sind an der Trennung der Eltern: Wären Mama und Papa vielleicht zusammengeblieben, wenn ich in der Schule bessere Zensuren gehabt hätte? Oder wenn ich mein Zimmer immer aufgeräumt hätte? Neulich hat mir ein Kind erzählt, dass es sich darauf freut, ganz allein nur mit Papa oder nur mit Mama Zeit zu verbringen. Und ein Mädchen – die war ungefähr so alt wie du – hat gesagt, dass es ein gutes Gefühl ist, dass Mama und Papa nicht mehr streiten. Wie ist das bei dir, bist du auch zwischen den beiden Ländern auf der Reise?«

Erster Schritt

Nun wird das Kind eingeladen, mithilfe der vorhandenen Materialien sein Mama- oder Papaland zu gestalten. Das Kind entscheidet, mit welchem »Land« es beginnen möchte. Mit Seilen kann die Form gestaltet werden: Wie groß ist das Land? Wie sehen die Umrisse aus? Gibt es angrenzende Länder oder ist es von Meer oder Wüste umgeben? Welche Personen gehören in dieses Land? Womit beschäftigen sich die Bewohner dieses Landes? Was ist besonders schön hier? Und was sollte vielleicht anders sein?

Mit diesen und ähnlichen Anregungen wird das Kind bei der Gestaltung motiviert und dabei begleitet, seine aktuelle emotionale Situation bezogen auf dieses »Land« darzustellen. Figuren, Tiere, Karten, Symbole aller Art können einbezogen werden, um die Facetten des kindlichen Erlebens lebendig werden zu lassen.

Zweiter Schritt

Analog wird das Land des anderen Elternteils gestaltet. Dabei wird das Kind angeregt, zu überlegen, wie weit die Länder voneinander entfernt sind: Grenzen sie aneinander an? Oder sind sie durch Wasser oder Berge voneinander getrennt? Wie groß ist die Entfernung? Je nach Alter und Intensität der Arbeit kann es sinnvoll und nötig sein, diesen zweiten Schritt in die nächste Beratungsstunde zu legen.

Dritter Schritt

Nun geht es um die Verbindung zwischen Papaland und Mamaland: Gibt es eine Straße? Fahren dort Autos? Ein Bus? Oder gibt es nur einen Trampelpfad? Oder einen geheimen Weg durch den Dschungel? Ist es ein gefährlicher Weg? Oder gibt es unterwegs spannende Dinge zu entdecken? Wie kann man von einem zum anderen Land gelangen? Bist du allein unterwegs? Begleitet dich jemand? Und wie ist es, in dem anderen Land anzukommen? Gibt es jemanden, der dich begrüßt, wenn du ankommst? Was tust du als Erstes, wenn du angekommen bist?

Vierter Schritt

Und dann: Wie gestaltet sich die Rückreise? Wie kommt das Kind wieder im anderen Land an? Was muss passieren, damit das Kind möglichst gut zwischen den beiden Ländern »reisen« kann? Wer kann es dabei unterstützen?

Für das Kind, aber auch für die Auswertung mit den Eltern kann ein Foto unterstützend sein.

Es gibt eine Vielzahl möglicher Fragen, mit denen wir im besten Sinne neugierig erkunden, wie das Kind seine Lebenssituation wahrnimmt. Falls die Eltern anwesend sind, sollten sie vorab darauf vorbereitet werden, dass diese Darstellung kein Abbild der Realität ist, wie die Erwachsenen sie beschreiben würden: Übertreibungen und spielerische Veränderungen sind erlaubt und ermöglichen es, sich frei und ungefiltert auszudrücken. Gemeinsam mit den Eltern kann die Therapeutin Ideen entwickeln, welche Bedürfnisse und Wünsche das Kind ausdrückt und welchen Bezug die Eltern zu ihrer Wirklichkeit herstellen.

Auswertung

Mit allen Beteiligten wird die Übung ausgewertet, das Kind kann Fotos seiner Reise bekommen. Oft wird deutlich, was das Kind sich in der jeweiligen Situation von den Eltern wünscht: Wenn die Eltern dabei sind, bekommen sie »hautnah« einen Eindruck von den Bedürfnissen und Wünschen des Kindes;

wenn die Therapeutin allein mit dem Kind arbeitet, muss sie selbstverständlich klären, welche Botschaft in welcher Form an die Eltern transportiert werden soll – und welche Themen vielleicht auch vertraulich zu behandeln sind. Mit den Eltern wird – wenn möglich im gemeinsamen Elterngespräch – reflektiert, was überraschend, berührend und neu war. Sie erhalten über diese Externalisierung ein »Bild« von der Situation ihres Kindes. Welche Bedürfnisse ihres Kindes nehmen sie wahr? Was ist interessant aus der Darstellung des »eigenen« Landes, was im jeweils anderen Land? Welche Wünsche nach Veränderung erleben Vater und Mutter in der Darstellung ihres Kindes? Wären sie bereit, etwas beizutragen, um dem Kind das Reisen zwischen Mamaland und Papaland zu erleichtern? Häufig wird in dieser Phase für beide Eltern deutlich, wie anstrengend das Pendeln zwischen den Elternwelten für das Kind ist und wie viel Anpassung das erfordert. Wenn Kinder mit Bahn oder Flugzeug allein reisen, wird versucht, eine Reisebegleitung zu organisieren. Gibt es jemanden im Umfeld der Familie, der das übernehmen könnte, wenn die Eltern im Augenblick dazu nicht in der Lage sind? Und was würden die Elternteile vom jeweils anderen brauchen, um ihrem Kind selbst als Reisebegleiter Sicherheit und Orientierung zu geben?

Manche Kinder haben selbst eine Idee, welche konkrete Veränderung bei der nächsten Reise eine gute Unterstützung sein könnte. Andere sind in die elterlichen Konflikte so verstrickt, dass die Äußerung eigener Wünsche schon einen »Verrat« an einem Elternteil bedeutet. Dann muss die Therapeutin entscheiden, wie sie mit den Informationen umgeht und wie sie die Eltern für die Sichtweise des Kindes sensibilisieren und gewinnen kann.

In meiner Praxis zeigt sich, dass es häufig die größte Herausforderung für Kinder ist, den Weg zwischen Mamaland und Papaland zu bewältigen, nicht – wie von Eltern häufig vermutet – der Aufenthalt im anderen Land. Auch hier also scheint sich zu bewahrheiten: Der Weg ist das Ziel!

Alle Eltern wollen nicht nur gute, sondern sogar bestmögliche Eltern sein! Die Tatsache, dass im Trennungskonflikt dieser Wunsch vorübergehend aus dem Blick zu geraten scheint – zumindest erleben wir als Fachleute das dann so –, bedeutet nicht, dass er nicht existiert. Viele Eltern lassen sich anrühren, wenn das Erleben ihres Kindes so deutlich wird. Und können sich dann auf einen nächsten kleinen Schritt einlassen, der das Reisen zwischen Papaland und Mamaland ein bisschen leichter, entspannter und ungefährlicher macht.

Fallbeispiel

 Die Eltern von Ole (Klientenname geändert), fünf Jahre, haben sich vor zwei Jahren getrennt, vorausgegangen ist eine Phase heftiger Streitigkeiten zwischen den Partnern, die manchmal auch in körperliche Auseinandersetzungen gemündet ist. Ole lebt seit der Trennung bei der Mutter und besucht den Vater 14-täglich an den Wochenenden. Vor einem halben Jahr ist es bei einer Übergabe erneut zu einem Streit mit Handgreiflichkeiten zwischen den Eltern gekommen. Die Mutter hat daraufhin die Kontakte zum Vater unterbunden, um Ole zu schützen. Über das Familiengericht hat der Vater Kontakte eingefordert, und seit zwei Monaten besucht Ole den Vater wieder, allerdings ohne Übernachtungen. Die Mutter berichtet, dass Ole sich nach dem letzten Streit verändert habe: Er verhalte sich aggressiv ihr gegenüber, habe oft Wutanfälle und nässe ein. Auch der Kindergarten beklage sich, dass Ole neuerdings ständig in Konflikte mit anderen Kindern gerate und diese auch körperlich attackiere. Die Mutter stellt den Kontakt zur Beratungsstelle her, sie möchte Unterstützung im Umgang mit Oles Verhalten. Ihre Hypothese ist, dass Ole nach der erlebten Eskalation Angst vorm Vater hat und durch die Besuche immer wieder »getriggert« werde. Sie ist der Meinung, die Kontakte müssten ausgesetzt werden, und erhofft sich von der Beratung Unterstützung.

Der Vater nimmt ebenfalls einen Beratungstermin wahr, auch er macht sich Sorgen um seinen Sohn. Seiner Meinung nach leidet Ole darunter, dass die Kontakte zwischen Vater und Sohn so eingeschränkt worden seien. Ole sei ja daran gewöhnt, jedes zweite Wochenende bei ihm zu verbringen, und habe diese Zeit immer sehr genossen. Sie hätten dann viel unternommen, seien schwimmen gegangen oder auf den Spielplatz. In der Verwandtschaft gebe es mehrere Kinder in ähnlichem Alter, sodass Ole immer auch Gleichaltrige treffe. Der Konflikt vor einem halben Jahr habe ausschließlich seine Ex-Frau und ihn betroffen, er habe Ole das erklärt und auch versprochen, dass das nicht mehr vorkommen wird. Aus seiner Sicht gibt es keinen Grund, die Kontakte einzuschränken, und Ole zeige mit seinem Verhalten, dass er den Papa und die verwandtschaftlichen Kontakte vermisst. Der Vater hofft, dass seine Perspektive sich als »richtig« erweist und Ole wieder mehr Zeit bei ihm verbringt, wenn die Mutter ihren Irrtum einsieht. Beide können sich gemeinsame Elterngespräche vorstellen, wenn sie »nötig« seien, und versichern, alles dafür tun zu wollen, damit sich die Situation für Ole entspannt.

Ole ist ein neugieriger, aufgeschlossener Junge, der sich sofort sehr für die Materialien im Spielzimmer interessiert und sich schnell von der Mutter löst. Ich entscheide mich, zunächst mit Ole allein zu arbeiten. Ich sage ihm, dass seine Eltern zu mir kommen, weil sie sich nicht mehr so doll streiten wollen, und dass ich ihn, Ole, gerne auch kennenlernen möchte. Ole ist sofort bereit, sein Mamaland und sein Papaland zu gestalten. Er entscheidet sich, mit dem Papaland zu beginnen: »Da bin ich jetzt nicht mehr so oft, weil Mama das nicht will. Ich will aber mal wieder bei Papa schlafen.« Mit einem blauen Seil stellt er die Wohnung des Vaters dar, in der er kein eigenes Zimmer, aber ein Bett im Schlafzimmer des Vaters und eine Spielecke im Wohnzimmer hat. Im Papaland stehen Figuren für ihn selbst und den Vater. Direkt angrenzend gestaltet er einen weiteren Bereich und platziert hier Figuren für die Großeltern, Onkel, Tanten, zwei Cousins und eine Cousine, mit denen er häufig zusammen ist, wenn er seinen Vater besucht. Er stellt mir alle Figuren vor und erzählt begeistert, was sie gemeinsam unternehmen. Es ist offensichtlich, dass er sich dort wohl und integriert fühlt. Nach einer Weile bitte ich ihn, mir nun auch sein Mamaland zu zeigen und zu überlegen, wo er das aufbauen möchte. Ole überlegt eine Weile und baut dann in einer anderen Ecke des Spielzimmers die mütterliche Umgebung auf. Die sei weit vom Papa entfernt, »weil man mit dem Auto fahren muss«. Hier finden in dem mit einem roten Seil markierten Bereich seine eigene Figur und die der Mutter Platz. Bei Mama hat er ein eigenes Zimmer mit ganz viel Playmobil und Lego. Außerdem baut er mit einem kleinen Abstand mit einem weiteren Seil seine Kita auf und stellt viele kleine Püppchen hinein für die Kinder, die auch noch dort sind. Ein größeres Püppchen wählt er für seinen besten Freund Paul, mit dem er sich oft auch am Nachmittag und am Wochenende, wenn er bei Mama ist, trifft. Auch hier fühlt er sich wohl, berichtet davon, was er mit Mama unternimmt und wie der Alltag sich gestaltet.

Nun geht es um die Verbindung zwischen Mamaland und Papaland: Ole überlegt eine Weile, wie er den Weg gestalten will, und merkt an, dass es »ganz schön weit« sei. Schließlich legt er mit einem weiteren Seil einen verschlungenen Weg, mit vielen Kurven. Dann lässt er seine Figur auf dem Weg Richtung Papaland wandern, nachdem er sich von der Mamafigur verabschiedet hat. Die Mama schaut ihm hinterher und winkt, aber das Püppchen, das für Ole steht, macht sich ganz allein auf den Weg. Unterwegs bleibt er mehrfach stehen und überlegt, ob die Mama wohl traurig ist, wenn er weitergeht, oder vielleicht sogar wütend, weil sie nicht möchte, dass er zum Papa geht. Am Rande des Papalandes angekommen, lässt er die Papafigur heraustreten, die ihn stürmisch begrüßt und Vorschläge macht, was sie nun unternehmen wollen. Aus Oles Gestaltung gewinne ich den Eindruck, dass er – wie viele Kinder – mit beiden »Ländern« viele positive Affekte verbindet, er aber den Übergang allein gestalten muss und sich viele Gedanken macht, was seine Mutter darüber denkt, wenn er zum Vater geht. Dort angekommen scheint er diese Gedanken und Gefühle quasi an der Garderobe zurückzulassen und erst wieder aufzunehmen, wenn er sich auf den Rückweg macht, den er ebenfalls ohne Begleitung antritt. Im Spiel verabschiedet der Vater ihn mit vielen Ideen für den nächsten gemeinsamen Tag, während das Püppchen (Ole) sich damit beschäftigt, dass auf dem weiten Weg vielleicht gefährliche Tiere unterwegs sein könnten.

Die Auswertung findet in einem gemeinsamen Gespräch statt, in dem die Eltern Fotos von Oles Arbeit sehen und darüber nachdenken, welche Bedürfnisse der Sohn ausdrückt. Beide verstehen, dass Ole sich beim jeweils anderen Elternteil wohlfühlt und die Zeit genießt. Was offenbar schwierig für ihn ist, ist die Reise zwischen den Lebenswelten der Eltern. Hier braucht Ole seine Eltern als Begleiter und Unterstützer. In mehreren Terminen entwickeln die Eltern kleine Schritte, wie sie Ole mehr unterstützen können. Das gegenseitige Vertrauen ist dadurch noch nicht wiederhergestellt, aber kleine Veränderungen helfen, Ole seine Reise zu erleichtern.

Literatur

Largo, R. H., Czernin, M. (2015). Glückliche Scheidungskinder. Was Kinder nach der Trennung brauchen. München: Piper.
Nemetschek, P. (2006). Systemische Familientherapie mit Kindern, Jugendlichen und Eltern. Lebensfluss-Modelle und analoge Methoden. Stuttgart: Klett-Cotta.
Ochs, M., Orban, R. (2017). Familie geht auch anders. Wie Alleinerziehende, Scheidungskinder und Patchworkfamilien glücklich werden. Heidelberg: Carl-Auer.
Weber, M., Alberstötter, U., Schilling, H. (Hrsg.) (2013). Beratung von Hochkonflikt-Familien. Im Kontext des FamFG. Weinheim: Beltz Juventa.

Bettina Hattenbach
Raum-Seil-Methode

STECKBRIEF: Raum-Seil-Methode

WAS: Diese einfache Methode kann die Wahrnehmung und Empathie in Familiensystemen unterstützen.

WIE: Mit zwei oder mehreren Personen oder Familien möglich.

MATERIAL: Seile, Stifte, Papier, Foto und Material mit Symbolcharakter, z. B. Stein, Blume, Herz, Spielfigur, Batterie …

ZEIT: 60 Minuten und mehr, je nach Bearbeitungsmöglichkeit und Größe der Gruppe. Die Methode lädt zum Weiterarbeiten ein.

WAS ZEICHNET DIE METHODE AUS:

Die Raum-Seil-Methode ist eine einfache und leicht handhabbare Methode, mit der die Eigen- und Fremdwahrnehmung sowie Empathie entwickelt werden können. Sie öffnet das eigene Erlebensfeld und lässt durch die Körperlichkeit in der Übung einen nachhaltigen Erfahrungswert zu.

Vorbemerkungen

Als ich gefragt wurde, ob ich für dieses Buch einen Beitrag über das systemische Arbeiten mit meiner Lieblingsmethode in der Elternarbeit beisteuern würde, dachte ich an die Raum-Seil-Methode. Gerne berichte ich dazu von meiner vielschichtigen und mittlerweile über zwanzigjährigen Arbeit als Kinder- und Familientherapeutin mit unterschiedlichen kreativen systemischen Interventionen.

Um Familien in der Beratung oder Therapie auf eine Methode vorzubereiten, ist es naheliegend, den Gewinn, der durch eine Übung entsteht, zu besprechen: Was hat die Familie davon, wenn sie diese Übung macht? Gibt es einen Gewinn? Zu den Vorbereitungen kommt hinzu, dass Kinder in Therapiegesprächen mit dem Gesamtsystem oftmals als störend oder nicht teilnehmend wahrgenommen werden. Meine Erfahrungen in der Arbeit mit Kindern und Jugendlichen sowie meine Erfahrung als Mutter ließen mich sehr schnell zu kreativen Übungen greifen, um die Kinder angemessen zu beteiligen. Außerdem sprechen Kinder und Jugendliche nicht sehr gern über eigene Probleme oder die Probleme der Eltern. Je nach Alter und Entwicklungsstand können sie sich nicht genügend ausdrücken. Kinder und Jugendliche gerade an lösungsorientierten Gesprächen teilnehmen zu lassen und hierfür nicht nur die Sprache, sondern vielmehr kreatives Arbeiten aufzunehmen, kann gut gelingen. Zahlreiche Anregungen und Hintergründe hierzu bietet das Handbuch von Insoo Kim Berg und Therese Steiner (Steiner u. Berg, 2005), es kann in der Arbeit mit Kindern eine große Hilfe sein.

Meine Kreativität und meine Spielfreude sind ein großer Vorteil in dieser Arbeit. Gerade Eltern in Not und sehr gestresste Kinder wollen und können sich zunächst nicht auf Neues einlassen, weil die Not oder der Druck momentan zu groß sind. Hier gilt es einerseits, eine entspannte und akzeptierende Zeit für die Gesamtsituation und die Familie zu schaffen, andererseits aber durchaus anzukündigen, dass ich vielleicht in ein oder zwei Einheiten eine Übung vorbereiten möchte, von der ich glaube, sie könne für das System dienlich sein. Grundsätzlich erarbeite ich die Vorteile der Methode für die Familie mit dieser gemeinsam.

Ich halte es für ausgesprochen wichtig, genug Zeit für die Beschreibung der Methode und die Einführung zu haben, damit die Familie ein Gefühl für das Vorgehen erhält und sich auf »sicherem Boden« mit mir fühlt. In all den Jahren habe ich außerdem gelernt, dass ich Methoden, die ich nicht selbst als hilfreich erfahren habe oder die mir persönlich nicht liegen, nicht anwenden kann. Begeisterung, Motivation sowie Sicherheit würden mir fehlen. Fritz Simon und Gunthard Weber haben mit ihrem Buch »Vom Navigieren beim Driften« (Simon u. Weber, 2009) eine gute Grundlage für die Arbeit mit Familien geschaffen.

Die Raum-Seil-Methode: Meine Lieblingsmethode

Die Faszination hinsichtlich der vielfältigen Möglichkeiten des Gebrauchs von Seilen sowie meine Begeisterung für den Klettersport lassen mich gerne zu Seilen greifen. Die Idee, Seile für die Raummethode zu verwenden, stammt von Roland Weber, der in seinem Buch »Wenn die Liebe Hilfe braucht« mit Paaren die Kommunikation und die Lebensziele auf kreative Weise erarbeitet. Er schreibt: »Einfach sind Paarbeziehungen nicht. Aber in bestem Sinne auf- und anregend, wenn sich die Partner ein Beziehungsleben lang als Lernende begreifen« (Weber, 2007, S. 7).

Die Grundlagen für diese methodischen Vorgehensweisen kommen aus der systemischen Arbeit mit Paaren und Familien. Wir alle leben in Systemen, die aufeinander wirken und sich gegenseitig bedingen. Um dies zu erfassen, ist es wichtig, zu erkennen, welchen Einfluss das eigene Tun im Bezug zu anderen Menschen hat. Die Fragetechnik beruht auf den Grundlagen aus »Zirkuläres Fragen« von Fritz B. Simon und Christel Rech-Simon (2008). Für den Umgang mit den teilnehmenden Kindern möchte ich nochmals auf das »Handbuch Lösungsorientiertes Arbeiten mit Kindern« hinweisen (Steiner u. Berg, 2005).

Der lösungsorientierte Ansatz beginnt mit dem Aushandeln von Zielen. In dieser Zielfokussierung wird erarbeitet, welchen Zweck die Ziele verfolgen. Mit den Methoden von Albert Pesso aus der Körperorientierten Therapie (Pesso, 1999; Pesso u. Perquin, 2007) gelingt es, durch das Sammeln von verschiedenen Lebenswelten im Raum entwicklungsförderliche Alternativen zu erkennen. Das systemische Arbeiten und die Pesso-Therapie finde ich persönlich eine schöne Ergänzung und ein gutes Zusammenspiel.

Ziel der Raum-Seil-Methode ist es, die verschiedenen Systeme besser wahrzunehmen und zu erspüren, wie die Empfindungen aus den jeweils eigenen Lebenswelten zustande kommen. Diese Methode kann im Paar- wie im Gruppensetting eingesetzt werden. Durch eine gute Anleitung erarbeitet sich der Teilnehmer seine Lebenswelt, indem er sich Raum nimmt und diesen mit seinen gelebten Anteilen füllt. Das dazugehörige körperliche Arbeiten ermöglicht einen guten und nachhaltigen Umgang mit sich selbst. Gute Gefühle wie aber auch Veränderungswünsche können mitgenommen werden. Die Fokussierung liegt auf den Gegensätzlichkeiten des eigenen Erlebens und der Kommunikation mit dem Umfeld.

Die Methode ist leicht anzuwenden. Sie kann sowohl in einer Einheit eines Therapie- oder Beratungsprozesses als auch als Gruppenübung eingesetzt werden. Wenn der Gegenstand Seil allerdings z. B. durch einen Suizid oder Ähnliches negativ besetzt ist, sollte dieses Vorgehen nicht gewählt werden. Ebenfalls würde ich in Trennung lebende Paare dafür nicht gewinnen wollen. Bei dieser Zielgruppe würde ich andere Übungen mit dem Seil bevorzugen.

Geeignet ist die Übung für Familien, die wieder mehr Empathie füreinander bekommen und verstehen wollen, was den anderen gerade bewegt, sowie für Familien, die mehr ins Fühlen kommen wollen. Größere und kleine Kinder werden dem Alter entsprechend ebenfalls einbezogen.

Mögliche Zutaten

Man braucht Zeit, Lust und Raum, mehrere Seile in verschiedenen Farben sowie Playmobilfiguren und weitere symbolhafte Gegenstände. Falls ich diese nicht zur Hand habe, nehme ich Seile und kleine Zettel mit Stiften, die ich für alle Fälle immer auslege. Die Zettel werden dann mit Symbolen bemalt oder beschrieben und in den Seilkreis gelegt. Seile kaufe ich im Baumarkt in verschiedenen Farben und Längen. Bewusst wähle ich lange Seile. Man kann bestaunen, welchen Raum sich manchmal Menschen wählen, wenn sie dürfen. Alle Materialien sind in dem von mir gewählten Raum schön sichtbar vorbereitet, ich habe zuvor Platz für diese Übung geschaffen.

Vorgehen

Erster Schritt

Ich bitte die Eltern bzw. das Paar, sich mit dem selbst gewählten Seil einen Platz oder Raum in Form eines Ovals oder Kreises zu schaffen und diesen deutlich mit dem Seil zu kennzeichnen. Sie sollen sich so viel Raum nehmen, wie sie möchten, und dürfen deutlich machen, wie viel sie brauchen. Kinder zwischen einem und ca. vier Jahren lasse ich in der Zwischenzeit mit den anderen Materialien spielen. Hierbei ist oftmals gut zu beobachten, inwieweit die Mutter und der Vater das Kind spielen lassen und selbst für sich sorgen können, oder auch, wie die Rollenverteilung unter den Eltern sich darstellt. Organisierte Eltern legen oftmals nacheinander die Kreise, betreuen die kleinen Kinder wechselseitig und beobachten den anderen Partner.

Älteren Kindern biete ich an, analog zu den Eltern mitzuarbeiten. Schon an dieser Stelle aufkommende Fragen wie etwa: »Welche Farbe hat mein Seil?« oder »Kann ich ein gestreiftes Seil verwenden?« können Raum zum Dialog bieten: Bedeuten diese Überlegungen beispielsweise: »Ich benötige eher eine deutliche Grenze« oder »Ich möchte zwei Seile für unterschiedliche Personen legen«? Und schon sind wir mitten im Gespräch. Ist schließlich die Entscheidung für ein Seil gefallen, ist zu beobachten und zu hören, wie viel Raum ein jeder für sich eingenommen hat. Um hier ausreichend Wahlmöglichkeiten zu lassen, gehe ich bei Großfamilien oder Gruppen wenn möglich in eine Halle.

Es ist wichtig, dass man auf das momentane Gefühlsleben der beteiligten Personen achtet. Manche Menschen brauchen gerade viel Raum, andere wenig. Manch ein eingenommener Raum wirkt zunächst vielleicht übermächtig, ein anderer klein und winzig. Die Art und Weise der Raumeinnahme bleibt dabei jedoch ohne jegliche Bewertung.

Zweiter Schritt

Ich bitte die Familie, ihren Raum mit dem zu füllen, was sie ausmacht. Das sind beispielsweise Kinder, Freunde, Arbeit, Hobby, kleine gelebte Sehnsüchte, Großeltern/Eltern, Geschwister oder anderes. Für alle Bereiche legen die jeweiligen Kreisbesitzer Symbole in den Kreis. Nur bei geübten Familien lasse ich die jeweils gefühlte Raumgröße, die der jeweilige Anteil innerhalb des Kreises ausmacht, sichtbar durch Schnüre auslegen.

Dritter Schritt

Der jeweilige Raumbesitzer und Gestalter stellt sich selbst in den Kreis und spürt nach, wie er sich fühlt. Mit wenigen Worten beschreibt er dann sein aktuelles Erleben.

Vierter Schritt

Jeder Teilnehmer beschreibt seinen Kreisinhalt, erklärt die Symbole in seinem Kreis den jeweils anderen Kreisbesitzern. Wenn sie möchten, können die anderen Teilnehmenden Fragen zu dem jeweiligen Raum stellen. Wenn alle letztlich verstanden haben, was den jeweiligen Raumkreis ausmacht, frage ich die Teilnehmenden, ob es für sie in Ordnung ist, dass ihre Räume von den anderen Beteiligten besucht werden. Wenn alle einverstanden sind und die Erlaubnis gegeben haben, bitte ich die Familienmitglieder, nun langsam und achtsam für jeweils eine Minute (ich kündige die Wechsel an) die anderen Kreise zu betreten, bis alle Kreise besucht worden sind. Während des Vorgehens entscheide ich, ob die Kreisbesucher sofort den Besuch eines Raumkreises besprechen oder ob erst nach einem meditativen, achtsamen Durchgang die Beobachtungen besprochen werden sollen. Letzteres hat sich in den meisten Prozessen als die stimmigere Variante erwiesen.

Fünfter Schritt

Hier beschäftigen sich die Teilnehmenden mit den Fragen: »Was fällt mir Gelungenes auf? Was würde ich mir an diesem Ort noch wünschen?«. Ohne Kommentar meinerseits lasse ich die Familie über die Beobachtungen sprechen. Sehr oft kommt es vor, dass es ähnliche Bedürfnisse gibt, die aber gerade wegen verschiedener persönlich vorrangiger Aufgaben nicht gelebt werden können. Wünsche und Sehnsüchte sowie Überlastungen dürfen unter meiner Moderation offen kommuniziert werden. Wenn ich merke, dass das noch nicht passt, bleibt es bei den Äußerungen bezüglich der Gefühle im Kreis.

Sechster Schritt

Wir suchen nach einzelnen Gemeinsamkeiten der jeweiligen Raumkreise und lassen sie zusammenlegen. Wir beschäftigen uns z. B. mit den Fragen: »Von was oder wem wollen wir noch mehr oder weniger haben? Wie viel Zeit geben wir uns wofür? Was könnte helfen, dass ich oder die Familie zufriedener sind? Wodurch könnten sich unsere Probleme verringern?«. Gerade bei Jugendlichen erlebe ich oft, dass die Familie wichtig ist, aber andere Themen doch mehr Zeit brauchen und dass ein Finden des kleinsten gemeinsamen Nenners durchaus möglich ist.

Siebter Schritt

Ich fotografiere die Kreise, falls die Zeit nicht reicht oder etwas nachbesprochen werden sollte.

Achter Schritt

Hier findet eine abschließende wertschätzende Zusammenfassung durch mich oder besser noch ein Mitglied der Familie statt. Frei nach dem Motto: Was haben wir als Familie bereits geschafft? Worauf können wir bauen? Was sollten wir besser lassen?

Fallbeispiel

Nun ein kleines Beispiel aus der Praxis. Es kommt vor, dass die Kreise des jeweils anderen insbesondere bei Paaren eher Sehnsuchtsvolles zum Ausdruck bringen. So auch in folgender Familie:

Das Elternpaar war durch die Nierenerkrankung und das selbstschädigende Verhalten in Form von Alkoholkonsum und Rauchen des mittlerweile 13 Jahre alten Sohnes David (Klientennamen geändert) sehr in erzieherische und psychische Not gekommen. Es war klar, dass die Mutter als einzige Spenderin einer Niere infrage kommen würde. Das regelmäßige Trinken von Alkohol sowie Rauchen des Sohnes waren, harmlos ausgedrückt, ungünstig für eine Transplantation.

Über die Fragen: »Wer erzieht den Sohn mit welcher Konsequenz?« und »Wer hat mehr Sorgen zu tragen?« kam das Elternpaar immer wieder in Konflikte – auch vor dem Jungen. Oftmals entschied sich David, die gemeinsamen Mahlzeiten nicht mehr wahrzunehmen, blieb nachts weg und ging morgens nicht mehr in die Schule. Er verkehrte den Tag-Nacht-Rhythmus.

Der zwei Jahre ältere Bruder Fabian kam dann oft in Streit mit David, weil er mitbekommen hatte, dass sich die Eltern in Sorge um David stritten.

Fabian war ein temperamentvoller und für sein Alter etwas kräftiger Junge, er hatte Freunde im Dorf und fühlte sich in seiner Peergroup sehr wohl. Dadurch dass er aus einem relativ wohlhabenden Elternhaus stammte, konnte er oft Freunde bei seinen nächtlichen Ausflügen einladen. Zu ihnen nahm er häufig auch seinen Bruder mit. Fabian schwankte in seiner Haltung zu seinem Bruder zwischen väterlicher und brüderlicher Fürsorge. Dies war für beide Jungen nicht leicht auszuhalten. Einen Schulabschluss zu bekommen stand für Fabian nicht im Vordergrund, da er sich als Erbe der Firma in seiner beruflichen Zukunft abgesichert sah.

Als Firmeninhaber war der Vater oft zu Hause, sah die Freunde und Schulkameraden von Fabian und David ihren Weg gehen und zweifelte immer öfter an der Erziehung seiner Söhne, insbesondere der von David. Die Angst, David durch die Nierenerkrankung zu verlieren oder seine Frau gesundheitlich zu gefährden, ließen ihn oftmals Verzweiflungsmomente erleben.

Die Mutter kämpfte einen inneren Kampf in der Überlegung, »ihrem Sohn gerne eine Niere zu geben«, und dem Gedanken: »David kann mit ihrem – nennen wir es hier: Geschenk nicht gut umgehen«.

Eine große Zerrissenheit und ein eher vorwurfsvolles Umgehen im Wechsel mit verzweifelten Momenten gestalteten den Familienalltag. Die Familienmitglieder verloren mehr und mehr die Achtung voreinander, und insbesondere das Nachfragen zum Erleben des Anderen hatte wenig Raum.

Nach der fünften Sitzung lud ich die Familie ein, mit mir die Raum-Seil-Methode auszuprobieren. Da beide Jungen zu diesem Termin nicht erschienen, nahmen nur die zwei Elternteile teil.

Herrn L. fielen sehr viele Metaphern zu den Seilen ein, und nachdem er für sich einen Platz im Raum des Kreiskegels gefunden hatte, wurde er immer ruhiger und nachdenklicher. Er arbeitete still für sich.

Frau L. hingehen überraschte uns sehr. Mein Co-Therapeut stand im Raum und tauschte immer wieder Blicke mit mir aus, weil wir etwas sahen, das uns sehr verwunderte. Frau L. legte nicht nur ein Seil zur Abgrenzung … nein, sie legte mehrere Seile, und ganz dicht und mehrfach übereinander. Es wirkte, als ob sie eine Mauer um einen kleinen Kreis bauen wollte. Ihr Mann hingegen weitete sich aus und wurde ziemlich verunsichert durch die Arbeit seiner Frau. Wir luden beide Eltern ein, sich zunächst auf ihr Eigenes zu konzentrieren, und sie arbeiteten ruhig weiter. Als im zweiten Schritt die Kreise mit den jeweiligen Anteilen der Personen gefüllt wurden, wurden dann einige Gemeinsamkeiten sichtbar, insbesondere im familiären Bereich.

Im Folgenden Schritt wurde Frau L. immer trauriger und weinte bitterlich, als sie ihren Kreis erklären sollte. Herr L. wollte nicht beginnen, da er nun mehr den Blick auf seine Frau und ihre Darstellung gerichtet hatte. Frau L. berichtete, dass die Welt um sie immer kleiner werde. Die Auffälligkeiten ihres Sohnes und die Beurteilung durch Familie und Freunde, nicht die richtigen pädagogischen Mittel in der Erziehung zu verwenden, brachten ihren Glauben an sich selbst und an ihre pädagogischen Fähigkeiten ins Wanken. Die Unterstützung durch eine Jugendhilfemaßnahme sah sie als Versagen an. Zudem komme es vermehrt zu Streitigkeiten zwischen ihr und ihrem Mann. Frau. L. berichtete unter Tränen vom Verlust echter Freunde sowie von Verurteilungen durch Familienangehörige. Den inneren und äußeren Druck, eine Niere von sich zu spenden mit der Gefahr, dass ihr Sohn das Geschenk nicht richtig würdigen und somit die Spende als unnötig erscheinen oder auch ihr Leben in Gefahr bringen könnte, konnte sie mit fast niemandem teilen. Aussagen ihres Mannes oder anderer hörte sie immer wieder in der Selbstverständlichkeit der Rolle: »Als Mutter macht man dies ..., es ist ja selbstverständlich ...« Ihre Sorgen und Ängste sowie Zweifel hatten wenig Raum.

Mittlerweile hatte sich ihr Mann zu ihr in den kleinen Kreis gestellt und versuchte, seine Frau zu trösten. In der Trauer konnte Frau L. auch ihrem Mann gegenüber eine Rückmeldung geben, wodurch sie sich aus ihrer Sicht voneinander entfernt hatten. Am Ende einer langen Sequenz von: »Was versteh ich von dir und du von mir?« konnten die Partner in Bezug auf ihren Sohn David Wünsche und Bedürfnisse äußern. Herr L. wollte sich im Anschluss ebenfalls untersuchen lassen, ob er als Spender infrage käme, und sich die Zeit nehmen, die Arzttermine zu begleiten. Beide nahmen sich ebenfalls vor, den für sie wichtigen Freundeskreis gemeinsam über die Nierenerkrankung und die notwendige Hilfe zu informieren. Die Eltern wollten die Jungen, insbesondere den erkrankten Sohn David, in ihre Sorgen miteinbeziehen und nach gemeinsamen Lösungen suchen. Herr L. gab an, dass David sicher ebenfalls Sorgen und Ängste habe und in der Familie bislang auch für diese Gefühle kein Platz gewesen sei.

Zum Ende der recht zeitintensiven Sitzung waren sowohl die Eltern als auch die Therapeuten erschöpft, und gleichzeitig wirkten die Eltern erleichtert. Die intensive Fokussierung auf die Bedürfnisse der Mutter und die Zuwendung ihres Mannes hatten offensichtlich einen hilfreichen Effekt. Die Klärung der weiteren Vorgehensweise und die Erarbeitung des Kreisbildes von Herrn L. wurden auf einen

Folgetermin verschoben. In der folgenden Sitzung konnten beide Elternteile die Nachhaltigkeit des vorangegangenen Termins berichten, und der Vater hatte im Sinne der Allparteilichkeit Gelegenheit, sein eigenes Bild zu erläutern. Am Ende dieser beiden Sitzungen und eines Austauschs darüber, »Was versteh ich von dir und du von mir?« konnten die Partner in Bezug auf ihren Sohn David Wünsche und Bedürfnisse äußern. Zufrieden und mit dem Gefühl »Wir haben etwas voneinander verstanden« gingen die Eltern nach Hause und an die weiteren Aufgaben heran.

Wie das Beispiel gezeigt hat, lädt dieses Vorgehen dazu ein, sich »seiner Welt« stärker bewusst zu werden und gleichzeitig mit den anderen Beteiligten wechselseitig darüber ins Gespräch zu kommen. Durch die gestaltende Kraft der eigenen Räume und die Moderation der Beraterin können dabei hilfreiche Dialoge ermöglicht werden, die zur Klärung einladen und für die Zukunft stärken.

Literatur

Hargens, J. (2005). Bitte nicht helfen! Es ist auch so schon schwer genug. Heidelberg: Carl-Auer.
Pesso, A. (1999). Dramaturgie des Unbewussten. Eine Einführung in die psychomotorische Therapie. Stuttgart: Klett-Cotta.
Pesso, A., Perquin, L. (2007). Die Bühnen des Bewusstseins Oder: Werden, wer wir wirklich sind: PBSP – ein ressourcenorientierter, neurobiologisch fundierter Ansatz der Körper-, Emotions- und Familientherapie. München: CIP-Medien.
Simon, F. B., Rech-Simon, C. (2008). Zirkuläres Fragen: systemische Therapie in Fallbeispielen. Ein Lernbuch. Heidelberg: Carl-Auer.
Simon, F. B., Weber, G. (2009). Vom Navigieren beim Driften. »Post aus der Werkstatt« der systemischen Therapie (3. Aufl.). Heidelberg: Carl-Auer.
Steiner, T., Berg, I. K. (2005). Handbuch Lösungsorientiertes Arbeiten mit Kindern. Heidelberg: Carl-Auer.
Weber, R. (2007). Wenn die Liebe Hilfe braucht Ein Partnerschaftsbuch mit Tests und Übungen. Stuttgart: Klett-Cotta.

Madeleine Bernard und Mélanie Tripod

»Herzblutinfusion« – alltägliche Ressourcen entdecken

STECKBRIEF: »Herzblutinfusion«

WAS: Eine einfache und effiziente Methode, um den Aufmerksamkeitsfokus auf alltägliche Ressourcen zu richten.

WIE: Im Einzelsetting oder mit mehreren Personen möglich.

MATERIAL: Wenn möglich, das Ergebnis ansprechend und lustvoll festhalten und »ankern«.

ZEIT: Je nach Setting und Kontext 20–60 Minuten.

WAS ZEICHNET DIE METHODE AUS:

Die Herzblutinfusion lässt sich flexibel anwenden und passt fast immer, weil sie im Alltag angewendet und genutzt werden kann. Außerdem können die Klienten dazu angeregt werden, Herzblutsammler zu werden, was das allgemeine Wohlbefinden merklich steigern kann.

»Herzblutinfusion«: Worum handelt es sich?

Die Herzblutinfusion ist eine einfache und effiziente Methode, um schnell den Aufmerksamkeitsfokus auf einen schönen, kraftgebenden oder gelingenden Moment im Alltag zu richten. Ziel ist es, den Zugang zu Ressourcen zu aktivieren und den Energieakku aufzuladen. Herzblut geben wir überall da hinein, wo uns etwas so richtig am Herzen liegt, wo wir uns gut fühlen, wo wir Energie tanken können, wo wir unsere Stärken haben und wo wir wachsen.

Der Klient, die Klientin wird angeleitet, sich auf einen Herzblutmoment zu fokussieren. Herzblutmomente sind kleine Augenblicke oder auch längere Abschnitte, in denen die Zeit im Flug vergeht oder stehen bleibt, in denen es ein bisschen heller und leichter wird, in die man eintauchen kann und die einem gute Energie geben. Durch spezifisches Nachfragen kann der Klient oder die Klientin immer tiefer in den Moment eintauchen und diesen in der Imagination nochmals erleben. Im Anschluss wird das Erleben durch Aufschreiben und/oder mit einem Körperanker festgehalten.

Hintergrund: Hypnosystemik, Embodimentforschung und Positive Psychologie

Die Herzblutinfusion hat sich aus dem fachlichen Austausch zwischen Madeleine Bernard und Mélanie Tripod, basierend auf Hypnosystemik, Embodimentforschung und Positiver Psychologie, entwickelt. Unser Ziel war es, die Erkenntnisse und wissenschaftlich fundierten Theorien von Gunther Schmidt (2012), Maja Storch (Storch, Cantieni, Hüther u. Tschacher, 2006), Martin Seligman (2007) und anderen in eine alltagstaugliche Methode zu übersetzen, welche direkte Auswirkungen auf das allgemeine Wohlbefinden hat. Ähnlich wie Bewegung und Sport im Alltag integriert werden und sich so positiv auf unser Wohlbefinden auswirken, zeigt sich auch die Herzblutinfusion als effiziente Methode für kleine Energiebooster.

Hinter dem *hypnosystemischen Ansatz* steht Gunther Schmidt als Pionier, der das systemische Denken mit dem Hypnoseansatz von Milton H. Erickson vereinte. Erickson verstand Trance als natürlichen Zustand, bei dem die Aufmerksamkeit intensiv auf einen Fokus gelenkt wird (Rosen, 2015). Wir alle erleben regelmäßig und ohne dass wir uns dessen bewusst sind, solche Zustände. Des Weiteren wird in der Systemik davon ausgegangen, dass jeder Mensch die nötigen Ressourcen und Kompetenzen für eine Problemlösung in sich trägt. Demnach soll nach Gunther Schmidt die gesamte Therapie oder Beratung als

Ritual der Aufmerksamkeitsfokussierung auf die schlummernden Kompetenzen genutzt werden (Schmidt, 2012). Denn je mehr man auf etwas Gewünschtes fokussiert, desto mehr erlebt man das Gewünschte. In der Herzblutinfusion wird durch die Anleitung (Tranceinduktion) des Beraters oder der Beraterin ein solcher Ressourcenmoment reaktiviert, und durch gezieltes Nachfragen werden systematisch die unbewusst damit verknüpften Erlebnisnetzwerke erforscht und ins Bewusstsein geholt.

Embodiment heißt übersetzt »Verkörperung« und steht für die Idee, dass der Geist (Kognition, Denken und Psyche) mit seinem Gehirnorgan immer in Bezug zum ganzen Körper steht (Tschacher u. Storch, 2010). Es geht einerseits darum, zu erkennen, dass die Psyche im Körper eingebettet ist. Andererseits geht es aber auch um die Wechselwirkung zwischen Körper und Psyche. Darüber, dass die Psyche den Körper beeinflusst, sind sich viele einig. Man fängt z. B. an zu weinen oder lässt die Schultern hängen, wenn man traurig oder frustriert ist. Aus der Embodimentforschung weiß man jedoch, dass zwischen Psyche und Körper keine einseitig kausale Beziehung besteht (Ursache-Wirkung-Prinzip), sondern eine Wechselwirkung. Das heißt, der umgekehrte Prozess funktioniert auch. So kann es z. B. traurig machen, wenn man (bewusst) eine gedrückte Körperhaltung und eine negative Mimik einnimmt.

Da während des Erlebens eines Herzblutmoments automatisch auch eine bestimmte Körperhaltung und Mimik eingenommen werden, wird systematisch danach gefragt. Durch das genaue Erfragen der Körperhaltung, der Mimik, der Gestik, der Atmung taucht der Klient noch mal in den Herzblutmoment ein und kann das erneute Einnehmen dieser Haltung im Anschluss auch als Anker für den Alltag nutzen, um zu späterer Zeit die Ressourcen des Herzblutmoments wieder zu aktivieren.

Die *Positive Psychologie* befasst sich mit den positiven, gelingenden und stärkenden Aspekten des Menschseins und betreibt Forschung, die helfen soll, ein produktives, erfülledes und blühendes Leben zu führen (Streit u. Wohlkönig, 2014). Basierend auf deren Ergebnissen gibt es diverse positive Interventionen, die in herausfordernden Situationen einfache, zukunftsorientierte und prosozial ausgerichtete Handlungsanleitungen für ein gelingendes Leben bieten. Eine der bestuntersuchten Interventionen der Positiven Psychologie heißt »Three Blessings Exercise«. Dabei werden Klienten gebeten, täglich drei Dinge, die ihnen gutgetan haben, aufzuschreiben, zu begründen, warum ihnen diese gutgetan haben, und sie dann jemand anderem vorzulesen. Die das Wohlbefinden steigernden Auswirkungen der Übung waren massiv. Martin Seligman, einer der Begründer der Positiven Psychologie, fasst fünf Elemente zusammen, die Grundlage für das Wohlbefinden und Aufblühen des Menschen sind. Eins davon sei die Fähigkeit, dreimal so viele positive Emotionen wie negative zu erleben (Seligmann, 2007).

In der Herzblutinfusion wird bewusst auf einen positiven Moment fokussiert. Wenn es gelingt, die Übung in den Alltag zu integrieren, indem bewusst auf Herzblutmomente fokussiert wird, erhöht sich die Wahrscheinlichkeit, dass das Wohlbefinden sich steigert. Durch das Aufschreiben des Herzblutmoments als Anker und/oder Setzen eines Körperankers vergrößert auch die Wahrscheinlichkeit, dass der Herzblutmoment häufiger ganz automatisch erinnert wird. Der Übungsaspekt (je öfter man es tut, desto mehr wird es zur Gewohnheit) ist wesentlich, um in die Positivitätsspirale zu gelangen. In unserer westlichen Gesellschaft ist es Usus, den Fokus eher auf die Defizite zu legen und auf das, was nicht rund läuft. Das birgt die Gefahr, sich von Defiziten leiten zu lassen und in eine negative Dynamik – eine Negativitätsspirale – zu gelangen. Die Herzblutinfusion kann diese negative Dynamik umdrehen und den Fokus auf Positives und Gelingendes schärfen, was wiederum eine positive Dynamik – eine Positivitätsspirale – in Bewegung bringen kann.

Einsatzmöglichkeiten

Die Methode kann im Einzelsetting (Berater und Klient), in Gruppen (Familien, Teams …) oder als Selbstanwendung genutzt werden. Bei Erstanwendung ist jedoch das Einzel- oder Gruppensetting zu empfehlen, da die Aufmerksamkeitsfokussierung durch Anleitung des Beraters oder der Beraterin (Tranceinduktion) herbeigeführt wird und dies allein und ohne Übung schwer umsetzbar ist. Nach dem ersten Kennenlernen der Methode ist die Eigenanwendung ohne Anleitung möglich und sogar empfehlenswert, da sich der Effekt bei häufiger Anwendung verstärkt.

In der Familientherapie (oder sozialpädagogischen Familienbegleitung) zeigt sich die Herzblutinfusion in verschiedenen Konstellationen als sehr effektiv. Wir möchten hier eine Auswahl an Möglichkeiten kurz anreißen, erheben aber keineswegs Anspruch auf Vollständigkeit.

Herzblutmomente können mit den einzelnen Familienmitgliedern gesammelt werden, um den Fokus weg vom Negativen und Belastenden hin auf kleine positive Energiespender zu richten. Herzblutmomente können im Gespräch mit mehreren Familienmitgliedern gesammelt werden, um aufzuzeigen, dass man trotz belastender Situationen doch noch gute gemeinsame Momente hat. Herzblutmomente können aber auch z. B. mit dem pubertierenden Sohn im Beisein der Mutter gesammelt werden. Das Zuhören bei der Erforschung eines für den

Sohn wichtigen Moments kann ein Anstoß dafür sein, dass die Mutter vermehrt darauf schaut, was den Sohn beglückt, anstatt darauf, was er alles nicht gut macht.

Eltern von Jugendlichen oder jungen Erwachsenen, die ein äußerst angespanntes Verhältnis zueinander haben, fällt es oft schwer, den Zugang zu positiven Emotionen ihren Teenagern gegenüber zu reaktivieren. Die Streitigkeiten und negativen Gefühle stehen oft so im Vordergrund, dass das Positive, das zweifellos irgendwann vorhanden war, verschüttet ist. Hier hat es sich als hilfreich erwiesen, mit den Eltern auch nach Herzblutmomenten aus (Klein-)Kindertagen zu suchen und so die neuronalen Netzwerke und damit verbundenen Emotionen und Gedanken zu aktivieren, die mit positiven Emotionen dem Kind gegenüber verbunden sind. Der Transfer in die Gegenwart gelingt dann leichter.

Grenzen der Methode

Die Herzblutinfusion kann jederzeit und in diversen Kontexten angewendet werden. Sie ersetzt jedoch keine Therapie oder professionelle Begleitung bei komplexer Thematik.

Durchführung

Der Herzblutmoment wird vom Berater festgehalten. Wir empfehlen hierfür die Herzblutblume (siehe Abbildung 1), weil man sie als Erinnerungsanker an einem strategisch guten Platz aufhängen kann. Selbstverständlich kann dies aber je nach Setting und Kontext entsprechend angepasst werden.

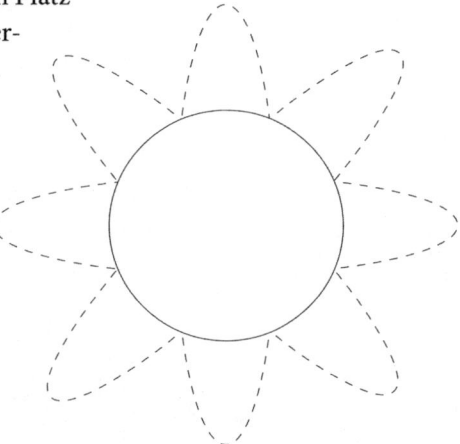

Abbildung 1: Vorlage Herzblutblume
(© Madeleine Bernard und Mélanie Tripod)

Der Berater führt den Klienten durch den Prozess. Mit einer Einleitung (siehe *Anleitungsbeispiel*) wird der Klient an einen Herzblutmoment herangeführt. Wenn der Klient einen Herzblutmoment gefunden hat, lässt der Berater den Moment so genau wie möglich beschreiben. Der Berater fragt detailliert und über alle Sinneskanäle nach. Im Zweiersetting kann der Berater den Herzblutmoment aufschreiben, um so das Ganze bereits zu ankern. Falls das Mitschreiben unpassend erscheint, sollte das Gesagte mindestens wiederholt werden, um den Effekt zu verstärken. Es empfiehlt sich, als Berater das Embodiment zu spiegeln. Das heißt, der Berater wiederholt Gestik, Körpersprache und Mimik des Klienten (was übrigens häufig ganz automatisch gemacht wird). Dies lädt den Klienten ein, etwas zu verweilen, und es ermöglicht besseres Einfühlen. Es folgen eine Grafik (Abbildung 2) und mögliche Fragen, die durch die Herzblutinfusion leiten können.

Es ist keineswegs notwendig, dass der Prozess genau so gestaltet werden muss. Jeder Berater, jede Beraterin wird die für den Prozess und für sich selbst passenden Fragen wählen.

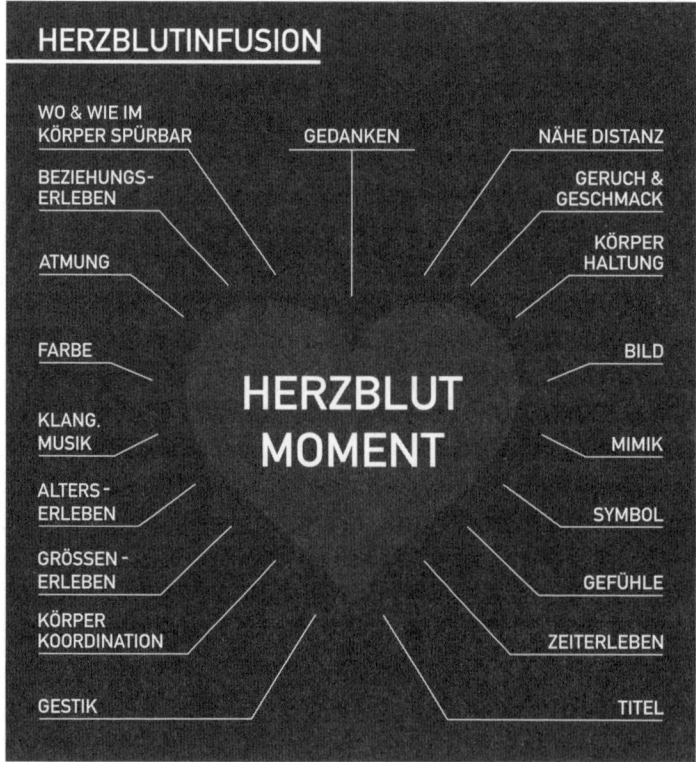

Abbildung 2: Grafik Herzblutmoment (© Madeleine Bernard und Mélanie Tripod)

> **Anleitungsbeispiel**
>
> »Setzen Sie sich bequem hin, schließen Sie die Augen und lassen Sie sich die letzten Tage und Wochen durch den Kopf gehen. Wo waren Sie? Wen haben Sie getroffen? Was hat Sie bewegt? Lassen Sie Ihre Erlebnisse wie einen Film vor Ihrem inneren Auge vorbeiziehen. Was ist Ihnen präsent? Woran denken Sie? Während Sie die letzten Tage und Wochen vor Ihrem inneren Auge vorbeiziehen lassen, achten Sie nun nur noch auf all das, was gut war, was Sie in der Erinnerung nochmals berührt. Und dann vertrauen Sie auf Ihre Intuition und pflücken einen Herzblutmoment. Dieser Moment mag klein und unbedeutend scheinen, zerbrechen Sie sich nicht den Kopf darüber. Jetzt, in diesem Moment, zieht er Sie an, fällt Ihnen auf. Erlauben Sie sich nun nochmals, tief in diesen Herzblutmoment einzutauchen. Was war da genau? Wie hat sich das angefühlt? Wo haben Sie dieses Gefühl am stärksten gespürt? Und wo noch? Wie war Ihre Atmung dabei? Wie war das Licht? Wie erleben Sie den Raum um sich herum? Wie ist die Temperatur auf Ihrer Haut? Was hören Sie? Passt ein Geräusch oder ein Lied zu Ihrem Herzblutmoment? Was riechen Sie? Was schmecken Sie? Wie fühlen sich Ihre Schultern und Ihr Nacken an? Was machen Ihre Muskeln? Wie ist Ihr Zeiterleben? Welches Symbol oder welche Metapher würde dazu passen? Und wenn Sie eine Farbe dazu wählen müssten, welche wäre das? Und welche Bewegung, welche Geste, welche Mimik würden passen? Beschreiben Sie den Herzblutmoment so genau, dass er für jemand anderen lebendig wird, dass auch beim Gegenüber ein innerer Film entsteht. Wie fühlt sich das an?«
>
> Abschluss der Übung: »Wer weiß, vielleicht mögen Sie ja Ihrer Herzblutblume einen prominenten Platz geben, sodass sie Ihr Herzblutanker wird und Sie immer wieder daran erinnert, dass es sich lohnt, im Kleinen zu beginnen.«

Kreatives Variieren

Die Herzblutübung kann komplett und ausführlich wie oben beschrieben durchgeführt werden. Sie kann aber auch frei und nach eigenem Stimmigkeitsgefühl in ein Gespräch eingeflochten werden. Wenn die Beraterin, der Berater bei der Übung selbst Herzblut erlebt, wäre dies optimal. Daher sollte darauf geachtet werden, die Übung so zu machen, wie es zu der Situation, zum Berater und zu dem Klienten passt. Folgendes Fallbespiel veranschaulicht eine solche Variation bzw. ein Einflechten in ein Gespräch.

Fallbeispiel

Herr Schneider (52 Jahre), David (13 Jahre), Michael (19 Jahre), Frau Gomez (32 Jahre), Anael (13 Jahre); alle Klientennamen geändert.

Herr Schneider ist seit acht Jahren alleinerziehender Vater seiner zwei Söhne David und Michael. Er arbeitet zu 90 % als Hochschuldozent und kümmert sich um die Söhne, das Haus und den großen Garten. Das Verhältnis zur Mutter seiner Söhne ist angespannt und Entscheidungen rund um Erziehungsfragen führen immer wieder zu Streit. David hat oft mit Loyalitätskonflikten zu kämpfen, da beide Elternteile vor den Kindern über den anderen Elternteil schlecht reden.

Seit vier Jahren ist Herr Schneider in einer Beziehung mit Frau Gomez, deren Tochter Anael im gleichen Alter wie David ist. Vor einem Jahr sind Frau Gomez und Anael zu Herrn Schneider, David und Michael gezogen, und Anael besucht seitdem dieselbe Schule wie David.

Vermehrt kommt es zu Unstimmigkeiten, David fühlt sich von Anael und Frau Gomez weggedrängt und hat das Gefühl, überflüssig zu sein. Sein Unbehagen äußert sich zu Hause insbesondere in lauten Streitereien mit Frau Gomez, Anael und dem Vater.

David geht mit seinen Sorgen zum Schulsozialarbeiter und sagt, er möchte zu seiner Mutter ziehen. Da ein Hin und Her anfängt und alle mit der Situation überfordert scheinen, leitet der Schulsozialarbeiter eine Gefährdungsmeldung ein; es wird eine Sozialpädagogische Familienbegleitung (SFB) installiert, die fortan insbesondere mit Vater und Sohn arbeitet.

Die SFB führt nach einem ersten Familiengespräch Einzelgespräche mit David und dem Vater. Auf einem langen Spaziergang gelingt es der SFB, hinter die streitlustige Fassade von David zu gucken. David scheint Vertrauen gefasst zu haben und weint über die Situation und beteuert immer wieder, dass er seinen Vater und die gemeinsamen schönen Momente arg vermisst – obwohl er ihn tagtäglich sieht. David fühlt sich an den Rand des Geschehens gedrängt und hat den Eindruck, dass sein Vater ihn nur noch wahrnimmt, wenn er ihn kritisieren will. Die SFB fragt David, ob er seinem Vater schon mal gesagt habe, dass er ihn vermisse, und wie es denn wäre, wenn der Vater das wüsste. David weint bittere Tränen und nimmt sich vor, seinem Vater dies zu sagen. Als die SFB und David vom Spaziergang zurückkommen, ist der Vater im Garten beschäftigt. David geht zu ihm hin, holt sich erst noch einen aufmunternden Blick der SFB und sagt dem Vater, dass er ihn vermisse. Der Vater fragt, was er denn damit meine. Hier hakt die SFB ein:

SFB: David, was genau vermisst du?
DAVID: Ich vermisse die schönen Momente ohne Streit mit dir, Papa.
VATER: Ja, das stimmt, wir schreien uns nur noch an.

»Herzblutinfusion« – alltägliche Ressourcen entdecken

SFB: David, wenn du denn an einen solchen schönen Moment, wie du sagst, denkst, welcher fällt dir denn da ein?
DAVID: Wenn wir zusammen Tennis spielen gehen.
SFB: Was genau ist denn da so schön?
DAVID: Schon vor dem Gehen freu ich mich! Wenn wir zusammen unsere Sportsachen einpacken und uns ins Auto setzen.
SFB: Wo und wie spürst du denn diese Freude?
DAVID: Das ist so ein Kribbeln überall, ich kann dann gar nicht mehr ruhig sitzen.
SFB: Wie ist denn dieses Kribbeln?
DAVID: Ein Kribbeln halt, so als würde sich der Körper schon warmlaufen für den Sport.
SFB: Und wie ist denn da dein Gefühl deinem Vater gegenüber?
DAVID: Da fühl ich mich ihm halt nah. So eine Verbundenheit irgendwie, weil wir beide gern Tennis spielen und wir etwas machen können, das beiden Spaß macht. Und ich mag es halt, wenn er nur mit mir etwas unternimmt.
SFB: Was genau magst du denn daran?
DAVID: Ich habe dann das Gefühl, ich müsste die Liebe nicht teilen, so als würden Papa und ich den ganzen Kuchen zu zweit essen.
SFB: Wie ist dieser Kuchen denn?
DAVID: Der ist süß und cremig und gleichzeitig aber auch erfrischend.
SFB: Zitronentorte vielleicht?
(Vater und Sohn lachen.)
SFB: Wenn du jetzt an diesen Zitronentorten-Moment denkst und dir dieses Kribbeln noch mal in Erinnerung rufst und dich da so richtig reinfühlst – wie geht es dir denn gerade dabei?
DAVID: Gut, sehr gut! *(David strahlt über das ganze Gesicht.)*
SFB: Und wie geht es Ihnen, Herr Schneider, wenn Sie das alles so hören?

Herr Schneider geht auf seinen Sohn zu und umarmt ihn. David lässt sich in die Umarmung fallen und weint. Es scheint, als würde sich eine Schranke auflösen.

Beim nächsten Termin bringt die SFB zwei Stück Zitronentorte mit und nimmt im Gespräch mit Vater und Sohn die Situation noch mal auf. Vater und Sohn sind sich einig darüber, dass der Zitronentorten-Moment ihnen aufgezeigt hat, wie wichtig sie einander sind, und David kann sagen, dass er das erste Mal seit sehr langer Zeit das Gefühl habe, nicht nur eine Belastung für den Vater zu sein. Dies wiederum hat zur Folge, dass David sich bereit erklärt, ein Gespräch mit Frau Gomez unter der Voraussetzung zu führen, dass die SFB dabei sei.

Dieses Fallbeispiel zeigt auf, dass die Herzblutinfusion nicht immer in voller Länge und Ausführlichkeit gemacht werden muss. Sehr schnell konnte David in den Moment eintauchen und hat mit Leichtigkeit schöne Metaphern gewählt, die sich fast von selbst sowohl beim Vater als auch beim Sohn geankert haben. Mit dem Zitronentorten-Moment entstand zwischen den beiden eine Art Codewort, das die exklusive Verbindung der beiden verdeutlichte, nach der sich David vorher sehr lange sehnte. Dies war ein kleines Puzzleteilchen auf dem Weg zu einem konstruktiv-liebevollen Umgang zwischen Vater und Sohn.

An diesem Beispiel ist auch zu beobachten, wie sich das Embodiment der beiden verändert hat. Vor der Annäherung der beiden nahm die SFB sowohl den Vater als auch den Sohn sehr distanziert wahr. Der Vater strahlte eine gewisse Kälte aus und der Sohn eine Traurigkeit, was sich auch in Körperhaltung, Mimik und Gestik widerspiegelte: der Vater stets aufrecht, harter Gesichtsausdruck, immer versucht, auf der Sachebene zu bleiben und wenig an Emotionen preiszugeben; der Sohn oft ein trauriger Blick und eine niedergeschlagene Körperhaltung.

Vom Moment der gegenseitigen Annäherung an schien der Sohn um einige Zentimeter gewachsen zu sein und er hatte manchmal einen verschmitzten Gesichtsausdruck, manchmal ein Lachen und stets ein Funkeln in den Augen. Der Vater wurde weicher und musste die körperliche Distanz nicht mehr immer wahren.

Literatur

Rosen, S. (2015). Die Lehrgeschichten von Milton H. Erickson (11. Aufl.). Salzhausen: ikopress.
Seligmann, M. (2007). Der Glücks-Faktor. Warum Optimisten länger leben. Köln-Mülheim: Bastei Lübbe.
Schmidt, G. (2012). Liebesaffären zwischen Problem und Lösung (4. Aufl.). Heidelberg: Carl-Auer.
Storch, M., Cantieni, B., Hüther, G., Tschacher, W. (2006). Embodiment. Die Wechselwirkung von Körper und Psyche verstehen und nutzen. Bern: Huber.
Streit, P., Wohlkönig, M. (2014). Die Macht der Positivität. Struktur und Wirkungsweise Positiv-Psychologischer Interventionen. Psychologie in Österreich, 2/3, 128–135.
Tschacher, W., Storch, M. (2010). Embodiment und Körperpsychotherapie. In A. Künzler, C. Böttcher, R. Hartmann, M.-H. Nussbaum (Hrsg.), Körperzentrierte Psychotherapie im Dialog (S. 161–176). Heidelberg: Springer.

Martin Diem
Systemische Aktivierung

STECKBRIEF: Systemische Aktivierung

WAS: Bei der systemischen Aktivierung werden Familien durch gemeinsames Handeln und durch gemeinsame Erlebnisse in ihrem Miteinander gefördert und neu aktiviert.

WIE: Geeignet für Paare, Geschwister, Eltern mit ihrem Kind (bis in das Jugendalter).

MATERIAL: Je nach Übung Papier und Malstifte; Spiegel; Streichhölzer oder Wunderkerzen; Gummi oder Tesakrepp; Teppichfliesen, ca. 50 × 50 cm.

ZEIT: Je nach Übung etwa 10–30 Minuten.

WAS ZEICHNET DIE METHODE AUS:

Gemeinsames Erleben zur Beziehungsförderung, Ressourcenaktivierung, Stärkung des »Wir-Gefühls«, Versöhnung.

Bewusstes Erleben als Grundlage der Beziehung

Der Ansatz der systemischen Aktivierung in beraterischen Kontexten geht auf spiel- und erlebnispädagogische Ansätze sowie systemische Grundannahmen zurück (vgl. z. B. Michl, 2015; Michl u. Seidel, 2018; Riek, 2015; Schwing u. Fryszer, 2015; von Schlippe u. Schweitzer, 2016) und wurde von mir in Analogie dazu für die Arbeit mit Eltern und Familien entwickelt. Das Ziel dieser Methodik ist, für Familien ein Ereignis zu kreieren, das durch ein gemeinsames Erlebnis ihre Gemeinschaft in den Mittelpunkt stellt. Durch das gemeinsame Erleben einer Situation und der anschließenden zielführenden Reflexion kann das gemeinsam Erlebte eine neue Grundlage sein, auf der der erneute Auf- und Ausbau der gemeinsamen Beziehungsebene möglich wird. Das Erlebnis an sich steht hierbei nicht im Mittelpunkt, sondern das gemeinsame aktive Tun. Es geht darum, das Erlebnis als Schlüsselerlebnis zu verinnerlichen, um daraus Strategien und Handlungsansätze für das gemeinsame Miteinander zu entwickeln.

In strittigen Beziehungen, wenn das gemeinsame Erleben und Handeln in den Hintergrund rückt, das ehemals funktionierende kleine System nicht mehr zu funktionieren scheint, dann kann es hilfreich sein, genau an dieser Stelle in der Familienberatung praktisch zu werden.

Das Gefühl, allein zu sein und kaum noch etwas gemeinsam zu haben, gewinnt in Krisen leicht die Oberhand. Häufig gab es bei den Klientinnen und Klienten in den Familien eine Zeit, in welcher das gemeinsame Tun und Handeln sinnstiftend für das eigene und das gemeinsame Leben war. Um dieses Gefühl wieder zu erfahren und gemeinsame Sinnlichkeit zu erleben, lohnt es sich, (nicht nur) in systemischen Beratungs- und Therapiekontexten einen aktivierenden Blick auf vorhandene Ressourcen im System zu lenken und gemeinsame Erlebnisse zu fördern. Die hier beschriebenen systemischen Aktivierungsmethoden eignen sich sowohl für Paare, Geschwister als auch in besonderer Weise für Eltern-Kind-Beziehungen.

Im gemeinsamen Erleben liegt die subjektive und individuelle Wahrnehmung der Beteiligten im Zentrum der kommenden Interaktionen. Zentraler Bestandteil ist neben dem Erleben eine bewusst geführte Reflexion. Nur durch die Reflexion kann das Erlebnis seine nachhaltige Wirkung entfalten und zielgerichtet in der weiteren Therapie Einfluss nehmen. Die systemische Aktivierung kann hierbei sowohl den Start eines Prozesses markieren als auch zum Abschluss einer Begleitung zum Einsatz kommen. Wird ein praxisorientierter Erlebnisansatz zum Start gewählt, kreiert man mit dem Erlebnis einen gemeinsamen Erfolg und kann das Gefühl verstärken, dass alle Beteiligten bereit sind, sich (wieder) aufeinander einzulassen und den anstehenden Weg gemeinsam zu gehen. Wird eine praktische Übung zum Ende eines Beratungszyklus gewählt, kann dadurch verdeutlicht und nachhaltig belegt werden, inwieweit die – häufig verbal geführte – Familienberatung im Praktischen ihre Wirkung bei den Klientinnen und Klienten schon entfalten konnte.

Von der Theorie in die Praxis: Fallbeispiel

Im Folgenden wird anhand eines Beispiels beschrieben, wie die systemische Aktivierung wirken und welchen Einfluss das methodische Vorgehen auf das Familienleben haben kann.

Andre und Thea (Klientennamen geändert) sitzen in der Beratungsstelle. Ihre dreijährige Tochter ist während der Sitzung bei den Großeltern. Es soll um Thea und Andre als Paar gehen. Sie beteuern ihre Liebe zueinander und merken doch, dass das, was sie damals zusammengebracht hat, heute nicht mehr wirkt. In endlosen Debatten versuchen sie, kognitiv zu klären, was ihre Beziehung bisweilen ausmacht. In wechselnd einseitig geführten Gesprächen stoßen sie kommunikativ beim anderen immer wieder an Grenzen. Sie scheinen sich nicht mehr zu verstehen. Die Geburt der Tochter hat dieses Gefühl weiter verstärkt. Auf die Frage, was Thea und Andre in glücklichen Zeiten gemeinsam getan haben, zeigt sich schnell, dass nicht die intellektuelle Auseinandersetzung, sondern das gemeinsame Erlebnis Grundlage ihrer glücklicheren Beziehungszeit war.

Wenn Worte nicht mehr helfen, wenn die Sprache der Klientin und des Klienten auf unterschiedlichen Ebenen stattfindet, wie dies auch in Eltern-Kind-Situationen der Fall sein kann, dann bietet es sich an, wieder in das Erleben zu kommen. Hierdurch kann sichergestellt werden, dass der Sprachbegabtere nicht den gefühlten Vorteil dauerhaft auf seiner Seite hat. Im Sinne der Allparteilichkeit ist somit die systemische Aktivierung ein guter ergänzender Bestandteil einer ganzheitlichen beraterischen Vorgehensweise.

Die Beispielmethoden

Schnappschuss

Eine Person schließt die Augen. Diese ist die Kamera. Die andere Person ist die Fotografierende. Diese führt die »Kamera« zu einem bestimmten Ort, fokussiert und richtet den Blickwinkel der Person, die die Augen geschlossen hat, auf etwas Schönes oder Besonderes aus und drückt den Auslöser (Augen auf). Ein erneutes Betätigen des »Auslösers« schließt den Verschluss wieder (Augen wieder zu). Die fotografierende Person bringt die Kamera wieder an den Ausgangspunkt zurück, und die Rollen werden getauscht.

Andre darf der Fotograf sein. Er führt Thea zu einer Blume auf der Fensterbank. Vorsichtig rückt er Theas Blickfeld auf eine Blüte. Er betätigt den »Auslöser«, indem er Thea sanft auf die Schulter klopft. Sie öffnet die Augen kurz und nimmt die Blüte wahr, bevor Andre mit einem weiteren Schulterklopfen Thea dazu bringt, die Augen wieder zu schließen. Vorsichtig führt er Thea zurück zum Ausgangspunkt. Thea öffnet die Augen und lächelt. Die beiden tauschen die Rollen. Thea führt Andre zu einem Foto in der Praxis, auf dem ein Strand und das Meer mit sanften Wellen zu sehen sind. Die gewählten »Schnappschüsse« wurden von beiden spontan gewählt. Auf die Frage, warum sie genau diesen Ausschnitt für den anderen gewählt haben, hatten beide eine passende Antwort parat. Sie mag Blumen und Farben. Ihr Lächeln bestätigt, dass er empathisch genug war, um zu zeigen, dass er sie kennt. Das Strandbild konnte in der Reflexion als Erinnerung für einen gemeinsamen schönen Urlaub gedeutet werden.

Beide konnten sich durch die klaren Regeln darauf einlassen, dass sie vom jeweils anderen blind geführt wurden. Beide konnten durch diese Übung wieder dem Gefühl nachspüren, wie es ist, einander zu vertrauen und gemeinsam Erlebnisse zu teilen. Beide konnten sich gegenseitig ein wenig Freude bereiten.

Farbenmalen/Paarmalen

Zwei stehen sich an einem Tisch gegenüber. Zwischen den beiden liegt ein weißes Blatt Papier. Beide haben zwei bis vier Farben vor sich. Eine Person startet und gibt Farbe auf das Bild. Die andere Person erwidert mit ihren Farben. Das Bild breitet sich aus. In der Blattmitte angekommen, vereinigt sich das Bild. Nach ein paar Minuten werden die Seiten getauscht und die eine Person malt das Bild der anderen weiter und umgekehrt.

Thea und Andre stehen sich gegenüber. Thea hat die Farben Grün und Rot. Sie malt eine rote Spirale am Blattrand. Andre schaut interessiert zu und erwidert mit seinen Farben Blau und Gelb einen zweifarbigen Kreis. Thea wird konkreter und malt mit Rot einen Baum. Andre entscheidet sich für Wolken. Nach ein paar Minuten und weiteren Bildelementen dreht der Berater das Blatt um 180°. Jetzt malen die beiden in dem Bild der bzw. des anderen weiter. Es entsteht ein gemeinsames Bild. Ohne verbale Absprachen zu treffen, führen sie mit ihren Eingebungen eine Art Dialog und scheuen sich nicht, vorsichtig Einfluss auf die Vorgaben der bzw. des anderen zu nehmen. Auch wenn dieses Bild vielleicht keine künstlerische Meisterleistung darstellt, so haben beide mit dieser Übung gemeinsam etwas erschaffen und gestalten können. Beide konnten die eigenen Eingebungen einbringen, und nur durch das gemeinsame Tun ist dieses Bild entstanden. Durch die Reflexion wird deutlich, dass Andre und Thea sich beim Malen aufeinander eingelassen haben. Das Malen an sich wurde als sinnlich eingeschätzt. Der gemeinsame kreative Erfolg, das wortlose Verstehen und die gemeinsame sinnliche Erfahrung sind einige der Punkte, auf denen weitere Gespräche aufbauen können.

Spiegelbild – mit meinen Augen

Beide sitzen vor einem eigenen Spiegel und sehen nur sich selbst darin. Es werden Kärtchen gezogen. Darauf stehen Gefühlsregungen wie *verärgert, sauer, glücklich, verliebt, traurig, zornig* und andere. Diese Gefühle werden »nachgespielt«. Beide sollen sich dabei beobachten, wie sie in bestimmten Situationen aussehen. Gegebenenfalls können beide danach der bzw. dem anderen beschreiben, wie sie sich selbst mit dem jeweiligen Gesichtsausdruck wahrnehmen (»Wenn ich du wäre, dann würde ich sehen …«).

Variante: Nur einer der beiden schaut sich im Spiegel an und der oder die andere beobachtet die Situation. In einer späteren Reflexion kann das Erlebte, Gefühlte und Gesehene gemeinsam reflektiert werden.

Thea und Andre sitzen sich gegenüber. Zwischen ihnen steht ein zweiseitiger Spiegel und versperrt den Blick aufeinander. Nacheinander ziehen sie ein Kärtchen, lesen es laut vor und beobachten sich selbst bei ihrem Mienenspiel. Nach der anfänglichen Zurückhaltung können sie sich auf die Methode einlassen. Mitunter erstaunt nehmen sie das erste Mal war, wie ihre Mimik in bestimmten Situationen auf den anderen wirken mag. Durch die Beschreibung des eigenen Gesichtsausdrucks wird diese Wahrnehmung verstärkt.

Der Abstand zu konkreten Situationen, in denen die Mimik ansonsten automatisiert abläuft, lässt eine bewusste Änderung des eigenen Ausdrucks zu. Die Übertragung bestimmter Gefühlsausdrücke in konkrete, als Paar oder als Elternteil erlebte Situationen kann dazu beitragen, Reaktionsmuster zu erkennen oder Auslöser für bestimmtes Verhalten zu bestimmen.

Erlebnismalen

Begriffe werden gemalt, die mit der Beziehung und positiven Erlebnissen zu tun haben. Die bzw. der jeweils andere muss raten, was dargestellt wird. Worte und Zahlen zu malen ist nicht erlaubt. Hilfreich können Anregungen auf den Karten sein wie z. B.: »der letzte schöne gemeinsame Urlaub«, »Ort des Kennenlernens«, »Leibgericht des anderen«, »Lieblingsmöbelstück in der gemeinsamen Wohnung«, »Kleidungsstück, welches ich gerne an dir sehe«, »Lieblingstier«, »etwas, was uns verbindet«, »gute gemeinsame Freizeitbeschäftigung«.

Thea zieht eine Karte. Sie überlegt kurz und malt dann mit wenigen Strichen ein Tier. Andre erkennt sehr schnell einen Labrador Retriever – seinen in die Beziehung eingebrachten Hund, der vor einigen Jahren gestorben ist und mit dem sie eine gute gemeinsame Zeit hatten. Die Rollen werden getauscht. Andre malt einen Teller mit langen Fäden darauf. Thea weiß sofort Bescheid und löst das Rätsel: »Spaghetti Carbonara.« Dieses Gericht kochte er regelmäßig für sie. Thea zieht eine weitere Karte. Zwei große Strichmännchen mit einem kleinen Strichmännchen, auf welches ein Pfeil zeigt, in der Mitte der beiden – ihre gemeinsame Tochter. Durch diese Methode werden sie daran erinnert, was sie miteinander teilen. Sie spüren nach, wie vertraut sie miteinander sind. In der anschließenden Reflexion mit dem Berater erklärt Andre sich bereit, am kommenden Abend nach langer Zeit mal wieder für die Familie zu kochen.

Durch eine sinnvolle Auswahl an Anregungen können in der Beratung angesprochene positive gemeinsame Erlebnisse auf eine andere Weise weiter verstärkt und fokussiert werden.

Zwei Füße – Fußfessel

Beide werden mit einem Band, einem festen Gummi oder Tesakrepp, an zwei Füßen zusammengebunden. Jetzt gilt es, eine Aufgabe gemeinsam zu erfüllen, ohne dass die »Fußfessel« reißt und möglichst ohne dabei zu sprechen. Aufgaben können sein:

- »Machen Sie sich bitte gemeinsam auf den Weg und besorgen Sie (ohne zu sprechen) den Flyer XY aus der Lobby.«
- »Ich habe ein kleines Geschenk an Ort XY für Sie hinterlegt …«
- »Ich lade Sie dazu ein, zum Waschbecken zu laufen und ohne zu sprechen nur Ihre linken/rechten Hände zu waschen.«
- »Ich habe diesen kleinen Parcours für Sie aufgebaut. Versuchen Sie, diesen so schnell wie möglich gemeinsam zu bewältigen.«
- »… Achten Sie bitte aufeinander, dass sich niemand dabei wehtut und Sie zusammen diese Aufgabe zu Ende bringen.«

Andre und Thea lösen diese Aufgabe sehr leicht. Nach einer kurzen Abstimmung der Schrittgröße kommen sie schnell voran und sind wenige Minuten später wieder im Sitzungszimmer. Sie erleben sich bei dieser Übung als funktionierende Einheit. Das gemeinsame positive Erlebnis bestärkt sie darin, dass sie zusammen ein starkes Team darstellen können.

Darüber hinaus dient die Übung dazu, dass beide sich gegenseitig wieder körperlich spüren. Je nach Darlegung der konkreten Situation der Klienten stellt dieser Fakt eine gute Möglichkeit der erneuten Steigerung der Körperlichkeit innerhalb der Beziehung dar.

Sagen Sie jetzt nichts: Ich frage – sie reagiert – er antwortet

Der Berater oder die Beraterin fragt etwas, eine der beiden Personen antwortet nur mit Mimik und Gestik für den Partner oder die Partnerin, und die andere Person versucht, für den Partner zu erraten, was dieser wohl gerade antworten möchte. Die Fragen bei dieser Übung sollten so gestellt sein, dass die Antwort über eine »Ja-Nein«-Antwort hinausgehen kann.

Thea und Andre geben an, dass sie sich früher nur anschauen mussten, um zu wissen, was die oder der andere gerade denkt. Diese Übung kann zur Bestätigung dieser These verwandt werden oder aufzeigen, wie schwierig es ist, wenn nicht sogar unmöglich, in den Kopf des anderen zu schauen. Diese Übung bietet sich an, um an der Kommunikation untereinander weiterzuarbeiten.

Streichholzreden/Wunderkerze

Nacheinander bekommt jeder bewusst Redezeit zugeordnet. Die Zeitbegrenzer sind in diesem Fall entweder ein Streichholz oder eine Wunderkerze. So lange, wie das Streichholz oder die Wunderkerze brennt, darf gesprochen werden. Nur die Person, die die »Flamme« in der Hand hält, darf sprechen. Der oder die andere hört in dieser Zeit nur zu. Wenn das »Feuerwerk« erlischt, erlischt auch die Redezeit. Diese Methode ist hilfreich, um Redezeit zu begrenzen, beide zu Wort kommen zu lassen und Aufmerksamkeit auf das Gesagte zu erzeugen.

Thea und Andre sind etwas aufgeregt. Sie reden zwar in der Sitzung viel, haben aber durch diese Intervention das Gefühl, dass das, was sie selbst sagen, und das, was die oder der andere sagen wird, eine größere Bedeutung hat. Der Berater stellt eine Frage. Beide haben einen Moment Zeit, sich ihre Antwort zu überlegen. Thea entzündet das Streichholz als Erste und beantwortet die Frage. Andre hört genau zu, wie Thea ihren gemeinsamen Alltag beschreibt, wenn alles gut läuft. Das Streichholz erlischt und Thea lässt es auf den vorbereiteten Glasteller fallen. Andre nimmt sein Streichholz auf und entzündet es. Er antwortet nicht direkt auf das, was sie gesagt hat. Er beschreibt aus seiner Sicht den gemeinsamen gelungenen Alltag. Nachdem beide gesprochen haben, geht es in der ersten Reflexion um das Erleben. Wie war es, mit dem Streichholz in der Hand zu sprechen, wie war das Zuhören? Beide konnten sich auf das Gesagte einlassen und Dinge für den kommenden Alltag für sich adaptieren.

Gemeinsam ans neue Ufer

Ohne den Boden zu berühren und nur mit zwei etwa 50 × 50 cm großen Teppichfliesen sollen ein paar Meter im Raum zurückgelegt werden.

Andre und Thea legen sofort los. Sie quetschen sich auf eine Teppichfliese. Andre beugt sich hinunter und legt die zweite Teppichfliese einen knappen Meter entfernt auf dem Boden. Er macht einen großen Schritt darauf, Thea kommt hinterher. Er reicht ihr die Hand und hält sie fest. Bei dem Versuch, die freie Teppichfliese wieder aufzunehmen, muss Thea einen Ausfallschritt auf den Boden machen. Die beiden legen vom Startpunkt aus erneut los. Sie wenden dieselbe Technik an wie beim ersten Versuch. Andre legt die Teppichfliese diesmal deutlich näher an sich heran. Dieses Mal ist es Thea ein Leichtes, die freie Teppichfliese aufzunehmen und ein Stück weiter vorzulegen. Nach kurzer Zeit erreichen sie den Zielpunkt. Im Spiel hielten sie zusammen. Sie hatten ein Erfolgserlebnis. Die

Nähe auf der Teppichfliese war für beide nicht unangenehm. Durch das Spiel war dieser Fokus bei beiden nicht im Zentrum ihrer Aufmerksamkeit. In der Reflexion wird die Nähe im Nachklang als positiv beschrieben.

Reflexion

Die Reflexion stellt bei der systemischen Aktivierung einen wesentlichen Bestandteil dar. Hierbei geht es darum, die Erlebnisse in Worte zu fassen, das eigene Empfinden transparent zu machen und Zusammenhänge zwischen Übung und Realität aufzuzeigen. Durch die Reflexion werden positive Erlebnisse besser gefestigt und verankert. Gefühle können verstärkt, abgemildert oder überhaupt erst bewusst gemacht werden. Die anschließende Übertragung auf Alltagssituationen führt dann im besten Fall zu neuen Lösungsstrategien und einer Veränderung im Umgang mit den aufgezeigten Schwierigkeiten.

Sollte eine Übung einmal nicht das gewünschte Erfolgserlebnis mit sich bringen, kann die Reflexion genutzt werden, um einzelne Aspekte des »Scheiterns« herauszuarbeiten, und das Handeln der Parteien zielgerichtet hin zu erfolgreicheren Lösungsstrategien zu führen. Eine direkte Wiederholung der Übung im Anschluss an die Reflexion kann in dem Fall hilfreich für das verstärkende gelingende Erlebnis sein.

Ausblick

Die beschriebenen praktischen Situationen stammen aus dem Beratungsalltag und dienen der Verdeutlichung, wie die systemische Aktivierung wirken kann. Als kleine Interventionen bieten sie eine gute Ergänzung zu häufig sprachdominierten Beratungs- und Therapieansätzen in der Familienberatung.

Das im Anschluss in Sprache übersetzte Erlebnis kann einen neuen Rahmen schaffen und nachhaltig den gemeinsamen Umgang miteinander stärken. Die angebotenen Interventionen müssen dabei keine neuen, komplex überlegten Übungen sein. Die Einfachheit und damit das Gelingen stehen im Vordergrund. Durch das Beisein des Beraters oder der Beraterin und die zielgerichtete Reflexion bleibt etwas, auf das man in zukünftigen Sitzungen immer wieder Bezug nehmen kann. Darüber hinaus kann durch die aktivierende systemische Einbettung der Übungen die Sprachfähigkeit der Klientinnen und Klienten bezüglich der eigenen Bedürfnisse und Erwartungen ausgebaut werden. Die Erfahrung zeigt, dass bedacht und einzeln eingesetzt die systemische Aktivierung eine Lücke schließt zwischen subjektiver Wahrheit und neu oder wieder erlebter gemeinsamer Wirklichkeit.

 Die gemeinsamen Erlebnisse wirken bei Thea und Andre nach. In einer Abschlusssitzung nach einer dreimonatigen Pause zum letzten Treffen kommen die beiden mit ihrer Tochter. Es ist nicht plötzlich alles gut, aber die beiden haben sich wieder sichtbar angenähert. Sie suchen ab und zu kleine Zeitfenster nur für sich als Paar. Die Zeit zusammen mit ihrer Tochter nutzen sie bewusster, um sich durch gemeinsame Erlebnisse als Familie zu festigen.

Literatur

Michl, W. (2015). Erlebnispädagogik (3. Aufl.). Stuttgart: Reinhardt.
Michl, W., Seidel, H. (2018). Handbuch Erlebnispädagogik. München: Ernst Reinhardt.
Rieck, C. (2015). Spieltheorie: Eine Einführung (14. Aufl.). Friedrichdorf: Verlag Christian Rieck.
Schlippe, A. v., Schweitzer, J. (2016). Lehrbuch der systemischen Therapie und Beratung. Teil I: Das Grundlagenwissen (3. Aufl.). Göttingen: Vandenhoeck & Ruprecht.
Schwing, R., Fryszer, A. (2015). Systemisches Handwerk. Werkzeug für die Praxis (7., durchges. Aufl.). Göttingen: Vandenhoeck & Ruprecht.

Christina Hunger, Julian Geigges und Jochen Schweitzer

Soziale Netzwerkdiagnostik (SozNet-D): Die Erfassung und praktische Arbeit mit strukturellen und funktionalen Aspekten sozialer Beziehungen

STECKBRIEF: Soziale Netzwerkdiagnostik (SozNet-D)

WAS: Interaktiv-anregende, effiziente und dabei einfache Methode, um strukturelle und funktionale Aspekte sozialer Netzwerke sowie ihrer Veränderung zu erfassen.

WIE: Im Einzelsetting oder mit mehreren Personen möglich.

MATERIAL: Papier, Stift und (Spiel-)Steine; bei Bedarf (Beispiel-)Fragen zu strukturellen und funktionalen Aspekten sozialer Netzwerke. Das halbstandardisierte Interview und die Vorlagenblätter zur Sozialen Netzwerkdiagnostik können bei der Erstautorin angefragt werden.

ZEIT: Ca. 30–45 Minuten im Einzelsetting.

WAS ZEICHNET DIE METHODE AUS:

Die Soziale Netzwerkdiagnostik ist sowohl für Praktiker als auch Klienten leicht verständlich und einfach in der Anwendung. Sie lässt sich flexibel zur ressourcen- sowie problemorientierten Erfassung sozialer Netzwerke einsetzen und kann darüber hinaus sowohl zu Beginn eines Beratungs-/Therapieprozesses als auch über den Prozess hinweg Veränderungen in sozialen Netzwerken abbilden.

Die Rolle sozialer Netzwerke und sozialer Unterstützung für Gesundheit und Krankheit

Die Einbindung in gut integrierte soziale Netzwerke und die Wahrnehmung positiver sozialer Unterstützung stellen bedeutsame Faktoren psychischer und körperlicher Gesundheit dar. Sie lassen das Mortalitätsrisiko von Individuen um bis zu 50 % sinken (Holt-Lunstad u. Smith, 2012). Dies gilt für Patienten und Klienten genauso wie für deren wichtige Bezugspersonen, unabhängig von Alter, Geschlecht und Gesundheitsstatus und umso deutlicher, je komplexer soziale Netzwerke erfasst werden.

Soziale Netzwerke werden als »ein unter einem spezifischen Erkenntnisinteresse vorgenommener Ausschnitt der sozialen Beziehungen eines Individuums zu anderen Personen unter Einbeziehung der Beziehung dieser Personen untereinander« verstanden (Hass u. Petzold, 1999, S. 194). Gut integrierte soziale Netzwerke zeichnen sich durch eine angemessene Anzahl (Quantität) und Prosozialität (Qualität) der in ihnen wirkenden sozialen Beziehungen aus (Eaker, Sullivan, Kelly-Hayes, D'Agostino u. Benjamin, 2007). Dabei zählt die Quantität eines sozialen Netzwerks zu den *strukturellen Aspekten,* und die Qualität zählt zu den *funktionalen Aspekten* (siehe Tabelle 1). Beide stellen einen wichtigen Gesundheitsfaktor dar und beeinflussen mentale und auch biologische Prozesse. Soziale Unterstützung ist wichtig für die Funktionstüchtigkeit des Immunsystems, des endokrinen und kardiovaskulären Systems, für Erholung von Krankheit und Verletzung sowie Aufrechterhaltung der Gesundheit (DiMatteo, 2004). Soziale Unterstützung, insbesondere durch Familienmitglieder, ermöglicht eine bessere Stressbewältigung bei sowohl psychischer als auch körperlicher Erkrankung (Sherman, Webster u. Antonucci, 2013; Yilmaz, Bal, Beji u. Arvas, 2015). Dabei ist zwischen positiver sozialer Unterstützung und sozialer Negativität zu unterscheiden. Negativer sozialer Austausch steht im Zusammenhang mit einer erhöhten Anzahl der Episoden bei affektiven und Angststörungen (Bertera, 2005). Ein positiv beschriebenes Systemerleben korrelierte in einer von uns durchgeführten psychosozialen Interventionsstudie signifikant mit bedeutsamen Ergebniskriterien wie der individuellen Symptombelastung und psychosozialen Beschwerden (Hunger, Bornhäuser, Link, Schweitzer u. Weinhold, 2014; Hunger, Weinhold, Bornhäuser, Link u. Schweitzer, 2015). Darüber hinaus kann es in seiner Ausprägung vorhergesagt werden durch die psychosoziale Belastung bei Angehörigen von Psychotherapiepatienten (Hunger, Krause, Hilzinger, Ditzen u. Schweitzer, 2016).

Die Entstehung der Sozialen Netzwerkdiagnostik (Soz.Net-D)

In unserem Forschungsprojekt zum Vergleich von Kognitiver Verhaltenstherapie und Systemischer Therapie bei sozialen Angststörungen im Erwachsenenalter (SOPHO-CBT/ST; Universitätsklinikum Heidelberg) benötigten wir ein Instrument zur Erfassung der strukturellen wie auch funktionalen Aspekte sozialer Beziehungen.

Beziehungs- und Rollenstrukturen in sozialen Netzwerken wurden erstmals von Kahn und Antonucci (1980) mit der von ihnen entwickelten *Hierarchischen Netzwerkkartierungstechnik* erhoben. Dabei erfassten sie anhand dreier konzentrisch angeordneter Kreise die Enge der sozialen Beziehungen einer interessierenden Person, die sie im Mittelpunkt dieser Kreisstruktur positionierten. Im engsten Kreis befanden sich sehr nahestehende und viel Unterstützung bietende Personen, im peripheren Kreis eher wenig nahestehende und Unterstützung anbietende Menschen. Da uns nicht nur soziale Unterstützungsnetzwerke, sondern auch soziale Angstnetzwerke interessierten, adaptierten wir die Hierarchische Netzwerkkartierungstechnik auf beide Arten sozialer Netzwerke. Darüber hinaus formulierten wir Fragen zur wahrgenommenen sozialen Unterstützung, sozialen Negativität und dem Systemerleben, ebenfalls in Anwendung auf beide Netzwerkkarten. Die Gesamtheit der von uns praktizierten Sozialen Netzwerkdiagnostik inklusive Beispielfragen ist in Tabelle 1 dargestellt.

Tabelle 1: Soziale Netzwerkdiagnostik (Beispielfragen)

		Unterstützungsnetzwerk	Angstnetzwerk
Leitfrage		Welche Menschen(gruppen) unterstützen Sie, mit alltäglichen Situationen vertrauensvoll und sicher umzugehen?	Welche Menschen(gruppen) lösen bei Ihnen Angst aus beziehungsweise stehen für bestimmte angstauslösende Situationen »Pate«?
Strukturelle Aspekte	Größe	»Wer gehört dazu und wer nicht?«	
	Demografie	»Wie alt ist [Person]?« »Welches Geschlecht hat [Person]?«	
	Beziehungsart	»In welcher Beziehung stehen Sie zu [Person]?«	
	Beziehungsdauer	»Seit wann kennen Sie [Person]?«	
	Kontakthäufigkeit	»Wie oft sehen und/oder sprechen Sie mit [Person]?«	
Funktionale Aspekte	Positive soziale Unterstützung	»Wie sehr erleben Sie, dass [Person] sich um Sie sorgt?«	
	Soziale Negativität	»Wie sehr fühlen Sie sich von [Person] kritisiert?«	
	Systemerleben	»Wie sehr erleben Sie sich im Einklang mit [Person], d. h. dass Sie gut im Kontakt bleiben können, auch wenn nicht immer alles harmonisch läuft?«	

Einsatzmöglichkeiten

Die Soziale Netzwerkdiagnostik kann in allen beraterischen und therapeutischen Settings eingesetzt werden, in denen es um die Erfassung von und die Arbeit mit sozialen Beziehungen geht. Sie kann die *Genogrammarbeit* (McGoldrick u. Gerson, 2000) als ein Instrument zur Erfassung der Beziehungen im Herkunftssystem durch ihren stark gegenwartsbezogenen und über die Familie hinausgehenden Fokus ergänzen. Gleichfalls kann sie auch unabhängig vom Genogramm genutzt werden. Sie kann *zeitlich flexibel* sowohl querschnittlich (z. B. zur Exploration der für den Arbeitsprozess wichtigen sozialen Bezugspersonen) als auch längsschnittlich (z. B. zur Feststellung sozialer Bewegungen, sogenannter »social drifts«, über den zeitlichen Verlauf eines Arbeitsprozesses hinweg) eingesetzt werden. Sie kann an die individuelle *Praxis* angepasst werden (z. B. zum Gespräch über wichtige Bezugspersonen zu bestimmten Zeiten: »Wer war wann und wie, mehr oder weniger hilfreich mit Blick auf das formulierte Anliegen?«). Sie kann in der empirischen *Forschung* angewandt werden (z. B. zur standardisierten Erfassung der sozialen Netzwerkstruktur und der sozialen Unterstützung, sozialen Negativität und des Systemerlebens).

Unerwünschte Wirkungen (»Nebenwirkungen«)

In unserer Praxis und Forschung hat sich die Soziale Netzwerkdiagnostik als ein sowohl für Patienten und Klienten als auch deren wichtige Bezugspersonen interessantes und anregendes Interviewverfahren mit hohem Informationsgewinn erwiesen. Wichtig ist, die Soziale Netzwerkdiagnostik sensibel dem jeweiligen Anliegen anzupassen. Je detaillierter und zu je mehr Personen die verschiedenen Informationen erfragt werden, desto strukturierter werden die Fragen und desto weniger fließend die Antworten. Dies kann möglicherweise zu Einbußen im positiven Erleben des Gesprächs führen, insbesondere wenn sowohl Berater oder Therapeut als auch der Klient oder Patient und dessen wichtige Bezugspersonen das freiere Erzählen bevorzugen. Dies ist auch einer der Gründe, weshalb wir uns sowohl in unserer Praxis als auch Forschung inzwischen darauf begrenzen, zunächst die drei bedeutsamsten Personen(gruppen) zu fokussieren und nur bei Bedarf Details zu weiteren Personen(gruppen) einzuholen.

Fallbeispiel

Der 25-jähriger Architekturstudent Julian (Klientenname geändert) mit sozialer Angststörung kommt in unsere Ambulanz. In der ersten Sitzung erfolgt zunächst eine Auftragsklärung. Der Patient formuliert seine Hoffnung, sich freier im Umgang mit Vorgesetzten und Kunden zeigen zu können. Seine Familie und wichtigen Freunde leben ca. 600 Kilometer von seinem Studienort entfernt. Sein Partner lebt im Ausland. In der zweiten Sitzung führt die Therapeutin die Soziale Netzwerkdiagnostik durch. Nach Aufklärung über das Ziel der Diagnostik sozialer Beziehungen für die Behandlungsplanung fragt sie Julian, ob er lieber zuerst über Menschen(gruppen) sprechen will, die er als unterstützend oder angstauslösend erlebt. Der Patient entscheidet sich für die von ihm als unterstützend wahrgenommenen Personen und erhält das Vorlageblatt zur Arbeit mit dem Unterstützungsnetzwerk (vgl. Abbildung 1, S. 275). Sodann wird Julian gebeten, Holzsteine stellvertretend für diese Personen(gruppen) zu legen. Während und/oder nach Positionierung der Holzsteine erfragt die Therapeutin zu allen Personen(gruppen) deren Vornamen oder Gruppennamen, Alter, Beziehungsstatus (z. B. Partner, Kind, Familie, Vorgesetzter, Kollege), Dauer der Beziehung und Kontakthäufigkeit. Anschließend erfragt sie Aspekte der positiven sozialen Unterstützung, sozialen Negativität und des Systemerlebens. Sodann werden von allen benannten Personen(gruppen) die drei bedeutsamsten Personen(gruppen) fokussiert.

Beispielfragen zu den strukturellen und funktionalen Aspekten sozialer Netzwerke sind in Tabelle 1 dargestellt. Mit Blick auf die soziale Unterstützung und soziale Negativität bietet Tabelle 2 Vertiefungsfragen ebenso wie deren Skalierung an.

Tabelle 2: Soziale Unterstützung, soziale Negativität und Systemerleben (Beispielfragen)

Positive soziale Unterstützung   in Anlehnung an Bertera (2005) und Sherman et al. (2013)
– »Wie sehr erleben Sie, dass [Personenname] sich um Sie sorgt?«   – »Wie sehr fühlen Sie sich von [Personenname] verstanden?«   – »Wie sehr können Sie sich an [Personenname] wenden, wenn Sie ein Problem haben?«   *Antwortskala: 1 = gar nicht; 2 = ein bisschen; 3 = etwas; 4 = sehr*
Soziale Negativität   in Anlehnung an Bertera (2005) und Sherman et al. (2013)
– »Wie sehr fühlen Sie sich von [Personenname] überfordert?«   – »Wie sehr geht Ihnen [Personenname] auf die Nerven?«   – »Wie sehr streiten Sie mit [Personenname]?«   *Antwortskala: 1 = gar nicht; 2 = ein bisschen; 3 = etwas; 4 = sehr*

> **Systemerleben**
> in Anlehnung an Hunger et al. (2017)
> - »Wie sehr erleben Sie, dass Sie und [Personenname] zueinander gehören?«
> - »Wie sehr erleben Sie, dass Sie im Kontakt mit [Personenname] zu Ihren Bedürfnissen stehen können?«
> - »Wie sehr erleben Sie sich im Einklang mit [Personenname], d. h. dass Sie gut im Kontakt bleiben können, auch wenn nicht immer alles harmonisch zwischen Ihnen läuft?«
> *Antwortskala:*
> *1 = überhaupt nicht; 2 = wenig; 3 = mäßig; 4 = ziemlich; 5 = sehr; 6 = voll und ganz*

Nachdem die Arbeit mit dem Unterstützungsnetzwerk abgeschlossen ist und die erfragten Informationen eingeholt sind, schließt sich in gleichem Prozedere die Arbeit mit dem sozialen Angstnetzwerk an (vgl. Abbildung 2, S. 276).

Querschnittliche Beschreibungen

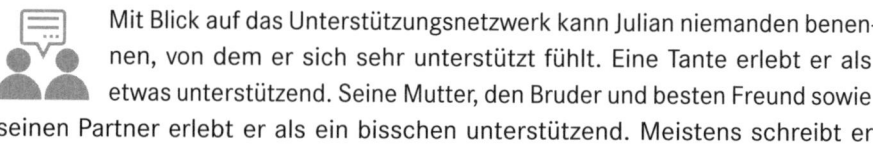
Mit Blick auf das Unterstützungsnetzwerk kann Julian niemanden benennen, von dem er sich sehr unterstützt fühlt. Eine Tante erlebt er als etwas unterstützend. Seine Mutter, den Bruder und besten Freund sowie seinen Partner erlebt er als ein bisschen unterstützend. Meistens schreibt er Whatsapp-Nachrichten und ist so im Kontakt mit diesen Personen. Jedoch macht es ihm sehr zu schaffen, dass diese Personen nicht in seiner Nähe leben und er sich mit den ihm wichtigen Menschen nicht auch physisch im Alltag erlebt. Von seinen Kommilitonen wünscht er sich mehr Unterstützung, weiß aber nicht, wie er diese anfragen kann. Er berichtet, dass er mit seinen Arbeiten sehr zufrieden ist und oftmals für seine fachliche Kompetenz und guten Entwürfe gelobt wird, sogar schon Auszeichnungen erhalten hat. In dem Moment, wo ihm die Kommilitonen jedoch »auf die Finger schauen«, erlebt er sich »wie eine Niete«, wird nervös, fängt an zu zittern und macht dadurch bei Detailarbeiten Fehler. Reziprok erlebt er sich zunehmend inkompetent, und seine Fehlerquote steigt. So ergibt sich ein Teufelskreis, aus dem Julian selbst keinen Ausweg sieht. Anhand der in Tabelle 2 dargestellten Fragen berichtet der Patient im Mittel über alle benannten Personen ein »bisschen« soziale Unterstützung bei gleichzeitig »etwas« sozialer Negativität und »ziemlich« gutem Systemerleben.

Das soziale Unterstützungsnetzwerk des Patienten zu Therapiebeginn ist in Abbildung 1 dargestellt.

Soziale Netzwerkdiagnostik (SozNet-D)

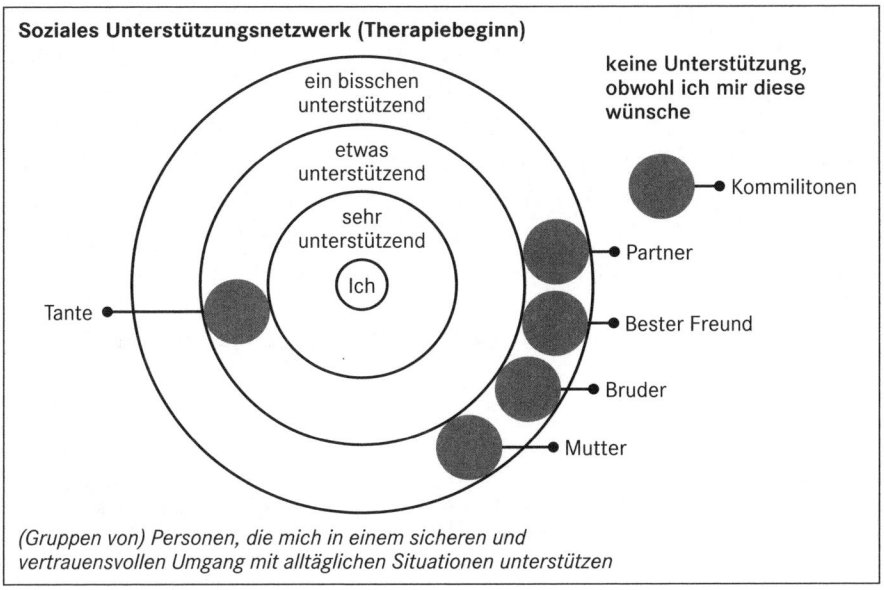

Abbildung 1: Soziales Unterstützungsnetzwerk des Patienten, Therapiebeginn

 Mit Blick auf das Angstnetzwerk benennt Julian den Krankenkassenberater als etwas angstauslösend. Aufgrund seines hohen Nebenverdienstes schreibt die Krankenkasse ihn immer wieder erneut an und befragt ihn zu seinem Versichertenstatus. Der Patient erlebt sich häufig gezwungen, Kontakt zu der Krankenkasse aufzunehmen, dabei »dumme« Fragen zu stellen und als »total inkompetent« abgewertet zu werden. Dass er stets neue Berater am Telefon antrifft, erschwert die Lage zusätzlich. Insofern repräsentiert »der Krankenkassenberater« hier eine Vielzahl angstbesetzter Situationen, denen gemeinsam die Kommunikation mit fremden Personen am Telefon zu inhaltlich wenig vertrauten Sachverhalten ist. Den Vater erlebt der Patient ebenfalls als etwas angstauslösend. Als bekannter Ingenieur reist der Vater durch die Welt und gibt auf vielen Kongressen Fachvorträge. Julian begleitet seinen Vater ab und an zu solchen Kongressen, wird von ihm jedoch in Angst und Schrecken versetzt, wenn der Vater ihn zum Beispiel nach einem Vortrag im Gespräch mit anderen Ingenieuren spontan anspricht und zu persönlicher Vorstellung einlädt. Als sehr angstauslösend erlebt Julian seine Kollegen und die Sekretärinnen des Architekturbüros, in dem er arbeitet. Beide Personengruppen repräsentierten Leistungssituationen im professionellen Tun und damit die Gefahr, sich als peinlich und »unfähig« zu erleben. Den Chef des Architekturbüros erlebt er hingegen lediglich als etwas angstauslösend. Er stellt somit eine Ausnahme in Relation zu den Kollegen und Sekretärinnen dar. Grund hierfür

ist, dass der Chef in gemeinsamen Projektbesprechungen zunächst Julians Fähigkeiten sowie der anderen Anwesenden hervorhebt, ebenso wie das, »was gut läuft«. Fehlschläge werden zwar umfassend kritisiert, der Patient kann diese jedoch besser wegstecken, da die vom Chef gewählte Reihenfolge in der Adressierung der Geschehnisse einen selbstsicheren Kontakt auch im Umgang mit seinem höchsten Vorgesetzten ermöglicht. Anhand der in Tabelle 2 dargestellten Fragen berichtet Julian im Mittel über alle benannten Personen »etwas« soziale Unterstützung bei gleichzeitig »etwas« sozialer Negativität und »wenig« gutem Systemerleben.

Das soziale Angstnetzwerk des Patienten zu Therapiebeginn ist in Abbildung 2 dargestellt.

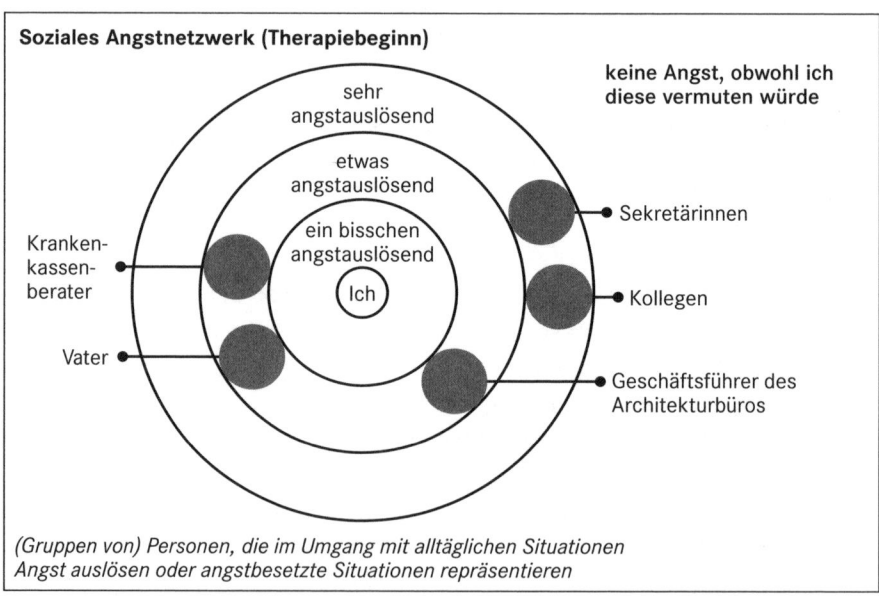

Abbildung 2: Soziales Angstnetzwerk des Patienten, Therapiebeginn

Längsschnittliche Beschreibungen

 Über den Therapieverlauf (14 Sitzungen, ca. sieben Monate) berichtet Julian soziale Bewegungen (»social drifts«) insbesondere mit Blick auf den Vater (Wechsel vom Angst- in das Unterstützungsnetzwerk mit »etwas unterstützend«), den Partner (»sehr unterstützend«; zuvor: »ein bisschen unterstützend«), den besten Freund und die Kommilitonen (»etwas unterstützend«; zuvor: »ein bisschen unterstützend«). Als bedeutsam für diese sozialen Bewegungen berichtet der Patient das Paargespräch, zwei Gespräche im Therapieraum mit seinem besten Freund sowie das durch diese Gespräche initiierte verbesserte Verständnis der Positionen und Interaktionsbedürfnisse des jeweils anderen. Nach den Gesprächen mit dem Partner und dem besten Freund erübrigte sich ein Gespräch mit dem Vater in Anwesenheit der Therapeutin. Dieses führte Julian in Eigenregie mit seinem Vater, und gemeinsam fanden die beiden ein passenderes Interaktionsmuster miteinander und auf Kongressreisen.

Ebenso zeigen sich soziale Bewegungen mit Blick auf den Krankenkassenberater und den Geschäftsführer des Architekturbüros, die zu Therapieende nicht mehr Teil des sozialen Angstnetzwerks sind, jedoch auch nicht im sozialen Unterstützungsnetzwerk auftreten. Als Grund für diese Veränderungen beschreibt Julian die für ihn subjektiv passendere Verortung und Wertezuteilung dieser beiden Personen(gruppen).

Anhand der in Tabelle 2 dargestellten Fragen berichtet der Patient mit Blick auf das soziale Unterstützungsnetzwerk im Mittel über alle zu Therapieende benannten Personen eine »sehr« gute soziale Unterstützung bei gleichzeitig »ein bisschen« sozialer Negativität und »sehr« gutem Systemerleben. Mit Blick auf das Angstnetzwerk beschreibt er im Mittel über alle zu Therapieende benannten Personen »ein bisschen« soziale Unterstützung bei gleichzeitig »ein bisschen« sozialer Negativität und »ziemlich« gutem Systemerleben.

Das soziale Unterstützungs- und Angstnetzwerk des Patienten zu Therapieende ist in Abbildung 3 und 4 dargestellt.

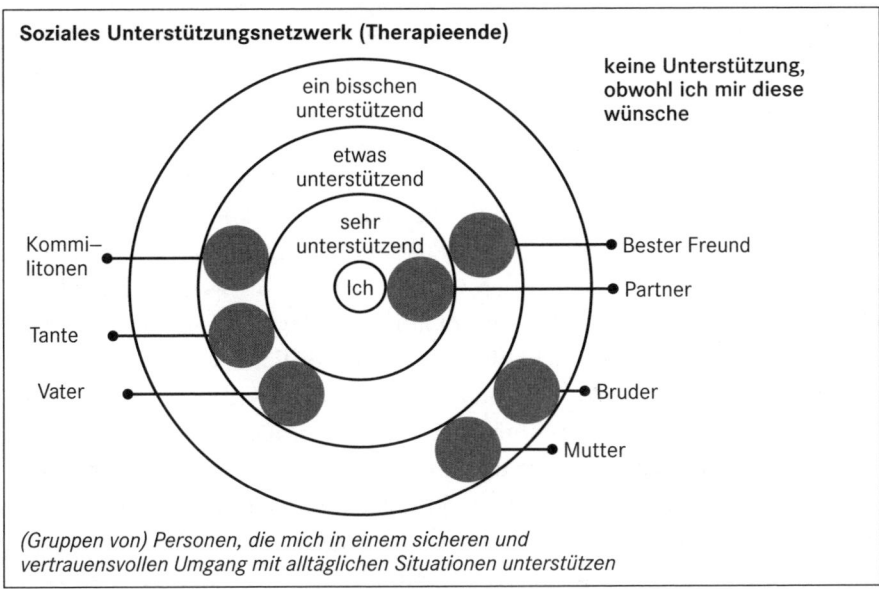

Abbildung 3: Soziales Unterstützungsnetzwerk des Patienten, Therapieende

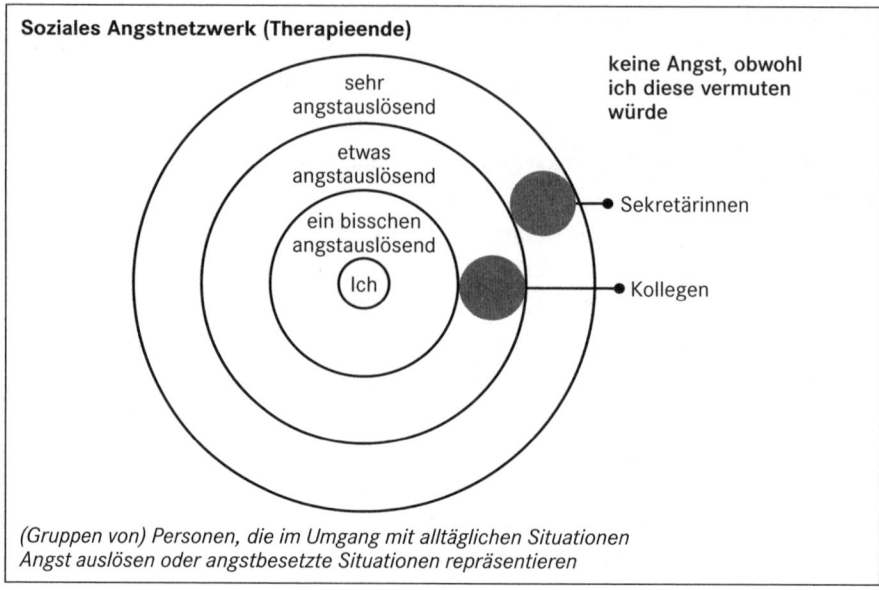

Abbildung 4: Soziales Angstnetzwerk des Patienten, Therapieende

Ausblick

Wir haben 2013 mit der Entwicklung der Sozialen Netzwerkdiagnostik begonnen. Seitdem haben wir uns die sozialen Unterstützungs- und Angstnetzwerke, positive soziale Unterstützung, soziale Negativität und das Systemerleben von Patienten mit sozialer Angststörung zu Therapiebeginn und im Vergleich zu Therapieende in zahlreichen Prozessen angeschaut. Wir haben darüber hinaus eine Kontrollstudie mit gesunden Personen verwirklicht. In einer neuen Studie wenden wir die Soziale Netzwerkdiagnostik bei Personen mit Alkoholkonsumstörungen an. Dazu haben wir die Soziale Netzwerkdiagnostik um ein Cravingnetzwerk erweitert. Unsere Studien liefern erste Hinweise auf die Größe, Komposition und Nachhaltigkeit unterstützender, angstbesetzter und Alkoholverlangen auslösender sozialer Netzwerke sowie ihre positiven Veränderung im Rahmen von Psychotherapien. Als besonders bedeutsam erweist sich dabei die Berücksichtigung der sozialen Negativität für Gesundheit und Krankheit. Insofern schließen unsere Studien an vorangegangene Befunde an, die dafür sprechen, dass es insbesondere die negativen sozialen Interaktionen sind, die der Vorhersage psychischer Gesundheit dienen und die einflussreicher erscheinen als eine ausschließliche Betrachtung positiver sozialer Unterstützung (Hunger, Geigges u. Schweitzer, 2016; Hunger, Hoffmann, Hackspiel u. Schweitzer, 2017; Hunger, Jung, Steinhauser, Weingärtner u. Schweitzer, 2017).

Literatur

Bertera, E. M. (2005). Mental health in U.S. adults: The role of positive social support and social negativity in personal relationships. Journal of Social and Personal Relationships, 22 (1), 33–48.
DiMatteo, M. R. (2004). Social support and patient adherence to medical treatment: A meta-analysis. Health Psychology, 23 (2), 207–218.
Eaker, E. D., Sullivan, L. M., Kelly-Hayes, M., D'Agostino, R. B., Benjamin, E. J. (2007). Marital status, marital strain, and risk of coronary heart disease or total mortality: The Framingham offspring study. Psychosomatic Medicine, 69 (6), 509–513.
Hass, W., Petzold, H. G. (1999). Die Bedeutung der Forschung über soziale Netzwerke, Netzwerktherapie und soziale Unterstützung für die Psychotherapie – diagnostische und therapeutische Perspektiven. In H. Petzold, M. Märtens (Hrsg.), Wege zu effektiven Psychotherapien. Psychotherapieforschung und Praxis, Bd. 1: Modelle, Konzepte, Settings (S. 193–272). Opladen: Leske + Budrich.
Holt-Lunstad, J., Smith, T. B. (2012). Social relationships and mortality. Social and Personality Psychology Compass, 6 (1), 41–53.
Hunger, C., Bornhäuser, A., Link, L., Geigges, J., Voss, A., Weinhold, J., Schweitzer, J. (2017). The experience in Personal Social Systems Questionnaire (EXIS.pers): Development and psychometric properties. Family Process, 56 (1), 154–170.
Hunger, C., Bornhäuser, A., Link, L., Schweitzer, J., Weinhold, J. (2014). Improving experience in personal social systems through family constellation seminars: Results of a randomized controlled trial. Family Process, 53 (2), 288–306.
Hunger, C., Geigges, J., Schweitzer, J. (2016). Social networks: Patients with Social Anxiety Disorder. German Congress for Psychosomatic Medicine and Psychotherapy (DGPM, 16.–19.03.), Potsdam, Germany.
Hunger, C., Hoffmann, C., Hackspiel, K., Schweitzer, J. (2017). Social networks: Change in patients with Social Anxiety Disorder. German Congress for Psychosomatic Medicine and Psychotherapy (DGPM, 16.–19.03.), Potsdam, Germany.
Hunger, C., Jung, N., Steinhauser, A., Weingärtner, A., Schweitzer, J. (2017). Social networks: Patients with Social Anxiety Disorder and Healthy Controls. German Congress for Psychosomatic Medicine and Psychotherapy (DGPM, 16.–19.03.), Potsdam, Germany.
Hunger, C., Krause, L. K., Hilzinger, R., Ditzen, B., Schweitzer, J. (2016). When significant others suffer: German validation of the Burden Assessment Scale (BAS). PLoS One, 11 (10): e0163101.
Hunger, C., Weinhold, J., Bornhäuser, A., Link, L., Schweitzer, J. (2015). Mid- and long-term effects of family constellation seminars in a general population sample: 8- and 12-month follow-up. Family Process, 54 (2), 344–358.
Kahn, R. L., Antonucci, T. C. (1980). Convoys over the life course: A life course approach. In P. B. Baltes, O. Brim (Eds.), Life span development and behavior (pp. 253–286). New York, NY: Academic Press.
McGoldrick, M., Gerson, R. (2000). Genogramme in der Familienberatung (2. Aufl.).Bern u. a.: Huber.
Sherman, C. W., Webster, N. J., Antonucci, T. C. (2013). Dementia caregiving in the context of late-life remarriage: Support networks, relationship quality, and well-being. Journal of Marriage and Family, 75 (5), 1149–1163.
Yilmaz, S. D., Bal, M. D., Beji, N. K., Arvas, M. (2015). Ways of coping with stress and perceived social support in gynecologic cancer patients. Cancer Nursing, 38 (2), E57–E62.

Diana Drexler

»Jetzt habe ich meinen Bruder doch noch kennengelernt« – einige Anregungen zur Aufstellungsarbeit im Einzelsetting

STECKBRIEF: Aufstellungsarbeit im Einzelsetting

WAS: Eine Möglichkeit, innere Bilder (von Systemen) zu externalisieren mit dem Ziel, im »Handlungsdialog« ressourcenorientierte Entwicklungsschritte zu visualisieren.

WIE: Hier wird das Vorgehen im Einzelsetting beschrieben, modifiziert auch im Mehrpersonensetting anwendbar.

MATERIAL: Figuren, Stühle oder Bodenanker.

ZEIT: 30–60 Minuten.

WAS ZEICHNET DIE METHODE AUS:

Bei der Aufstellung innerer Bilder, z. B. von Familiensystemen, wird – im Unterschied zu nur sprachlichen Vorgehensweisen – vieles auf »einen Blick« sichtbar. In diesem verdichteten Prozess werden direkte Erfahrungen auf vielen Sinneskanälen gleichzeitig möglich und können dadurch auf dem Weg zu einem besseren Platz im eigenen, inneren Bild nachhaltig geankert werden.

Vorschau

Aufstellungsarbeit hat inzwischen eine starke Verbreitung im Praxisalltag von Beratern und Therapeutinnen erfahren, und es werden – je nach therapeutischer Heimat und Arbeitskontext – ständig neue Vorgehensweisen und Formate entwickelt. Trotz vieler Gemeinsamkeiten mit anderen szenischen Verfahren (Skulpturen, Psychodrama, Familienrekonstruktion, Arbeit mit dem Familienbrett) gibt es prinzipielle Unterscheidungsmerkmale der Aufstellungsarbeit, die bei der Rezeption des Ansatzes zu berücksichtigen sind.

In diesem Beitrag beschreibe ich zunächst einige Charakteristika und typische Prozessschritte von Aufstellungsarbeit im Einzelsetting, wie sie nach dem Wieslocher Modell (Drexler, 2015) eingesetzt werden. Am Beispiel der Beratung eines 17-jährigen Jugendlichen veranschauliche ich anschließend einige exemplarische Vorgehensweisen. Abschließend werden als besonderes Merkmal dieser Arbeitsform ihre emotionsfokussierende und -modulierende Kraft sowie mögliche Konsequenzen und Weiterentwicklungsmöglichkeiten für die praktische Arbeit diskutiert.

Charakteristika und Prozessschritte der Aufstellungsarbeit im Einzelsetting

Im »Wieslocher Modell« werden Prinzipien systemischer Therapie der Heidelberger Schule und der »klassischen« Aufstellungsarbeit mit Konzepten und Vorgehensweisen aus psychodynamischen und körperorientierten Beratungsmodellen kombiniert:
- Als *Aufstellung im Einzelsetting* wird hier eine Arbeitsweise bezeichnet, bei der der Klient mithilfe von Figuren, Stühlen oder Bodenankern sein inneres Bild bezüglich eines Themas oder eines Systems auf dem Tisch oder im Raum externalisiert. Als Figuren werden häufig Playmobil- oder Holzfiguren (z. B. sogenannte »Strukties«) verwendet. In deren Gestaltung reichen Unterschiede hinsichtlich »größer/kleiner« und Geschlecht sowie die Markierung der Blickrichtung völlig aus. Als Bodenanker können Kissen, Schuhe, Papierblätter oder zugeschnittene Teppichreste im Raum gelegt werden (ebenfalls mit markierter Blickrichtung). Der Klient kann die verwendeten Aufstellungselemente einzeln benennen (z. B. »du repräsentierst meinen Vater«) und gibt diesen einen Platz auf dem Tisch oder im Raum, bis das Bild für ihn stimmig sein inneres Erleben der Beziehungskonstellationen wiedergibt.

- Der Aufstellung geht eine *Klärung des Anliegens* voraus, bei der auch Art und Anzahl der anfänglich aufzustellenden Elemente vereinbart werden. Als Grundlage für eventuell bedeutsame Informationen kann (muss aber nicht) das Genogramm dienen, wie es als Standardinstrument zur grafischen Erfassung von Informationen in Familien genutzt wird (McGoldrick, Gerson u. Petry, 2008).
- Bei den aufgestellten Bildern geht es zunächst nicht um die Darstellung aktueller oder konkreter Beziehungs- bzw. Konfliktsituationen. Der Aufstellende ist vielmehr eingeladen, »*Abstand von der Zeit*« zu nehmen und sein inneres Bild so aufzustellen, wie es sich im Akt des Aufstellens entwickelt. Auf dem Weg hin zu einem (vorläufigen) Abschlussbild erfolgen optional verschiedene Interventionsschritte (Prozessarbeit), um sukzessive eine Verbesserung des Befindens bei der Bildbetrachtung und Ideen für die Erfüllung des Anliegens anzuregen.

Aufstellen mit (Playmobil-)Figuren oder Bodenankern

Nachdem für die aufzustellenden Elemente die entsprechenden Stellvertreterfiguren ausgewählt und achtsam aufgestellt wurden, erhält der Aufstellende von der Beraterin eine »*Hypothesendusche*« über den Aufstellungsvorgang und über das von ihm aufgestellte Bild. Die Hypothesen folgen sprachlich stereotyp der immer gleichen Ausgangsformulierung: »Ich sehe/habe gesehen/habe gehört, dass …« – und es folgt ein überprüfbares Statement über das bisherige Geschehen oder das Bild (z. B. »ich sehe, dass du für dich selbst die kleinste Figur gewählt hast …«). Der Klient wird eingeladen, die Hypothesen zunächst schweigend auf sich wirken zu lassen. Erst im zweiten Satzteil wird dann eine Hypothese lanciert, zum Beispiel: »… und ich frage mich, ob du dich den anderen im Bild unterlegen fühlst«. Es ist günstig, zu einem Sachverhalt möglichst unterschiedliche Hypothesen zu äußern, hier zum Beispiel auch: »… und ich frage mich, ob du lieber nicht auffallen möchtest« etc.

Dieses Vorgehen ist für beide Beteiligten hilfreich: Durch die standardisierte Formulierung erhält der Klient übersichtlich ganz unterschiedliche Deutungen seines Bildes, kann diese auf sich wirken lassen und nachspüren, mit welcher Hypothese er weiterarbeiten will. Der Beraterin hilft dieses Vorgehen, der Formulierung einfacher Ursache-Wirkungszusammenhänge zu widerstehen bzw. Hypothesen wie Tatsachen zu beschreiben (»hier sieht man, dass du dich überlegen fühlst«; »ich sehe, dass du dich klein machst«). Die sprachliche Markierung als Hypothese (»ich frage mich, ob«) ermöglicht auch die Formulierung herausfordernder Ideen, ohne dass der Klient unter Druck kommt.

Für die Hypothesenbildung durch die Beraterin ist die Kenntnis sogenannter *kurativer* (im Unterschied zu normativen) *Prinzipien* nützlich, deren Berücksichtigung sich bei der Beratung von sozialen Systemen im Allgemeinen und bei der Aufstellungsarbeit im Besonderen als hilfreich und stimmig bewährt hat (Varga von Kibéd, 2005). Zu diesen gehören zum Beispiel das Thema Zugehörigkeit im Sinne persönlicher und systemischer Bindung, die zeitliche Rangfolge innerhalb von Systemen (Kaskadenmodell der Generationen), die inverse Zeitfolge zwischen Systemen und reziproke Ausgleichshandlungen von Geben und Nehmen in zwischenmenschlichen Beziehungen (siehe ausführlicher z. B. Drexler, 2015). Die Kenntnis häufig vorkommender Systemdynamiken bei Verletzungen dieser Prinzipien ergibt zusammen mit Theoriebildungen psychotherapeutischer Ansätze und praktischer Erfahrung der Aufstellerin den »Resonanzboden«, auf dem die Hypothesenbildung zu Beginn und während der Aufstellungsarbeit stattfindet. Sie leistet Orientierung im Umgang mit komplexen Aufstellungsbildern, besonders im Einzelsetting, wo die Aussagen der Repräsentanten fehlen – bei aller Vorsicht gegenüber der voreiligen Bildung von »Regeln« und Verallgemeinerungen. Über die Nützlichkeit der Angebote wird letztlich die Klientin oder der Klient entscheiden.

Der Klient wird dann gefragt, zu welcher Hypothese er eine Resonanz gespürt hat. Es wird betont, dass es bei den Hypothesen nicht darum geht, ob sie die Sichtweise des Klienten bestätigen (und in seinem Verständnis »richtig« sind), sondern vielmehr darum, ob daraus neue Ideen, hilfreiche Irritationen, Anregungen für Veränderung erwachsen. Möglicherweise ergibt sich dann schon ein erster Impuls beim Klienten, in seinem Bild etwas zu verändern. Die Qualität dieser Veränderung für den Klienten wird – ebenfalls stereotyp – mit der Frage: »Besser – schlechter – gleich?« überprüft. Nach deutlichen Veränderungen des Bildes kann jederzeit eine neue Hypothesendusche durch die Beraterin erfolgen.

Wenn der Klient keine eigenen Ideen oder Veränderungsimpulse hat, macht die Beraterin entsprechende Vorschläge. Die Umstellungen können in drastischen Varianten auch als »*diagnostischer Test*« für unterschiedliche Verhaltensoptionen wie »Gehen« oder »Bleiben«, eingesetzt werden.

Es folgen verschiedene Phasen und Prozessschritte, deren übergeordnetes Ziel die Suche nach einem etwas besseren Platz für den Klienten und nach unterstützenden Kräften und Ressourcen in seinem Bild ist. Dabei könnte es zum Beispiel darum gehen,
- historische Ereignisse zu rekonstruieren und mitzuteilen;
- schmerzhafte Affekte wahrzunehmen, zuzulassen und auszusprechen;
- unerledigte »Geschäfte« zu erledigen, z. B. zu danken, zu verabschieden, zurückzugeben oder loszulassen;

- Ressourcen zu erinnern oder zu finden;
- Ausgeschlossenes zu integrieren und Kontextvermischungen zu trennen.

In diesem Prozess kann der *Durchführung bestimmter Rituale durch Sätze und/ oder Handlungen* eine besondere Bedeutung zukommen. Diese werden vom Klienten selbst vollzogen, indem er entweder von seinem Platz aus zu den Stellvertreterfiguren spricht oder sich – bei Aufstellungen mit Bodenankern oder größeren Figuren – in sein Bild hineinstellt. Auf diese Weise kann er unmittelbar spüren, wie sich seine Position aus der Innenperspektive anfühlt, und einzelne Prozessschritte können körperlich geankert werden.

Arbeit mit Sätzen (»Sonden«)

Aufstellungsarbeit weist einige Besonderheiten im Umgang mit Sprache auf. Ähnlich wie in körpertherapeutischen Ansätzen wird darauf geachtet, dass nicht zu viel »über« etwas gesprochen, sondern stark auf das Erleben (das »Wie«) im Hier und Jetzt des Aufstellungsprozesses geachtet wird. Dabei kommt der Arbeit mit Sätzen *(»Sonden«)* ein besonderer Stellenwert zu. Der Begriff »Sonde« stammt aus der achtsamkeitsbasierten Körperpsychotherapie (Hakomi) und meint hier, dass dem Klienten im Zustand verstärkter Aufmerksamkeit verbale Schlüsselreize angeboten werden, verbunden mit der Einladung, seine Reaktionen auf die Sonde zu beobachten. Bei manchen Sonden wird ihm vorgeschlagen, diese nachzusprechen, wenn er sie als stimmig erlebt. Andernfalls werden sie für ihn passend abgewandelt.

Mit *»diagnostischen Sonden«* versucht die Beraterin, prägnant zusammenzufassen, was der Klient körperlich zeigt oder mit (vielen) Worten sprachlich ausdrückt, aber nicht sagt.

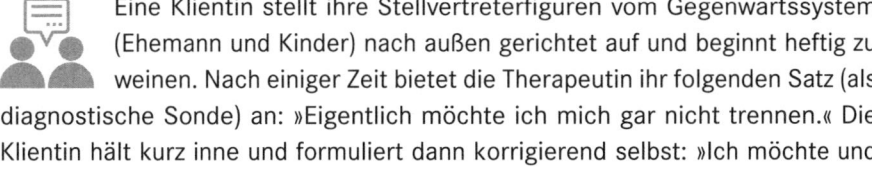

Eine Klientin stellt ihre Stellvertreterfiguren vom Gegenwartssystem (Ehemann und Kinder) nach außen gerichtet auf und beginnt heftig zu weinen. Nach einiger Zeit bietet die Therapeutin ihr folgenden Satz (als diagnostische Sonde) an: »Eigentlich möchte ich mich gar nicht trennen.« Die Klientin hält kurz inne und formuliert dann korrigierend selbst: »Ich möchte und ich werde mich trennen, und es ist sehr schwer für mich.«

Bei *»kurativen Sonden«* handelt es sich häufig um Angebote zum Aussprechen von (bisher nicht anerkannten oder nicht erkannten) Tatsachen, etwa: »Wir sind zwei Geschwister«; »jetzt sehe ich dich als meinen jüngeren Bruder«; »ich bin der Älteste«.

Wird das gesprochene Wort mit einer Handlung verbunden bzw. entspricht der Satz schon selbst einer Probehandlung, handelt es sich um eine »*performative Sonde*«. Sie wird beispielsweise ausgesprochen, während der Klient gleichzeitig ein Element im Bild platziert (z. B. »ich gebe dir jetzt einen Platz«) oder den eigenen Platz verändert (z. B. »ich ziehe mich jetzt von dir zurück«; »ich stelle mich jetzt mal neben dich«). Auf diese Weise wird gespürt und verbalisiert, erlebt, gehandelt und kognitiv integriert, was die Ankerung des Erlebten für den Alltag erheblich unterstützt.

Kataleptische Hand

Ein nützliches Arbeitswerkzeug bei der Arbeit mit Sätzen ist die kataleptische Hand. Sie wird z. B. dann eingesetzt, wenn der Klient sich in sein Bild gestellt hat und zu Stellvertreterfiguren für bestimmte Personen etwas sagen möchte. In diesem Fall berührt die Beraterin mit einer Hand den Bodenanker oder die Figur und führt diese dann nach oben, wo sie in entspannter Haltung auf Augenhöhe gehalten wird. Die Hand kann so als Projektionsfläche für die aufgestellte Person dienen, ohne dass die Beraterin sich selbst auf den Platz stellt und dadurch womöglich mit der Person in Verbindung gebracht wird.

Ambivalenzaufstellung mit Stühlen

Für die Externalisierung unterschiedlicher innerer Stimmen ist die Arbeit mit Stühlen besonders hilfreich, weil sich der Klient bequem mit unterschiedlichen Argumenten zu einem Thema beschäftigen kann.

Entsprechend dem hypnosystemischen Modell nach Gunther Schmidt (Seminarinformation) arbeitet die Beraterin auf metaphorischer Ebene mit »Herrn oder Frau Ich« (Seminarinformation; andere Begriffe können sein: der Präsident, der Clubchef), damit ist die in der Außenwelt handelnde Person in ihrem realen Alter gemeint. Es wird davon ausgegangen, dass die Entscheidungen und Handlungen des »Clubchefs« von potenziell vielen »Clubmitgliedern« (inneren Stimmen, inneren Anteilen) kommentiert, beeinflusst und manchmal sogar bestimmt werden. Entscheidungsprobleme haben aus dieser Sicht häufig mit einer Führungsschwäche des Clubchefs zu tun. Sei es, dass er einzelne Clubmitglieder bevorzugt und diese sich bei Entscheidungen zuungunsten anderer Interessen durchsetzen oder dass er das Feld ganz den unterschiedlichen Stimmenvertretern überlässt und keine Verantwortung für seine Handlungen übernimmt.

Als »Knoten im Taschentuch« im Sinne einer Arbeitshypothese wird davon ausgegangen, dass innere Anteile (Stimmen, Clubmitglieder, »Ego States« etc.) nicht gekündigt werden können und zunächst auch nicht verändert werden sollen, sondern dass ihre (ursprünglich meistens sinnvolle) Funktion verstanden, womöglich neu verhandelt und als Ressource für den Veränderungsprozess genutzt werden kann. Übergeordnete Ziele dieser Vorgehensweise sind ein »Führungscoaching« für den »Chef« oder die »Chefin« des Clubs (»Herr oder Frau Ich«) und die Differenzierung, Integration und optimierte Kooperation der Clubmitglieder.

Im konkreten Vorgehen bei der Aufstellung geht es also nicht eigentlich um eine Entscheidungsfindung, sondern um Unterstützung des Clubchefs in dem Sinn, dass er in seinem (inneren) Bild einen besseren Platz als bisher findet, von dem aus er sich den unterschiedlichen Stimmen stressfreier zuwenden und deren Argumente anhören kann.

Mögliche Prozessschritte sind: sich einen guten Abstand und Überblick verschaffen, verschiedene Argumente bewusst anhören, diese in ihrer (ehemaligen) Funktionalität würdigen sowie die Selbstversicherung etablieren, dass nicht einzelne Clubmitglieder, sondern »Herr oder Frau Ich« letztlich entscheiden wird.

Im Folgenden wird eine Variante (nach E. Lützner-Lay, Seminarinformation) vorgestellt, wie innere Stimmen mit Stühlen aufgestellt werden können:
- *Erhebung der inneren Stimmen:* Zwei unterschiedliche Stimmen zu einem inneren Konflikt werden in Form einer jeweils prägnanten Überschrift herausgearbeitet, z. B. bei der Ambivalenz hinsichtlich sozialer Kontaktaufnahme: »Du musst dich schützen« versus »Es ist schön, etwas mit anderen zu teilen«. Die Sätze werden am Flipchart verschriftet.
- *Aufstellung der Stimmen und des Clubchefs mit Stühlen:* Dies geschieht, indem der Klient einen Stuhl nimmt, direkt »anspricht« (z. B. »du bist die Stimme, die sagt«) und im Raum platziert.
- *Anhörung der Clubmitglieder/Stimmen:* Der Klient kann nun die einzelnen Plätze einnehmen und jeder Stimme das Wort geben. Danach setzt er sich auf den Chefstuhl, achtet darauf, wie es ihm auf dem Platz geht und welche Veränderungsimpulse in Richtung »besserer Platz für den Chef« er ausprobieren möchte.

Ähnlich wie bei der Arbeit mit Figuren assistiert die Beraterin aktiv mit Hypothesen, diagnostischen und kurativen Sonden sowie mit Vorschlägen für Umstellungen bei dem Prozess. Dabei ist zu beachten, dass der Klient immer wieder »draußen« neben der Beraterin pausiert und nicht zu schnell von einer Position auf die andere wechselt.

Wenn ein besserer Platz für den Chef gefunden wurde, kann ein Angebot der Beraterin an ihn sein, beiden Clubmitgliedern mitzuteilen, was er an ihnen schätzt und warum ihre Argumente wichtig sind bzw. einmal wichtig waren. Dabei kann auch getestet werden, wie es den Stimmen damit geht und was sich durch diese Würdigung ändert. Eine Abschlusssonde für diesen Arbeitsschritt könnte sein: »Ich achte auf eure Argumente, höre sie mir künftig aufmerksam an und nehme sie ernst – und der Chef im Club bin ich.«

Beispiel aus der Beratungsarbeit

Im Folgenden werden einige Praxisbeispiele über den Einsatz der oben beschriebenen Vorgehensweisen bei der Beratung eines 17-Jährigen vorgestellt (mit herzlichem Dank an B. Gibis, die das Fallbeispiel zur Verfügung gestellt hat).

 Peter (Klientenname geändert) ist Selbstanmelder bei der Beratungsstelle für Kinder, Jugendliche und Eltern, er hatte das Angebot im Internet gesucht. Er beklagt eine tiefe Traurigkeit, er könne kein richtiges Glück mehr empfinden, fühle sich oft leblos und wie in einem Kokon.

Vor eineinhalb Jahren hatten die Eltern ihm mitgeteilt, dass sie sich trennen würden. Seine damalige Freundin hatte sich ebenfalls kurz darauf auf unschöne Art von ihm getrennt. In der Schule habe er sich in dieser Zeit zunehmend fremd und als Außenseiter gefühlt. Von der Mutter habe er sich innerlich zurückgezogen, da er sehr enttäuscht von ihr war, dass sie sich vom Vater getrennt hatte. Inzwischen sehe er das so, dass er durch diese Krisen seine »Schutzschilder hochgefahren« hat, damit er nicht wieder so verletzt werden könne, dies hindere ihn aber auch am »richtigen« Leben. Er sei mitunter sehr kühl und abweisend anderen Menschen gegenüber. Das fühle sich aber nicht mehr richtig an.

Als wir uns mit seiner gegenwärtigen Lebenssituation und mit der Frage beschäftigen, wie er wieder Anschluss an ihm wichtige Menschen finden könne, zeigt er sich sehr ehrgeizig sowie schnell unter Spannung, und so setzt er sich auch mit seinen neuen Vorsätzen sehr unter Druck. Er kenne das Gefühl schon sehr lange, letztlich nie gut genug zu sein und »mit angezogener Handbremse« durchs Leben zu gehen.

Auf den Vorschlag, dass wir uns gemeinsam ein Bild von seiner Familie machen könnten, reagiert er sehr interessiert, und wir erstellen gemeinsam sein Genogramm, in das er die ihm bekannten und wichtigen Daten und Ereignisse einträgt. Neben das Symbol für seine Person hat er ein Fragezeichen gemalt: Seine Mutter sei kurz nach seiner Geburt erneut schwanger gewesen und habe dann eine Totgeburt gehabt. Dies habe er in einem Streit der Eltern »nebenbei« erfahren, sonst sei nie darüber gesprochen worden. Er fühlt sich durch die Ermutigung, seine Mutter darüber zu befragen, sehr angeregt und sieht darin auch eine Chance, wieder mit ihr über persönliche Dinge ins Gespräch zu kommen.

Aufstellung des Gegenwartssystems mit Figuren, Hypothesenbildung, Ergänzung eines fehlenden Elements

In der nächsten Sitzung nimmt Peter sehr interessiert den Vorschlag auf, sein Gegenwartssystem mit Figuren aufzustellen. Wir entscheiden uns, dass er mit Playmobilfiguren sein inneres Bild des Systems aufstellt, wie es sich im Prozess des Aufstellens ergibt (je eine Figur für Vater, Mutter, ihn selbst). Ich biete ihm dann eine »Hypothesendusche« an, darunter auch mehrere Ideen zu seiner Position im Bild:

»Ich sehe, dass du dich von beiden Eltern abgewandt nach draußen blickend aufgestellt hast, und ich frage mich …
- … ob du noch auf sie sauer bist«,
- … ob etwas oder jemand fehlt«,
- … wohin du schaust«.

Er hat zu den Hypothesen keine Ideen, möchte aber etwas dazustellen und wählt dafür eine kleine Figur, die er gegenüber seiner Stellvertreterfigur platziert. Dabei entsteht bei dem sonst so kontrolliert und beherrscht wirkenden jungen Mann eine deutliche emotionale Reaktion, die sich noch verstärkt bei der Hypothese, ob es sich um den kleinen Bruder handeln könne. »Mit dir wäre ich nicht so allein gewesen«, entfährt es ihm. Ich äußere die Vermutung, dass er dem kleinen Bruder vielleicht noch einiges sagen oder erzählen wolle, und wir entscheiden uns, die Aufstellung in den Raum zu verlagern, weil er zögert, zu der kleinen Playmobilfigur zu sprechen.

Aufstellung mithilfe von Bodenankern und kataleptischer Hand

Für diesen Arbeitsschritt verwenden wir Holzfiguren, die groß genug sind, um als Bodenanker im Raum aufgestellt zu werden. Der Klient stellt einen dieser sogenannten »Strukties« für den Bruder und einen für sich selbst auf und tariert sorgfältig einen guten Abstand aus. Mithilfe der Technik der »kataleptischen Hand« nimmt er imaginativ Kontakt mit seinem Bruder auf. Er erzählt »ihm« – mit meiner Unterstützung –, was er über ihn in Erfahrung gebracht hat: »Hallo Karl, ich bin Peter, dein Bruder. Ich war erst ein Jahr, als du geboren wurdest, aber ich habe dich immer vermisst. Jetzt gerade tut es mir gut, mich noch einmal mit dir zu beschäftigen« … »Von jetzt an gehörst du in meinem inneren Bild von der Familie dazu. Schau freundlich, wenn ich es mir gut gehen lasse und wenn ich auch dazugehören möchte« …

Zum Abschluss beschreibt er, wie er seinen Bruder nun wahrnimmt: dass er diesen als neugierig und freundlich schauend erlebe. Er sagt ihm, dass es schön sei, nun »voneinander zu wissen«, und dass er ihn gern ab und zu innerlich ansprechen würde. Der Bruder habe ihm freundlich zugenickt.

In den nachfolgenden Sitzungen beschreibt Peter immer wieder einmal, wie präsent sein Bruder inzwischen für ihn sei. Er nehme innerlich Kontakt zu ihm auf, wenn er sich besonders allein fühle, und dessen empfundene wohlwollende Haltung und sein Interesse lasse ihn oft etwas entspannter werden.

Nach diesem Ausflug in sein Herkunftssystem wenden wir uns wieder der Gegenwart zu und greifen seine Tendenz auf, sich immer wieder abzuschotten, wenn es um Beziehungsaufnahme geht. Zu dem Bruder habe er einen inneren Kontakt gefunden, aber seiner Mutter und Gleichaltrigen gegenüber sei er nach wie vor misstrauisch und kränkbar.

Aufstellung innerer Stimmen mithilfe von Stühlen

Ich paraphrasiere die zwei »Seelen« in seiner Brust, bis wir beide sie uns als innere Parlamentsmitglieder vorstellen können, die sehr unterschiedliche Auffassungen über Beziehungsaufnahme vertreten: »Schütze dich, sonst wirst du wieder verletzt oder im Stich gelassen« versus »Sei offener und vertrauensvoller, sonst bleibst du einsam«. Bei der Aufstellung steht der Chefstuhl in der Mitte zwischen beiden Stimmen, die ihm jeweils im rechten Winkel zugewandt sind.

Er startet auf dem Stuhl »mehr Offenheit«: Hier verbalisiert er die Sehnsucht dieses Teils, wieder einen guten Kontakt zur Mutter und deren neuem Lebenspartner zu haben, erinnert den »Chef« an das Interesse einer Klassenkameradin, die sich immer wieder ernsthaft um ihn bemühe, und dass er bald 18 sei und doch gut auf sich aufpassen könne.

Auf dem Stuhl der anderen Stimme kommt noch einmal der Schmerz und die Wut durch die Trennung der Eltern, seine Einsamkeit in dieser Zeit und die bittere Enttäuschung durch die Freundin zum Ausdruck, die ihn damals im Stich gelassen hat.

Nach einer Pause setzt er sich auf den Chefstuhl und merkt sofort, wie nah jede Stimme ihm »auf der Pelle« sitzt und auf ihn einredet, und er folgt unwillkürlich dem Impuls, mit seinem Stuhl aus der Mitte der beiden herauszurücken und sich gegenüber von ihnen zu setzen. Dies fühlt sich einerseits unmittelbar besser für den Clubchef an, allerdings hat er jetzt den Kontakt zu beiden Stimmen verloren, die sich nun gegenseitig anschauen und aufeinander einreden können. Nach einem vergewissernden Blick zur Beraterin wird er tätig und stellt die Stühle beider Stimmen mit etwas Abstand nebeneinander, dem Chefstuhl zugewandt.

Beim Test auf diesem Stuhl rückt er noch weiter zurück und fühlt sich in einigem Abstand – auch körperlich sichtbar – am wohlsten. Von der Beraterin gecoacht richtet er sich auf und spricht jede Stimme noch einmal würdigend an. Die Sequenz endet mit dem Satz: »Es ist gut, dass ihr beide in meinem Club seid. Ich werde öfter mal ein Treffen mit euch machen und euch anhören, und ich werde jedes Mal neu überlegen, wie ich mich entscheide.«

Zurück auf dem Stuhl neben der Beraterin ist er sehr erleichtert, dass es nicht um die Entscheidung für eine der Stimmen geht und dass jede Stimme situationsabhängig berücksichtigt werden kann.

Peter berichtet in einer der folgenden Sitzungen, dass er sich drei Playmobilfiguren besorgt habe – für sich und die zwei Stimmen. Diese stünden nun auf der Kommode neben der Wohnungstür. Manchmal, bevor er die Wohnung verlasse, mache er selbst eine kleine Aufstellung, um zu entscheiden, ob er bei der geplanten Aktivität mit Kontaktpersonen eher Vorsicht walten oder vertrauensvoll sein wolle.

Gefühle in Aufstellungen: Wirkungen und Risiken

Bei der Auswahl der aufzustellenden Systemelemente sollte beachtet werden, dass es sich um einen stark verdichteten Prozess zur Erfassung eines Systems handelt, der zeit- und raumübergreifend sein kann, etwa wenn Vertreterinnen und Vertreter mehrerer Generationen aufgestellt werden. Hier kann mit einem Blick erfasst werden, was sich sprachlich nur nacheinander benennen lässt. Die Externalisierung innerer Bilder und – bei Verwendung von Bodenankern – das Sichhineinstellen in diese Bilder ermöglicht *Erleben auf mehreren »Kanälen« gleichzeitig*: visuell, auditiv, kinästhetisch, motorisch-expressiv, emotional, kognitiv. Die unterschiedlichen Wahrnehmungsebenen betreffen einerseits die Selbstwahrnehmung auf verschiedenen Sinnesebenen, die Veränderung dieser Wahrnehmung durch Einnahme verschiedener Positionen im Raum und den Abgleich zwischen Eigenwahrnehmung mit der Wahrnehmung der Begleitperson. All diese Faktoren können dazu beitragen, dass Prozesse gleichzeitig intensiviert und – im Vergleich zu ausschließlich sprachlicher Präsentation – verkürzt oder beschleunigt werden. Dadurch haben die Bilder oft eine starke emotionale Wirkung und können (frühe) körperliche Erlebensinhalte z. B. von Stress und Kontrollverlust aktivieren. Deshalb sollte die Entscheidung für eine Aufstellung eine sorgfältige Einschätzung eventueller Belastungen durch diese Arbeit beinhalten, und die Interventionen sollten zur Belastbarkeit der Klientin sowie zur Erfahrung der Therapeutin passen.

Wenn entsprechende Informationen erst während des Aufstellungsprozesses auftauchen, kann sofort Distanz zum Bild hergestellt und im Handlungsdialog erforscht werden, wie die Klientin oder der Klient die Emotionsstärke des äußeren und inneren Prozesses selbst steuern kann.

Alles, was wie eine Regel aussieht, gilt nie immer

Dieses Bonmot habe ich oft von Gunthard Weber gehört. Vielleicht ist Ihnen das hier Beschriebene längst bekannt, vielleicht vermissen Sie Ihnen wichtige Aspekte oder hätten aufgrund Ihrer eigenen Erfahrung andere Schwerpunkte bei der Beschreibung dieser Aufstellungsformate gesetzt. Das bringen unterschiedliche beraterische und therapeutische Orientierungen und eigene Erfahrungen mit sich. Die hier etwas standardisiert klingenden Empfehlungen haben sich vor allem für den Start mit dieser Arbeitsweise bewährt. Mögliche Varianten, Alternativen oder Ergänzungen kommen mit zunehmender Praxis von selbst und werden natürlich am besten in Ausbildungs-, Supervisions- und Peergruppen diskutiert und ausprobiert.

Literatur

Drexler, D. (2015). Einführung in die Praxis der Systemaufstellungen. Heidelberg: Carl-Auer.
McGoldrick, M., Gerson, R., Petry, S. (2008). Genogramme in der Familienberatung. Bern: Huber.
Varga von Kibéd, M. (2005). Ein Metakommentar von Matthias Varga von Kibéd. In G. Weber, G. Schmidt, F. B. Simon (Hrsg.), Aufstellungsarbeit revisited: ... nach Hellinger? (S. 200–251). Heidelberg: Carl-Auer.

Thomas Meyer-Deharde

Gibt es in der Jugendhilfe Geister?
Initiation systemisch! Eine Reise zu sich selbst und zurück in die Zukunft

STECKBRIEF: Initiation in der Jugendhilfe

WAS: Eine emotionsbasierte, naturnahe, uralt-indigene Methode der Initiation, um (gefährdete) Jugendliche stärker mit ihren entscheidenden Wurzeln, Fertigkeiten und Ressourcen zu verbinden, um dadurch ihren Weg in die Zukunft und zum Erwachsenenwerden zu erleichtern.

WIE: Gruppensetting und Einzelgespräche; großes Gruppenwochenende in fremder Umgebung mit teilweisem Einbezug der Eltern bzw. der Bezugsbetreuer.

MATERIAL: Unter anderem: Herberge in naturnahem Gelände, Schlafsäcke, eventuell Tarps (Schutzplanen), Decken, Handtücher.

ZEIT: Zur Vorbereitung: sechs Wochen lang je ein Gruppenmeeting à 90 Minuten. Schließlich: ein langes Wochenende mit An- und Abreise.

WAS ZEICHNET DIE METHODE AUS:

Die Mischung aus sinnlich-emotionaler Naturerfahrung, Gemeinschaft, Aufmerksamkeit für die je individuellen Stärken und indigen verankertem Initiationsritual scheint den Jugendlichen unmittelbar »ans Herz« zu gehen und sie so mehr zu sich selbst kommen zu lassen.

Einleitung

Wir befinden uns am Ausgangspunkt der folgenden fachlichen Betrachtung in einer stationären Jugendwohneinrichtung mit insgesamt fünf Plätzen als Intensivwohngruppe im Herzen von Dresden. Die Betreuungszielgruppe sind Jugendliche beiderseitigen Geschlechts ab dem Schulalter, in aller Regel in familiären Konfliktsituationen, die eine jugendhelfende Krisenintervention notwendig erscheinen lassen.

Die betreffenden Jugendlichen sind zumeist kinder- und jugendpsychiatrisch vorbehandelt, diagnostiziert wurden Störungen des Sozialverhaltens, kombinierte Störungen des Sozialverhaltens und der Emotionen oder emotionale Störungen des Sozialverhaltens (erhoben nach ICD-10 bzw. DSM-5).

Übergeordnetes Ziel der stationären Betreuung ist die Rückführung der Jugendlichen in ihre Ursprungsfamilien. Wesentlicher Teil dieses Ziels unserer Arbeit ist es, schnell und eng mit den Eltern zu kooperieren. In der Befunderhebung hat sich dann häufig herausgestellt, dass die innerfamiliäre Belastungssituation oft eine Mischung ist aus elterlichen Bindungsbeeinträchtigungen, fehlenden haltgebenden Strukturen (z. B. Alltagsritualen), Patchworkkonstellationen, Überforderungssituationen in der Erziehung mit gewalttätigen und/oder Suchtmittel konsumierenden Verhaltensweisen, sozial angespannten Lagen, Schulverweigerung der Jugendlichen, Abgängigkeit aus dem Elternhaus, Jugendstraffälligkeit und bereits erlebten Jugendhilfekarrieren.

Im Verlauf meiner Tätigkeit in der stationären Betreuung haben wir zumeist männliche Jugendliche im Alter von 12 bis 18 Jahren betreut. Ein wesentlicher Anteil des Verhaltens der Jugendlichen war zu Beginn der Betreuung oft geprägt durch impulsive bis aggressive Verhaltensweisen, abgrenzenden intensiven Bezug zur eigenen Peergroup (deren Tun zumeist im Verborgenen gehalten wurde), Schulabbrüche bzw. Beschreibungen von kränkendem bis ausgrenzendem Verhalten in den Schulen, Erfahrungen mit Suchtmittelkonsum und einer ambivalenten Sichtweise auf die eigene Familie. Einige der Jugendlichen waren auch als »einsame Wölfe« unterwegs und im Straßenkindermilieu etabliert, andere haben ihre Familien, nicht selten ihre alleinerziehenden Mütter, über gewaltbezogene bzw. manipulative Verhaltensweisen »kontrolliert«.

Fachlicher Zugang

In den Konzepten von Brisch (2011) sowie Grossmann und Grossmann (2008) fanden wir passende Erklärungsmodelle dafür, wie oben genannte Verhaltensweisen von Jugendlichen verstehbar werden vor dem Hintergrund bindungsverunsichernder innerfamiliärer Situationen und von Auswirkungen elterlicher Bindungsunsicherheit auf das eigene Erziehungsverhalten.

Es erschien uns plausibel, davon auszugehen, dass unter verunsichernden Bindungsverhältnissen bei den Kindern früh innerpsychische Arbeitsmodelle entwickelt werden, bei denen einerseits im Empfinden von Sicherheit (»Selbstsicherheit« und Sicherheit in der Beziehungsgestaltung anderen Menschen gegenüber) Verstörungen etabliert wurden, die nach Ausgleich verlangen (auch neurophysiologisch: u. a. Grawe, 2004). Andererseits liegen damit aber auch für die selbstentwicklungsbezogene Autonomieentwicklung einschränkende Verhältnisse vor.

Grundlegend wurde auch deutlich, dass in der Entwicklung des Hilfekonzeptes ein verbaler bzw. beratender Zugang häufig nicht hilfreich war: Mit einem Kind zu sprechen ist eine fundamentale Voraussetzung dafür, dem Handeln, Denken und Fühlen des Kindes Begrifflichkeiten zu geben und den Aufbau von mentalen Repräsentationen zu ermöglichen (Beebe et. al., 2000; Beebe u. Lachmann, 2004). Die diesbezügliche Sprachentwicklung ist jedoch unserer Auffassung nach in bindungsverstörten Systemen ebenfalls gestört.

Jugendliche mit einem entsprechenden Sozialisationshintergrund empfinden in affektiv aufgeladenen Situationen somit manchmal »lediglich« körperlich (eine »Welle« oder einen »Druck«) und haben dafür dann keine sprachliche Bezeichnung, weil sie diese nicht gelernt haben. Zudem ist das affektive innere Signal häufig auch schnell »entlastend« (neurophysiologischer Prozess) und somit hilfreich, gerade dann, wenn damit durch impulshafte Verhaltensweisen Druck abgebaut werden kann oder auch Beziehungen hierarchisch geklärt werden können. »Besprechbar« und damit – kognitiv angesteuert – veränderbar, wird es nicht: Der affektive innere Impuls muss abgebaut werden, eine Sprache hierfür ist nicht entwickelt, Erfahrungen im sozialen Austausch sind nicht vorhanden.

In diesem Sinne war es uns plausibel, impulshafte und aggressive Verhaltensweisen auch als »Ausgleichsverhalten« verstehen zu können. Zumal, wenn in der subjektiven Bewertungschoreografie der Jugendlichen erneut unsichere Momente auftraten.

Konkretisierung der Interventionsidee

Ryan und Deci (2000) haben drei wesentliche psychologische Grundlagen herausgestellt, die gemeinsam den erfolgreichen Umgang mit Lebens- und Entwicklungsaufgaben im Jugendalter bestimmen: Kompetenz, Autonomie und Beziehung.

Nach Grossmann und Grossmann (2008) nennen sie ihren Ansatz zwar »Theorie der Selbstbestimmung«, sehen ihn jedoch unausweichlich mit der Entwicklung in sozialen Beziehungen verbunden, ohne die sich ein individueller, selbstmotivierter Umgang mit Herausforderungen nicht entwickeln kann.

Bei den oben genannten Jugendlichen fanden wir häufig folgende Entsprechung: Einerseits waren sie verstört über das Bindungsgefüge in den Ursprungsfamilien, verbunden mit Einschränkungen in der oben bezeichneten Kompetenz, sich selbst in sozialen Gefügen angemessen zum Ausdruck zu bringen; andererseits hatten sie Strategien erlernt, das innere System zu »beruhigen« (Suchtmittelkonsum, impulsive Verhaltensweisen, Ausstieg aus »beunruhigenden« Systemen wie Schule oder Ausbildung, Idealisierung bestimmter Personen und Verhaltensweisen).

Einerseits fanden wir im Interesse von Autonomieentwicklung bereits erlernte Strategien (»Ich gegen den Rest der Welt«, »Mir kann Niemand was«, »Ich pfeife auf den Staat«), andererseits gab es immer wieder sehnsuchtsvolle Andeutungen zu Bindungsthemen: »Wo komme ich her?«, »Was ist Gutes zu bewahren?«, »Wo finde ich meine Eltern, die sich um mich sorgen und es gut mit mir meinen?«

Dann kam die Idee mit den Geistern

Die folgenden Beschreibungen von Übergangsritualen beziehen sich im Wesentlichen auf Konzepte der »School of Lost Borders« (info@schooloflostborders.org), Literatur von Sylvia Koch-Weser und Geseko von Lübke (2000) sowie Malidoma Patrice Somé (1996, 2000). Übergangsrituale meinen, dass in Verbindung mit Lebensübergängen (z. B. Kindheit-Jugend oder Jugend-Erwachsenenalter) die betroffenen Menschen einer besonderen Würdigung bedürfen. Übergänge stellen Anforderungen, gehen mit einem Wandel einher, lassen etwas zurück und entwickeln Neues. Grundlegend ist dabei der Unterstützungsgedanke, orientiert an Gemeinschaft (soziale Bindungen), Ritual (Nachvollziehbarkeit und Handhabbarkeit von Abläufen, in Anlehnung an das Salutogenesekonzept von Aaron Antonovsky: Franke, 1997), Bezug zur eigenen Kompetenz (Resilienzentwicklung: u. a. Fröhlich-Gildhoff, 2009) und der Entwicklung innerseelischer Kompetenzen (u. a. Stoltze, 2002).

Übergangsrituale, bezogen auf den Übergang von Kindheit zur Jugend, sind z. B. in unserer Kultur die Kommunion, Konfirmation oder Jugendweihe.

Die Übergangsrituale der indigenen Kulturen – in einer sprachlichen Entsprechung könnte man sie »Visionssuche« nennen – haben u. a. den grundlegenden Gedanken, die Jugendlichen beim Entwicklungsschritt zum Erwachsen mit ihren »Visionen« in Verbindung zu bringen, dies durch den Kreis der älteren Frauen oder Männer zu unterstützen und in einen klar strukturierten Ablauf zu bringen.

In den »Visionen« finden die jungen Erwachsenen dann Ansätze ihrer lebensbezogenen Aufträge (Identifikationsaspekte), ihre Begleiter (z. B. kulturbezogene Geister, verbunden mit Namen) und ihr »Unterstützersystem«, auf das – gerade in lebensbezogenen Krisensituationen – immer wieder zurückgegriffen werden kann.

Übersetzung in die Jugendhilfe

Aus pädagogisch-therapeutischer Sicht gab es hier in unserem Fall nun einige Parallelen: Die Jugendlichen in unserer Einrichtung hatten, bindungsbezogen, häufig nur ein brüchiges Fundament von kompetenter Beziehungsgestaltung, und wir kamen auf den Gedanken, über ein entsprechendes Übergangsritual Beziehung in anderer Form anzubieten. Das verband sich mit dem Gedanken, einen begleiteten, sinnlichen »Erfahrungsraum« zu schaffen, der nicht in erster Linie sprachlich ausgerichtet ist.

Gleichzeitig befanden sich die Jugendlichen in einer Übergangssituation: Noch verbunden mit dem Wunsch nach Sicherheit in Bindungen, steuerten sie mehr und mehr in Richtung Autonomieentwicklung; die dabei bislang erworbenen Kompetenzen dienten jedoch überwiegend der inneren »Dissonanzreduktion«, man könnte auch Anspannungsreduktion sagen. Zusätzlich war die Überlegung, das innere Ressourcenfundament etwas mehr in das kognitive Bewusstsein zu rücken und zu ergänzen.

Nicht zuletzt wollten wir dieses Angebot gruppenpädagogisch konzipieren in der stillen Hoffnung, dass die Jugendlichen untereinander andere als die bisherigen Peergrouperfahrungen machen und aufeinander angemessen Bezug nehmen und sich unterstützen könnten.

Konzept

Wir stellten uns vor – zur Vorbereitung eines gemeinsamen Wochenendes, das wir mit den Jugendlichen unter entsprechenden Rahmenbedingungen in der Natur verbringen wollten – die Jugendlichen mit wesentlichen Themen ihrer

bisherigen Entwicklung in Verbindung zu bringen. Folgende Überschriften wählten wir für die Themen:
- Reise zur Familie,
- Reise zum Vater/zur Mutter,
- Reise zur Sexualität,
- Reise zur inneren Kraft,
- Reise in die Zukunft.

Das Konzept sah vor, dass wir im wöchentlichen Abstand zu jedem dieser Themen eine 90-minütige Gruppensitzung einplanten. Ein sechster Abend diente der direkten Vorbereitung für das Wochenende in der Natur. Danach war am darauffolgenden Wochenende von Freitag bis Sonntag die Aktivität in der Natur geplant. Zu dem Wochenende waren die Eltern bzw. Familienangehörigen am Sonntag eingeladen bzw., falls das nicht ging, der entsprechende Bezugsbetreuer.

Umsetzung

Von Anfang an trennten wir die Gruppen nach Geschlechtern und begrenzten die Teilnehmerzahl jeweils auf fünf. Unsere Erfahrung mit gemischten Gruppen in den Jugendhilfeeinrichtungen war, das ansonsten bei bestimmten Themen (z. B. Sexualität) »der Beat abging« und wir wenig Konstruktives erarbeiten konnten, zumal »der Beat« auch oft mehr Ausdruck von Schuld oder Scham und Reaktion auf gefühlte Provokationen war. Bei einer gleichgeschlechtlichen Gruppengröße von mehr als fünf schienen uns die Dynamiken zu komplex, um am Ende für jeden Jugendlichen sinnstiftend arbeiten zu können. Jede Gruppe erhielt zwei gleichgeschlechtliche Betreuer.

Die thematischen Gruppensitzungen waren nicht konzipiert, um ein konkretes Ziel zu erreichen – außer: Ein Symbol am Ende des Tages bzw. der Woche zu finden, das für den Jugendlichen mit der gefühlt wichtigsten Erinnerung/Erfahrung/Erkenntnis und dem Thema der jeweiligen Gruppenstunde in Verbindung steht. Wir erläuterten vorher, dass diese Symbole für das Wochenende in der Natur wichtig seien.

Jedes Thema brachten wir mit einem entsprechenden Arbeitsauftrag in Verbindung, den wir den Jugendlichen in schriftlicher Form am Ende einer jeden Gruppensitzung für den nächsten Termin mitgaben im Sinne einer Einladung/Hausaufgabe.

Es ging uns darum, dass jeder Jugendliche in Verbindung mit diesem Arbeitsauftrag sein Ergebnis vorstellen sollte und anschließend dazu Fragen gestellt werden durften/sollten. Zu Beginn jeder Gruppe wurde erneut auf die Moderatorenrolle hingewiesen und darauf, dass Fragen nicht in Richtung »Machbarkeit« orientiert seien, sondern in Richtung »Wo kommt es her?« Die Gruppen sollten somit unserer Auffassung nach nicht auf Plausibilität oder Zielorientierung ausgerichtet sein, sondern wir wollten einen sinnlichen Erfahrungsraum für die Jugendlichen zu ihren Auffassungen von den jeweiligen Themen schaffen und maximal in wertschätzende Rückmeldung darüber treten, was jeder Einzelne dazu denkt oder fühlt. Unsere Funktion sahen wir dann in erster Linie darin, darauf zu achten, *wie* rückgemeldet wurde (nach den Konzepten der gewaltfreien Kommunikation: Marshall Rosenberg, 2016, bzw. Autorität durch Beziehung: Haim Omer und Arist von Schlippe, 2013).

Reise zur Familie

Die Aufgabe zur Vorbereitung bestand darin, in einen von uns erstellten Vordruck (DIN-3-Blatt), auf dem ein Schiff dargestellt war, die eigene Familie als Besatzungsmitglieder einzusetzen. Dabei war darauf zu achten, welche Rollen (Kapitän, Steuermann, Decksmatrose, Smutje usw.) wer besetzt und wie die Beziehungen untereinander beschreibbar sind. Auch war uns wichtig zu überlegen, »wo die Reise hingeht«, was für ein Schiff gewählt wurde, wer den Kurs bestimmt, wie lange die Reise dauern würde, welche Route ausgesucht wird usw.

In der Gruppe selbst sind wir dann wie oben beschrieben vorgegangen: Jeder Einzelne hat sein Bild mit der Schiffsbesatzung vorgestellt, es gab Fragerunden, in denen thematisiert wurde, warum jemand gerade diese Frage stellt, jeder der vorstellenden Jugendlichen bekam eine Rückmeldung, wie seine Beteiligung empfunden wurde, und die Moderation hatte jeweils im Blick, Fragen möglicherweise zu verstärken. Zum Abschluss wurden dann Sequenzen aus dem Film »Whale Rider« vorgespielt.

Reise zu Vater und Mutter

Der vorbereitende Auftrag an die Jugendlichen war, Bilder vom Vater und/oder der Mutter mitzubringen. Wenn keine Bilder vorhanden waren, sollten kurze erinnerte Sequenzen von schönen/gelungenen/bedeutsamen Ereignissen auf Zetteln aufgeschrieben werden. In der Gruppe haben wir dann eine Timeline-Arbeit initiiert:

Wir haben dafür weitere Materialien zur Verfügung gestellt und die Jugendlichen dann gebeten, die Bilder/Zettel auf einer ihren Lebensweg symbolisierenden Linie darzustellen und zeitlich mit für sie relevanten Lebensereignissen in

Verbindung zu bringen. Es sollte eine Verbindung hergestellt werden zwischen den Bildern/Zetteln und ihrem bisherigen Lebensweg. Dann war die Aufgabe, bedeutsame Eigenschaften bzw. Neigungen/Interessen/Hobbys/Ansichten ihrer Väter/Mütter herauszusuchen, die im Leben der Jugendlichen eine Rolle spielen. In der Moderation war es uns wichtig, auch herauszuarbeiten, ob bei den Jugendlichen »Grundsätze« von Vater/Mutter zu erkennen sind, etwa im Sinne von: »Was macht eine Mutter/ein Vater für dich aus«?

Zum Abschluss haben wir für die jungen Männer Ausschnitte aus »The Kid« und für die jungen Frauen aus »Die Bienenhüterin« gezeigt.

Reise zur Sexualität

Die Aufgabe zu diesem Thema bestand darin, den/das in diesem Sinne besten/beste Film/Buch/Youtube-Video/Musikstück mitzubringen, das sich mit den eigenen Vorstellungen zur Sexualität am ehesten verbindet. In der Auswertung und Besprechung war für die jungen Frauen das Thema schnell auf die eigene Situation und das innere Erleben zu beziehen: auf Erwartungen, Erfahrungen, Interessen. Bei den Jungen gab es zunächst einen Umweg über die Frage »Was finde ich sexy, geil, erregend?« mit viel Gelächter in der Gruppe. In der Moderation war es für uns wichtig, in Richtungen von »ersten Erfahrungen«, »Rücksichtnahme« und »Gefühle« zu moderieren.

Reise zur inneren Kraft

In der vorbereitenden Aufgabe zu diesem Thema luden wir dazu ein, Situationen aufzuschreiben, in denen sich die Jugendlichen als männlich/weiblich, kräftig, überlegen, stark, wichtig, unangreifbar usw. erlebt haben.

In der Gruppensituation selbst waren dann im Gruppenraum 40 bis 50 DIN-A3-große Bilder von Männern und Frauen aufgestellt, zum Teil von bekannten, zum Teil von unbekannten Menschen (Dirk Nowitzki, Peter Fox, Arnold Schwarzenegger, Otto Waalkes; Angela Merkel, Madonna, Mutter Theresa usw.). Die Aufgabe war, sich ein entsprechendes Bild auszusuchen und dann kurz zu reflektieren, was mit dieser Person an innerer Kraft in Verbindung gebracht wird. Zum Abschluss wurden Musikstücke von Bushido und Marteria gehört mit der Fokussierung auf die Kraft, die aus Sicht der jungen Frauen bzw. Männer in den Texten zu finden war.

Reise in die Zukunft

Hier bestand der Auftrag an die Jugendlichen darin, eine Collage anzulegen zu den Dingen, von denen sie sich wünschen, dass sie in ihrer Zukunft für sie eine Rolle spielen. Hierbei gab es keine engeren Definitionen im Sinne von erreichbar/machbar/plausibel. Die Fokussierung bezog sich auf Wunsch und Sehnsucht.

Erneut gab es in der Gruppe die Aufgabe, sich die Collagen gegenseitig vorzustellen. In der Moderation, gerade bei Fragen, war der Fokus auf Aspekte gerichtet wie: »Wie entsteht der Wunsch?« oder »Wo kommt das Bild her?«

Zum Abschluss haben wir Szenen aus dem Film »Once Were Warriors« geschaut.

Vorbereitungsgruppe

In unserem letzten Termnin vor dem gemeinsamen Wochenende ging es in der Gruppe in erster Linie darum, den Ablauf des Wochenendes vorzustellen und praktische Fragen zu klären. Im Sprachgebrauch versuchten wir hierbei immer wieder, an die Begriffe »Übergangsritual«, »Initiationsritual«, »Natur«, »Visionssuche« und »indigene Kulturen« anzukoppeln. Unserer Vorstellung nach bot sich damit eine Möglichkeit, den sinnlichen Erfahrungsraumes zu verstärken, den wir durch das Wochenende herstellen und mit den thematischen Abenden verknüpfen wollten.

Genauso einen Vorbereitungsabend gab es dann für die verfügbaren Eltern (und Bezugspersonen) – zu allen Fragen, aber auch zu einer gemeinsamen Aktion: Die Eltern waren eingeladen, am Samstagabend während des Wochenendes an den Platz des Übergangsrituals anzureisen, um ihre Kinder nach einer Nacht in der »Wildnis« willkommen zu heißen und am Sonntag sich von ihren Kindern vom Erlebten erzählen zu lassen, um anschließend gemeinsam den Übergang zu feiern.

Das Wochenende der Initiation

Wir mieteten uns für das Wochenende, an dem die Initiation stattfinden sollte, auf dem Hof von Bekannten im Erzgebirge am Rand eines kleinen Dorfes ein. Der Ort war aus unserer Sicht wichtig, um in erster Linie in der Natur (sinnlicher Erfahrungsraum) zu sein. Für das Wochenende bestand Medienverbot, die Handys der Beteiligten waren eingezogen.

Die Unterkunft war so gewählt, dass mit Schlafsack und Isomatte ein Schlaflager in einer alten Scheune errichtet werden konnte und dass die Möglichkeit bestand, sich bei schlechtem Wetter zu den Mahlzeiten und Besprechungszeiten in der Scheune aufzuhalten. Das Wochenende wurde von den Betreuern geleitet, die auch die Gruppenstunden begleitet bzw. moderiert hatten.

Eine im traditionellen Sinne ursprünglicher Kulturen durchgeführte Visionssuche wird in den meisten angebotenen Kontexten unter Fastenbedingungen umgesetzt. Aus juristischen Gründen und auch aus Befürchtungen vor einer Überforderung der Jugendlichen nahmen wir davon Abstand. Jedoch hatten wir bei den Einkäufen auf Fastfood, Süßigkeiten und Kaffee verzichtet. Die Einkäufe genauso wie die Auswahl der Mahlzeiten hatten wir mit den Jugendlichen gemeinsam durchgeführt.

Freitag

Alle sind gemeinsam im Bus des Trägers angereist. Nach der Ankunft konnten sich die jungen Frauen und Männer auf dem Hof unter Begleitung der Besitzerin umschauen. Es wurde ein längerer Spaziergang unternommen, um sich auch für den weiteren Ablauf des Wochenendes »geländekundig« zu machen.

Wichtig war uns die Besprechung zweier zentraler Orte des Wochenendes: der Platz des Feuers und der Platz der Schwitzhütte. In der Schilderung der Plätze versuchten wir, die sinnlichen Erfahrungsräume zu öffnen (»Feuer bedeutet Wärme, Feuer bedeutet Ankommen, das Feuer muss bewahrt werden« »Die Schwitzhütte reinigt, Rückkehr zur Mutter Erde, Gemeinschaft«), ohne die Begriffe und deren Bedeutung zu sehr zu strapazieren.

Nachdem der Schlafplatz und das Feuer eingerichtet waren, wurde ein sogenanntes »Walk-a-Way« durchgeführt. Einer der Grundgedanken hierbei ist, dass die Teilnehmenden sich aus der Gemeinschaft entfernen und allein in eine Besinnung gehen. Sie übertreten hierbei eine Schwelle (»auf die andere Seite«, »in den anderen Raum«, »von der Jugend in das Erwachsensein« usw.) und gehen »in Besinnung«. Jeder einzelne Jugendliche wurde davor angeleitet, sich dabei einen Platz in der Natur zu suchen und sich seiner Symbole der einzelnen Vorbereitungsabende nochmals kurz zu widmen. Bevor die Jugendlichen sich von der Gruppe entfernten und in die Besinnung gingen, wurden sie verabschiedet. Dies sah so aus, dass jeder Jugendliche einzeln von den Betreuern verabschiedet bzw. über die Schwelle geführt wurde. Es fand hierzu ein kurzes Gespräch statt, darin beschrieben die Betreuer, die die Jugendlichen von den Themenabenden kannten, was ihnen aufgefallen war. Hierbei fokussierten sie auf Kompetenzen, Ressourcen, Qualitäten, besonders emotionalen Momenten, d. h., die Betreuer erzählten im

Beisein des Jugendlichen eine Geschichte über ihn zu seinen besonderen Eigenschaften, der Jugendliche hörte lediglich zu. Die Aufgabenstellung für das Walk-a-Way war dann, in Verbindung mit den bisherigen Erfahrungen und Eindrücken am Platz in der Natur und verbunden mit den mitgenommenen Symbolen, zu überlegen, was verabschiedet und was bewahrt bzw. fortgesetzt werden soll.

Die Jugendlichen hatten keine Anleitung zur Rückkehr, sie war lediglich mit der Einladung zur »Rückkehr ans Feuer« verbunden. Nachdem alle Jugendlichen vom Walk-a-Way zurückgekehrt waren, wurde das Abendessen vorbereitet, danach hatte jeder Zeit zur freien Verfügung und anschließend herrschte Nachtruhe. Es bestand zu jeder Zeit die Möglichkeit, einen der Betreuer anzusprechen, bis in die Nacht gab es eine »Feuerwache«: einer der Betreuer saß am Feuer und war ansprechbar.

Samstag

Der Samstag des Initiationswochenendes stand unter der Überschrift des Schwitzhüttenrituals. Da eine Darstellung all der Aspekte dieses Rituals zu umfangreich wäre, verweise ich auf die Homepage des Vereins (www.baerenstamm.de). Hier in aller Kürze:

Das Schwitzhüttenritual ist ein Reinigungsritual, entsprechend einer möglichen Veränderung im Leben und einer Erneuerung, die durch die symbolische Reinigung vorbereitet wird. Hierzu wird ein aus Weidenstäben gefertigtes Gerüst mit Decken überspannt. Es symbolisiert eine Schildkröte, die, wenn man sie durch den Eingang (»Hals der Schildkröte«) betritt, ein symbolischer Eingang zur Mutter Erde ist. In der Mitte der Schwitzhütte ist ein Erdloch eingegraben, welches in sechs Richtungen ausgerichtet ist: Die vier Himmelsrichtungen und oben und unten. In die Vertiefung werden nach einer bestimmten Abfolge im Feuer erhitzte Steine eingebracht, während die Jugendlichen um das Feuer sitzen. Die heißen Steine werden dann mit Wasser und Kräutern übergossen. Dieser Vorgang bildet die Grundlage für die Reinigung.

Der Wassergießer leitet das Schwitzhüttenritual an. Wir hatten das große Glück, einen Wassergießer, ausgebildet durch den Bärenstamm e. V., für unsere Aktivitäten gewinnen zu können. Nach der Bärenstammtradition werden dann, nach Beginn der Schwitzhütte, vier Durchgänge gemacht, jeder Durchgang steht für sich und wird entsprechend eingeleitet. Ein Durchgang in der Schwitzhütte besteht aus mehreren Elementen: es werden nach einer bestimmten Abfolge naturbezogene Dinge »rezitiert« wie Himmelsrichtungen, fundamentale Naturelemente und -dinge, Geschichten; die Jugendlichen erhalten Gelegenheiten, im Stillen oder laut, Dinge, die sie betreffen, anzusprechen.

Während der einzelnen Schwitzhüttenrunden ist es in der Hütte dunkel, lediglich der Widerschein der heißen Steine spendet ein wenig Licht. Man sitzt auf der Erde (»Nähe zur Mutter Erde«) oder auf einer kleinen Decke bzw. einem Handtuch.

Draußen, vor der Schwitzhütte, steht der sogenannte Feuerwächter, der nach dem Aufbau des Feuers und dem Einbringen der Steine ins Feuer während des Schwitzhüttenrituals über das Feuer wacht und in den kurzen Unterbrechungen der einzelnen Schwitzhüttendurchgänge nach Wunsch des Wassergießers Steine anreicht, die dann in die Vertiefung in der Mitte der Schwitzhütte gebracht und mit Wasser und Kräutern übergossen werden.

Und so war der Ablauf im Einzelnen: Nach dem Frühstück begann unter Anleitung des Wassergießers der Aufbau der Schwitzhütte.

In Kurzform: Weidenruten für das Gerüst der Schwitzhütte schneiden und entrinden; ein Erdloch für die Steine ausheben; Platz säubern; Feuerholz zurechtsägen; Steine für die Schwitzhütte besorgen; Feuerplatz einrichten; Gerüst bauen; Decken über das Gerüst ausbreiten; Hals der »Schildkröte« einrichten; Feuer aufbauen; Steine einbauen; Feuer entzünden; Vorbereitungen treffen für die Schwitzhütte selbst.

Wie bereits mehrfach angesprochen, waren die Jugendlichen zu den einzelnen Vorbereitungsabenden aufgefordert, Symbole für ihre Themen zu finden, und sie waren nach der Ankunft auf dem Platz für den Walk-a-Way eingeladen, die ihnen wichtigen Symbole mitzunehmen. Das Schwitzhüttenritual war vom Wassergießer im Verlauf des Tages eingeführt worden auch als eine Möglichkeit, Dinge im Leben zu verabschieden, zu beginnen oder auch mit besonderer Aufmerksamkeit zu versehen. Darauf wurden die Jugendlichen vor dem eigentlichen Schwitzhüttenritual nochmals aufmerksam gemacht und konnten hierfür am Hals der »Schildkröte« ihre Symbole anbringen. Die Vorbereitungen zogen sich von morgens bis in den späten Nachmittag hin, unterbrochen von einer Mahlzeit.

Dann ging es los: Alle Jugendlichen gingen allein mit dem Wassergießer in die Schwitzhütte, einer der Betreuer fungierte als Feuerwächter. Der Ablauf war dann in vier Teile rhythmisiert, nach jedem Zyklus gab es eine kurze Unterbrechung, dann ging die Decke auf, die Jugendlichen konnten rauskommen, neue heiße Steine wurden angereicht und dann ging es weiter.

Nachdem das Schwitzhüttenritual beendet war (Dauer zwischen 2–3,5 Std.), gingen die Jugendlichen unter die Dusche. Müde Gesichter, Lachen und Erstaunen herrschten bei allen vor. Dann gab es Abendbrot. Am Tisch bestand die Unterhaltung aus einer Mischung aus Schweigen und kurzen Kommentaren. Schließlich wurde die »Nacht im Freien« vorbereitet.

Die Jugendlichen waren mit der entsprechenden planerischen und auch inhaltlichen Vorbereitung nun in der Situation, nochmals eine sinnliche Erfahrung zu machen: Alles bisher Gewesene in der Nacht draußen in der Natur auf sich wirken zu lassen, d. h. – in der Ursprungsform vieler Visionssuchekulturen – nun ihre Vision zu empfangen. Die Aufgabe war, dass sich die Jugendlichen einen Platz aussuchen sollten, an dem sie die Nacht verbringen wollten. Dieser Platz sollte von ihnen mit ihren Symbolen sowie mit Schlafsack, Isomatte und eventuell eine schützende Folie wie Tarp eingerichtet werden. Sie konnten zu jeder Zeit zurückkommen zum Feuer, eine Betreuungsperson war immer ansprechbar.

Jeder Jugendliche wurde dann nochmals einzeln von den Betreuern verabschiedet, mit Rückmeldungen bezogen auf das bisher erlebte Wochenende. Es versteht sich von selbst, dass sich diese Rückmeldungen auf Kompetenzen, Ressourcen und positive Aspekte seines Verhaltens bezogen und eventuell Äußerungen über sich selbst in diesem Sinne aufgenommen wurden. Dann erfolgte die Verabschiedung »Über die Schwelle« wie beim Walk-a-Way.

Sonntag (und der Rest vom Samstag)

Nach der Verabschiedung der Jugendlichen kamen Samstagnacht die Eltern, die die Möglichkeit dafür hatten, bzw. die Bezugsbetreuer, die als primäre Bezugspersonen fungierten. Der Hof, auf dem wir uns befanden, bot Unterkunft für die Eltern. Sie wurden für den kommenden Tag angeleitet und konnten sich wünschen, dass sie, wenn ihre Kinder in der Nacht zurückkommen würden, von uns geweckt würden, um sie in Empfang zu nehmen.

In den zwei Initiationswochenenden, die wir mit Jugendlichen durchgeführt haben, kam keiner der Jugendlichen in der Nacht ans Feuer. Wir haben im Nachhinein beide Male erfahren, dass keiner von ihnen die Nacht allein verbrachte; die eine Gruppe verbrachte die Nacht komplett zusammen, in der anderen Gruppe teilten sich Gruppen auf, zumeist jeweils Jungen und Mädchen, die die Nacht gemeinsam durchlebten.

Im Morgengrauen kamen die Jugendlichen einzeln zurück, die Eltern bzw. Bezugsbetreuer wurden von uns dazugeholt, um ihre Kinder zu begrüßen und willkommen zu heißen. Die Jugendlichen haben sich dann nochmals am Feuer gesammelt.

Als alle zurück waren, führten wir die Vorbereitungen für den »Berichtskreis« durch: Im Heu in der Scheune wurden zwei Kreise vorbereitet: Ein Innenkreis für die Jugendlichen und zwei der Betreuer, ein Außenkreis für die Eltern bzw. die Bezugsbetreuer. Die Eltern wurden dann eingeladen, »in den Kreis« zu treten. Die Jugendlichen im Innenkreis fingen dann an, sich zugewandt zu erzählen, was sie erlebt hatten bzw. für bedeutsam hielten – ein Jugendlicher/eine Jugendliche nach dem anderen/der anderen. Jede(r) Jugendliche entschied für sich, wie viel Zeit sie (er) zum Berichten benötige, jeder Elternteil oder jedes Elternpaar auch. Wenn der einzelne Jugendliche fertig war, durften seine Eltern erzählen, was sie für wichtig hielten – sowohl in Bezug auf das gerade Gehörte als auch bezogen auf andere Erfahrungen mit ihrem Kind.

Nach dem Kreisgespräch hatten die Jugendlichen Gelegenheit, sich »schön zu machen«. Die Eltern warteten und nahmen dann, durch einen großen, von ihnen gebauten und geschmückten Bogen kommend, ihre Kinder in Empfang. Nach einigem Hallo, Umarmen, Lachen und Erzählen und kleinen Spaziergängen in die Umgebung wurde schließlich das Fest des Willkommens gefeiert: Die Eltern hatten die selbst mitgebrachten Speisen und Getränke zu einem Buffet aufgebaut. Es wurde gemeinsam gegessen und getrunken. Und am Ende des Wochenendes erfolgte die individuelle Rückreise der Jugendlichen mit ihren Eltern bzw. Bezugsbetreuern.

Rückblick

»Hat denn alles so geklappt wie oben beschrieben?«

Wenn man mich das jetzt fragt, kann ich nur antworten: »Selbstverständlich nicht!« Ich könnte jetzt viele Schwierigkeiten beschreiben, aber es erschien mir wichtig, zunächst das Gesamtkonzept vorzustellen. Diejenigen, die mehr zu den Problemen wissen wollen, können sich genauso bei mir melden wie diejenigen, die konkretere Beschreibungen haben wollen und an die Umsetzbarkeit denken.

»Hat es sich gelohnt?«

Tja, woran gemessen? Wir sind nicht in erster Linie evidenzbasiert an die Sache rangegangen, sondern (verrückt, oder?) lustbasiert. Zudem hatten wir einfach günstige Umstände bei den beiden Malen, als wir das Initiationswochenende durchgeführt haben. Viele, viele günstige Umstände sind dabei zusammengekommen, getragen von Leuten, die in erster Linie Vorfreude empfanden.

Zu der Nachwirkung des Wochenendes bei den Jugendlichen können wir nur Mutmaßungen anstellen. Wir haben keine Nachbefragung durchgeführt, lediglich kleinere Beobachtungen machen können: Kleine Kästchen in den Zimmern, in denen Symbole lagen; Zeichnungen in Schulheften mit irgendwelchen Ornamenten; bestimmte Begrüßungen mit den entsprechenden Betreuern; eine andere Form der Kommunikation in der Gruppe untereinander; Nachfragen zu bestimmten Details der durchgeführten Rituale.

Ich habe aber auch in der obigen Beschreibung eins vollkommen unterschlagen: Es gab sehr viele emotionale Momente während der thematischen Abende und des Wochenendes mit den Jugendlichen und auch mit deren Eltern, die, so glaube ich, eine große positive Wirkung haben (werden).

»Ist das Ganze nicht zu teuer?«

Wirtschaftlich ist es sicherlich ein Kostenfaktor, wir hatten aber mehrere Faktoren, die die Sache machbar werden ließen: Mitarbeiter, die auf Freizeit bzw. Lohn verzichtet haben; ein Träger, der den Hokuspokus mitgemacht hat; Spenden, die wir nutzen konnten, um z. B. den Wassergießer, die Transporte und die Unterkunft zahlen zu können.

»Ist das Ganze übertragbar?«

Weiß ich nicht! Ich finde aber, man kann sich ja, wenn man das oben Geschriebene interessant findet, auch mit einzelnen Details beschäftigen und diese ausprobieren: gruppenpädagogische Elemente mit thematischer Schwerpunktsetzung in der stationären Jugendhilfe, die auf sinnliche Erfahrung fokussiert und entsprechend begleitet; »Walk-a-Way«, den man auch anders nennen kann, wobei unsere Erfahrung schon ist, dass diese naturbezogenen Aspekte die Jugendlichen irgendwie schon »anfixen«.

Es gibt ja bereits Schwellenrituale, die man in dem oben beschriebenen Sinn einfach erweitern kann (viele Jugendliche kommen ja irgendwo mit Konfirmation, Kommunion bzw. Jugendweihe in Kontakt). Man kann Eltern-/Jugendarbeit machen, die auf das Miteinandertun fokussiert, die die Eltern ihre Kinder nochmals in einem anderen Licht erscheinen lässt (»Der erzählt ja von sich!«) und den gegenseitigen Austausch fördert usw. Ich stehe da gerne zum Gespräch bereit.

»Gibt es denn jetzt in der Jugendhilfe Geister?«

Ich habe mich, offen gestanden, um die Frage drum herumgedrückt, aber ich fand die Überschrift so passend. Also, mein Eindruck ist: Wir haben das Übergangsritual nicht in erster Linie über eine Form von Spiritualität eingesteuert, aber: So wie Malidoma Patrice Somé sein Buch mit »Die Kraft des Rituals« (2000) überschreibt, hatten wir den Eindruck, dass die Form des ritualisierten

Vorgehens, das wir gewählt haben, eine große Wirkung auf die Jugendlichen hatte. Hierbei hat die wohlwollende Begleitung, die zunächst nicht auf Veränderung des Verhaltens, sondern auf Würdigung der subjektiven Lebensrealitäten der Jugendlichen ausgerichtet war, sicherlich ebenfalls eine Wirkung erzielt.

Dennoch, besonders das Wochenende in der Natur, verbunden mit dem Walk-aWay, der Schwitzhütte, dem Draußenschlafen und Schwellenritual – all dies hat den Jugendlichen eine andere Perspektive geschaffen.

Was sie daraus machen? Gute Frage!

Literatur

Beebe, B., Jaffe, J., Lachman, F., Feldstein, S., Crown, C., Jasnow, J. (2000). System models in development and psychoanalysis: The case of vocal rythm coordination and attachment. Infant Mental Health Journal, 21, 99–122.
Beebe, B., Lachmann, F. M. (2004). Säuglingsforschung und die Psychotherapie Erwachsener. Wie interaktive Prozesse entstehen und zu Veränderungen führen. Stuttgart: Klett-Cotta.
Brisch, K. (2011). Bindungsstörungen. Von der Bindungstheorie zur Therapie. Stuttgart: Klett-Cotta.
Dilling, H., Mombour, W., Schmidt, M. H. (Hrsg.) (2000). Internationale Klassifikation psychischer Störungen. Bern: Huber.
Franke, A. (Hrsg.) (1997). Salutogenese. Zur Entmystifizierung der Gesundheit. Tübingen: dgvt.
Fröhlich-Gildhoff, K., Rönnau-Böse, M. (2009). Resilienz. München u. Basel: Reinhardt.
Grawe, K. (2004). Neuropsychotherapie. Göttingen: Hogrefe.
Grossmann, K., Grossmann, K. E. (2008). Bindungen. Das Gefüge psychischer Sicherheit. Stuttgart: Klett-Cotta.
Koch-Weser, S., Lüpke, G. v. (2000). Vision Quest. Visionssuche: Allein in der Wildnis auf dem Weg zu sich selbst. Klein Jasedow: Drachenverlag.
Omer, H., Schlippe, A. v. (2013). Autorität durch Beziehung. Die Praxis des gewaltfreien Widerstandes in der Erziehung. Göttingen: Vandenhoeck & Ruprecht.
Rosenberg, M. (2016). Gewaltfreie Kommunikation. Eine Sprache des Lebens. Paderborn: Junfermann.
Ryan, M., Deci, E. (2000). Self-Determination Theory and the Facilitation of Intrinsic Motivation, Social Development, and Well-Being. American Psychologist, 55 (1), 68–78.
Sass, H., Wittchen, H. U., Zaudig, M., Heuben, I. (2003). Diagnostisches und statistisches Manual Psychischer Störungen DSM-IV-TR. Göttingen: Hogrefe.
Somé, M. P. (1996). Vom Geist Afrikas. Das Leben eines afrikanischen Schamanen. München: Diederichs.
Somé, M. P. (2000). Die Kraft des Rituals. Afrikanische Traditionen für die westliche Welt. München: Diederichs.
Stoltze, K. (2002). Arbeit zum Ressourcenfundament bei Kindern und Jugendlichen. Konzept, ISFT Magdeburg.

Christian Pröls
Arbeit mit dem Lebensfluss

STECKBRIEF: Lebensfluss

WAS: Vielseitig verwendbare, kreative, analoge Methode[1] zur Ressourcenaktivierung.

WIE: Sowohl im Einzelsetting als auch mit mehreren Personen anwendbar.

MATERIAL: Seile in unterschiedlichen Längen; viele unterschiedliche Symbole; Moderationskarten.

ZEIT: 60 Minuten bis mehrere Beratungsstunden.

WAS ZEICHNET DIE METHODE AUS:

Der Lebensfluss lässt sich sehr flexibel in verschiedenen Settings und Beratungssituationen anwenden und ist eine kreative Methode der sinnlichen Externalisierung und Bearbeitung innerer Vorgänge anhand wichtiger Biografiestationen und zukünftiger Lebensziele.

---

1 Unter »analog« wird in diesem Text intuitives, bildhaftes, symbolisches Arbeiten verstanden.

Der Lebensfluss – was ist das?

Die Methode »Lebensfluss« wurde von Peter Nemetschek entwickelt. Dazu inspiriert haben ihn Begegnungen mit Virginia Satir und Milton Erikson. Der Lebensfluss ist eine darstellende Methode, in der mithilfe von Gegenständen und Symbolen komplexe Problemlagen externalisiert, Ziele erarbeitet und Ressourcen aktiviert werden. Die Methode zielt darauf ab, eine »Problemtrance« zu verlassen und »Lösungstrancen« zu schaffen. Was zunächst vielleicht sehr komplex klingt, lässt sich in der Praxis relativ leicht umsetzten. Benötigt werden dazu in erster Linie Seile, die den »Lebensfluss« symbolisieren sollen (Peter Nemetschek empfiehlt eine Länge, die der Diagonale des Therapieraums entspricht), und zusätzlich können noch Moderationskarten und verschiedene Symbole verwendet werden (Nemetschek, 2006).

Wann kann der Lebensfluss angewendet werden?

Mit dem Lebensflussmodell kann in den verschiedensten Konstellationen – ob Einzelpersonen, Paare oder Familien – gearbeitet werden. Ebenso lässt sich die Methode problemlos in unterschiedlichen Phasen einer Beratung oder Therapie anwenden. So kann sie gleich zu Beginn als Anamneseinstrument, im Zuge einer Krisenintervention oder als Abschluss- und Rückblicksmethode auf einen Beratungsprozess verwendet werden (Nemetschek, 2006).

Grundhaltung

Bevor die Methode genauer vorgestellt wird, ist es wichtig, auf wesentliche Grundhaltungen des Therapeuten einzugehen:

Ziel in der Arbeit mit dem Lebensfluss ist es, die Klienten an ihre Ressourcen heranzuführen und ihnen zu helfen, Herausforderungen im Leben wieder selbstständig zu meistern. Es gilt, darauf zu achten, dass den jeweiligen Lebensphasen der Klienten (z. B. Kindheit, Schulzeit, Umzug, Familiengründung etc.) die nötige Bedeutung geschenkt wird und den Lernerfolgen sowie dem Umgang mit Krisen Wertschätzung entgegengebracht wird. Daher sollte der Berater oder Therapeut seinen Fokus darauf richten, Positives (beispielsweise im Hinblick auf die Körpersprache, die Kommunikation, die »inneren Haltungen« usw.) bei den Klienten zu finden und dieses als Ressourcen zu benennen. Die Haltung des Beraters soll ausdrücken: »Ich traue dir/euch Lösungen zu! Ich unterstelle deinen/euren Handlungen Sinn! Ihr habt alle einen Teil in euch, der zur Lösung beitragen will! Ihr könnt was! Ich schätze eure/deine Bemühungen! Ich interessiere mich für dich/euch! Ich traue dir/euch Wachstum und Entwicklung zu!«

Diese innere Haltung sollte den Klienten immer wieder verdeutlicht werden, indem der Therapeut beispielsweise liebevolle oder interessierte Blicke und Gesten von Familiengliedern benennt und seine Wertschätzung für Anstrengungen und Emotionen der Klienten ausdrückt (»Da hast du aber wirklich alles gegeben!«, »Da waren sie wirklich zu Tode betrübt!«). Es kann hilfreich sein, den Klienten bei negativen Interpretationen von Ereignissen und Lebensphasen mithilfe von »Reframing« positive Sichtweisen auf diese anzubieten.

Vorgehensweise

Für die Arbeit mit dem Lebensflussmodell ist es notwendig, Seile, Symbole oder Moderationskarten in seinem Beratungsraum zu Verfügung zu haben und diese gut sichtbar und ansprechend zu platzieren.

Zu Beginn wird der jeweilige Klient aufgefordert, ein Seil auszuwählen, das seinen Lebensfluss vom Beginn des Lebens über das Hier und Jetzt bis in die Zukunft symbolisiert. Dieses soll so ausgelegt werden, dass der Teil des Seils, der für die Zukunft steht, in Richtung Fenster bzw. Lichtquelle zeigt. Der Verlauf des Seils muss nicht gerade sein, sondern soll aktiv gestaltet werden und kann größere und kleinere Wellen, denen eine Bedeutung zugeschrieben wird, aufzeigen. So kann eine Amplitude nach unten für eine Krise – wie z. B. eine schwere Krankheit, Trennung, Arbeitslosigkeit – und eine nach oben gerichtete für einen Erfolg im Sinne eines positiven Erlebnisses stehen – wie den Schulabschluss, eine Reise, die Hochzeit.

Zusätzlich können unterschiedlichste Symbole an die jeweiligen Ereignisse am Lebensfluss platziert werden. Durch sie können beispielsweise Erfahrungen wie die Geburt eines Kindes verdeutlicht werden. Zusätzlich können sie für Ressourcen stehen, die bei der Bewältigung einer Krise geholfen haben oder eine erlernte Fähigkeit, wie z. B. Durchhaltevermögen, darstellen.

Peter Nemetschek hat auch sehr konkrete Formulierungen gefunden, mit denen die Arbeit am Lebensfluss angeleitet werden kann. Um den Umfang dieses Beitrags nicht zu sprengen, verweise ich Interessierte auf sein Buch (2006) und seine Workshops (www.familientherapie-peter-nemetschek.de).

Einsatzmöglichkeiten für das Lebensflussmodell

Der Lebensfluss lässt sich grundsätzlich auf verschiedene Art und Weise einsetzen. Im Folgenden stelle ich verschiedene Varianten genauer vor. Die gewählte Variante hängt vor allem von dem gemeinsam erarbeiteten Ziel bzw. dem Auftrag der Klienten sowie von den zeitlichen Ressourcen ab.

In der Arbeit mit Paaren und Familien kann einerseits ein einzelnes Seil den gesamten »Lebensfluss« einer Paar- oder Familiengeschichte darstellen. Andererseits kann eine »Lebensflusslandschaft« mit mehreren Seilen bzw. Lebenslinien erarbeitet werden, indem jede Person ihr eigenes »Lebensseil« legt. Auch in dieser Variante hat es natürlich eine Bedeutung, wie die Seile zueinander platziert werden. So können zwei Seilabschnitte, die sehr eng aneinanderliegen, eine Lebensphase symbolisieren, in der sich zwei Menschen sehr nahe waren. Die Rolle des Beraters besteht darin, den Prozess mit Fragen und Anregungen zu unterstützen: »Wann fand die erste Begegnung statt? Wann waren Sie sich als Paar besonders nahe? Suchen Sie sich doch bitte ein Symbol, dass für Ihre Verletzung steht. Was könnte Ihre Verbindung symbolisieren?«

In der Arbeit mit Familien, ist es sinnvoll, zunächst mit der Paargeschichte der Eltern zu beginnen und deren Lebensflüsse nach und nach mit den Seilen der Kinder zu ergänzen. Es hat sich bewährt, die Arbeit mit wichtigen Eckpunkten im bisherigen Leben der einzelnen Personen zu beginnen und die Lebensflüsse anschließend Schritt für Schritt mit weiteren Elementen zu ergänzen, um kein Familienmitglied in diesem Prozess zu »verlieren« oder »abzuhängen«. Für Kinder ist es in diesem Prozess oft spannend, die Liebesgeschichte ihrer Eltern zu hören. Eltern wiederum sind häufig darüber verblüfft, welche Ereignisse für ihre Kinder bedeutsam sind, weil sie diese ganz anders eingeschätzt oder manchmal sogar vergessen hatten. Gleichzeitig muss der Therapeut jedoch als Moderator darauf achten, dass kein Familienmitglied zu lange spricht.

Ist das Ziel des Therapeuten/der Beraterin beispielsweise, eine ausführliche Anamnese zu erheben, ist es zweckmäßig, dies im Einzelsetting mit einem ausführlichen Lebensfluss und in der Arbeit mit Paaren oder Familien anhand einer Lebensflusslandschaft zu erarbeiten. Dieser Prozess kann mehrere Stunden in Anspruch nehmen. Die Arbeit ist dabei niemals »nur« Anamnese, sondern immer auch Intervention. Gerade in der Arbeit mit Paaren oder Familien können so viele wertvolle Prozesse angeregt werden. Es erweitert sich die individuelle Sichtweise auf die Paar- oder Familiengeschichte.

Achtsamkeit seitens des Beraters ist geboten, wenn abwertende Bemerkungen oder Gesten gemacht werden und Familienmitglieder beispielsweise beginnen, ihre Augen zu verdrehen oder bei Geschichten anfangen zu stöhnen. Dies kann den aktuell Erzählenden verunsichern, und zeigt zudem, an welchen Stellen sich die Klienten schwertun, ihrem Gegenüber Wertschätzung entgegenzubringen. An diesen Punkten ist es sinnvoll, die Situation aufzugreifen, um wieder eine anerkennende Atmosphäre herzustellen: »Ich höre Sie stöhnen an dieser Stelle, was hat dieses Stöhnen zu bedeuten?« »Was brauchen Sie, um nach dieser Unterbrechung gut weiterarbeiten zu können?«

Eine weitere Variante des Lebensflusses ist es, in eine relevante Familien- oder Lebensphase »hineinzuzoomen«: Sei es ein Umzug, nach dem sich die Familie oder einzelne Familienmitglieder schwertun, in der neuen Heimat anzukommen, oder die Lebenszeit vor einer (Ehe-)Krise. Oft ist es möglich, so zu erarbeiten, wie es zu dieser kam, welche Faktoren sie auslösten, was half, sie zu überwinden, und was die Klienten tun können, um Krisen zukünftig zu vermeiden.

Auch zum Abschluss eines Beratungsprozesses lässt sich die Methode gut einsetzten, indem die einzelnen Beratungsschritte in Bezug auf den Lebensfluss betrachtet werden.

Ist es gelungen, mit seinen Klienten in einem ersten Schritt ein Ziel zu erarbeiten, ist der Lebensfluss ebenso eine geeignete Methode, um die Zielerreichung schrittweise zu verdeutlichen. In einem zweiten Schritt ist es nun nämlich möglich, dazu aufzufordern, ein Symbol für das Ziel zu suchen und dieses an der Stelle im Lebensfluss zu platzieren, an der es erreicht sein soll. Anschließend wird ein Symbol für das »Hier und Jetzt« gesucht und ebenso am Lebensfluss verortet. Die Klienten können sich nacheinander an die beiden Punkte stellen. Dort formuliert der Berater jeweils Fragen, um Unterschiede im Befinden und zu Gefühlen herauszuarbeiten. Zusätzlich ist es interessant zu erfragen, welche Auswirkungen ihr Handeln und Fühlen in der jeweiligen Situation auf sie und ihr Umfeld hat. Wichtig ist vor allem, dass die Klienten am Zielpunkt in ihren Körper hineinspüren und diesen Zustand verankern. Dieser Prozess kann durch den Berater mit Fragen unterstützt werden: »Wie fühlt es sich an, dein Ziel erreicht zu haben? Wo spürst du das? Lege deine Hand auf den Ort des positiven Gefühls! Kannst du dem Gefühl eine Farbe oder ein Symbol zuordnen?«

Eine weitere Variante, mit dem Zielpunkt zu arbeiten, besteht darin, die Klienten zu bitten, sich so an diesen zu stellen, dass sie von dort aus zum »Hier und Jetzt« zurückblicken können. Zuerst werden die Klienten wieder angeregt, ihr Körpergefühl wahrzunehmen, um anschließend herauszuarbeiten, wie sie ihr Ziel erreicht haben könnten: »Nun, da du dein Ziel erreicht hast, welche Schritte hast du dafür unternommen? Wer oder was hat dir dabei geholfen? Was würde dein zukünftiges Ich deinem heutigen Ich raten, worauf es auf dem Weg zum Ziel achten sollte?«

Auch bei aktuellen Krisen lässt sich mit dem Lebensfluss arbeiten. Die Krise kann im Lebensfluss durch eine große Kurve im Seil symbolisiert und die Klienten anschließend aufgefordert werden, Symbole für die drei Punkte »Hier und Jetzt«, »Krise gemeistert« und »Futur 2« also den Punkt in der Zukunft, an dem schon wieder über die momentane Krise geschmunzelt werden kann (»Schmunzelpunkt«), zu suchen. Den »Schmunzelpunkt« leitet man mit einer Aufforderung ein wie: »Und jetzt suchen Sie auf dem Lebensfluss den Punkt, an dem Sie über die gegenwärtige Krise bereits wieder schmunzeln können, weil Sie sie gelöst haben und Sie durch diese nicht mehr belastet sind oder denken: ›Oh mein Gott, das waren ja verrückte Zeiten!‹ Wie Sie vielleicht ja auch jetzt über die eine oder andere Episode in Ihrem Leben wie z. B. den ersten Liebeskummer ein wenig schmunzeln können.«

Nun wird wieder an allen Punkten herausgearbeitet, wie sich der oder die Klienten fühlen; wie es ihnen mit ihrem Umfeld geht; wie ihr Körpergefühl ist; an welchen Stellen im Körper sie das Gefühl spüren; was sie sich von der Position »Futur 2« aus raten würden; was sie denken, was ihnen geholfen hat, die Krise zu lösen etc. So kann sich erneut das Blickfeld vergrößern, ein Gefühl dafür entstehen, wie sich das Leben nach der Krise anfühlt und Raum für kreative Lösungen geschaffen werden. Ebenso kann auf wertvolle Fähigkeiten, die bei früheren Krisenbewältigungen geholfen haben, zurückgegriffen werden.

Zusammenfassend kann festgehalten werden, dass sich der Lebensfluss vielfältig einsetzen lässt und besonders dazu geeignet ist, Ressourcen von Klienten zu entdecken bzw. zu aktivieren. Hierbei sind Symbole eine wichtige Hilfe. Zudem ist es für manche Klienten hilfreich, die erarbeiten Ressourcen und Stärken auf Moderationskarten zu schreiben oder auf sie die dazugehörigen Symbole zu malen, sodass sie nach Hause mitgenommen werden können. Viele Klienten fotografieren auch gerne ihren Lebensfluss, um weiter zu reflektieren oder um wichtige Erkenntnisse mit ihren Mitmenschen zu teilen.

Stärken des Lebensflussmodells

Durch die Anwendung des Lebensflussmodells kann die Kreativität der Klienten angeregt und gefördert werden. Die Visualisierung unterstützt die Klienten dabei, innere Klarheit zu gewinnen. Der Lebensfluss ist eine ganzheitliche Methode, bei der verschiedene »Ebenen« angesprochen werden. So wird auf mentale Zustände eingegangen, das Körpergefühl eruiert und neben der kognitiven Ebene auch die analoge einbezogen. In der Vorstellung zu erleben, dass am Punkt »Futur 2« eine Krise bereits überstanden oder ein Ziel bereits erreicht ist und sich das Leben wieder unbeschwerter anfühlt, stellt für viele bereits eine große Erleichterung dar, schafft Zuversicht und stärkt den Glauben daran, schwierige Phasen überstehen zu können.

Worauf muss ich achten?

Eine Herausforderung kann es sein, die passende Variante des Lebensflusses für die jeweilige Situation zu finden und die Klienten so anzuleiten, dass sie sich auf die Methode einlassen können. Gerade in der Arbeit mit Paaren oder Familien besteht zudem die Gefahr, dass der Aufbau einer Lebensflusslandschaft zu umfangreich gerät, der eigene rote Faden verloren wird oder dass sich einzelne Klienten innerlich »verabschieden«. Es ist es daher wichtig, sich während der Arbeit mit den Klienten, aber auch in der Vor- und Nachbereitung der Stunden, die Zeit gut einzuteilen.

Da es Teil des Vorgehens ist, den Elementen, die in den Lebensfluss eingebaut werden, eine Bedeutung zu geben, ist es unerlässlich, sehr achtsam mit all diesen Dingen umzugehen. So sollte nicht auf ein Seil oder Symbol getreten werden, denn wer möchte schon, dass auf »seinem Leben« herumgetrampelt wird? Andernfalls kann es dazu kommen, dass Erinnerungen an alte Verletzungen geweckt werden.

Besondere Achtsamkeit braucht es daher bei der Arbeit mit traumatisierten Menschen. Hier gilt es, gut abzuwägen, wie sehr bzw. wie tief auf die traumatisierenden Ereignisse eingegangen wird, da die Gefahr einer Retraumatisierung besteht. Bei Familien oder Klienten, in deren Biografie sehr schambesetzte Themen wie Verwahrlosung oder Vernachlässigung, sexualisierte Gewalt, Sucht, Armut usw. eine Rolle spielen, kann dies zu zögerlichen Äußerungen führen. Ist dies der Fall, sollten gerade die wenigen Informationen, die berichtet werden sowie die Person an sich besonders wertgeschätzt werden. Um die Klienten dabei zu unterstützen, ihre Ressourcen zu wecken, sollte eine Atmosphäre geschaffen werden, die es ihnen erleichtert, zu sprechen.

Fallbeispiel

 Als Fallbeispiel wird die zweite Beratungsstunde mit einer Familie geschildert. An der Beratung nahmen ein Vater (47 Jahre) und seine beiden Töchter Svantje (17 Jahre) und Tine (15 Jahre) teil (Klientennamen geändert). Der Vater hatte sich Unterstützung gesucht, weil die Situation zwischen den Geschwistern, die schon seit Längerem immer wieder heftige Konflikte hatten, so

eskaliert war, dass die jüngere Schwester gewalttätig reagierte. Die ältere Schwester konnte sich nur noch schützen, indem sie sich in ihrem Zimmer einschloss.

Der Vater war sehr motiviert, da er wieder mehr Ruhe und Frieden in der Familie erreichen wollte. Die ältere Tochter Svantje empfand die Situation ebenfalls als sehr angespannt und war bereit, sich auf eine Beratung einzulassen. Die jüngere Tochter Tine hingegen war sehr skeptisch, weil sie fürchtete, dass vor allem sie im Mittelpunkt der Beratung stehen würde: Sie war diejenige gewesen, von der die Gewalt ausging, zudem schwänzte sie oft die Schule und hatte mit ihrem Vater immer wieder Streit, weil Abmachungen nicht eingehalten wurden.

Nach einem ausführlichen Telefonat mit dem Vater verlief die erste Sitzung ein wenig »holprig«. Da die Familie deutlich zu spät kam und der Vater seinen Töchtern erst in der Beratungsstelle eröffnete, warum sie gekommen waren, wurde die verbliebene Zeit darauf verwendet, auf Widerstände und Zweifel der Schwestern einzugehen.

Auch die zweite Sitzung begann zögerlich. Einerseits war der Wunsch des Vaters nach Harmonie und Ruhe spürbar, andererseits blieb Tine im Widerstand. Svantje versuchte, Brücken zu bauen und konstruktiv mitzuarbeiten. Es schien sehr wahrscheinlich, dass sich das Gespräch im Kreis drehen würde, wenn es so weiterging. Da sowohl in diesem als auch im ersten Gespräch immer wieder von den Veränderungen der letzten Jahre die Rede war, traf ich die Entscheidung, mit der Familie ein einfaches Lebensflussmodell zu erarbeiten, um ein konstruktiveres Gespräch anzuregen.

Die Familie wurde aufgefordert, sich ein Seil auszusuchen, das den Lebensfluss ihrer Familie symbolisieren sollte. Dieses wurde so im Raum ausgelegt, dass das Ende, das die Zukunft darstellte, am Fenster lag.

Anschließend wurden die Familienmitglieder unabhängig voneinander gebeten, die für jeden von ihnen subjektiv bedeutsamsten Veränderungen in den letzten Jahren auf Moderationskarten zu schreiben. (In diesem Fall wurde bewusst auf die Symbolebene verzichtet, da sich einerseits in dem genutzten Raum wenige Gegenstände befanden, die sich als Symbole nutzen ließen, und sich andererseits Tine noch stark im Widerstand befand und sich daher wahrscheinlich nicht auf diese Arbeitsweise eingelassen hätte.) Während die gesamte Familie eher skeptisch auf das Seil schaute, löste die Aufforderung, die wichtigen Ereignisse auf Moderationskarten zu schreiben, eine gewisse erwartungsvolle Spannung aus. Alle waren bereits beim Austeilen der Karten neugierig, was der andere notieren würde. So änderten sich die Atmosphäre und die innere Haltung zueinander. Die Skepsis wich und Interesse entstand.

Nachdem alle ihre Notizen aufgeschrieben hatten, wurden die Familienmitglieder gebeten, selbst zu bestimmen, in welcher Reihenfolge sie ihre Karten auf den Lebensfluss platzieren wollten. So konnte der Prozess zur Selbstorganisation der

Familie beobachtet werden. Die Schwestern waren sich sehr schnell einig, dass ihr Vater beginnen sollte und dieser willigte ein. Bevor er die erste Karte platzierte, ging er immer wieder am Seil entlang, um den für ihn passenden Punkt für das erste Ereignis zu finden. Schließlich frage er seine Töchter: »Passt es, wenn ich hier meinen Jobwechsel hinlege?« Nachdem diese nickten, legte er die Karte an den vorgeschlagenen Punkt und erklärte, dass sein Arbeitsplatzwechsel ihm einerseits zwar mehr Geld einbrachte, andererseits aber auch bewirkte, dass er zu Hause weniger präsent sein konnte. Als weitere wichtige Punkte benannte er die lange Phase der Streitigkeiten mit seiner Ex-Frau bzw. der Mutter, die Scheidung von ihr und den Tod seiner Schwester Barbara vor einem halben Jahr.

Für die ältere Schwester Svantje, die ihre Punkte als nächste legen wollte, waren die zentralen Ereignisse die Trennung der Eltern, der Umzug der Großeltern väterlicherseits zurück in ihr Heimatland und der Tod der Tante, die für sie eine wichtige Bezugsperson und »Stimme« in der Familie war. Nachdem sie die Karten vorgelesen hatte, gab auch sie den Karten einen Platz auf dem Lebensfluss.

Schließlich war die jüngere Tochter Tine an der Reihe, ihre Karten vorzulesen; sie nannte dieselben drei Ereignisse wie ihre Schwester. Alle waren über die Ähnlichkeit ihrer Einschätzung überrascht. Vor allem Tine zeigte ihre Verwunderung durch ihre Körpersprache deutlich. Ihre Augen waren weit geöffnet, der Oberkörper den anderen zugewandt (bisher hatte sie sich abgewendet oder auf den Boden geschaut) und der Mund stand leicht offen.

Der Vater begann entschuldigend zu erzählen, dass es in den letzten Wochen und Monaten wenig Gelegenheiten gab, in denen ein Austausch möglich gewesen wäre, und dass er froh wäre, wenn der Alltag einigermaßen laufe.

Anschließend wurde die Frage aufgeworfen, welches der Ereignisse für jeden von ihnen subjektiv das emotionalste bzw. das bedeutsamste war. Alle nannten hierbei den Tod der Tante bzw. Schwester Barbara, wodurch die Stimmung im Raum schwer und traurig wurde (Svantje und Tine hatten Tränen in die Augen). Im Folgenden wurde der Trauer der Familie Raum gegeben; die drei Familienmitglieder erzählten, ohne dass sie dazu aufgefordert wurden, von der verstorbenen Tante bzw. Schwester und wie viel sie ihnen bedeutet hatte. Dabei richteten sie ihre Blicke immer wieder lange auf den Punkt am Lebensfluss, an dem sie den Tod von Barbara verortet hatten. Es stellte sich heraus, dass alle Familienmitglieder immer noch von dem plötzlichen Tod unter Schock standen, Barbara vermissten und für sich noch keine Zeit gefunden hatten, den Tod zu verarbeiten. Sie erzählten von den Umständen des Todes, und vor allem Svantje erklärte, dass die Tante für alle ein offenes Ohr gehabt hätte, witzig und gesellig gewesen sei und dafür gesorgt habe, dass die Großfamilie in Kontakt blieb. Heute träfe sich die Großfamilie kaum noch, was schade sei. Diesen Aussagen schlossen sich die anderen beiden an.

Der Vater fragte seine Töchter anschließend, ob er ein Treffen mit dem Onkel und seinen Kindern vereinbaren solle. Diesem Vorschlag folgte ein Austausch darüber, wann sie sich früher getroffen hätten, wie dies zukünftig möglich sei und auch darüber, was sich Barbara wohl wünschen würde. Durch die Suche nach einer passenden Lösung wurde die Stimmung wieder leichter. Erste Ideen waren, Barbaras Familie zu einem bevorstehenden Familienfest einzuladen oder ein Familienfoto aufzuhängen.

Die Familie wurde gebeten, die Vorschläge auf Moderationskarten zu schreiben und an einem für sie passenden Punkt am Lebensfluss zu platzieren. Nachdem geklärt wurde, wer sich um die Umsetzung der Ideen kümmern würde und sich alle zufrieden mit der Bearbeitung des Themas zeigten, gingen wir auf das nächste Ereignis, den Umzug der Großeltern, ein.

Auch diesmal war es die ältere Schwester Svantje, die zuerst erzählte, dass die Großeltern ein wichtiger Anlaufpunkt für die Familie waren, die Treffen organisierten und ein offenes Ohr hatten. Wieder stimmten die jüngere Schwester Tine und der Vater zu und ergänzten, dass es nun nicht mehr so leicht sei, aus eigener Initiative Treffen zu organisieren. Mit dem neuen Thema hatte sich auch die Blickrichtung der Familienmitglieder verändert. Nun fokussierten sie die Stelle am Lebensfluss, die das Thema »Umzug der Großeltern« darstellte. Auch die Stimmung änderte sich wieder: Sie war melancholisch und die Sehnsucht nach der Zeit, in der die Großeltern in der Nähe wohnten, wurde spürbar.

Von diesem Punkt löste die Familie ihren Blick selbst und schaute weiter zu der Stelle, die sie für die »Scheidung der Eltern« ausgewählt hatten. Die Schwestern berichteten, dass die Scheidung der Eltern für sie nicht unerwartet gekommen war, da sich die Eltern zuvor schon längere Zeit immer wieder gestritten hatten. Dies bestätigte der Vater. Für ihn waren die Trennung und die ersten Jahre danach, in denen auch der Wechsel seines Arbeitsplatzes stattgefunden hatte, sehr anstrengend. Svantje stellte zudem fest, dass das Leben für sie dadurch komplizierter geworden war. Seit der Scheidung verbrachten sie und Tine jedes zweite Wochenende bei der Mutter, was sie durch das Packen und den weiten Weg als stressig empfanden und Spontanbesuche unmöglich machte. Der Vater verhielt sich an diesem Punkt auffallend zurückhaltend.

Nachdem sich die Familie zu allen Themen geäußert hatte, fasste ich kurz die Inhalte zusammen und auf meine Nachfrage hin war die Familie bereit, sich ein Feedback von mir anzuhören:

Der Familie wurde zurückgemeldet, dass der Eindruck entstanden sei, dass die vielen Veränderungen der letzten Jahre den Alltag der Familie komplexer gemacht hätten und somit nun mehr Organisationsaufwand von Nöten sei. Dies scheine die »Lebendigkeit« der Familie zu beeinträchtigen und auch den gefühlten Zusammenhalt bzw. die Gemeinschaft in der (Groß-)Familie zu schwächen, was wiederum dazu führen könne, dass das Gefühl von Halt und Sicherheit durch die Familie nachgelassen habe. Die Entwicklung, so die Hypothese, habe stark zu den momentanen Schwierigkeiten im Zusammenleben beigetragen. Die Familie konnte die vorgeschlagenen Folgerungen und Hypothesen nachvollziehen. Svantje berichtete auf Nachfrage, dass es unter der Woche aufgrund der unterschiedlichen Arbeits- bzw. Schulzeiten sowie der Schichtarbeit des Vaters kaum Treffen und Austausch gebe.

Da alle Familienmitglieder Rituale vermissten und sich gemeinsame Zeit wünschten, wurde ein Gespräch darüber angeregt, wie sie die jetzige unbefriedigende Situation zukünftig ändern könnten (diese Anregung habe ich mit einer Geste, die auf den zukünftigen Bereich des Lebensflusses zeigte, unterstützt). Die Familie folgte der Aufforderung und erarbeitete eine Möglichkeit, wie sie es zumindest einmal pro Woche schaffen könnte, zusammen zu Abend zu essen. Der Vater übernahm die Verantwortung dafür, dass die Abmachung eingehalten werde. Der Vorschlag wurde auf eine Moderationskarte geschrieben und an einen Punkt in der Nähe der »Gegenwart« auf dem Lebensfluss platziert.

Zum Abschluss fotografierte der Vater den Lebensfluss mit seinem Handy.

Die Arbeit mit dem »Lebensfluss« stellte sich bei dieser Familie als hilfreiche Methode heraus, um die Beratungsstunde, die relativ diffus begonnen hatte, in eine konstruktive Richtung zu lenken, die Familie ins Gespräch zu bringen und einen Zugang zu den eigenen Gefühlen zu ermöglichen. Zudem konnte sie aus eigener Kraft Lösungsvisionen erarbeiten und ihrer Trauer über den Tod der Tante bzw. Schwester Ausdruck verleihen. Es gelang weiterhin, den Fokus vom Problemverhalten der jüngeren Schwester auf Veränderungen in der Familie zu lenken. Zudem konnten erste Hypothesen gebildet werden, wie es zu den Schwierigkeiten beim Zusammenleben in der Familie gekommen war, und weitere Schritte zu nötigen Veränderungsprozessen konnten getroffen werden. Auch die Art der gegenseitigen Kommunikation hatte sich im Laufe der Sitzung geändert; so entwickelte sich aus einer eher angespannten Stimmung eine lockere Atmosphäre, in der der Austausch immer offener, freundlicher und ehrlicher wurde.

Literatur

Nemetschek, P. (2006). Systemische Familientherapie mit Kindern, Jugendlichen und Eltern. Lebensflussmodelle und analoge Methoden. Stuttgart: Klett-Cotta.

Ansgar Röhrbein

Der Ressourcenbaum – Vergangenes, Gegenwärtiges und Zukünftiges in einem

STECKBRIEF: Ressourcenbaum

WAS: Durch den Rückbezug auf die Baummetapher als symbolisches Abbild des eigenen Lebens werden durch zahlreiche Fragen Ressourcen aus unterschiedlichen Perspektiven eruiert und visualisiert. Dadurch soll der eigene Selbstwert und der Glaube an die persönlichen Handlungsmöglichkeiten gestärkt werden.

WIE: Die Methode kann sowohl im Einzel- als auch im Paar- und Familiensetting eingesetzt werden. Günstig ist es, wenn die Beziehung zwischen dem Berater und den zu Beratenden bereits auf einem guten Fundament ruht und ein erstes Wissen zur (Familien-)Geschichte vorhanden ist.

MATERIAL: Benötigt werden entweder eine große (Papier-)Fläche (z. B. Flipchart, Zeichenblock, Whiteboard) und verschiedenfarbige Stifte oder diverse Fotokartonstreifen, welche die Wurzeln, den Stamm und die Äste symbolisieren sowie diverse farbige Zettel für die einzelnen Ressourcen, Wünsche und Ziele.

ZEIT: In der Regel ein bis zwei Beratungsgespräche (je nach Anzahl der Teilnehmenden).

WAS ZEICHNET DIE METHODE AUS:

Sie bietet bereits im Nachdenken über die eigenen Ressourcen und in ihrem Besprechen sowie dann in der Erstellung des Baumes konstruktiv-aufbauende Einsichten in die Eigenkräfte und das Ergebnis kann mit nach Hause getragen werden (z. B. als Foto) und dort weiter Wirkung entfalten.

Hintergrund: Ein Baum als Bild der eigenen Kräfte

Die Methode des Ressourcenbaumes basiert auf den zahlreichen Beispielen der Baummetapher, die in den unterschiedlichsten Kontexten – wie Familienbildung, Wohneinrichtungen, Beratungsstellen, therapeutischen Praxen, Kliniken etc. – für die Bearbeitung von Lebensthemen zum Einsatz kommt (Denborough, 2017; Kerkhoff u. Halbach, 2002; Ruhe, 2003; Specht-Tomann, 2012). Anders als beim Einsatz des Baumes als Familienstammbaum, in dem die einzelnen Mitglieder der Familie erfasst werden, steht der Baum als Ressourcenbaum für den Halt (durch die bzw. in der Familie), den Reichtum (des Einzelnen, des Systems) und die persönlichen Entwicklungsmöglichkeiten bzw. das individuelle Wachstum (Ziele, Wünsche, Perspektiven).

Nach Petzold werden als Ressourcen »alle Mittel gesehen, durch die Systeme sich als lebens- und funktionsfähig erhalten (operating), Probleme bewältigen (coping), ihre Kontexte gestalten (creating) und sich selbst im Kontextbezug entwickeln können (developing)« (Petzold, 1997, S. 451 f.). Möbius und Friedrich unterscheiden Ressourcen in einer ähnlichen Weise. Für sie werden als personale, soziale und materielle Ressourcen alle »diejenigen Mittel betrachtet, die zur Bewältigung von Entwicklungsaufgaben personaler und sozialer Systeme wesentlich beitragen« (Möbius u. Friedrich, 2010, S. 15).

Wenn wir davon ausgehen, dass sich der Selbstwert gerade aus den Erfahrungen des bisherigen Lebens aufbaut (Potreck-Rose u. Jacob, 2016; Satir, 2016), dann ist die Rekonstruktion der positiven Momente, der gelungenen Beziehungen, der erlebten Anerkennung und der bewältigten Aufgaben ein wesentliches Mittel, um die Herausforderungen der Zukunft besser gestalten zu können.

Ich greife in meiner Arbeit sehr gern auf die Ideen von Helmut Wilke (2004) zurück, der den (Wissens-)Baum zur Visualisierung der eigenen berufsbezogenen Wurzeln, persönlichen Kernkompetenzen (im Stamm) und der spezifischen Ausprägungen des eigenen professionellen Profils (in der Krone) nutzt (S. 77 ff.).

Wie dies konkret aussehen kann, zeigt das gelungene Beispiel einer meiner Kursteilnehmerinnen, Rabea, die nach dem Kennenlernen der Methode für ein Bewerbungsgespräch einen Baum ihrer persönlichen und fachlichen Ressourcen erstellt hat (siehe Abbildung 1), um anhand dessen ihr Kompetenzprofil dem potenziellen zukünftigen Arbeitgeber vorzustellen.

Sie hatte sich dafür entschieden, ihre einzelnen Ressourcen, Fähigkeiten und Kompetenzen so auf Papier zu gestalten, dass sie nach und nach an ihren Baum geheftet werden konnten und sich das ressourcenbeschreibende Bild im Rahmen ihres Vorstellungsgespräches schön entwickeln konnte. Schließlich lag

Der Ressourcenbaum – Vergangenes, Gegenwärtiges und Zukünftiges in einem

Abbildung 1: Ressourcenbaum von Rabea (Foto AR)

ein gutes Gesamtbild ihres derzeitigen fachlichen Profils anhand ihres Baumes auf dem Tisch und war für alle Beteiligten sichtbar. Sie hat die Stelle erhalten.

In der Familienarbeit setze ich gern noch einen etwas anderen Schwerpunkt, indem ich die Wurzeln als Rekonstruktion des Vergangenen nutze, den Stamm als das, was den Menschen bzw. die Familie »im Kern ausmacht« und die Baumkrone als den zukünftigen Bereich der noch »unerfüllten Wünsche« und zu »verfolgenden Ziele« (s. a. Röhrbein, 2019).

In anderen Ansätzen des Lebensbaumes (z. B. Kerkhoff u. Halbach, 2002, S. 53) werden in der Arbeit mit älteren Menschen, die häufig in einer über viele Jahre rückblickenden Form Bilanz ziehen, auch die folgenden Kategorien gewählt:
- *Wurzeln:* Wo sind meine Wurzeln, woraus schöpfe ich Kraft?
- *Stamm:* Welche Stütze habe ich? Was hält mich aufrecht?
- *Blätter:* Was brauche ich zum Leben, was wechselt je nach Alter?
- *Blüten:* Welche Pläne habe ich, was soll sich noch entwickeln?
- *Früchte:* Welche Erfolge habe ich erreicht, worauf kann ich stolz sein?

In der Arbeit mit den mir anvertrauten Müttern und Vätern, Frauen und Männern, Jugendlichen und jungen Erwachsenen nutze ich die Baummetapher gerne als Zwischenbilanz des eigenen bisherigen Lebens und dessen, was sie bis heute schon »mitbekommen« und erreicht haben und aus welchen belegbaren Gründen sie zuversichtlich an zukünftige Aufgaben herangehen können. Dabei kommen die »guten Gaben« der Familie in die Wurzeln (analog zum Genogramm: links die väterliche Seite und rechts die mütterliche Seite). Die eigenen Fähigkeiten, hilfreichen Eigenschaften und Kompetenzen bekommen im Stamm ihren Platz und Ziele und Wünsche werden als Knospen, Blüten und Blätter in die Zweige geschrieben bzw. gezeichnet. Dadurch entsteht ein hilfreiches Bild der drei Lebenszeiten:
- *Vergangenheit:* »Woher komme ich? Wer hat mir was Hilfreiches vererbt, bzw. mitgegeben?«
- *Gegenwart:* »Was macht mich jetzt schon aus? Was kriege ich schon hin? Was schätzen andere an mir?«
- *Zukunft:* »Welche Ziele verfolge ich? Was möchte ich noch erreichen? Welche Wünsche will ich mir erfüllen? Welche Kompetenzen und Ressourcen (aus den Wurzeln und dem Stamm) helfen mir dabei, um was verwirklichen zu können? Worauf kann ich bauen, damit ich an mein Ziel komme?«

Grundsätzlich haben sich nach meiner Erfahrung die folgenden zwei Möglichkeiten bewährt, wie mit dem Ressourcenbaum gearbeitet werden kann:

Bei der *ersten Variante* gehe ich von unten nach oben vor und fange mit den »guten Gaben« der mütterlichen und väterlichen Seite an: »Was hast du/ haben Sie von Oma, Opa, Tante, Onkel, Freund(inn)en der Eltern, guten Dritten etc. in die Wiege gelegt bzw. vorgelebt bekommen? Was hat dich/Sie hilfreich geprägt? Welche Fähigkeiten deiner Vorfahren haben hilfreiche Spuren hinterlassen? Was davon wirkt in dir nach und zeigt sich in deinem Handeln?«

Bei meinen Klient(inn)en, mit denen es das Leben nicht immer besonders gut gemeint hat, brauche ich hier oft eine wohlwollende Hartnäckigkeit, um »Schätze« zu heben, da ihnen der Blick auf die Stärken im Verhältnis zum erlebten »Mangel« nicht immer leichtfällt bzw. direkt gelingt. Das geduldige Vorgehen lohnt sich, denn die Klienten werden durch das Sammeln der Schätze zu einer neuen Wirklichkeitskonstruktion im Sinnes eines Sowohl-als-auch eingeladen, was neue zusätzliche Erzählmöglichkeiten der eigenen Geschichte eröffnet und dadurch bisherige negative Selbstkonstruktionen erweitern hilft. »Wenn ein Erzählfaden von Problemen beherrscht wird, ist es so, als ob das Leben eines Menschen – seine Identität – zum Problem geworden wäre. Dies wird noch verschlimmert, wenn andere im Leben dieses Menschen die negative Erzähllinie permanent verstärken« (Denborough, 2017, S. 33). Entsprechend dieser Erkenntnis hilft die Ressourcenarbeit dabei, sich dessen bewusst zu werden, dass es mehr gibt als diese eine Konstruktion von Wirklichkeit und die persönliche Identität als vielfältig gestaltbar wahrgenommen werden kann.

Im zweiten Schritt geht es dann zum Hier und Jetzt: »Was macht dich bzw. Sie aktuell aus? Welche Kompetenzen und hilfreiche Eigenschaften sind bereits vorhanden?«

Im dritten Schritt wird dann der Fokus abschließend auf die Ziele und Wünsche für die Zukunft gerichtet: »Was möchtest du noch erreichen? Was wollen Sie verwirklichen? Welche neuen Fähigkeiten willst du noch erwerben? Auf welche deiner Stärken kannst du dabei vertrauen? Welche Menschen stehen Ihnen dabei zur Seite?«

Bei der *zweiten Variante* werden die unterschiedlichen Ressourcen zunächst auf einem separaten Blatt gesammelt und danach wird gemeinsam überlegt, wo welche Ressource und Kompetenz im Baum hin soll. Dabei hat die Klientin immer die persönliche Wahl und Entscheidung. Sie bestimmt die Position und Anordnung.

Einige Fragen zum »Aufspüren« von Ressourcen für den Ressourcenbaum

Im Folgenden sollen ein paar Fragen einen Eindruck davon vermitteln, wie dazu eingeladen werden kann, sich (wieder) an die vorhandenen Schätze zu erinnern:
- Wenn ich deine beste Freundin/deinen besten Freund anrufe und frage, was sie/er an dir als Freund/-in mag oder besonders schätzt, was wird sie/er mir dann erzählen?
- Wenn du dich in einer neuen Gruppe vorstellst, um bei ihr mitzumachen, was berichtest du dann von deinen Fähigkeiten, die dich ausmachen und andere an dir schätzen?
- Was haben dir deine Eltern oder Geschwister schon einmal an Komplimenten erzählt oder geschrieben, was sie an dir mögen oder toll finden?
- Angenommen, ich frage dein Kuscheltier, deine Lieblingshose, dein Tablet, dein Handy ..., was es/sie/er an dir mag oder gut findet, welche Antworten werde ich erhalten?
- Wenn ich darüber hinaus noch XY befrage, was du am besten kannst, was wird sie/er mir dann erzählen?
- Wenn ich XY frage, was du schon an guten Dingen auf den Weg gebracht hast, was wird sie/er mir erzählen? An welche gelungenen Aktionen mit dir/von dir wird sie/er sich konkret erinnern?
- Angenommen, es gibt eine Fähigkeit, eine Stärke von dir, die bisher keiner gesehen hat, die aber in dir schlummert, welche könnte das sein und wann wird sie wohl als »Blüte« sichtbar werden?
- Wenn du einen Blick auf deine Familie richtest, was sind die besonderen Fähigkeiten, Ressourcen und Talente deiner Familie, deiner Mutter, deines Vaters, deiner Schwester, deines Bruders, deines ...? Wie hast du davon profitiert?
- Was ist dein ganz persönlicher Beitrag (Humor, Tiefgang, Ordnungssinn, Organisationstalent etc.), durch den du deine Familie oder deine Clique bereicherst?
- Welche Werte hast du von deinen Eltern vorgelebt bekommen, auf die es im Leben ankommt?
- Wenn ich deine Eltern frage, mit welchen Sprüchen/Ideen/Interessen etc. du sie als Kind beeindruckt, erfreut, glücklich gemacht hast, wovon werden sie berichten?
- Wenn ich die Menschen in deinem Freundeskreis zu einer Telefonkonferenz einlade, welche Eigenschaften und Stärken werden wohl am häufigsten benannt werden?

- Wenn ich bei einem Familientreffen (im Himmel) deine Großeltern, Tanten und Onkel interviewe, zu welcher Leistung, welcher mutigen Aktion oder welcher hilfreichen Unterstützung (für wen) etc. sie dir gratulieren, welche wird das wohl sein?
- Wenn ich für deine Kinder, Nichten, Neffen, Enkel, Cousinen und Cousins auf Facebook eine Pinnwand einrichte, was werden sie alle dort posten, was sie an dir mögen?
- Was erzählt mir dein(e) Partner/-in, mit welchen (kleinen) Dingen du sie/ihn immer wieder erfreust bzw. zum Lächeln bringst? Wodurch pflegst du Beziehung bzw. Freundschaft? Was macht für dich eine Freundschaft wertvoll?
- Wenn ich deine Klassenkamerad(inn)en, deine Lehrer/-innen, deine/n Trainer/-in befrage, was du an Kompetenzen im Unterricht, beim Training, im Wettkampf gezeigt hast, was werden sie mir diesbezüglich erzählen?

Neben diesen Fragen, die sich gut in der Einzelarbeit anbieten, ergeben für die Arbeit mit dem ganzen Familiensystem z. B. die folgenden Fragen Sinn:
- Wenn ich euch als Familie eine Woche lang begleite, welche Beispiele für Zusammenhalt, Stand- und Durchhaltevermögen werden mir in dieser Zeit begegnen? Was wird mir darüber hinaus noch auffallen, über welche Fähigkeiten, Stärken und Talente jeder Einzelne und die gesamte Familie verfügen?
- Was erzählen eure/Ihre besten Freunde, was ihr/Sie als Familie bisher schon gut geschafft habt/haben? Wodurch pflegt ihr/pflegen Sie den Familienzusammenhalt? Welche Rituale sind euch/Ihnen besonders wichtig? An welchen Orten kann ich euch/Sie am ehesten beim gemeinsamen Spiel antreffen? Welche Spiele gehören in die derzeitigen Top 5 der Familie?
- Angenommen, ihr blickt noch einmal auf die letzten fünf Jahre des Zusammenlebens, welche Geschenke haben wohl untereinander die größte Freude ausgelöst? Und welche Entschuldigung ist euch nachhaltig in Erinnerung, die einen Streit vergessen ließ? Welcher Konflikt hat euch an den Rand der Verzweiflung geführt und wie habt ihr ihn gemeinsam bewältigt? Wer hat dabei den ersten Schritt in Richtung Versöhnung unternommen?
- Was sind die wichtigsten Werte in eurer Familie und woran kann man diese erkennen?

Wie die Arbeit mit dem Ressourcenbaum im Beratungsprozess konkret aussehen kann, will ich an dem folgenden Fallbeispiel zeigen.

Fallbeispiel: »Keine ist wie du«

Die Kontaktaufnahme ging von Frau Mustermann vom Jugendamt aus. Sie meldete sich bezüglich der Familie Rosenbaum. Die Familie lebt als Kernfamilie zusammen. Frau und Herr Rosenbaum (alle Klientennamen geändert) haben zwei Kinder, Jessica (16) und Tobias (20). Tobias steht mitten im Leben und kurz vor seiner Abschlussprüfung als KFZ-Mechatroniker. Er will danach in den väterlichen Betrieb einsteigen. Jessica ist an Mukoviszidose erkrankt und hat eine verkürzte Lebenserwartung. Die Familie ist dadurch hoch belastet. Eine ambulante sozialpädagogische Hilfe wurde bereits für vier Stunden in der Woche eingerichtet. Zu Beginn des Prozesses lehnt Jessica alles ab: Sie will ihre Medikamente nicht nehmen und verweigert das notwendige Inhalieren. Nur mit großem Druck können die Eltern sie ab und an dazu bewegen. Seit neun Monaten geht Jessica auch nicht mehr regelmäßig zur Schule.

Die Eltern würden sehr schlecht an Jessica herankommen, sie seien verzweifelt und ratlos, erzählt Frau Mustermann. Gespräche über das Thema Tod fänden nicht statt. Frau Mustermann wendet sich mit der Frage an die Beratungsstelle, wie sich die Situation verändern kann. Sie bittet um Beratung für die ganze Familie, wenn möglich bei mir, da die Familie bereits vor zwei Jahren schon einmal Kontakt zu mir hatte, der nach Einschätzung der Eltern sehr hilfreich war. Zum Erstgespräch wären Frau Mustermann und die Kollegin der Sozialpädagogische Familienhilfe (SPFH) gerne dabei. Frau Mustermann würde den Kontakt zur Familie herstellen.

Bereits nach fünf Minuten im ersten Gespräch wird der Belastungsgrad der gesamten Familie deutlich, denn als Jessicas Krankheit zum Thema gemacht wird, rennt diese aufgewühlt aus dem Raum und wirft die Tür deutlich vernehmbar ins Schloss. Nachdem ich mich bei den Eltern vergewissert habe, ob ein Nachgehen hilfreich sein könne und diese das bestätigen, gehe ich hinter Jessica her. Sie sitzt in unserem Wartebereich auf der Treppe, und ich frage sie, ob ich mich setzen darf. »Mir doch egal!«, antwortet sie, worauf ich erwidere, dass ich zunächst ihre Erlaubnis bräuchte, bevor ich mich setzen kann, da ich sie gerne ernst nehmen würde.

Im weiteren Verlauf kommen wir vorsichtig ins Gespräch und ich erläutere ihr, dass ich ohne ihre Teilnahme die Gefahr sehen würde, dass eher über sie, aber nicht mit ihr gesprochen würde. »Ich brauche dich da drin als Original, ich brauche deine Sicht, damit wir gemeinsam schauen können, was für euch und dich passt. Manchmal ist es hilfreich, wenn jemand übersetzen oder moderieren kann.« Ich frage nach, ob ich gleich wieder mit ihr im Gespräch rechnen könne, und sie antwortet: »Ich komme in zwei Minuten«, was sie auch einhält.

Im weiteren Verlauf lege ich zunächst den Fokus auf andere Themen: Was waren zuletzt schöne Gemeinschaftsaktionen? Welche Wünsche gibt es aneinander? Angenommen, ihr macht euch Zeitgeschenke, welche könnten das sein? Was würde wem von euch besonders guttun?

Es zeigt sich, dass die Familie einige schöne Familienrituale pflegt und feste Orte hat, an denen sie schon mal den Stress außen vor lassen kann. Darüber hinaus zeigt sich ein ausgeprägter wechselseitiger liebevoller Blick auf die anderen Familienmitglieder. Jedes Mitglied hat klare Ideen, was den anderen dreien guttun könnte.

Zum Ende frage ich noch kurz nach, mit welchen drei Themen ich direkt dafür sorgen könnte, dass die Stimmung explodiert. »Schule«, werfen Mutter und Vater ein, »und die Krankheit.« »Sorge um Papa und Jessica«, ergänzt Tobias. »Und um Mama«, ergänzt Jessica.

Nach den zahlreichen identifizierten Ressourcen und wohlwollenden Ideen im Vorfeld können die Themen ohne große Reaktion im Raum stehen bleiben, und ich bitte alle vier darum, in den nächsten Tagen darüber nachzudenken, ob sie sich eine (weitere) Zusammenarbeit mit mir vorstellen können.

Nach dem Einverständnis der Familie zu dem Prozess und meiner Person nutze ich den zweiten Termin für die Erstellung des Genogramms der Familie und eine damit verbundene »warme Ressourcendusche« für jedes Familienmitglied: Was bringt jeder Einzelne in die Familie ein? Und nacheinander überlegen jeweils drei Mitglieder, was sie alle am jeweils vierten schätzen?

Zum dritten Termin erscheinen zunächst Mutter und Sohn allein, da Jessica nicht aus dem Bett gekommen ist. Tobias macht keinen Hehl daraus, dass er das so nicht zugelassen hätte. »Sie braucht eine klare Ansage. Ich hätte sie aus dem Bett geschleift.« Die Mutter beschreibt, dass sie diese Haltung durchaus stimmig findet, aber ihr oft die Kraft fehle, sich zu behaupten. Um Jessica in die Verantwortung zu nehmen, vereinbaren wir direkt einen neuen Termin in zwei Tagen.

Beim vierten Termin geht es im Einzelgespräch mit Jessica in der Küche der Familie zunächst darum, Jessicas Themen zu sortieren, die Krankheit in den Blick zu nehmen und erste Ziele zu vereinbaren. Ich bin erstaunt, wie detailliert mir Jessica über ihre Krankheit berichten kann und sie sehr klar darin ist, was sie eigentlich tun müsste, um ihre Lebenserwartung zu erhöhen. In Bezug auf die Schule, beschreibt sie, dass sie eher praktisch aufgestellt sei und sie lieber eine Klasse besuchen würde, die mit einer beruflichen Ausrichtung verbunden ist. Gleichzeitig wird in dem Gespräch deutlich, wie sehr sie daran leidet, »eine Belastung für die Familie zu sein«. Da sich die Situation immer stärker verfestigt habe, falle es ihr schwer, sich aufzuraffen. Dies wiederum führe dazu, dass sie sich mit ihrer Mutter häufig »in die Wolle bekäme«, weil diese nicht dabei zusehen will, wie »ich weiter den Bach runtergehe«. Sie wisse, dass ihre Mutter recht hätte, käme aber gegen die eigene Trägheit nicht richtig an. Zum Ende werfen wir noch einen Blick auf Jessicas gut aufgestellten Freundeskreis und ihre Hobbys. Schade ist, dass ausgerechnet das Reiten, welches ihr so guttut, für den Verlauf der Krankheit aufgrund der Keime schädlich ist.

Beim fünften Termin nutze ich den Austausch zwischen Mutter und Tochter dazu, die jeweiligen Gefühle und Botschaften in den Blick zu nehmen. Frau Rosenbaum hat permanent ein schlechtes Gewissen, dass sie sich Jessica als zweites Kind so sehr gewünscht habe: »Weil ich mich so sehr nach einem zweiten Kind gesehnt habe, muss sie nun mit dieser Krankheit leben!« Umgekehrt leidet die Tochter darunter, den Erwartungen der Mutter nicht zu entsprechen und eine große Belastung für sie zu sein. Es wird deutlich, dass sowohl Mutter als auch Tochter teilweise hilflos vor den nächsten Schritten stehen und nicht wissen, wo sie anfangen sollen. Gleichzeitig drängt sich ein Ärger zwischen die beiden, den sie so »gar nicht wollen«. Durch zahlreiche zirkuläre Fragen, die zum wechselseitigen Perspektivwechsel einladen, gelingt es den beiden nach und nach, sich in die jeweils andere hineinzuversetzen, und es entwickeln sich versöhnliche Worte und Gesten, die schließlich in einer herzlichen Umarmung von Mutter und Tochter münden.

Sechster Termin: Arbeit mit dem Ressourcenbaum – was macht die Familie als System aus? Nachdem ich die ersten Termine vornehmlich dafür genutzt hatte, die unterschiedlichen Bedürfnisse, Wünsche und Ziele aneinander in den Fokus zu nehmen bei gleichzeitiger parallellaufender Ressourcensuche, ist es mir bei diesem Termin wichtig, mit der Familie »aus dem Vollen zu schöpfen«.

Wenn wir davon ausgehen, dass sich der Selbstwert einzelner Menschen und der Familie als Ganzes aus ihren gelungenen Erfahrungen, bewältigten Aufgaben und individuellen Stärken und Kompetenzen speist, dann ist es von besonderem Vorteil, diesen »Schatz« gemeinsam zu rekonstruieren und für die Beteiligten »erfahrbar« zu machen. Genau hierfür eignet sich die Arbeit mit dem Ressourcenbaum in ausgezeichneter Weise, wie die folgenden Zeilen zeigen.

Für die aktuelle Familiensitzung habe ich daher alles für die Arbeit mit dem Ressourcenbaum vorbereitet. Wie bereits oben erwähnt, gibt es hierfür unterschiedliche gestalterische Möglichkeiten. Zum einen könnten wir eine große Tapete, ein Flipchartblatt oder das Whiteboard nutzen und einen Baum auf der jeweiligen Fläche visualisieren. In diesem Fall habe ich mich dafür entschieden, zuvor ausgeschnittene Fotokarton-Schnipsel zu nutzen, die den Stamm, die Wurzeln und die Baumkrone darstellen, da wir dadurch den Raum besser nutzen und in Bewegung kommen können.

Ich betrete mit der Familie unseren großen Spieltherapieraum und lege die »Wurzeln«, den »Stamm« und die »Baumkrone« vorsichtig in die Mitte des Raumes (siehe Abbildung 2). Dann greife ich zurück auf die bisherigen Sitzungen und leite den Dialog mit den folgenden Worten ein:

»Ich möchte mit Ihnen und euch heute noch einmal auf die Suche gehen, was euch als Familie auszeichnet. Was habt ihr schon geschafft? Worauf können sich

Der Ressourcenbaum – Vergangenes, Gegenwärtiges und Zukünftiges in einem 331

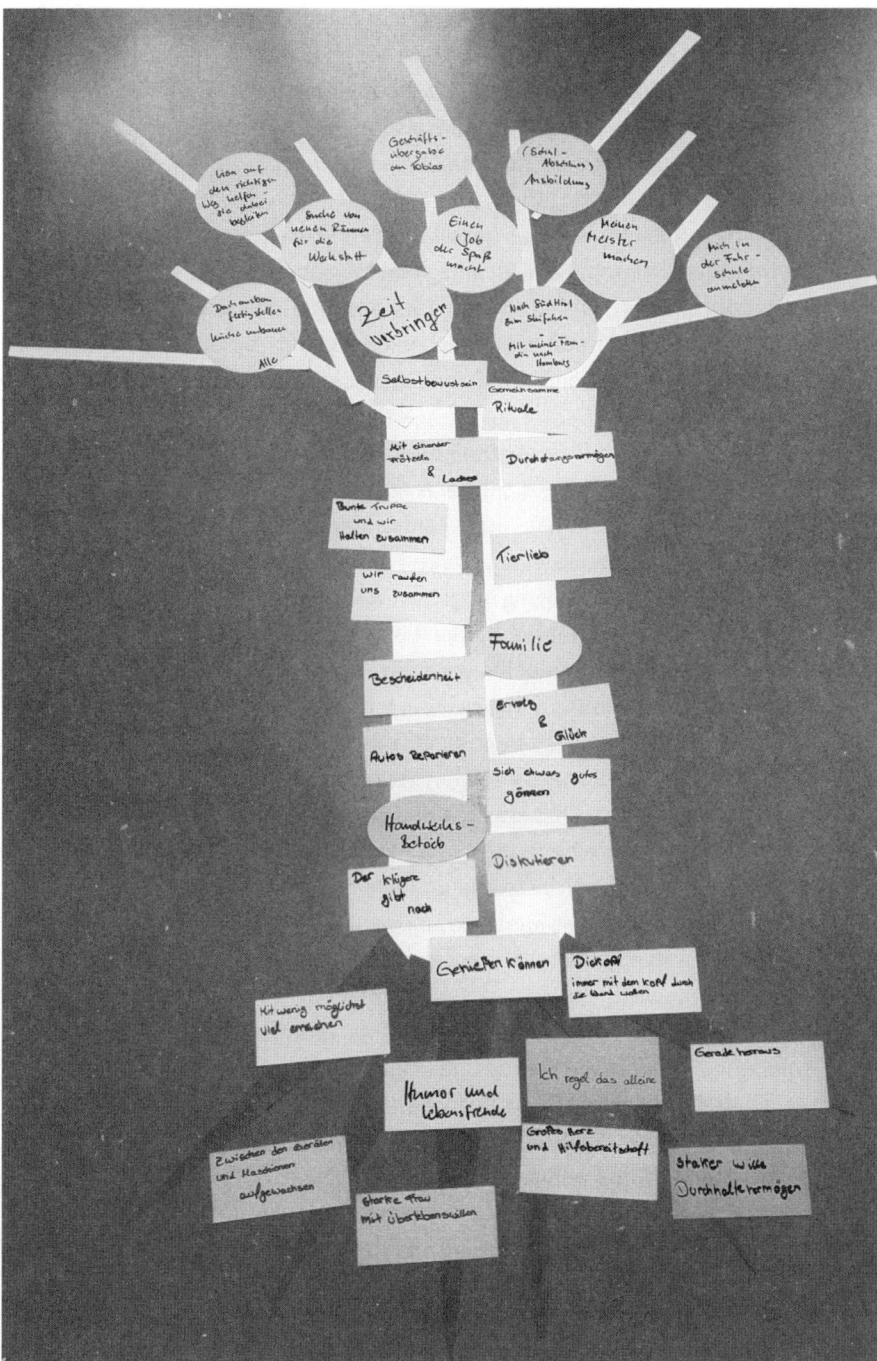

Abbildung 2: Ressourcenbaum der Familie Rosenbaum (Foto AR)

alle wechselseitig verlassen? Was sind besondere Qualitäten Ihrer bzw. eurer Familie? In die Wurzeln kommen all die Dinge, die Ihnen von den Omas und Opas bzw. von den Eltern vorgelebt wurden oder Sie mitgegeben bekommen haben. In den Stamm kommt all das, was euch zu viert als Familie ausmacht und in die Krone kommen die Punkte, die es noch auszubauen und zu entwickeln gilt. Ist das Prinzip klar? Okay, dann starten wir:

Frau und Herr Rosenbaum, was haben Sie denn bereits von Ihren Eltern mitbekommen, das Ihnen in Ihrem Familienalltag hilft? Welche Kompetenzen, Rituale etc. stammen von Ihren Eltern und Großeltern? Jessica und Tobias, ihr dürft eure Eltern natürlich gerne dabei unterstützen, Ideen zu entwickeln und Schätze zu heben.«

Es entwickelt sich ein schöner »Erinnerungsdialog« zu den guten Gaben der Eltern bzw. Großeltern.

Da der Vater von Herrn Rosenbaum bereits verstarb, als er sechs Jahre alt war, sind die Erinnerungen an ihn nur schwach ausgeprägt. Im Hinblick auf das, was seine Mutter daraus gemacht hat, jedoch umso klarer. Mit großem Respekt spricht er über seine Mutter, die er als eine »starke Frau mit Überlebenswillen« erlebt hat und die nach dem Motto »mit wenig möglichst viel erreichen« handelte. Sie konnte das Geld gut einteilen und hat die Kinder Bescheidenheit gelehrt, ohne dass sie Mangel erleiden mussten. Darüber hinaus erzählt er, dass er »zwischen Geräten und Maschinen« aufgewachsen sei, was vermutlich früh seine Kompetenzen in diesem Feld gestärkt und die Liebe dazu begründet habe.

Frau Rosenbaum erzählt, dass ihre Mutter sich durch ein ausgesprochen großes Herz und eine ausgeprägte Hilfsbereitschaft auszeichnete. Darüber hinaus war das Leben ihres Vaters durch einen starken Willen und großes Durchhaltevermögen geprägt. Das Motto »Ich regle/schaffe das alleine!« sei auch für sie noch heute von intensiver Bedeutung, teilweise verbunden mit einem ordentlichen Dickkopf. Und ihre Eltern standen für klare Worte, sie waren »geradeheraus«, da wusste man gleich, wo man dran ist.

Überdies zeichneten sich beide Familien (Mutters wie Vaters Seite) dadurch aus: Genießen zu können, die Freude und Dankbarkeit, für das, was da ist und den Humor und die Lebensfreude. Dies hätten sie sich bis heute in ihrer Familie bewahrt.

Nach der Würdigung der Großeltern widmen wir uns im nächsten Schritt den wesentlichen Stärken ihres Familienlebens zu viert. Dabei wird deutlich, dass Mutter und Tochter über eine ausgeprägte Diskussionskultur verfügen, dass Nachgebenkönnen einen wichtigen Raum einnimmt und die Selbstfürsorge ebenfalls einen guten Platz hat. Alle können sich immer wieder zusammenraufen und vertragen, und der Erfolg des eigenen Betriebes ermöglicht allen ein gutes Auskommen, auch wenn dies ebenfalls harte Arbeit bedeutet. Weiter zeichnet sich die Familie durch eine große Tierliebe und Bescheidenheit aus. Alle vier beschreiben die hilfreiche

»Frotzelkultur«, die wechselseitigen Neckereien, das gemeinsame Durchhaltevermögen und ihren starken Zusammenhalt, »obwohl wir so eine bunte Truppe sind oder vielleicht auch genau deshalb«. Zudem erzählen sie liebevoll über diverse gemeinsame Rituale, die den Alltag beleben. Mal alle zusammen, mal Vater und Sohn, mal Mutter und Tochter, mal Tochter und Vater, mal Mutter und Sohn und mal die Eltern als Paar. Ein besonderes Highlight wird noch zwischen den Geschwistern deutlich, denn Jessica berichtet davon, dass ihr Bruder sich den Schriftzug »Keine ist wie du« auf seinen Arm tätowieren lassen hat. »Da habe ich gemerkt, wie wichtig ich ihm bin.«

Nachdem der Stamm nun gut gefüllt und durch die Erzählungen inhaltlich aufgeladen ist, richten wir im dritten Schritt abschließend den Blick auf die vor ihnen liegenden Aufgaben und offenen Wünsche. Gleichzeitig überlegen wir, welche der familiären Ressourcen wesentlich dazu beitragen, dass bestimmte Aufgaben bewältigt und Ziele erreicht werden können. Diese Vergewisserung, dass es Kompetenzen gibt, die den Einzelnen dabei unterstützen können, gehört zu den wesentlichen Aufgaben der Beratungsarbeit, da dadurch der Glaube daran, dass dieses Ziel erreichbar ist, Schritt für Schritt wachsen kann. Bei den Wünschen und Zielen tauchen unterschiedliche berufliche Aspekte sowie einzelne persönliche Urlaubswünsche, aber auch der Wunsch nach mehr miteinander verbrachter Zeit auf, denn die letzten Monate waren für alle sehr anstrengend und die schönen gemeinsamen Momente seien »etwas unter den Tisch gefallen«.

Alle vier beschreiben hinterher, dass sie sich schon länger nicht so ausführlich mit den wertvollen Anteilen eines jeden einzelnen Familienmitglieds sowie den gemeinschaftlichen Stärken, Ritualen, Familienwerten und bewältigten Herausforderungen auseinandergesetzt hätten. Insbesondere für Jessica war es eine ausgesprochen positive Erfahrung, da sie dieses Mal zum einen als eine von vieren und dann hauptsächlich mit ihren Stärken in den Blick genommen wurde. »Dass wir manche Sachen gar nicht so gesehen haben. Dass bewusst werden konnte, was uns alles an positiven Dingen ausmacht … weg vom negativen Blick auf die Dinge …, das hat jetzt richtig gut getan.«

Der Prozess mit Jessica und ihrer Familie geht für mich noch weiter. Jessica war inzwischen noch durch den einen oder anderen Infekt gefährdet und die Krankheit macht ihr zwischendrin immer wieder zu schaffen. Aber es gibt auch wiederholt gute Phasen, und die Familie trägt die Situation inzwischen wieder mit deutlich größerer Gelassenheit und Humor. Gleichzeitig ist die Familie bereit, »dem Tode ins Auge zu sehen« und die bisher miteinander verlebte Zeit als geschenkte Zeit anzusehen. Die Hoffnung auf ein möglichst langes Leben bleibt. Zur Schule geht Jessica immer noch nicht, aber sie beginnt, eine Perspektive zu entwickeln. Ihr Lungenvolumen ist aktuell stabil und die Einnahme der Medikamente funktioniert halbwegs.

Ich bin fest davon überzeugt, dass die Familie aufgrund ihrer zahlreichen Kompetenzen und ihres großen Potenzials noch viele schöne Momente erleben und den zukünftigen Aufgaben mit offenem Visier und gutem Zusammenhalt begegnen wird.

Fazit

Ich hoffe, dass ich durch meine Ausführungen einen ersten Eindruck davon vermitteln konnte, zu welchem Zeitpunkt dieses Vorgehen sich anbietet und welche schönen Effekte dadurch erzielt werden können:

- Das Erleben des gemeinsamen Prozesses, die Suche nach den verbindenden Momenten, Fähigkeiten und Kompetenzen sowie das Erzählen davon und die konkrete Beschreibung dieser Elemente führen in der Regel zu einer Entschleunigung im Tempo und einem Nachspüren des Gehaltvollen. Dies allein ist schon eine wichtige Intervention.
- Das Wahrnehmen des Ressourcenbildes und die Überlegung, wofür was gut eingesetzt und genutzt werden kann, bewirken schließlich einen weiteren Effekt, der den Glauben an die Möglichkeiten und Erreichbarkeiten stärkt. Wichtig ist dabei, dass der Baum gut gefüllt ist. Das wiederum braucht Zutrauen des Therapeuten, einen Sack voller Fragen und die bereits erwähnte liebevolle Hartnäckigkeit und Geduld, die den Raum eröffnet für die Erinnerungen.
- Der dritte Effekt entsteht schließlich durch das abschließende Foto von dem gemeinsam erzielten Ergebnis, in dem sowohl der Prozess als auch die einzelnen Ressourcen eingefangen sind und das die Beteiligten an die vorhandenen Stärken und Kompetenzen erinnern hilft.

In der Arbeit mit Paaren nutze ich den Ressourcenbaum in der Form, dass die Wurzeln die bisherige gemeinsame (Erfolgs-)Geschichte symbolisieren, der Stamm die jeweiligen und gemeinsamen Ressourcen, Rituale, Stärken und Erfolge und die Krone die Wünsche und Ziele. Die Vorgehensweise orientiert sich an der bereits beschriebenen Form sowie den Ideen von Carmen (Kindl-)Beilfuß (2008, 2012, S. 180 ff.).

Literatur

Denborough, D. (2017). Geschichten des Lebens neu gestalten. Grundlagen und Praxis der narrativen Therapie. Göttingen: Vandenhoeck & Ruprecht.
Fredrickson, B. L. (2009). Die Macht der guten Gefühle. Wie eine positive Haltung ihr Leben dauerhaft verändert. Frankfurt u. New York: Campus.
Furman, B. (2002). Es ist nie zu spät, eine glückliche Kindheit zu haben (4. Aufl.). Dortmund: Borgmann.
Hölzle, C., Jansen, I. (Hrsg.) (2009). Ressourcenorientierte Biografiearbeit. Grundlagen – Zielgruppen – Kreative Methoden. Wiesbaden: VS Verlag für Sozialwissenschaften.
Kerkhoff, B., Halbach, A. (2002). Biografisches Arbeiten. Beispiele für die praktische Umsetzung. Hannover: Vincentz.
Kindl-Beilfuß, C. (2008). Fragen können wie Küsse schmecken. Systemische Fragetechniken für Anfänger und Fortgeschrittene. Heidelberg: Carl-Auer.
Kindl-Beilfuß, C. (2012). Einladung ins Wunderland. Systemische Feedback- und Interventionstechniken. Heidelberg: Carl-Auer.
Möbius, T., Friedrich, S. (Hrsg.) (2010). Ressourcenorientiert Arbeiten. Anleitung zu einem gelingenden Praxistransfer im Sozialbereich. Wiesbaden: VS Verlag für Sozialwissenschaften.
Petzold, H. (1997). Das Ressourcenkonzept in der sozial-interventiven Praxeologie und Systemberatung. Integrative Therapie, 4, 435–471.
Potreck-Rose, F., Jacob, G. (2016). Selbstzuwendung, Selbstakzeptanz und Selbstvertrauen. Psychotherapeutische Interventionen zum Aufbau von Selbstwertgefühl (10. Aufl.). Stuttgart: Klett-Cotta.
Röhrbein, A. (2019). »Und das ist noch nicht alles ...« – Systemische Biografiearbeit. Heidelberg: Carl-Auer.
Ruhe, H. G. (2003). Methoden der Biografiearbeit. Lebensspuren entdecken und verstehen (2. Aufl.). Weinheim u. a.: Beltz.
Satir, V. (2016). Selbstwert und Kommunikation. Familientherapie für Berater und zur Selbsthilfe (22. Aufl.). Stuttgart: Klett-Cotta.
Specht-Tomann, M. (2012). Biografiearbeit in der Gesundheits-, Kranken- und Altenpflege (2. Aufl.). Heidelberg: Springer.
Welter-Enderlin, R., Hildenbrand, B. (Hrsg.) (2010). Resilienz. Gedeihen trotz widriger Umstände (5. Aufl.). Heidelberg: Carl-Auer.
Wilke, H. (2004). Einführung in das systemische Wissensmanagement. Heidelberg: Carl-Auer.

Kathrin Stoltze

Die Pflanzmetapher in der systemischen Beratung und Therapie: Pflanzen als Sprachbild, Metapher und Symbol

STECKBRIEF: Pflanzmetapher

WAS: Die Pflanzmetapher (ver-, um-, einpflanzen; [zusammen]wachsen; erblühen; großwerden; gepflegt werden; verwurzeln) kann für viele therapeutisch-beraterische Themen von großem Nutzen sein: z. B. Identität, Familienrekonstruktion, Mitgliedschaft und Gemeinschaft, Fähigkeitsmarkierung und -aktivierung, Paarneufindung.

WIE: Generell ist die Methode der Pflanzmetapher in ihrer systemischen Ausgestaltung für Familien, Einzelne, Gruppen, Paare, in der Supervision, der Teamberatung oder der ambulanten sowie stationären Jugend- und Sozialhilfe geeignet. Die Alters-, Kultur- und Sozialunbeschränktheit macht sie zudem zu einem sogenannten Allrounder.

MATERIAL: Papier und Stifte zum Zeichen; Pflanztopf/-töpfe, Erde, Samen oder Setzlinge; Fotoapparat und -ausdruck.

ZEIT: Es sind vorbereitende Sitzungen erforderlich, das eigentliche Pflanzen erfolgt in einer Sitzung.

WAS ZEICHNET DIE METHODE AUS:

Das Einpflanzen realer Pflanzen, also von etwas Lebendigem, kann (nach guter Vorbereitung in die Sinnhaftigkeit) ein therapeutisch starkes Symbol und Ritual darstellen, wodurch man über das erzeugte symbolische Feld mit dem Leben verbunden ist und (weiter-)wachsen kann und darf.

Zum Hintergrund der Pflanzen- und Pflanzmetapher

In der Familienberatung wird gern mit Sprachbildern und Metaphern gearbeitet. Das kennzeichnet ein Beratungsformat, das zum einen besonders gute Zugänge für spezielle Themen der Familien ermöglicht (z. B. Krisen oder Krankheiten in der Familie, Patchworksituationen). Zum anderen wird einem häufig anvisierten Ziel näher gekommen, nämlich, einen Perspektivwechsel im Denken (z. B. Dinge »in einem anderen Licht« erscheinen lassen, die Tür »einen Spalt weit öffnen«) vornehmen zu können (Lindemann u. Rosenbohm, 2012). Grundsätzlich gelingt es durch den Einsatz von Sprachbildern, Geschichten oder Metaphern, Zusammenhänge zu erkennen sowie neue Erkenntnisse zu schaffen. Dies wird somit auf eine erleichternde aber auch einprägsame Art und Weise möglich (Bachmann, 2016). Die Funktion der Metapher geht dabei über das Sprachbild hinaus (Lakoff u. Johnson, 2014; Mills u. Crowley, 2011; Welter-Enderlin u. Hildenbrand, 2011; siehe Tabelle 1). Bahnbrechend wirkte das im Jahr 1980 veröffentlichte Buch von G. Lakoff und M. Johnson (dt. »Leben in Metaphern«) aufgrund des neuen, kognitiven Verständnisses von Metaphern.

Tabelle 1 ermöglicht eine schnelle Orientierung für den Konstrukteur einer Metapher, die als systemische Intervention in den Beratungsprozess sinnstiftend eingeführt werden kann.

Die Pflanze eignet sich im Besonderen für eine metaphorische Konstruktion im Beratungsprozess und wird hier beispielgebend aufgeführt. Das Symbol der Pflanze stellt einen Baustein von therapeutischen Metaphern dar, der speziell den Rahmen der Ritualkonstruktionen erleichtert und bebildert. Dieses Arbeiten in der metaphorischen Symbolkonstruktion wird auch mit dem Begriff »symbolisches Feld« verknüpft. Zudem kann die Pflanze für vielfältige Themen der Familien und Einzelberatung im Sinne des Sichtbarmachens einer Kraftquelle genutzt werden (Belliger u. Krieger, 2013; Whiting, 2015).

Das Symbol der Pflanze wird ausgesucht, um Überzeugungen oder Beziehungen zu verändern oder um Ereignissen andere, lösungsdienliche Bedeutungen zuschreiben zu können. Dabei sind die Bedeutungen von Symbolen mit Folgendem verknüpft (Whiting, 2015):
1. der Fähigkeit zu vielfacher Sinn- und Bedeutungsgebung,
2. der Fähigkeit zu komplexer Verknüpfung unterschiedlicher, ungleichartiger (disparater) Phänomene,
3. der Fähigkeit, gleichzeitig mit sensorischen und kognitiven Polen einer Bedeutung zu wirken.

Tabelle 1: Gemeinsamkeiten und Unterschiede zwischen literarischen und therapeutischen Metaphern; Quelle: Stoltze (2018), orientiert an Lakoff u. Johnson (2014); Whiting (2015)

	Literarische Metaphern	Therapeutische Metaphern
Allgemeine Merkmale	– sowohl Reduzieren als auch Erweitern von Komplexität – Begünstigen und Fördern identifikatorischer Prozesse – Formulieren und Illustrieren von Gedanken, Gefühlen und Fantasien – wertvolle Hinweise für die »inneren Landkarten« der Klienten – Unterstützen von Dialog und Reflexion	
Nutzen	liefert bildhafte Vorstellung einer Erfahrung	zusätzlich zur bildhaften Vorstellung: Ansprechen einer gemeinsamen Lebenserfahrung (entspricht: beziehungsmäßiger Vertrautheit)
Hauptziel	Beschreibung	Veränderung, Perspektivwechsel, Reframing (Umdeutung/Neurahmung)
Beispiele	an die Decke gehen, im Dunkeln tappen, die Sonne lacht, Decke fällt auf den Kopf, den Nagel auf den Kopf treffen, die Sache geht ins Auge, das Salz in der Suppe, lang und breit erzählen	Symbole mit Metaphern verbinden zu therapeutischen Metaphern: – Schiffsmetapher (Schiff plus Metapher – *in See stechen* – für die Markierung eines Beginns), – Reisemetapher (Koffer plus Metapher – *meinen Koffer packen* – für die Ausrüstung mit Ressourcen), – Türmetapher (Tür plus Metapher – *einen Spalt weit öffnen* – für die Prozessreflexion als Gewichtung weiterer Möglichkeiten des Fortgangs)

Das Symbol der Pflanze kann in Verbindung mit Metaphern des Ein-, Ver-, Umpflanzens, (Zusammen-)Wachsens, Erblühens, Großwerdens, Gepflegtwerdens oder Verwurzelns durch wiederum symbolische Handlungen in den Prozess einer Ritualkonstruktion integriert werden. Aus Sprachbildern können somit Metaphern in Verbindung mit einem Symbol entworfen und dadurch therapeutisch wirksame Interventionen entwickelt werden (Lakoff u. Johnson, 2014; Mills u. Crowley, 2011; Welter-Enderlin u. Hildenbrand, 2011).

Die (fast) unbegrenzten Einsatzmöglichkeiten

Generell ist die Methode der Pflanzmetapher in ihrer systemischen Ausgestaltung für Familien, Einzelne, Gruppen, Paare, in der Supervision, der Teamberatung oder der ambulanten sowie stationären Jugend- und Sozialhilfe geeignet. Die Altersunbeschränktheit macht sie zudem zu einem sogenannten Allrounder. »Von 0 bis 99 und darüber hinaus« könnte auf dem Beipackzettel stehen. Die Themenfelder reichen von Familienrekonstruktion über die Verminderung des

Gefühls der Entfremdung bei Stief-, Adoption- bzw. Pflegesituationen bis zur Markierung von Fähigkeiten im Umgang mit Krisen und Krankheiten oder der Gestaltung eines Übergangs wie z. B. in Patchworkfamilien.

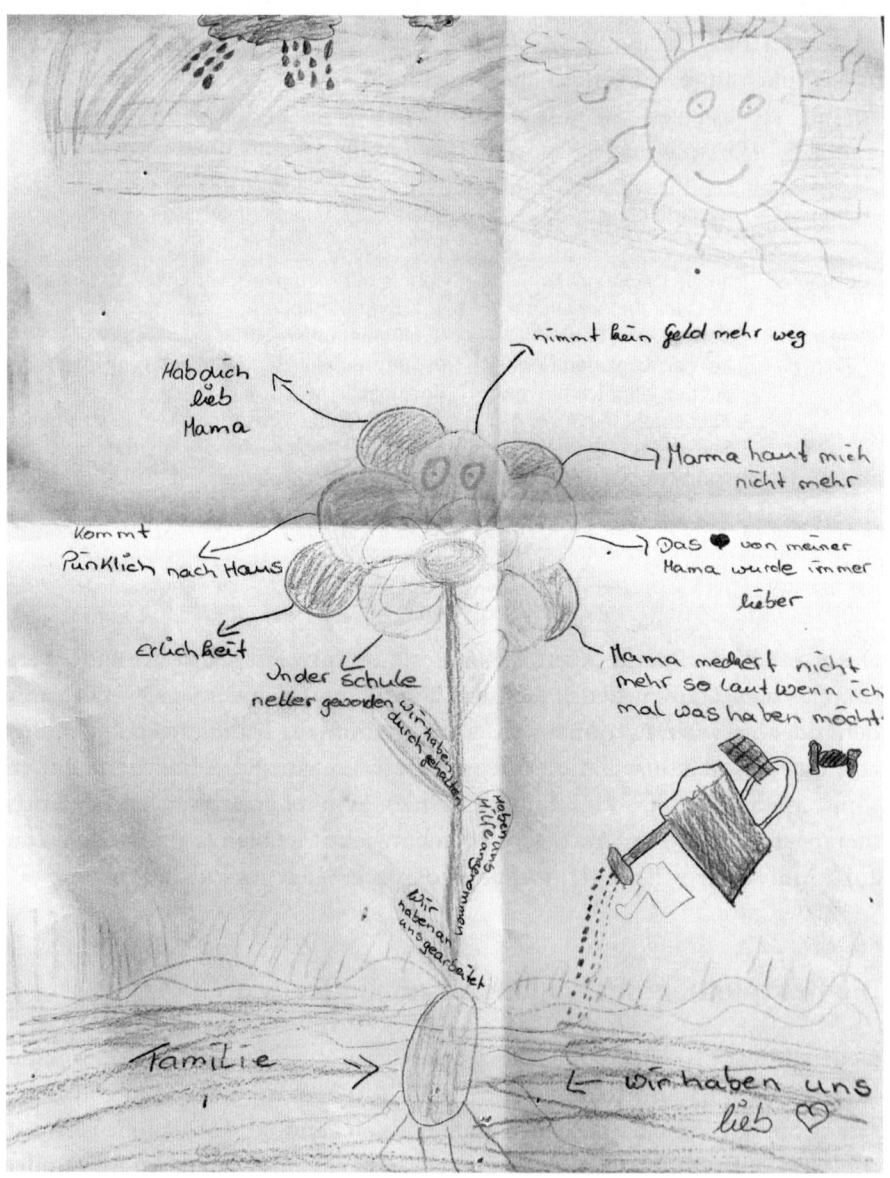

Abbildung 1: Beispiel für eine bildliche Vorstellung der ver-, um- oder zusammengepflanzten Pflanze(n) (Foto KS)

Eine etwas anspruchsvollere Ausgestaltung betrifft das Pflanzen/Wachsen/Pflegen von Fähigkeiten, Ressourcen oder auch Selbstheilungskräften/Resilienzen anstatt der Vermenschlichung und damit Personalisierung der Pflanze.

Kulturübergreifend und unabhängig vom sozioökonomischen Background der Klienten zu sein, zeichnet die Methode zusätzlich aus. Die Handlungsorientierung der Methode ist stets positiv konnotiert und bringt für die Beteiligten eine emotionale Bedeutungsdichte und grundsätzlich freudvolle, zuversichtliche Aspekte. Es hat sich als sinnvoll erwiesen, die Familie bzw. andere Teilnehmende in die Vorbereitungen aktiv mit einzubeziehen. So können z. B. die Pflanztöpfe mitgebracht werden, die durch verschiedene Größen die Geschwisterreihe bzw. den Unterschied zu Erwachsenen symbolisieren. Auch kann die Erde vom Klientensystem mitgebracht werden, während die Pflanzen/Samen zumeist der Therapeut beisteuert (siehe folgenden Abschnitt). Zudem ist es sinnvoll, die Methode mit verschiedenen Sinnesbereichen (sehen, hören, spüren, fühlen, riechen) zu verbinden. Daher wird die bildliche Vorstellung der ver-, um- oder zusammengepflanzten Pflanze(n) in einem ersten Schritt gezeichnet (Abbildung 1 und 2). Diese Zeichnung, häufig schon verbunden mit systemischen Ausgestaltungen im symbolischen Feld und speziellen zieldienlichen Fragen, gilt als roter Faden für die Umsetzung und innere Verankerung der Methode. Ein Verweis zum Thema Rituale und Ritualkonstruktion empfiehlt sich an dieser Stelle (z. B. Imber-Black, Roberts u. Whiting, 2015; Stoltze, 2018).

Abbildung 2: Beispiel einer gemalten Pflanzmetapher (Foto KS)

Die (fast nicht vorhandenen) Hindernisse oder Nebenwirkungen

Eine zentrale Frage besteht darin, ob die Methode eine sinnvolle Handlung bzw. Intervention im beraterischen/therapeutischen Prozess darstellt.

Für die systemisch orientierte Ausgestaltung der Methode ist eine sinnstiftende Einführung der mit der Methode verbundenen Bedeutungsdichte unabdingbar. Ebenso sind die Risiken von Sprachbildern, die beispielsweise vom Klienten nicht angenommen werden könnten (z. B. Beachtung bei Autismusstörungen), zumindest vom Berater/Therapeuten zu reflektieren.

Die Methode ist zwar an sich anspruchslos in der Umsetzung, da z. B. kaum Fähigkeiten in der Pflanzenkunde gefragt sind, jedoch in anderer Weise anspruchsvoll für den Berater/Therapeuten. Dies ist in dem Sinne gemeint, dass ein hohes Maß an Offenheit, Gelassenheit, Einfallsreichtum und Timing (»richtiger Moment«) sowie ein tragfähiger Zugang zu den eigenen Gefühlen und Gedanken für die Methode nützlich ist.

Ein Aspekt, der immer wieder von den (zumeist) erwachsenen Klienten »entdeckt« wird, ist, dass es sich bei der Pflanze um ein lebendes Symbol handelt. Pflanzen gehen natürlich auch einmal ein, wachsen nicht richtig an, gehen als Samen nicht auf oder Ähnliches. Die Verbindung dessen mit negativen Implikationen (z. B. »Dann geht das jetzt schief?«) stellt durchaus eine gewisse Verführung im Denken dar. Dem ist im Vorfeld am besten mit einer vorweggenommenen Hypothese und Handlungsoption zu begegnen: »Es könnte sein, dass diese Pflanze eingeht oder Probleme beim Anwachsen zeigt. Dann tauschen Sie sie einfach aus!« Hier zählt einzig das Ziel, mit dieser Methode in einem symbolischen Feld etwas Bedeutsames, für beispielsweise die Familie, auf eine erlebnisintensive und anschauliche Weise zu vermitteln (Levold u. Wirsching, 2016).

Ein erstes Fallbeispiel: »Unsere Zuversicht wächst«

In einer Paarberatung wollten die Klienten den aus ihrer Sicht bisher erfolgreichen Prozess zusätzlich markieren. Wichtig erschien beiden, dass die »Geschichte« ihrer Situation, der Prozess des Ringens um Lösungen und die zuversichtlichen Aussichten einen Platz finden.

Die Beraterin schlug dem Paar daraufhin die Pflanzmethode mit metaphorischer und damit symbolischer Kraft vor. In der Vorbereitungsphase sollten sich beide auf eine bildliche Darstellung ihrer Pflanze und einen passfähigen metaphorischen Titel einigen. Der Titel lautete demnach: »Unsere Zuversicht wächst«.

Dabei wurden die Wurzeln als Teil der jeweils miteinander verbundenen Biografien gesehen, wobei Verzweigungen (z. B. Seitensprung) auch die Irritationen im Wachsen des Paares verdeutlichen und zudem ansprechbar machten. Der Pflanzenstiel konnte als gemeinsam zugelassener Beratungsprozess gewürdigt werden, der diesen »Wurzeln« entspringt. Die bildliche Darstellung sollte auf Wunsch des Paares keine Blüten enthalten, da eher das Wachsen im Sinne von Stabilität Priorität hätte.

Daher wurde – dem folgend – für das Ritual des echten Pflanzens eine sogenannte »Büropflanze« (ohne Blüten, nur Blätter entwickelnd) ausgesucht. Die gewählte Pflanztopfgröße stellte symbolisch den Platz dar, den das Vorhaben »Unsere Zuversicht wächst« jetzt schon hatte. Ebenso legten beide Wert darauf, keine Samen keimen zu lassen, sondern einen Setzling zu wählen. Die notwendigen Begleitaktionen – wie der Pflanze Wasser zu geben, einen guten Platz für sie zu finden usw. – konnten in der Vorbereitungsphase ebenfalls in diesem symbolischen Feld besprochen werden. Hier erfolgte dann die Übersetzung, indem Überlegungen erörtert wurden, was diese symbolischen Handlungen für das Paar bedeuteten.

Danach wurde das Pflanzritual durchgeführt. Beide wurden sodann aufgefordert, ein Foto von sich als Paar (eventuell mit besonderer Gestik) zu erstellen, dass in der Realität die in der Pflanze symbolisierte Form von Zuversicht widerspiegelt (Reintegrationsphase). Die empfundene Zuversicht sollte mit dem Pflanztopf verbunden werden (z. B. mit dem Foto bekleben).

Hiermit fand die Methode ihren Abschluss.

Ein zweites Fallbeispiel: »Das alles ist meine Familie – eine große Familie!«

Ein dreijähriger Junge namens Maxi (alle Klientennamen geändert) wurde gemeinsam mit seiner Schwester Charlotte (vier Jahre) in die Kurzzeitpflege aufgenommen, da die bis dahin mit ihren beiden Kindern alleinlebende Mutter (sozial schwierige Lebensbedingungen; mit ambulanter Jugendhilfe) aufgrund einer Risikoschwangerschaft bis zur Geburt des vierten Kindes in ein Krankenhaus ging. Die Mutter verstarb bei der Geburt an Komplikationen. Insgesamt verstrich bis dahin für die Kinder eine Zeit von ca. acht Wochen in der Pflegefamilie. Beide Kinder waren Halbgeschwister, ein erstgeborener Junge (weiterer Halbbruder) lebte bei seinem leiblichen Vater.

Seitens des Jugendamtes war angedacht, Maxi und Charlotte dauerhaft in eine Pflegefamilie zu geben. Der dreijährige Maxi schien die Situation anders wahrzunehmen als seine Schwester: Er verzichtete seit Wochen auf die expressive Sprache und nutzte wieder kleinkindhafte Ausdrucksmöglichkeiten seines vermuteten angespannten Befindens. Er brauchte wieder Tag und Nacht eine Windel, obwohl er bereits sauber gewesen war. Die Pflegeeltern fragten in der Beratung an, wie die Entwicklung des Jungen erneut aktivierbar wäre. Bis zu diesem Zeitpunkt hatte noch keiner der Erwachsenen mit den Kindern darüber gesprochen, dass ihre Mutter verstorben ist. Die neugeborene Schwester war immer noch in der Kinderklinik. Diese Informationen waren Maxi und Charlotte aufgrund der Unsicherheit der Erwachsenen noch nicht zugemutet worden.

Für Maxi stand jedoch auch sein nigerianischer Vater zur Verfügung, der mit hohem Engagement mithilfe des Familiengerichts das Sorgerecht für Maxi erringen wollte. Diese Entscheidung zum Sorgegerecht wurde in der Zeit des kindertherapeutischen Prozesses zugunsten des Vaters entschieden.

Einen Ausschnitt aus Maxis Kindertherapie, der die Pflanzmetapher und das sich anschließende Pflanzritual beschreibt, skizziere ich hier:

Im Vorbereitungsprozess wurden die entwicklungspsychologischen Vorrausetzungen des Kindes geprüft und für grundsätzlich altersentsprechend eingeschätzt. Maxis Verzicht auf die Sprache und altersgerechte Entwicklung wurde als Signal für gegenwärtig nicht gut genug beachtete kindliche Bedürfnisse gewertet. Der Schwerpunkt lag somit auf den systemischen hypothesengestützten Themen zu Bedürfnissen des Kindes nach Ressourcenaktivierung, Rekonstruktion von Familienbeziehungen, Transparenz zum Lebensmittelpunkt und Tod/Verlust.

Im ersten Teil wurde zunächst ein sogenanntes Kindergenogramm, das die Familienbeziehungen kind- und altersgemäß visualisiert, angefertigt. Hier werden Zeichnungen von den Familien- oder Bezugssystemmitgliedern (z. B. Köpfe) erstellt, die mit verschiedenen Strichfarben miteinander verbunden werden, sodass die Farben zusätzlich die Art der Beziehungen (z. B. leibliche Eltern/Geschwister) darstellen. Pflanzen können dann symbolisch für die Familienmitglieder eingeführt werden (Symbol für die Metapher des Wachsens für den Jungen und im späteren Verlauf für das Zusammenwachsen der neuen Familienidentität). Dies diente der Rekonstruktion von Familienwurzeln: »Wer bin ich und wo komme ich her?« Das kindliche Ritual des »Ein- und Umpflanzens« konnte auf der Grundlage der rekonstruierten vergangenen Familienidentität vorbereitet werden.

Im zweiten Teil wurde eine eigene Pflanze für den Jungen von Maxi selbst gezeichnet. Danach konnten Bilder aller Pflanzen-Familienmitglieder erstellt werden (alle vier Kinder der Mutter). Das Schaffen einer ressourcenstärkenden vergangenen Familienidentität erfolgte im Weiteren auch durch die besondere, einem Dreijährigen angemessene Würdigung seiner Mutter (Bild der Mamapflanze). Ebenso konnte dem damit verbundenen Thema von Tod und Verlust Platz eingeräumt werden.

Im dritten Schritt wurden für alle Kinder und die Mutter das Pflanzritual durchgeführt.

In einem vierten Schritt konnte nach der Sorgerechtsentscheidung eine Vater-Sohn-Pflanzung (ein-, umpflanzen, neu zusammenwachsen) umgesetzt werden. Hier wurden sowohl die Stärkung der Selbstwirksamkeit des Kindes in der Gegenwärtigkeit als auch die Transparenz zum Lebensmittelpunkt bearbeitet. Damit bestand der »rote Faden« der Pflanzmetapher aus den Themen Identitätsklärung und Mitgliedschaft, die zu einer Verringerung des Gefühls der kindlichen Entfremdung von der Gemeinschaft beitrugen.

Fotos der Familienmitglieder wurden zum Abschluss für die Pflanzentöpfchen ausgesucht und aufgeklebt.

Die jüngste Halbschwester konnte in einem Adoptionsverfahren in eine Familie vermittelt werden, wobei diese bewundernswerterweise jährlich an alle Geschwister einen Brief schickten. Die ältere Schwester Charlotte, die mit dem Dreijährigen in der Pflegefamilie war, konnte ebenfalls ihren Platz in der Familie ihres Vaters finden.

Fazit: Der idealtypische Verlauf der Methode am Beispiel der Familienidentität

Um das Symbol der Pflanze mit verschiedenen Handlungsebenen verknüpfen zu können, wird zuerst ein symbolisches Bild der Identität gefertigt (»Das bin ich, wie eine Blume bzw. Pflanze«: Vorbereitungsphase). Danach wird die nunmehr gefestigte symbolische Identität der Pflanze (z. B. als Kind von Vater und Mutter) ausgesucht und in einen kleinen Pflanztopf (kleiner Topf symbolisch für Kind vs. großer Pflanztopf für Erwachsene) eingepflanzt (Durchführungsphase).

Im nächsten Schritt können das gezeichnete Symbolbild und die eingesetzte Pflanze miteinander verbunden werden, indem sie zueinandergestellt werden. Therapeutin: »Das bist du, und du kannst dir zuschauen, wie du wächst« (lebendige Metapher). Somit kann das Thema »Familienidentität markieren und bewirken/schaffen« als neuer Erwartungs-/Bedeutungsrahmen in der therapeutischen Sitzung mit einem *Familienritual* bearbeitet werden (Abbildung 3).

Geht es um die »führende Metapher« des »Zusammenwachsens« kann ihre Umsetzung zunächst im jeweiligen Zeichnen des Symbols »meiner« Pflanze sattfinden. Die Gemeinsamkeit besteht darin, dass alle Familienmitglieder dies gleichzeitig tun.

Nach dem eigentlichen Pflanzen wird das Zusammenführen aller Pflanzen in einer Pflanzschale (z. B.: »Wir geben uns symbolisch einen Halt«) umgesetzt.

Verbunden werden kann dieses mit dem Ritualsatz: »Das bin ich und ich gehöre in diese Familie – wir gehören zusammen«.

Zur Reintegration in den Alltag (Reintegrationsphase) werden die Beteiligten, z. B. Familienmitglieder, eingeladen, ein Foto von sich auf ihre eigenen Pflanzen zu kleben und z. B. ein gemeinsames Foto aus der therapeutischen Sitzung in die Pflanzschale zu integrieren.

Abbildung 3: Beispiel einer Familienpflanze, die in einem Familienritual bearbeitet wurde

Literatur

Bachmann, T. (2016). Kognitionspsychologische Grundlagen für den Einsatz sprachlicher Bilder in Coaching und Beratung. Organisationsberatung, Supervision, Coaching, 23 (3), 269–283.

Belliger, A., Krieger, D. J. (Hrsg.) (2013). Ritualtheorien. Ein einführendes Handbuch (5. Aufl.). Wiesbaden: Springer VS.

Geelen, H. (1996). Jans Pflanze. München: Middelhauve. (Beispiel für ein Kinderbuch, das für die Pflanzmetapher und das zu entwickelnde Ritual hilfreich ist).

Imber-Black, E., Roberts, J., Whiting, R. A. (Hrsg.) (2015). Rituale. Rituale in Familien und Familientherapie (6. Aufl.). Heidelberg: Carl-Auer.

Lakoff, G., Johnson, M. (2014). Leben in Metaphern. Konstruktion und Gebrauch von Sprachbildern (8. Aufl.). Heidelberg: Carl-Auer.

Levold, T., Wirsching, M. (Hrsg.) (2016). Systemische Therapie und Beratung. Das große Lehrbuch (2. Aufl.). Heidelberg: Carl-Auer.

Lindemann, H., Rosenbohm, C. (2012). Die Metaphern-Schatzkiste. Systemisch arbeiten mit Sprachbildern. Göttingen: Vandenhoeck & Ruprecht.

Mills, J. C., Crowley, R. J. (2011). Therapeutische Metaphern für Kinder und das Kind in uns (4. Aufl.). Heidelberg: Carl-Auer.

Stoltze, K. (2018). Arbeit mit Ritualen. In K. v. Sydow, U. Borst (Hrsg.), Praxis der systemischen Therapie. Weinheim: Beltz.

Welter-Enderlin, R., Hildenbrand, B. (Hrsg.) (2011). Rituale-Vielfalt in Alltag und Therapie (3. Aufl.). Heidelberg: Carl-Auer.

Whiting, R. A. (2015). Leitfaden für die Konstruktion therapeutischer Rituale. In E. Imber-Black, J. Roberts, R. A. Whiting (Hrsg.), Rituale. Rituale in Familien und Familientherapie (6. Aufl., S. 119–150). Heidelberg: Carl-Auer.

Thomas Hegemann

ich schaff's® *für Eltern:* **Ein lösungsfokussiertes Eltern-Coaching-Programm**

STECKBRIEF: *ich schaff's für Eltern*

WAS: *ich schaff's* ist die deutschsprachige Fassung eines lösungsfokussierten Motivationsprogramms für die Arbeit mit Kindern und Jugendlichen. Hier geht es um seine Adaption für Eltern (und ähnliche Bezugspersonen), um ihnen den Rücken zu stärken für ein gutes »Parenting«, aber auch für ihr eigene Weiterentwicklung.

WIE: Gruppenprogramm für Eltern von Kindern aller Altersgruppen.

MATERIAL: Nicht erforderlich. Unterstützend können Arbeitshilfen sein, wie im Text und im Literaturverzeichnis beschrieben.

ZEIT: Im Standardprogramm 5 × 2 Stunden.

WAS ZEICHNET DIE METHODE AUS:

Das Programm setzt den lösungsfokussierten Ansatz von *ich schaff's* konsequent in der Elternarbeit um; es lässt sich mit einfachen Mitteln in Erziehungsberatungsstellen, Schulen, Jugendhilfe-, kinder- und jugendpsychiatrischen und vergleichbaren Einrichtungen einsetzen und fördert die Motivation von Eltern, ihre Beelterungskompetenzen zu erweitern.

Was ist *ich schaff's?*

Ich schaff's ist die deutschsprachige Fassung eines lösungsfokussierten Motivationsprogramms für die Arbeit mit Kindern und Jugendlichen. Es wurde von Ben Furman (2013, 2017) in Helsinki unter dem Namen »Kids Skills« entwickelt, um Kinder mit Problemen dabei zu unterstützen, Fähigkeiten zu lernen, mit denen sie diese Probleme bewältigen können.

Konzeptionelle Grundlage des Programms ist die Idee der Lösungsfokussierung (Bamberger, 2015; Hegemann, 2012), wie sie von Steve de Shazer und Insoo Kim Berg für die beraterische und therapeutische Praxis beschrieben wurde (de Jong u. Kim Berg, 2014; de Shazer u. Dolan, 2016; Steiner u. Kim Berg, 2005). Lösungsfokussierung basiert einerseits auf den theoretischen Konzepten der Zirkularität. Verhalten ist demnach am besten in der Interaktion mit anderen und diese wiederum in Beziehung mit dem Kontext erklärbar. Andererseits basiert die Methode auf den Konzepten der Hypnotherapie von Milton Erickson (Zeig, 2006).

Ben Furman hat als einer der Ersten diesen Ansatz konsequent für die Arbeit mit Kindern ausgebaut. Hegemann und andere haben *ich schaff's* mit Modifikationen in Stil und Aufbau für die Arbeit mit Jugendlichen (Bauer u. Hegemann, 2016; Hegemann u. Achner, 2018) und für die Arbeit in Schulen (Hegemann u. Dissertori Psenner, 2018) adaptiert.

Grundideen des Programms sind:
- Jeder kann auf Ressourcen und bisherigen Kompetenzen aufbauen.
- Lernen gelingt leichter mit Zuversicht, Freude und in der Vernetzung mit anderen.
- Profis haben die Aufgabe, Kinder und Jugendliche, die wenig Zuversicht haben, resigniert und schlecht vernetzt sind, genau hierin zu unterstützen.

Der Programmablauf erfolgt in 15 Schritten, die aufeinander aufbauen und in der Literatur ausführlich beschrieben sind (Furman, 2017; Bauer u. Hegemann, 2016).

Ich schaff's ist ein niederschwelliges Motivationsprogramm, das darauf abzielt, Kinder und Jugendliche dabei zu unterstützen, neue Fähigkeiten zu erlernen, um die Anforderungen des Lebens zu meistern und sie dazu zu ermutigen, an sich zu glauben und darauf zu vertrauen, dass eigenes Engagement die Möglichkeiten des Lebens erweitert und dass es sich lohnt, die Vielfältigkeit des Lebens zu entdecken. Die Umsetzung von *ich schaff's* stellt keinerlei Voraussetzungen an Eltern und andere Bezugspersonen.

Kinder und Jugendliche werden motiviert, sich Helfer zu suchen und dabei auch angeregt, sich daheim nach solchen umzusehen. In seiner Niedrigschwelligkeit richtet sich *ich schaff's* auch an Kinder und Jugendliche, die von daheim keine Unterstützung erfahren. Solche werden ermutigt, sich andere Helfer zu suchen. Die pädagogische Alltagserfahrung zeigt aber auch, dass Kinder und Jugendliche, die von daheim unterstützt werden, leichter und besser lernen. Dies gilt für soziale ebenso wie für emotionale und körperliche Kompetenzen. Wenn Eltern Bereitschaft, Motivation und Offenheit für die Entwicklungen der Kinder und Jugendlichen mitbringen, ist alles einfacher.

Was ist *ich schaff's für Eltern?*

Von Professionellen, die erfolgreich mit *ich schaff's* gearbeitet haben, kamen immer mehr Anfragen, wie Eltern, die sich in der Unterstützung ihrer Kinder schwertun, mit *ich schaff's* geholfen werden könnte. Grundsätzlich gilt auch im Umgang mit Eltern, konsequent eine lösungsfokussierte Haltung einzunehmen. Dies bedeutet, die Eltern immer in eigener Sache anzusprechen und jeden Eindruck zu vermeiden, sie im »Interesse ihrer Kinder« zur Veränderung ihres Umgangs mit diesen bringen zu wollen. Mit Eltern sollte, wie mit jedem andern auch, erst einmal an deren eigenen Visionen gearbeitet werden, wie sie sich selbst als kompetentere Eltern vorstellen und welche Fähigkeiten sie dazulernen oder ausbauen möchten.

Auf dieser Basis wurde das Programm *ich schaff's für Eltern* entwickelt (Furman, Ahola u. Hegemann, 2010). Es wendet die Grundidee von *ich schaff's*: »Lernen gelingt leichter mit Zuversicht, Freude und in der Vernetzung mit anderen!« konsequent auf die Arbeit mit Eltern an.

Es geht darum, Elterntrainings als Gruppenprogramme durchzuführen, in denen Eltern in erster Linie und am besten von anderen Eltern lernen, die sich in vergleichbarer Lage befinden. Vorgehensweisen, die andere Eltern als erfolgreich im Umgang mit ihren Kindern beschreiben, haben eine größere Glaubwürdigkeit als Methoden, die von Profis vorgeschlagen werden, die häufig in ganz anderen sozialen Kontexten leben als die Eltern, um die es geht.

Wo wird *ich schaff's für Eltern* eingesetzt?

Idealerweise werden *ich schaff's für Eltern*-Coachingkurse in einem strukturierten Ablauf als Gruppenkurse durchgeführt. Am besten erfolgt dies in Einrichtungen, in denen Elternveranstaltungen zum Routineprogramm gehören. Alle Schulen, alle Kindergärten, alle Horte, alle heilpädagogischen Einrichtungen für Kinder und Jugendliche und alle voll- oder teilstationären Einrichtungen für Kinder- und Jugendpsychiatrie führen Elternabende oder Elterntage durch. Gleiches gilt für Einrichtungen des Kurwesens für Mütter und Väter oder Familien mit und ohne Kinder, für Familienbildungsstätten und immer mehr Einrichtungen der Jugendhilfe und für Erziehungsberatungsstellen. Solche Elternabende oder Elterntage sind ideale Treffen, um für das Gruppenprogramm *ich schaff's für Eltern* zu werben. Idealerweise ist die Teilnahme freiwillig, da dies die Motivation eher erhöht als Veranstaltungen, die vorgeschrieben werden oder mit Konnotationen von Nötigung verbunden sind. Die Einladung sollte mündlich oder auch schriftlich mit einem werbenden Charakter erfolgen und darauf hinweisen, dass es für alle Eltern immer etwas zu lernen gibt, um mit den eigenen Kindern erfolgreicher umzugehen. Durchaus willkommen sind auch Elternpaare oder andere Erziehungspersonen, mit denen das Kind viel Zeit verbringt, wie Großeltern, Tagesmütter, erwachsene Geschwister etc. Dies gilt vor allem für das dritte Seminar (siehe unten).

Wie läuft *ich schaff's für Eltern* ab?

Das Standardprogramm wird in seiner Grundausführung an fünf Abendseminaren im Abstand von zwei Wochen durchgeführt; das letzte Seminar dann in einem Abstand von vier Wochen. Die fünf Seminare folgen in ihrer thematischen Ausrichtung den Grundzügen des *ich schaff's*-Elterncoachings, wie es von Ben Furman für einzelne Eltern entwickelt wurde (Furman, 2012). Methodisch orientiert es sich an den Konzepten der Multifamilientherapie (Asen u. Scholz, 2017). Die Details sind in einem Handbuch (Furman et. al., 2010) niedergelegt und werden in Trainings für *ich schaff's*-Elterncoaches vermittelt.

Alle Seminare beginnen im streng lösungsfokussierten Sinne mit einer Abfrage der erfolgreichen Prozesse, die bisher erreicht wurden; dann geht es weiter mit der Beschreibung der Inhalte des aktuellen Seminars; als Weiteres folgen Übungen zu diesen Inhalten; am Ende werden weitere Praxisübungen vereinbart, an denen die Eltern daheim mit ihren Kindern trainieren möchten.

Im ersten Seminar wird etwas mehr Zeit auf die Vorstellung und Erklärung des gesamten Programms verwendet. Im letzten Seminar wird ausführlicher auf Überlegungen zu weiterem Training nach dem Programm eingegangen und auf eine Suche nach Unterstützern, die bei der Erziehung der Kinder helfen können, sowie auf eine Auswertung.

Die Übungen in den Seminaren erfolgen in Kleingruppen zu dritt oder zu viert. Zu jeder Übung gibt es ein Handout, in dem Fragen für die Übung formuliert sind. Eine Teilnehmerin berät jeweils eine andere, wobei die dritte oder auch vierte Person als Beobachter fungieren. Dies geschieht in mehrfachen Wechseln, sodass sich die Eltern sowohl als kompetente Berater untereinander erleben, aber auch als zu Beratende auf ihre bisherigen Kompetenzen und auf mögliche ganz kleine experimentelle nächste Schritte verwiesen werden. Die Rolle der Beobachtenden ist besonders wichtig, damit die Eltern geschult werden, sorgfältig darauf zu achten, mit welchen Fragen eher Optimismus und mit welchen eher Resignation erzeugt wird.

Im *ersten Seminar* geht es ums Kennenlernen und das Schwerpunktthema »Loben lernen«. In kleinen Gruppen wird mit einer Vorstellungsrunde begonnen. In größeren Gruppen stellen sich die Eltern in Kleingruppen zu viert bis sechs gegenseitig vor. Im Plenum werden dann nur noch Ähnlichkeiten und Unterschiede präsentiert. Schwerpunkt der Vorstellung sind Fragen wie: »Auf was – als Elternteil – bist du stolz?«; »Was – als Elternteil – möchtest du besser machen oder besser können?«

Den Eltern, die möglicherweise mit Ideen kommen, dass es um Schwierigkeiten mit ihren eigenen Kindern geht, wird akzeptierend begegnet, dass wir alle Probleme mit Kindern kennen, unter denen Eltern auch leiden können. Hier liegt der Fokus aber darauf, wie wir Kinder am besten in einer positiven Entwicklung unterstützen und wie wir dazu beitragen können, dass sie sich auf eine angemessene und sozial akzeptable Weise verhalten. Das geschieht am besten durch Loben. Das bedeutet nicht das Schönreden schwieriger Situationen, sondern die konkrete Benennung guter Entwicklungen und dabei ganz besonders der Fortschritte. Verbesserungen zu benennen, für die das Kind sich eingesetzt hat, ist noch wichtiger, als Erfolge zu beschreiben, die auch auf Begabungen beruhen könnten.

Die Eltern üben das alles selbst durch die Benennung eigener Erfolge, die sie erreicht haben. Von den Beratenden in den Übungen erhalten sie Bewunderung und Respekt und werden gebeten, ihren eigenen Beitrag im Detail zu beschreiben und auch Helfer zu benennen, die zum Erfolg beigetragen haben. Hierbei wird darauf geachtet, Relativierungen wie »Das war doch nichts Besonderes«, »Aber dies oder das hat ja noch gefehlt« etc. zu unterlassen. Zur Hausaufgabe werden die Eltern gebeten, mit ihren Kindern dies in gleicher Weise zu trainieren.

Im *zweiten Seminar* geht es um »konstruktive Kritik«, um angemessen eingreifen zu können, wenn die Kinder sich in einer Weise verhalten, die das Familienleben beeinträchtigt, Ärger mit der Umwelt hervorruft oder gefährlich ist. Kränkungen, Vernachlässigung von Aufgaben, mangelnde Sauberkeit, Nerven auf verschiedenen Ebenen oder gar Straftaten wären dafür Beispiele. In belastenden Situationen neigen wir alle dazu, zu generalisieren. »Immer machst du das!«; »Nie passt du auf!« wären Beispiele dafür. Besser ist es, sich in Wünschen, in der Beschreibung der Konsequenzen des schwierigen Verhaltens, sich in Zuversicht, dass alles besser werden kann, und sich in Verabredungen zu artikulieren.

In Übungen erfahren die Eltern im Seminar, welche Emotionen angetriggert werden, wenn wir in Generalisierungen und in Klagen angesprochen werden, und dann im Kontrast dazu, wenn wir darum gebeten werden, etwas anders zu machen. Wie im ersten Seminar werden dann Hausaufgaben vereinbart, wie zu entsprechenden Themen geübt werden kann und wie mit den Kindern in Wünschen und in Vereinbarungen gesprochen werden kann. Zusätzlich wird empfohlen, mit den Kindern zu überlegen, wie sie selbst es sich wünschen, angesprochen und erinnert zu werden.

Im *dritten Seminar* geht es um »Kooperation unterschiedlicher Erziehungspersonen«, wie sie am selben Strang ziehen können. Je besser die Kooperation verschiedener Erziehungspersonen erfolgt, desto förderlicher ist es für die Entwicklung der Kinder. Aber es ist nicht leicht, Unstimmigkeiten ganz zu vermeiden. Es ist auch ganz natürlich, dass unterschiedliche Menschen verschiedene Meinungen zur Welt haben; warum sollte das zum Umgang mit Kindern anders sein? Es kommt letztlich viel mehr darauf an, wie dazu kommuniziert wird.

In diesem Seminar üben die Eltern, ähnlich wie im vorherigen Seminar, am Kontrast zwischen Beschuldigen und Bitten; hier jetzt im Umgang mit dem Partner. Wie fühlt es sich an, wenn wir einander Vorwürfe machen zum schlechten Verhalten des Kindes? Oder wie fühlt es sich an, wenn wir auf Klagen über das Verhalten von Kindern mit Vorwürfen reagieren und den Partner beschuldigen, an diesem Verhalten schuld zu sein? Im Kontrast dazu wird dann in wechselnden Kleingruppen geübt, wie es sich besser anfühlt, sich in Bitten und Wünschen an den Partner zu wenden, ihn nach eigenen Verbesserungsvorschlägen zu fragen und als gegenseitige Helfer einzusetzen.

Dies wird dann in einer Hausaufgabe daheim weitergeübt. Es wird empfohlen, das Gespräch in Abwesenheit der Kinder zu führen und gegebenenfalls auch Unterbrechungen und Pausen einzuführen, wenn Aufgeregtheiten und Verärgerung eintreten sollten. Mit Abstand in einer ruhigeren Atmosphäre einen neuen Versuch zu wagen, führt meist zu besseren Verabredungen.

Im *vierten Seminar* geht es darum, das Projekt *ich schaff's* im Kleinen mit den eigenen Kindern durchzuführen. Nach den drei vorangegangenen Seminaren haben die Eltern erfahren, wie gut es tut, zu loben, Kritik in Form von Wünschen und Bitten zur Verhaltensänderung zu formulieren und Helfer zu finden. Auch sind sie jetzt vertrauter miteinander, um leichter problematische Themen ansprechen zu können. Dies sind wichtige Voraussetzungen, um ein

ich schaff's-Projekt mit den eigenen Kindern zu starten. Zentraler Gegenstand des Seminars ist die Erkenntnis des lösungsorientierten Ansatzes, dass Probleme Hinweise auf Fähigkeiten sind, die es zu erlernen oder auszubauen gilt. Die meisten Probleme lassen sich in zwei großen Gruppen zusammenfassen:
- Einerseits Probleme, zu denen Kompetenzen der Selbstdisziplinierung zu lernen sind, wie die Grenzen anderer Menschen zu achten, sorgsamer mit Materialien umzugehen, Sorge um den eigenen Körper und um die Gesundheit, Sauberkeit etc.
- Andererseits gibt es Probleme, zu deren Bewältigung Mut und Risikobereitschaft erforderlich sind, wie etwa auf andere Menschen zugehen zu können, Teil einer Gruppe zu werden, mit Unbekanntem zu experimentieren, fremde Umgebungen aufzusuchen etc.

Zu jedem dieser Probleme gibt es unterschiedliche Fähigkeiten, die hilfreich zur Bewältigung sind. Am besten schaut man auf Gleichaltrige oder Menschen in vergleichbarer Situation, die diese Probleme erfolgreich bewältigen. Die geben die besten Hinweise dazu, wie sie zu meistern sind.

In dem bekannten Übungssetting tauschen sich die Eltern dazu aus, welche Fähigkeiten für die Bewältigung der Probleme ihrer Kinder denkbar wären, welchen Nutzen die Kinder davon hätten, welche realen und imaginären Helfer von Nutzen sein könnten und wie gut mit Rückfällen umgegangen werden könnte.

Mit diesen Ideen angereichert, planen die Eltern dann ihre Hausaufgabe. Sie werden ermutigt, nicht mit dem schwierigsten Erziehungsproblem zu beginnen. Denn mit leichteren Problemen hat man auch eher Erfolge, auf denen sich dann wiederum aufbauen lässt, um anspruchsvollere Aufgaben anzugehen.

Im *fünften Seminar* geht es dann darum, »Verantwortung zu übernehmen«. Hier steht im Mittelpunkt, wie damit umgegangen werden kann, wenn das Kind etwas gemacht hat, dass gesellschaftlich nicht akzeptabel ist. Oft reagieren Eltern in solchen Fällen eher mit Strafen, die dann häufig den Charakter von Einschüchterungen haben. Es gibt aber auch andere Möglichkeiten. Verantwortung heißt für uns:
1. zuzugeben, was man getan hat;
2. die Konsequenzen für andere sehen zu können;
3. sich zu entschuldigen;
4. Besserung zu versprechen;
5. dazu beizutragen, das andere nicht Vergleichbares machen.

Ausführlicher wird dieses Vorgehen in dem Programm »Stufen der Verantwortung« (Furman, 2018) beschrieben. Dazu bewährt sich eine ruhige und unaufgeregte Gesprächsatmosphäre, in der vermittelt wird, dass Fehler vorkommen und auch die Eltern und andere Erwachsene solche machen; dass Fehler aber auch schwerwiegende Folgen haben können und daher ernst genommen werden müssen; dass das Wichtigste bei Fehlern die Übernahme von Verantwortung ist und dass wir alle daraus lernen können, die Dinge zukünftig anders zu machen – eingeschlossen: Professionelle und Eltern!

In gemeinsamen Übungen reflektieren die Eltern miteinander, wie die Stufen der Verantwortung im gegebenen Fall mit den Kindern geübt werden können und wie in Familien und mit anderen Kindern eine Kultur des besseren Umgangs mit Verantwortung eingeführt werden kann.

Das Seminar endet mit einer semistrukturierten Auswertung mit Ankreuzungen und Textantworten.

Was sind die Möglichkeiten und Grenzen von *ich schaff's für Eltern*?

Ich schaff's für Eltern ist ein Programm, das Eltern unterstützt, ihre eigene Elternkompetenz auszubauen. Die englische Sprache hat dafür das wunderbare Word »Parenting« – vielleicht noch am ehesten als »Beelterung« zu übersetzen. *ich schaff's für Eltern* ist, wie beschrieben, dazu gedacht, Eltern in dieser Kompetenz zu fördern und zu unterstützen. Kinder profitieren dann eher indirekt davon, dass ihre Eltern diese Kompetenz verbessern.

Eine ganz wesentliche Begleiterscheinung eines derart strukturierten Elterncoachingprogramms ist der Aufbau von Netzwerken. Eltern, die sich in den Übungen als solche erleben, denen von anderen Eltern geholfen werden kann, nutzen diese Unterstützung auch nach dem letzten Seminar weiter. Auch hier bewährt sich die lösungsfokussierte Perspektive, dass erfolgreiche Eltern im Allgemeinen besser vernetzt sind und effektivere Unterstützungsszenen aufbauen.

Vielfach kann man bei Pädagogen und Therapeuten Haltungen beobachten, die darauf schließen lassen, dass sie die Eltern als Ursachen für nachteilige Entwicklungen ihrer Kinder ausmachen und die Veränderung der Eltern als dringlichste Notwendigkeit für die Verbesserung der Entwicklungsperspektiven der Kinder ansehen. In Fällen, in denen offensichtliche Kindeswohlgefährdung oder Straftaten zu beobachten sind, ist eine derartige Perspektive unvermeidbar. In den meisten Fällen bewährt es sich jedoch, Eltern mit Respekt zu begegnen, die schwierigen Rahmenbedingungen, in denen viele Eltern ihre Kinder aufziehen müssen, angemessen zu würdigen und Angebote zu machen, die die Kooperation aller verbessern.

Sobald Eltern den Eindruck bekommen, sie würden von Fachleuten als schädlich für ihre Kinder angesehen, wird sich die Motivation, an der Entwicklung der eigenen Beelterungskompetenz zu arbeiten, eher verschlechtern.

Ich schaff's für Eltern ist nicht dafür gedacht, um auf pädagogische oder psychoedukative Weise Eltern dahin gehend verändern zu wollen, dass sie sich so im Umgang mit ihren Kindern verhalten, wie Profis das für erforderlich halten. Daher sind die Probleme einzelner Eltern mit ihren Kindern auch nicht Thema in diesem Programm. Fragen zum Umgang mit speziellen Problemen sollten grundsätzlich nicht vor den Übungen beantwortet werden. Danach wären eher Diskussionen unter den Eltern zu moderieren und Ideen zu generieren, was sich in anderen Familien bei vergleichbaren Problemlagen bewährt hat.

Ausblick

Ich schaff's für Eltern ist in dieser Form vielfach in ganz unterschiedlichen Einrichtungen ein- und umgesetzt worden. Einige *ich schaff's für Eltern*-Coaches sind aber auch ganz neue, kreative Wege gegangen. Dies betrifft vor allem den zeitlichen Ablauf:
- In Kureinrichtungen, in denen Eltern in einem zeitlich begrenzten Rahmen stationär betreut werden, meistens über vier Wochen, kann dieses Programm sehr effektiv über die ganze Zeit eingesetzt werden. Mehrfach in der Woche können kleinere Einheiten absolviert werden, und die Eltern können dazwischen in Kleingruppen bis zum nächsten Tag üben.
- In Internatsschulen, Heimeinrichtungen oder kinder- und jugendpsychiatrischen Kliniken sind die Kinder und Jugendlichen häufig weiter weg von daheim untergebracht. Eltern haben dann eine längere Anfahrt, sodass es ihnen nicht zugemutet werden kann, für eine zweistündige Abendveranstaltung Reisezeiten auf sich zu nehmen, die dazu nicht im Verhältnis stehen. Hier empfehlen sich Elterntage oder Elternwochenenden. Dabei können die Abläufe mehrerer Seminare in einem Tag untergebracht werden. Gemeinsame Pausen- und Essenzeiten lockern dann die Strukturen auf. Durch eine straffe Moderation, die den Fokus auf gemeinsame Aktivitäten lenkt, ist es ratsam, dafür zu sorgen, dass eher über Lernen und Lösungen gesprochen und der Fokus weg von Problemen und Klagen gerichtet wird.

So gilt es, eine lösungsorientierte Haltung – für die *ich schaff's für Eltern* immer nur ein Vehikel sein kann – konsequent in den unterschiedlichen Feldern der Elternarbeit umzusetzen und sorgfältig auf die Kontexte zu schauen.

In Brennpunktquartieren können keine Kosten für die Teilnahme am Programm erhoben werden. In bürgerlichen Milieus kann dies hingegen durchaus sinnvoll sein, damit dem Programm überhaupt ein Wert beigemessen wird.

Mit Eltern, die unter großen Belastungen stehen und die nicht an die Abläufe von Gesprächsgruppen gewohnt sind oder nicht gut mit der deutschen Sprache vertraut sind, bewähren sich eher kleinere Gruppen unter zwanzig Personen. Hier sollte dann auch mehr Zeit eingeplant werden, um die Abläufe sorgfältig erklären zu können. In anderen Milieus kann man auch mit großen Gruppen bis zu fünfzig Personen arbeiten. In solchen Fällen setzen eher die Räumlichkeiten und die Routinen des *ich schaff's für Eltern*-Coaches die Grenzen.

Wie oben erwähnt, erhöht die freiwillige Teilnahme die Motivation zum Lernen. *Ich schaff's für Eltern* kann aber auch für Eltern nützlich sein, die Auflagen bekommen, weil sie sich ihren Kindern gegenüber so verhalten haben, dass die Jugendhilfe eingegriffen hat. Auch diesen Eltern ist respektvoll zu begegnen. Sie haben Gründe im Leben, dass sie nicht immer die erforderlichen Fähigkeiten aufbringen können, um ihre Kinder angemessen zu erziehen. In Fällen, in denen die Eltern Auflagen zur Teilnahme an einem Elterncoachingkurs bekommen, ist offen mit den Bedingungen eines Zwangskontextes umzugehen und wertschätzend darauf zu reagieren, dass Peinlichkeiten und Stigmatisierungen damit verbunden sein können. Daher bewährt es sich auch, Eltern in Zwangskontexten gemeinsam zu fördern und nicht mit anderen. So sind alle Teilnehmenden in der gleichen Lage und können sich daher besser gegenseitig unterstützen. Das Programm ist auch in diesen Zwangskontexten als Angebot zu beschreiben und gegenüber dem Zuweiser sollten keine durch das Programm initiierten Veränderungen zugesichert werden. Denn Menschen, und daher auch Eltern, sind nicht instruierbar.

Letztlich ist für jeden *ich schaff's für Eltern*-Coach diese Arbeit bereichernd. Durch das kooperative Üben der Eltern untereinander werden viele neue Ideen entwickelt, wie mit den Anforderungen der Erziehung von Kindern in ganz unterschiedlichen sozialen Situationen umgegangen werden kann. Wir bekommen einen immer breiter werdenden Einblick darin, mit welcher Fantasie und Kreativität Eltern auch schwierige Situationen meistern können und dadurch auch wieder mehr Bereicherung durch den Alltag mit Kindern erleben.

Literatur

Asen, E., Scholz, M. (2017). Handbuch der Multifamilientherapie. Heidelberg: Carl-Auer.
Bamberger, G. (2015). Lösungsorientierte Beratung. Praxishandbuch (5., überarb. Aufl.). Weinheim: Beltz.
Bauer, C., Hegemann, T. (2016). Ich schaffs! Cool ans Ziel. Das lösungsorientierte Programm für die Arbeit mit Jugendlichen. Heidelberg: Carl-Auer.
de Jong, P., Kim Berg, I. (2014). Lösungen (er)finden: Das Werkstattbuch der lösungsorientierten Kurztherapie. Dortmund: Modernes Lernen.
de Shazer, S., Dolan, Y. (2016). Mehr als ein Wunder. Lösungsfokussierte Kurztherapie heute. Heidelberg: Carl-Auer.
Furman, B. (2012). Gut gemacht. Das »ich schaff's«-Programm für Eltern und andere Erzieher. Heidelberg: Carl-Auer.
Furman, B. (2013). Es ist nie zu spät, eine glückliche Kindheit zu haben. Dortmund: Modernes Lernen.
Furman, B. (2017). Ich schaffs! Spielerisch und praktisch Lösungen mit Kindern finden. Heidelberg: Carl-Auer.
Furman, B. (2018). Stufen der Verantwortung. www.kidsskills.org/German/verantwortung/ (2.1.2018).
Furman, B., Ahola, T., Hegemann, T. (2010). ich schaff's für Eltern. Praktische Methoden für lösungsfokussierte Erziehung. Arbeitsbuch für ich schaff's Eltern-Coaches. München: ich schaff's Institut.
Hegemann, T. (2012). Lösungsfokussierung. In J. V. Wirth, H. Kleve (Hrsg.), Lexikon des systemischen Arbeitens. Grundbegriffe der systemischen Praxis, Methodik und Theorie (S. 253–257). Heidelberg: Carl-Auer.
Hegemann, T., Achner, C. (2018). ich schaff's – das lösungsfokussierte Programm für Kinder und Jugendliche. In K. v. Sydow, U. Borst (Hrsg.), Systemische Therapie in der Praxis. Weinheim: Beltz.
Hegemann, T., Dissertori Psenner, B. (2018). Ich schaffs! in der Schule. Das lösungsfokussierte 15-Schritte-Programm für den schulischen Alltag. Heidelberg: Carl-Auer.
Steiner, T., Kim Berg, I. (2016). Handbuch lösungsorientiertes Arbeiten mit Kindern. Heidelberg: Carl-Auer.
Zeig, J. K. (Hrsg.) (2006). Meine Stimme begleitet Sie überallhin. Ein Lehrseminar mit Milton H. Erickson. Stuttgart: Klett-Cotta.

Heike Hör und Erzsébet Roth

Familienrat – die Aktivierung von Familie und Umfeld zum Schutz von Kindern[1]

	STECKBRIEF: Familienrat
WAS:	Familienräte werden seit einigen Jahren in Deutschland genutzt, um zur Sicherung des Kinderschutzes lebensweltliche und professionelle Ressourcen klug zu kombinieren: Familien und ihr Umfeld werden sensibilisiert und aktiviert, Hilfeoptionen im Umfeld werden geklärt und wichtige Beziehungen erhalten. Notwendige professionelle Unterstützung erhält so eine breitere Basis.
WIE:	Sitzungen (meist erste Ratssitzung und Folgesitzung) möglichst der gesamten Familie und ihres Netzwerkes inklusive der Profihelfer.
MATERIAL:	Flipcharts für die Ratssitzung sind hilfreich.
ZEIT:	Dauer des Familienrates (Folgerat ähnlich, aber mit weniger Aufwand für die »Profis«): ca. 1,5–9,5 Stunden, ca. 5,4 Stunden Arbeitsaufwand für auftraggebende Fachkraft, ca. 35 Stunden Arbeitsaufwand für die Familienratskoordination.

WAS ZEICHNET DIE METHODE AUS:

Der Familienrat bietet die Chance einer konstruktiven Zusammenarbeit von Familie und Institutionen in Krisensituationen. Seitens der Fachleute sind die sichere Vermittlung des Angebotes, Klarheit über die Mindestanforderung im Kinderschutz und deren Überprüfung sowie eine aktivierende Grundhaltung wichtige Voraussetzungen für das Gelingen eines Familienrates. Im Familienrat wird von einem modernen Familienbegriff ausgegangen; er umfasst auch Freunde oder andere Menschen aus der Lebenswelt.

---

1 Der hier korrigierte, leicht veränderte und ergänzte Beitrag erschien erstmals als: H. Hör, E. Roth (2015). Familienrat – Aktivierung von Familie und Umfeld zum Schutz von Kindern. In Die Kinderschutzzentren e. V. (Hrsg.), Zwischen Beziehung und Konflikt – Chancen eines hilfeorientierten Kinderschutzes (S. 73–88). Köln: Bundesarbeitsgemeinschaft der Kinderschutz-Zentren e. V.

Der Familienrat

Ursprung

Das Konzept der »Family Group Conferences« (FGC) oder »Familienrat« stammt aus Neuseeland und hat seine Wurzeln in der Tradition der Maori. Es wurde 1989 gesetzlich im neuseeländischen »Children, Young Persons and their Families Act« verankert. FGCs werden in Neuseeland in allen Fällen, in denen eine Kindeswohlbeeinträchtigung befürchtet wird oder eine Fremdunterbringung bevorsteht, angeboten.

Die zentrale Botschaft des Gesetzes ist der Respekt vor den Kompetenzen der Familien und deren sozialem Netz, ihrem Wissen und ihrer Fähigkeit, Verantwortung zu übernehmen. Diese lebensweltlichen Bezüge sind für Kinder und Jugendliche von enormer Bedeutung: FGCs sind das »Herzstück« des Kinderschutzes in Neuseeland: »Die Intention ist, die Familie zu befähigen, die Verantwortung für das Wohl des Kindes so umfassend wie möglich zu übernehmen und die Eingriffe des Staates auf das Minimum zu reduzieren, das notwendig ist, um den Kinderschutz zu sichern« (Boshier u. Hokinga, 2006).

Ablauf eines Familienrates im Kontext Jugendhilfe/Kinderschutz

Auftrag

Vom Beratungszentrum/dem sozialen Dienst des Jugendamtes wird eine Sorge zur Lebenssituation eines Kindes/Jugendlichen formuliert (zum Kindeswohl, zur Rückkehr nach Hause, zum Ausfall eines Elternteils etc.). An die Familie ergeht das Angebot eines Familienrates. In der Vorbereitung des Familienrates werden von der Familie mit Unterstützung der Familienratskoordination so viele Menschen aus der Lebenswelt des Kindes/Jugendlichen wie möglich aktiviert, um sich an der Lösungsentwicklung zu beteiligen. Alle Beteiligten werden über die Fragestellung und die formulierte Sorge informiert. In der Vorbereitung werden bereits Lösungsideen und mögliche Beiträge abgefragt. Auch die involvierten Fachleute werden eingeladen.

Der Familienrat verläuft in drei Phasen:

1. Information
Nach der Vorstellung aller Beteiligten informieren die Fachleute über ihren Wissensstand und ihre Sicht der Situation. Es wird sichergestellt, dass die Familie über alle vorliegenden Informationen (zu den Sorgen in Bezug auf die aktuelle Situation, aber auch zu den Stärken, die innerhalb der Familie mobilisiert werden können) verfügt und über die vorhandenen nicht verhandelbaren Mindeststandards zum Kinderschutz informiert ist.

Es gilt der Grundsatz: keine Überraschungen für die Familie, alles Wichtige auf den Tisch. Die Informationsphase dient der Vorbereitung der familieninternen Diskussion. Die Informationen werden nicht mit den Fachleuten diskutiert. Wenn alle Nachfragen zum Verständnis beantwortet sind, verlassen die Fachleute den Familienrat. Sie halten sich bis zur Entscheidung auf Abruf zur Verfügung, sofern eine Mindestanforderung zum Kinderschutz gestellt wurde.

2. Die private Familienzeit
Die private Familienzeit ermöglicht es den Familienmitgliedern, zu besprechen, wie sie die Informationen einschätzen, welche Probleme sie sehen, welche Lösungen sie sich vorstellen können, welche Aufgaben sie selbst übernehmen wollen und wo sie sich professionelle Hilfe wünschen. In dieser Phase können auch Menschen aus dem sozialen Umfeld (Kirche, Sportverein, Schule) mit ihren Unterstützungsmöglichkeiten hilfreich sein, wenn die Familie im Vorfeld für deren Beteiligung offen ist.

3. Entscheidung/Pläne
Die Familie stellt ihre Entscheidungen und Lösungsvorschläge vor, die Familienratskoordination unterstützt die Familie dabei, möglichst konkrete Absprachen zu treffen. Wenn es eine Mindestanforderung zum Kinderschutz gibt, wird der Plan den verantwortlichen Fachleuten vorgestellt. Diese stimmen zu oder lehnen einen Vorschlag ab, wenn er aus ihrer Sicht nicht sicher oder rechtmäßig ist. Es werden Absprachen zur Kontrolle der Pläne getroffen.

Wird keine Einigung erzielt, wird im sonst üblichen Rahmen weitergearbeitet (eventuell familiengerichtliche Entscheidung etc.).

Für welche Familien ist der Familienrat geeignet?

Grundsätzlich ist ein Familienrat bei allen Fragestellungen möglich, wenn die Familie sich auf das Angebot einlassen kann. Die Fragestellungen und – falls notwendig – Mindestanforderungen zur Sicherung des Kindeswohls müssen jeweils dem Einzelfall angepasst sein. In vielen Ländern wird das Verfahren nicht nur in Fragen der Kinder- und Jugendhilfe oder des Kinderschutzes eingesetzt, sondern auch bei verschiedensten Fragestellungen genutzt, mit denen Familien konfrontiert sein können. Dazu zählt etwa die Pflege dementer Angehöriger, die Inhaftierung oder Entlassung eines Familienangehörigen aus der Haft, die Sorge um psychisch kranke Angehörige.

Ein Familienrat eignet sich insbesondere auch für Familien, die ungern mit den Behörden zusammenarbeiten. Voraussetzung für einen erfolgreichen Familienrat ist, dass die Familie im Verlauf der Vorbereitung eine eigene Motivation entwickelt.

Beteiligung von Kindern/Jugendlichen

Die Beteiligung von Kindern und Jugendlichen als den eigentlichen Hauptpersonen im Familienrat wird grundsätzlich gewährleistet. Die Art der Beteiligung richtet sich natürlich nach dem Bedarf und den Möglichkeiten des Kindes/Jugendlichen.

Kinder und Jugendliche bekommen *immer* eine Vertrauensperson aus dem familiären Umfeld zur Seite gestellt, die im Familienrat darauf achtet, dass ihre Position im Auge behalten wird – sie können persönlich, per Brief, per Bilder oder per Film beteiligt sein. Kinder und Geschwisterkinder sind sehr wertvolle Ideengeber für gute Lösungen.

Familienrat und Kinderschutz

Ein Familienrat ist die Chance, die weitere Familie in die Sicherung des Kindeswohls einzubeziehen. Diese Chance ergibt sich aus folgenden Gründen:
- Durch das Bekanntwerden der Problematik im Familienkreis und Umfeld erhöht sich die Anzahl der Menschen, die – z. B. durch Informationen oder durch Kontakt zu Eltern und Kind – zum Schutz eines Kindes beitragen können.
- Es besteht die Chance auf mehr Hilfeoptionen, auch im Familien- und Freundeskreis.
- Die Kinder er- oder behalten lebensweltliche Bezüge in der Familie und im Umfeld.
- Im Rahmen des Familienrates entsteht eine Dynamik: weg von der Konfrontation Jugendamt vs. Eltern hin zur Auseinandersetzung über eine gute Lösung für alle Beteiligten, auch für die Familie und deren Umfeld.
- Die Akzeptanz und aktive Unterstützung/Mitgestaltung notwendiger professioneller Hilfen wird erhöht.

Ergebnisse aus Evaluationen unter spezieller Berücksichtigung von Kinderschutzaspekten

Eine englandweite Studie (Marsh u. Crow, 1998) zeigt: Im Vergleich zu den allgemein üblichen Lösungswegen kam es nach einem Familienrat in 6 % der Fälle zu erneuten Meldungen mit der Sorge um ein Kind, während diese Zahl in den Fällen ohne Familienrat bei 16 bis 25 % lag.

Eine Evaluation der »Eigen Kracht Centrale« in den Niederlanden ergab, dass mit einem Familienrat schneller Verbesserungen der Situation innerhalb der Familie erzielt werden können als ohne ihn. Es zeigte sich auch, dass notwendige stationäre Hilfen für Kinder nach einem Familienrat zu einem größeren Teil in ihrem Lebensumfeld und/oder wohnortnäher gefunden wurden als ohne einen Familienrat. Wichtige lebensweltliche Bezüge werden so eher erhalten (Wijnen-Lunenburg, van Beek, Bijl, Gramberg u. Slot., 2008).

Familienrat und die Aufgaben des Sozialen Dienstes/Jugendamtes zum Kinderschutz

Die Aufgaben zum Kinderschutz durch die »Sozialen Dienste des Jugendamtes«, also die Sicherung des Kindeswohls und Unterstützung bei der Veränderung der Situation, bleiben unberührt. *Praktisch heißt das:* Ist in einer akuten

Situation die Sicherung eines Kindes notwendig, findet das vor einem Familienrat statt. Im Familienrat wird dann ein Plan für die Zukunft erstellt. Die Sicherung des Kindeswohls wird durch die Formulierung der Sorgen und der Mindestanforderungen gewährleistet. Die auftraggebende Fachkraft stimmt dem Plan nur zu, wenn die Mindestanforderungen erfüllt sind.

Anforderungen an die Fachkräfte

Fachkräfte kennen das Verfahren des Familienrats, können es vermitteln und Vorbehalte aufklären. Sie haben Vertrauen, dass eine gute Lösung für das Kind im Zusammenspiel von Familie und professionellen Hilfen möglich ist. Sie können Sorgen und Mindestanforderungen trennen. Die Mindestanforderung wird klar und respektvoll formuliert. Es besteht Klarheit über die Kontrolle des Plans. Der Familienrat ist dabei ein Schritt, es ist wichtig, mit dem Plan zu arbeiten.

Einladung zum Selbstversuch

Wer fällt Ihnen ein,
wenn Sie an Ihre eigene Familie denken? Wer gehört zu Ihrer Verwandtschaft? Auf wen freuen Sie sich? Auf wen freuen Sie sich nicht?
   Manche Familien haben einen engen Zusammenhalt, andere sehen sich nur sehr selten. Wie ist das bei Ihnen?
   Wer sind Ihre Paten? Haben Ihre Kinder Paten? Für wen sind Sie Pate/Patin? Wen laden Sie zum Geburtstag oder zu anderen Feierlichkeiten ein? Von wem werden Sie eingeladen? Wer hilft Ihnen beim Umzug? Wer hilft Ihnen bei anderen Dingen, die Sie nicht allein bewältigen können? Knöpfe annähen – Auto reparieren? Wer sind Ihre Freunde und Freundinnen? Haben Sie gute Kontakte zu Kollegen und Kolleginnen? Kennen Sie Ihre Nachbarn oder Nachbarinnen? Wenn nicht, würden Sie sie gerne kennenlernen? Gehören Sie einer Kirchengemeinde oder einer Glaubensgemeinschaft an? Wenn nicht, hätten Sie gerne Kontakt? Sind Sie Mitglied eines Vereines oder einer regelmäßigen Freizeitgruppe?

Wenn Sie sich diese Menschen in Ihrem Umfeld vorstellen ...
Welche Erfahrungen haben Ihre Familie und Ihr Freundeskreis mit Erfolg und Reichtum? Welchen Einfluss hat Armut auf diese Menschen? Gibt es in Ihrer

Familie Menschen, die an einer körperlichen oder seelischen Krankheit leiden? Kennen Sie Menschen, die unter Vorurteilen, Rassismus oder Homophobie leiden? Wo ist Ihre Familie? Wie sind die Menschen aus Ihrem Freundeskreis mit dem Leben zurechtgekommen? Wo haben Sie Armut, Vorurteile oder Krankheit gemeistert? Wer in Ihrem Umfeld leidet an einer Sucht? Wer leidet unter Gewalt innerhalb oder außerhalb der Familie? Kennen Sie Menschen, die sich der Gewalt oder der Sucht gestellt und solche schwierigen Lebenssituationen überwunden haben?

Zu wem gehen Sie in Ihrer Familie,
wenn Sie einen Rat oder Hilfe brauchen? Wer unterstützt Sie in Ihrer Sichtweise? Wer darf Sie auch mal kritisieren oder Ihnen sagen, was Sie vielleicht übersehen? Wer in Ihrer Familie ist eine »sichere« Person? Welche Auswirkungen hat das?

Wie treffen Sie in Ihrer Familie wichtige Entscheidungen?
Wo holen Sie sich Rat – wer entscheidet?
Wenn Sie sich nun über den Selbstversuch mit anderen austauschen würden, würden Sie mit großer Wahrscheinlichkeit sowohl Gemeinsamkeiten als auch Unterschiede feststellen. Egal wie viele Informationen Sie anderen mitteilen würden, Ihre Erfahrungen fließen alle in wichtige Entscheidungen ein, die Sie treffen. Sie würden außerdem wahrscheinlich feststellen, dass es einfacher ist, von jemandem um Unterstützung gebeten zu werden als selbst um Hilfe zu bitten.

Familien und ihr soziales Netzwerk verfügen über Wissen und Ressourcen, die zum Schutz von Kindern sehr wichtig sein können. Sie sind Expert(inn)en für ihr Leben.

Familienrat
Der Grundgedanke eines Familienrates ist es, Familien in einer schwierigen Entscheidung zum Schutz von Kindern so umfassend wie möglich zu beteiligen, sie in ihrer Verantwortung ernst zu nehmen und ihre Aktivierung zuzulassen. Anforderungen, die zum Schutz des Kindes von den zuständigen Fachkräften gestellt werden müssen, werden im Familienrat im Rahmen der »nicht verhandelbaren« Mindestanforderung formuliert.

Im Familienrat wird von einem modernen Familienbegriff (Freunde, soziales Netz – jede(r) bestimmt selbst, wer beteiligt wird) ausgegangen, das bedeutet, jeder Mensch bestimmt selbst, wer eingeladen werden soll.

Erfahrungen im »FamilienRatsbüro« Stuttgart

Inzwischen wurden 357 FamilienRäte gestartet, davon sind 13 aktuell in Vorbereitung und 344 abgeschlossen, es gab:

186 FamilienRäte
83 Lösungen bereits während der Vorbereitung
75 Entscheidungen für andere Lösungswege

Auszüge aus der Evaluation:
- Alter der Kinder: 0 bis 19 Jahre + Erwachsene
- 214 x keine Mindestanforderung nötig
- 55 % männlich, 45 % weiblich
- Durchschnitt: 11 Beteiligte
- davon 2,3 Professionelle
- 8,7 Familie und Freunde
- Dauer: 1,5 bis 9,5 Stunden

»Ich würde anderen einen FamilienRat empfehlen« sagen 82 % der Beteiligten und geben ihrem FamilienRat die Note 2.

Fallbeispiel

 Als alleinerziehender Vater zwei Mädchen groß zu ziehen und berufstätig zu sein, ist alles andere als einfach. Im Gegenteil. Seitdem Herr Winters Frau (alle Klientennamen geändert) vor anderthalb Jahren die Scheidung einreichte und sich nicht mehr für die Kinder oder ihn interessierte, hat sich alles verändert. Mittlerweile ist das Wohnzimmer so vollgestellt, dass nur noch ein schmaler Weg zur Couch möglich ist. »Papa, bei meiner Freundin Lilly zu Hause haben sie ganz viel Platz! Ich will hier auch mehr Platz haben!«, meinte seine jüngste Tochter (6) nach ihrem letzten Fernsehabend. Die Lehrer in der Schule rufen mittlerweile regelmäßig an, weil seine Töchter Lara (6) und Jamie (8) zeitweise jede erste Stunde verpasst haben. Bis am Morgen alle Mädchen angezogen und aus dem Haus sind, dauert es manchmal zwei Stunden, und die Kinder kommen zu spät. Es kommt, wie es kommen musste. Die zuständige Kollegin vom Allgemeinen Sozialdienst (ASD) holt seine beiden Töchter ab. Sie kommen in ein Kinderschutzhaus. Herr Winter ist am Boden zerstört.

Seine Mutter ist eine halbe Stunde später in seiner Wohnung. Sie hat den Cousin von Herrn Winter und seine Frau mitgebracht. Die Mutter hatte das Gefühl, dass viel Familie jetzt hilfreich wäre. Alle sind betroffen. Allen Anwesenden fällt auf, in welchem Zustand die Wohnung ist, und nach ein paar Stunden kommen sie gemeinsam zu dem Entschluss, dass die Herausnahme der Kinder nachvollziehbar ist. Der Flur ist wie das Wohnzimmer mit Müllsäcken, Zeitungspapier und etlichen Magazinen vollgestellt. In der Küche findet sich keine freie Ablagefläche mehr. Die Töpfe, Tassen und Gläser, alten Kartons und leeren Flaschen lassen keinen Quadratmeter Platz übrig. Der Cousin entschließt: »Wenn du deine Kinder je wiedersehen willst, müssen wir dieses Chaos beseitigen. Wir bleiben jetzt so lange hier, bis die Wohnung zumindest entmüllt ist.« Und sie halten ihr Wort. Sein Cousin, seine Frau, seine Schwester und Herr Winter selbst packen mit an.

Frau Schnelsen (Name geändert) vom ASD ist erst seit einem Jahr für die Familie zuständig. Zuvor gab es eine zweijährige Familienhilfe, die jedoch nach Beendigung nicht dazu beitragen konnte, dass sich die Verhältnisse besserten. Sie beschrieb Herrn Winter als kooperativ und reflektiert, doch in seiner Natur sehr langsam: Er bräuchte viel Zeit, um bestimmte Strukturen des Alltages in seinen Rhythmus zu integrieren. Frau Schnelsen klappte damit die Akte auch im übertragenen Sinne zu. Eine Kollegin berichtete ihr von dem neuen Verfahren »Familienrat«, mit dem Frau Schnelsen versuchen könnte, eine langfristige und nachhaltige Lösung für die Kinder zu finden. Diese beauftragt daraufhin eine Koordinatorin.

Im Rahmen der Vorbereitungszeit macht die Koordination zwei Vorgespräche mit Frau Schnelsen. Außerdem besucht sie die Kinder im Kinderhaus und Herrn

Winter. Der Vater wurde nach der Ankündigung, einen Familienrat für seine Kinder durchzuführen, selbst aktiv und erstellte eine lange Liste von Angehörigen aus seinem Netzwerk. »Ich habe auch die Mutter der Kinder informiert. Sie weiß, wann der Familienrat stattfindet. Aber ich kann nicht garantieren, dass sie auch wirklich kommt.« Die Koordinatorin kontaktiert die Mutter und erzählt ihr vom Ablauf des Termins. Sie sagt ihre Teilnahme zu. Ganz oben auf der Liste stehen außerdem der Cousin des Vaters mit seiner Frau, seine Schwester und die Patentante der Kinder. Nachbarn, Freunde und Freundinnen der Kinder wurden der Liste noch hinzugefügt.

Die Koordinatorin hält Frau Schnelsen über die Aktivität von Herrn Winter und dessen Netzwerk auf dem Laufenden. Dieser Einsatz und die regelmäßige Präsenz des Vaters im Kinderhaus bringen Frau Schnelsen dazu, sich einer Rückführung nicht entgegenzustellen. Unabhängig von dem eigentlichen Familienrat entschließt sie sich dazu, dass die Kinder wieder bei ihrem Vater leben können. Die Ratlosigkeit, wie die Kinder dort auch gut und kindgerecht groß werden können, bleibt jedoch. Sie behält diese Entscheidung vorerst für sich und wartet den Familienrat ab.

Der Familienrat tagt

Im Wohnzimmer der Familie hat die Schwester von Herrn Winter einen Kuchen platziert und ein Buffet für alle Teilnehmenden vorbereitet. Die Wohnung ist sauber und aufgeräumt. 15 Personen finden in dem unscheinbaren, schlicht eingerichteten Wohnzimmer Platz. Heute sieht Herr Winter seine Kinder seit der Herausnahme erstmals wieder bei sich zu Hause. Die Tür klingelt fortdauernd, bis sich alle Teilnehmenden im Wohnzimmer versammelt haben. Als die Betreuerin des Kinderhauses mit Lara und Jamie durch die Tür tritt, stürmen die Kinder zu Herrn Winter und wollen beide gleichzeitig auf seinem Schoß sitzen.

Die Koordinatorin hängt Flipcharts im Wohnzimmer auf, auf denen die Sorge des Jugendamtes und der Familie Platz finden können und die Regeln für alle Teilnehmenden sichtbar sind: »Es wird nicht über Vergangenes gesprochen. Es geht um das Hier und Jetzt und wie es zukünftig weitergehen kann.«

Frau Schnelsen nimmt auf einem Sessel Platz und beobachtet mit einem Lächeln, wie die Kinder Herrn Winter begrüßen. Alle Teilnehmenden suchen sich einen Platz, und die Koordinatorin eröffnet den Familienrat. Zuerst bittet sie die Familie, zu berichten, was ihre aktuelle Sorge ausmacht. Der Cousin beschreibt die Situation in der Wohnung nach der Herausnahme der Kinder. Frau Schnelsen scheint beeindruckt vom Einsatz der Familie. Die Lehrer schließen mit ihren Berichten über die Kinder an, die sich trotz des Schul- und Wohnwechsels gut eingelebt haben.

Frau Schnelsen beendet die erste Phase mit ihrer Sorge, die die Koordinatorin auf einem der bisher leeren Flipcharts festhält. »Herr Winter, Sie wissen, es ist mir nicht leichtgefallen, Lara und Jamie in Obhut zu nehmen. Aber es blieb mir nichts anderes übrig. Die Schule meldete, dass ihre Töchter drei Tage lang unangemeldet nicht aufgetaucht sind. Und Sie wissen, wir haben Schulpflicht in Deutschland. Aber ich weiß auch, dass hier, in Ihrem Zuhause viel Liebe vorhanden ist und auch Fürsorge. Deshalb, Herr Winter, bin ich schon entschlossen, einer Rückführung der Kinder nicht im Wege zu stehen. Ich möchte, dass Sie und ihre hier versammelte große Familie und Freunde sich Gedanken darüber machen und einen Plan entwerfen, wie diese Rückführung für das Wohl Ihrer Kinder gelingen kann.«

Herr Winter scheint sichtlich zufrieden. Die Koordinatorin bittet nun alle teilnehmenden Profis, den Raum zu verlassen. Die Familienphase beginnt. Sie dauert fast vier Stunden. Um 19 Uhr kommen die Koordinatorin und Frau Schnelsen zurück zu Herrn Winters Zuhause. Auch die Betreuerin des Kinderhauses ist mit dabei, sodass Frau Schnelsen mit ihr anhand des eventuell möglichen Planes die Rückführung der Kinder abstimmen kann.

Herr Winter stellt den Plan vor. Der neu geplante Alltag beginnt um sechs Uhr in der Früh. Die Nachbarin erklärt sich bereit, jeden Morgen um die Uhrzeit zu klingeln, sodass es Herrn Winter und den Kindern leichter fällt, pünktlich aufzustehen. Herr Winter will mit allen Kindern um 7:30 Uhr das Haus verlassen. Zuvor soll es Frühstück geben und einen zeitgemäßen Plan, welche Tochter wann im Bad sein muss. Auch für das Wochenende hat sich die Familie einen strukturierten Ablauf zurechtgelegt. Die Tante der Kinder wird dienstags für die Kinder kochen und sie ins Bett bringen, sodass Herr Winter einen Abend für sich haben kann. Frau Schnelsen ist zufrieden. Sie kann den Plan übernehmen. Mit der Betreuerin des Kinderhauses stimmt sie sich ab, dass die Kinder in einer Woche wieder zu Hause einziehen können.

Ohne eine weitere Hilfe und allein mit der Kraft des vorhandenen Netzwerkes wird so die Rückführung von den Kindern möglich gemacht. Zum Abschluss wird der Termin zum zweiten Familienrat festgesetzt. Zwei Monate vergehen, bis der Folgerat stattfindet.

Der Folgerat

 Die Lehrerin erzählt beim Folgerat, dass die Kinder vor den Frühjahrsferien pünktlich zur Schule gekommen sind. Der Schulranzen sei noch immer zeitweise etwas unordentlich und gelegentlich vergäßen die Kinder, ihre Sportsachen mitzunehmen. Nach den Frühjahrsferien habe das Zuspätkommen wieder zugenommen. Die ältere Tochter Jamie sei oft sehr zurückhaltend und nicht ansprechbar im Unterricht. Trotzdem hätten sie sich im Großen und Ganzen gut eingelebt.

Herr Winter berichtet, dass seine Schwester sich jeden Dienstag um die Kinder gekümmert hat. Außerdem klingele die Nachbarin noch immer jeden Morgen um sechs Uhr, um den Vater im morgendlichen Alltag zu unterstützen. Die Kinder gehen wieder regelmäßig zur Schule.

Die Teilnehmenden sind beeindruckt vom Einsatz der Familie, auch wenn sie manche Zusagen des letzten Familienrates nicht komplett einhalten konnten.

Frau Schnelsen wendet sich an den Vater: »Also, Herr Winter, ich sehe, dass Sie vieles aus dem Plan umgesetzt haben und ihre Kinder wieder gut zu Hause ankommen konnten. Nun stellt sich für Sie und Ihre Familie mit Ihrem Netzwerk die Frage, wie Sie auf Dauer Ihren Plan halten können. Ich bitte Sie, hierzu gemeinsam mit Ihrem Netzwerk ebenfalls einen Plan zu erstellen.«

Die Lehrerin, Koordination und die Jugendamtsmitarbeiterin verlassen die Wohnung, und die Familienphase des Folgerates beginnt. Nicht alle Profis aus dem ersten Rat haben am Folgerat teilgenommen.

Es vergehen wieder drei Stunden, ehe die Familie die Koordination über das Ergebnis informiert. Nachdem wieder alle zur Verhandlungsphase zusammengekommen sind, ist im Plan der Familie eine Erziehungsberatung aufgelistet, um Herrn Winter in seinen erzieherischen Kompetenzen zu stärken. Die Idee dazu kam vom Vater selbst. Außerdem soll der schon bestehende Plan der Familie weiterhin umgesetzt werden. Die Koordinatorin wendet sich ein letztes Mal an Frau Schnelsen mit der Frage, ob in diesem Umfang ihre Sorge behoben ist. Sie stimmt zu. Die Koordinatorin verabschiedet sich von der Familie.

Der Vater scheint glücklich: »Ich bin Ihnen und Frau Schnelsen wirklich dankbar! Dieser Familienrat hat mich und meine Liebsten noch enger zusammengebracht. Mir war nicht bewusst, wie sehr Sie mir helfen können. Dankeschön!«

Literatur

Boshier, J. P., Hokinga, T. (2006). Vortrag an der 18. Jahresfeier »Te Hokianga Mai«, Wellington Neuseeland, November 2006. (https://www.beehive.govt.nz/release/te-hokinga-mai-celebration-family-group-conference)

Marsh, P., Crow, G. (1998). Family Group Conferences in Childwelfare. Sheffield: Blackwell Science.

Wijnen-Lunenburg, P., van Beek, F., Bijl, B., Gramberg, P., Slot, W. (2008). Die Familie ist am Zug, Die Ergebnisse von Eigen-Kracht-Konferenzen im Jugendschutz bei Aspekten Sicherheit, sozialer Zusammenhalt und Federführung. Voorhout: PI Research/WESP.

Christina Rosemann

Elterliche Präsenz stärken: Gewaltloser Widerstand im familiären Machtkampf

STECKBRIEF: Elterliche Präsenz stärken

WAS: Aktivitäten und Methoden, die Eltern stärken und sie darin unterstützen, die Eskalation des familiären Machtkampfes zu durchbrechen.

WIE: Elterncoaching.

MATERIAL: Vorlage zur Ankündigung der Aktivitäten des gewaltlosen Widerstandes, Flipchart und Moderationskarten.

ZEIT: Mehrere Coachingsitzungen.

WAS ZEICHNET DIE METHODE AUS:

Durch das Elterncoaching und die Aktivitäten des gewaltlosen Widerstands werden Eltern darin unterstützt, im Zentrum der Familie und damit im Leben ihrer Kinder präsent zu sein.

Hintergrund

Das Konzept der »Elterlichen Präsenz« richtet sich an Familien, in denen sich Eltern durch häufige Wutausbrüche und Dominanzstreben ihrer Kinder provoziert und zunehmend an den Rand der Familie gedrängt fühlen. Darüber hinaus ist es ein Angebot für Eltern in Not, deren Kinder psychische und soziale Auffälligkeiten entwickelt haben. Durch ein intensives Coaching werden Eltern unterstützt, die Eskalation des Machtkampfes zu durchbrechen und durch wirksame Handlungsalternativen dem destruktiven Verhalten des Kindes entgegenzuwirken.

Das Konzept wurde von dem Psychologen Haim Omer an der Universität in Tel Aviv entwickelt. Es basiert auf den Ideen und Prinzipien des »Gewaltlosen Widerstandes« von Mahatma Gandhi und Martin Luther King. Durch die Aktivitäten des gewaltlosen Widerstandes haben Eltern die Möglichkeit, dem destruktiven Verhalten des Kindes entgegenzuwirken, ohne in einen Machtkampf zu geraten. Durch die Veröffentlichung diverser Bücher haben Haim Omer und Arist von Schlippe das Konzept der »Elterlichen Präsenz« im deutschsprachigen Raum bekannt gemacht (Omer u. von Schlippe, 2002; Omer u. von Schlippe, 2004).

Haim Omer und Arist von Schlippe schreiben in ihrem Band »Autorität durch Beziehung«, dass das »Bild der Elternschaft und die Beziehung zwischen Eltern und Kindern sich im letzten Jahrhundert zum Teil dramatisch verändert hat – in vieler Hinsicht zum Guten« (Omer u. von Schlippe, 2004, S. 19). Noch Anfang des letzten Jahrhunderts waren die Rollen klar: Eltern hatten das Recht und die Pflicht, darauf zu achten (notfalls mit Strafe), dass die Kinder ihnen Ehrfurcht und Ehrerbietung entgegenbringen. In diesem Sinne waren die Eltern dieser Zeit durchaus präsent. Allerdings spielten Emotionen dabei nur eine untergeordnete Rolle – die Eltern-Kind-Beziehung war geprägt von Unterwerfung, Angst und blindem Gehorsam.

Verlust der elterlichen Präsenz

Heute fühlen sich viele Eltern durch die rasante Entwicklung unserer Zeit verunsichert und ihren Kindern hilflos ausgeliefert. Es ist nicht mehr selbstverständlich, dass Eltern ihren Platz im Zentrum der Familie haben, sie befinden sich vielmehr in der Gefahr, ins Abseits und an den Rand der Familie gedrängt zu werden. Zwei Beispiele hierzu (alle Klientennamen sind geändert):

»Ich habe das Gefühl, Julius hat Bohnen in den Ohren. Der hört mir noch nicht mal zu, geschweige denn, dass er tut, worum ich ihn bitte«, lautet der Kommentar von Ilka, junge Mutter eines fünfjährigen Sohnes. Sie spürt es ganz deutlich – schon jetzt fühlt sie sich dem Wohlwollen ihres Sohnes ausgeliefert.

Thomas, Vater einer 13-jährigen Jugendlichen, hat noch ganz andere Sorgen: »Svenja macht, was sie will: Sie schwänzt die Schule, raucht, trifft sich mit irgendwelchen dunklen Gestalten und ist sogar schon mal nachts weggeblieben.« Eines Tages ist der Vater in seiner Not so ausgerastet, dass er seine Tochter regelrecht verprügelt hat. Seitdem ist er wie gelähmt. Das letzte Stück Autorität scheint verspielt zu sein.

Eines ist sicher – beide Eltern sind weit davon entfernt, sich in ihrer Rolle als Mutter oder Vater sicher zu fühlen. Beide fühlen sich hilflos ihren Kindern ausgeliefert und zunehmend an den Rand der Familie gedrängt. Auf der anderen Seite geraten die Kinder angesichts dieser elterlichen Hilflosigkeit und Verunsicherung zunehmend in die Situation, Strategien zu entwickeln, ihren Willen gegen den Willen der Eltern durchzusetzen. Quengeln gehört dabei zu den harmlosen Strategien, es kann aber auch zu Drohungen, Erpressung bis hin zu offener Gewalt führen. Eltern und Kinder geraten immer wieder in eine Eskalationsspirale, die auf beiden Seiten zu negativen Gefühlen führt. Mit dem Ergebnis: Die elterliche Präsenz geht verloren!

Beide Positionen, der Verlust der elterlichen Präsenz und die Dominanzposition des Kindes, gehen mit einem besonderen Stress einher: Die Wahrnehmung füreinander engt sich immer mehr ein und die positiven Seiten der Beziehung geraten aus dem Blick. Eltern und Kinder stehen sich mit Gefühlen der Hilflosigkeit, des Unglücks bis hin zur Feindseligkeit gegenüber. Dies kann letztlich zum Verlust der Eltern-Kind-Beziehung führen.

Zwei Seiten der Eskalationsspirale

Wenn Eltern mit gewaltbereiten und selbstzerstörerischen Verhaltensweisen ihrer Kinder konfrontiert werden, befinden sie sich meist in einem Dilemma. Durch Androhung von Strafe, Ermahnungen oder gar Schlägen ist das Kind herausgefordert, sein aggressives Verhalten zu verstärken – Eltern und Kind geraten in einen Machtkampf. Versuche der Erwachsenen, durch Überreden oder gutes Zureden für Verständnis zu werben, fordern das Kind heraus, noch mehr zu verlangen, oder führen gar zu Verachtung. Es gibt also zwei Seiten der Eskalationsspirale:

- *symmetrische Eskalation:* aggressives Verhalten auf beiden Seiten: Drohen, Schreien, Schlagen, Fluchen. Dies führt zum Machtkampf.
- *komplementäre Eskalation:* Dynamik von Erpressen und Nachgeben. Eltern sehen sich nicht in der Lage, den Drohungen standzuhalten, und geben nach. Dies führt zum Rückzug und zur Resignation bei den Eltern.

Elterliche Präsenz – wie geht das?

In diesem Zusammenhang muss der Begriff »elterliche Präsenz« näher beleuchtet werden. Denn es geht letztlich darum, Eltern in ihrer Erziehungskompetenz zu stärken, damit sie Präsenz zeigen können. Das Dilemma ist allerdings, dass elterliche Kompetenz nicht einfach lern- und lehrbar ist. Es handelt sich nämlich hierbei in erster Linie um ein implizites Wissen, das nicht ohne Weiteres explizit durch didaktische Methoden vermittelt werden kann. Elterliche Präsenz ist also keine pädagogische Technik oder Methode, sondern eine Haltung oder treffender ausgedrückt, eine Fähigkeit, die Mütter und Väter im Laufe ihrer Elternschaft entwickeln können. Eltern erlangen also ihre Präsenz durch praktisches und gelebtes Elternsein. Und ob dies gelingt, ist entscheidend davon abhängig, ob sich Eltern ihrer Rolle als Vater und als Mutter sicher sind: als eigenständige Persönlichkeit, mit eigenen Rechten und der inneren Haltung, sich der Erziehungsverantwortung bewusst zu sein und entsprechend zu handeln.

> »Für Kinder müssen Eltern als Personen sichtbar sein, als liebende, wütende, aufmerksame, traurige, ungeduldige, kranke, zärtliche Personen [...]. Kinder, die keine Erfahrung mit echtem Ärger bei ihren Eltern machen können, weil diese von einer pädagogischen Attitüde maskiert wird, können kein Gefühl dafür entwickeln, ob die Liebe der Eltern echt ist.« (Levold, 2002, S. 10)

Gleichzeitig brauchen Eltern einen guten Platz im Zentrum der Familie. Nur so sind sie in der Lage, sicher aufzutreten und ihren Kindern die nötige Orientierung zu bieten.

Drei Seiten der elterlichen Präsenz

Das Konzept der »Elterlichen Präsenz« basiert auf den Prinzipien des »Gewaltlosen Widerstandes« und ist hilfreich für jeden, der in der Jugendhilfe einerseits mit gewaltbereiten, emotional vernachlässigten Jugendlichen zu tun hat und andererseits mit hilflosen und verstörten Eltern, die Rat und Unterstützung suchen. Bei der elterlichen Präsenz wird zwischen dem Erlebensaspekt, dem Verhaltensaspekt und dem systemischen Aspekt unterschieden, elterliche Präsenz hat also drei Seiten (siehe Abbildung 1).

Abbildung 1: Aspekte der elterlichen Präsenz (Omer u. von Schlippe, 2004, S. 34)

Gewaltloser Widerstand

Die Idee des gewaltlosen Widerstands geht, wie gesagt, auf Mahatma Gandhi und Martin Luther King zurück und richtete sich an Gruppen, die Opfer von Unterdrückung waren. Es ist eine bewusste Haltung und Vorgehensweise, mit dem Ziel, das gewaltbereite und destruktive Verhalten des Gegenübers abzuwehren, ohne in einen Machtkampf hineingezogen zu werden. Ziel des gewaltlosen Widerstands im Umgang mit Kindern ist die Befähigung der Eltern, das destruktive Verhalten ihres Kindes zu beenden, ohne eine Eskalation hervorzurufen.

Prinzipien des gewaltlosen Widerstands sind:
- Hartnäckigkeit und Standhaftigkeit auch gegenüber nachdrücklich oder erpresserisch gestellten Forderungen des Kindes;
- Bereitschaft, alles zu tun, um schädlichen Handlungen des Kindes vorzubeugen;
- Bereitschaft, auf körperliche und verbale Gewalt absolut zu verzichten, d. h. weder zu schlagen noch zu drohen, zu beschimpfen, zu beleidigen oder zu beschuldigen;
- Bereitschaft und Entschiedenheit, eine Lösung zu finden, in der das Kind sich weder gedemütigt noch besiegt fühlt;
- Bereitschaft, auf körperliche Auseinandersetzungen nur verteidigend zu reagieren, d. h. Schläge abzuwehren und nicht zurückzuschlagen (vgl. Omer u. von Schlippe, 2004, S. 231).

Aktivitäten des gewaltlosen Widerstands[1]

Haltung

Eltern treffen ganz bewusst die Entscheidung, aus dem Teufelskreis der Eskalation auszusteigen und durch die Aktivitäten des gewaltlosen Widerstands dem destruktiven Verhalten des Kindes eine Alternative entgegenzusetzen. Sie sind davon überzeugt, dass in der Eskalation keine Konflikte gelöst werden können, und wenden das Prinzip der »verzögerten Reaktion« an. Sie steigen einseitig aus der Eskalationsspirale aus. Rückzug, Schweigen und Nichtreagieren sind in diesem Zusammenhang keine Kapitulation, sondern die Voraussetzung dafür, dass sich die Gemüter beruhigen können. »Schmiede das Eisen, wenn es kalt ist«, schreiben Omer und von Schlippe (2009, S. 250). Eltern müssen nicht gewinnen, sie sollten allerdings beharrlich dranbleiben und die Aktivitäten des gewaltlosen Widerstands wiederholen, so lange, bis eine gute Lösung gefunden wird.

Ankündigung

Wenn sich Eltern für den Weg des gewaltlosen Widerstands entschieden haben, ist es wichtig, dass sie dies dem Kind ankündigen. Das sollte in einem ruhigen Moment persönlich geschehen und bestenfalls zusätzlich in einem Brief verschriftlicht werden. Die Ankündigung richtet sich nicht gegen das Kind, sondern gegen die Situation oder das Verhalten des Kindes. Daher sollte die Ankündigung klar, aber ohne Drohung ausgesprochen werden:

---

1 Nach Omer u. von Schlippe, 2004, S. 229 ff.

Elterliche Präsenz stärken

- Eltern benennen das nicht zu akzeptierende Verhalten des Kindes ganz konkret, ohne einen Rundumschlag zu machen.
- Sie teilen ihrem Kind mit, dass sie dieses Verhalten nicht mehr hinnehmen und die Menschen um sich herum darüber informieren werden.

Beispiel/Vorlage:

»Wir sind nicht länger bereit, hinzunehmen, dass du dich nicht an Absprachen hältst und ohne Erlaubnis nachts nicht nach Hause kommst. Wir werden alles dafür tun, die Situation zu verändern, außer selbst mit verbaler oder körperlicher Gewalt oder Strafen zu reagieren. Wir haben entschieden:
- Wir werden dir nachgehen und dich suchen, wenn du nicht zum vereinbarten Zeitpunkt nach Hause kommst.
- Wir werden deine Freunde und die Eltern deiner Freunde darüber informieren, dass du nicht nach Hause kommst.
- Wir wollen dich nicht demütigen oder strafen.
- Wir sind an einer guten Beziehung interessiert und sind offen für akzeptable Lösungsvorschläge.
- Dies ist keine Drohung, sondern unsere Pflicht als Eltern.«

»Sit-in«

Das »Sit-in« ist der wichtigste Bestandteil des gewaltlosen Widerstands und daher die zentrale Aktivität im Konzept der Elterlichen Präsenz. Es ermöglicht den Eltern, in wirkungsvoller Weise Elternpräsenz zu zeigen, ohne sich in eine Eskalation hineinziehen zu lassen.

Vorbereitung:
- Das Sit-in sollte zu einem Zeitpunkt stattfinden, den die Eltern selbst wählen und an dem sie genügend Zeit und Ruhe haben. Sie sollten also nicht unter Zeitdruck stehen oder gleichzeitig andere Dinge erledigen.
- Das Sit-in sollte nicht unmittelbar nach einer Eskalation oder konfliktreichen Auseinandersetzung durchgeführt werden (Prinzip der verzögerten Reaktion).

Durchführung:
- Die Eltern betreten das Zimmer ihres Kindes zu einem Zeitpunkt, an dem es anwesend ist, schließen die Tür und setzen sich so, dass der Ausgang blockiert ist.

- Nun machen sie deutlich, dass sie nicht mehr bereit sind, das Verhalten des Kindes zu akzeptieren. Sie sagen ganz konkret, was das nicht akzeptierbare Verhalten des Kindes ist und dass sie auf einen Lösungsvorschlag des Kindes warten.
- Dadurch zeigen die Eltern ihre Entschiedenheit, ihren Platz im Zentrum des Geschehens einzunehmen. Sie zeigen Präsenz und sind in diesem Sinne durchaus aktiv.
- Das Sit-in dauert in der Regel eine Stunde.
- Die Eltern verlassen den Raum, sobald das Kind einen akzeptablen Lösungsvorschlag gemacht hat.
- Wenn das Kind in der Zeit des Sit-ins keine Lösung vorschlägt, verlassen die Eltern trotzdem das Zimmer. Auch das ist in Ordnung. Das Sit-in nach einer Stunde ohne Ergebnis zu beenden, ist keine Niederlage. Ziel des Sit-ins ist nicht in erster Linie, den Konflikt gelöst zu haben, sondern Präsenz zu zeigen.
- Eltern wiederholen das Sit-in am nächsten Tag oder innerhalb weniger Tage, bis eine akzeptable Lösung gefunden wurde. »Wir sind an deiner Seite und wir bleiben an deiner Seite. Und wir kommen wieder, so lange, bis wir eine akzeptable Lösung haben.«
- Im Anschluss an das Sit-in stellen die Eltern den Konflikt oder das Thema innerlich zur Seite und gehen zur Tagesordnung über.

Siegel der Geheimhaltung brechen

Geheimhaltung ist ein Hauptmerkmal von Familien mit häuslicher Gewalt. Die Erfahrung lehrt allerdings, dass die Verhaltensauffälligkeiten sich eher verstärken, solange das Siegel der Geheimhaltung besteht. Viele Eltern schämen sich für die Schwierigkeiten in der Familie oder scheuen die Reaktion des Umfelds und fürchten, dass ihre Kinder ärgerlich und enttäuscht reagieren. »Öffentlichkeitsdruck ist das zentrale Prinzip, auf dem der gewaltlose Widerstand basiert« (Omer u. von Schlippe, 2004, S. 244). Das Siegel der Geheimhaltung zu brechen ist keine leichte Entscheidung, hat aber eine große Wirkung.

Durchführung:
- Eltern knüpfen ein Netzwerk aus Unterstützern, indem sie Freunde, Verwandte, Nachbarn, Lehrkräfte und andere Personen aus dem eigenen Bekanntenkreis und dem sozialen Umfeld des Kindes kontaktieren.
- Sie informieren das Unterstützernetzwerk über die Schwierigkeiten in der Familie, nennen die Verhaltensauffälligkeiten ihrer Kinder konkret beim Namen und bringen damit ihre große Sorge zum Ausdruck.

- Darüber hinaus bitten die Eltern das Unterstützernetzwerk persönlich, telefonisch, über E-Mail oder Textnachricht, Kontakt zum Kind aufzunehmen und ihre Hilfe und Unterstützung anzubieten. Wichtig ist, dass die Botschaften der Unterstützer von Wertschätzung und echter Sorge geprägt sind, ohne zu moralisieren oder zu beschuldigen.
- Ziel der Eröffnung ist, dass das Kind weiß, dass die häusliche Situation öffentlich ist und nicht mehr länger nur im Privaten geschieht. In vielen Fällen ist das Outing ausreichend, um das aggressive Verhalten merklich zu verringern.

Telefonrunde

Die Telefonrunde ist eine sinnvolle Aktivität, wenn das Kind wiederholt zu spät nach Hause kommt, nicht sagt, wo es sich aufhält, von zu Hause wegläuft oder nächtelang nicht nach Hause kommt, ohne dass die Eltern wissen, wo es sich aufhält. Mit der Telefonrunde verfolgen die Eltern das Ziel, ihre elterliche Präsenz zu zeigen, auf diesem Weg mit dem Kind direkt oder indirekt in Kontakt zu treten und im besten Fall zur Rückkehr zu bewegen. Die Telefonrunde durchbricht außerdem das Prinzip der Geheimhaltung und mobilisiert dadurch die Wirkung des öffentlichen Drucks. Viele Eltern haben bei dieser Aktivität die Befürchtung, zu sehr in die Privatsphäre des Kindes vorzudringen. Das ist verständlich. Allerdings gilt es, abzuwägen, dass das Kind in Gefahr ist und zunehmend zu entgleiten droht.

Vorbereitung:
- Die Eltern sammeln Telefonnummern aus dem sozialen Umfeld des Kindes – Schule, Clique, alte Freunde, Sportverein, Jugendhaus usw. und darüber hinaus Nummern von den Eltern der Freunde und Bekannten des Kindes.

Durchführung:
- Die Eltern treffen gezielt die Entscheidung, einen Rundruf zu starten. Die Telefonrunde wird zu einem Zeitpunkt durchgeführt, an dem die Eltern die besten Chancen haben, möglichst viele Freunde, Bekannte und Eltern der Freunde zu erreichen, etwa an einem späten Nachmittag, frühen Abend oder am Wochenende.
- Sie informieren die Personen auf ihren Telefonlisten über das Verhalten ihres Kindes, z. B. dass es in der Nacht davor nicht nach Hause gekommen ist. Dadurch bringen sie ihre große Sorge zum Ausdruck und bitten um Unterstützung und Hilfe.
- Freunde des Kindes können als Vermittler dienen, indem sie das Kind dazu überreden, sich zu Hause zu melden. Auch wenn sich die Freunde des Kin-

des nicht kooperativ zeigen, hat diese Aktivität dennoch die Wirkung, im Leben des Kindes präsent zu bleiben.
- Die Eltern der Freunde zeigen sich meistens interessiert und betroffen. Nicht selten stellt sich heraus, dass sie selbst in einer ähnlichen Situation sind und genauso Unterstützung brauchen. Dann lohnt es sich, ein Treffen zu vereinbaren und ein Elternnetzwerk zu knüpfen, sich gegenseitig zu informieren und konkrete Absprachen miteinander zu treffen, z. B. dass Übernachtungen außer Haus nur mit ausdrücklicher Zustimmung der Eltern erlaubt sind.

Nachgehen und Aufsuchen

Nachgehen und Aufsuchen ist eine weitere Form der Elternpräsenz, eine Art »offener Beschattung« (Omer u. von Schlippe, 2004, S. 246), die darauf abzielt, als Eltern aktiv mit dem Kind in Kontakt zu bleiben. Nachgehen und Aufsuchen kann in folgenden Fällen eine angemessene Maßnahme sein: wenn das Kind zur verabredeten Zeit nicht nach Hause kommt, nach einer Eskalation fortläuft und außer Haus übernachtet oder wenn sich das Kind zunehmend der elterlichen Aufsicht entzieht oder sich in Gesellschaft von gefährdeten Jugendlichen aufhält.

Durchführung:
- Die Eltern gehen dem Kind hinterher und bitten es freundlich, aber bestimmt, dass es mit nach Hause kommt.
- Es gibt keine Vorhaltungen oder Strafen. Entscheidend ist, dass die Eltern körperliche Präsenz zeigen und deutlich machen, dass es ihnen wichtig ist, dass das Kind nach Hause kommt.
- Weigert sich das Kind, nach Hause zu kommen, bleiben die Eltern in einigem Abstand stehen und wiederholen die Aufforderung nach einiger Zeit (Prinzip der Beharrlichkeit).
- Für den Fall, dass das Kind außer Haus schläft, hat die Aktivität der Beschattung eine große Wirkung. Die Eltern kommen immer wieder zum Aufenthaltsort des Kindes, stellen sich vor die Tür, klingeln und bitten das Kind, mit nach Hause zu kommen. Weigert sich das Kind, mitzukommen, wiederholen die Eltern die Aktivität am nächsten Tag.

Befehlsverweigerung

Die Befehlsverweigerung ist eine Aktivität, die Eltern einsetzen können, wenn Kinder übermäßige Forderungen stellen. In manchen Familien haben die Kinder schon früh die Erfahrung gemacht, dass sie die eigenen Wünsche und Bedürfnisse gegen die Interessen der Eltern durchsetzen können. In diesen Fällen hat es sich im Laufe von Jahren eingeschlichen, dass die Kinder sagen, wo es langgeht, und die Eltern nach den Vorgaben des Kindes handeln. Die Eltern schaffen es nicht mehr, Grenzen zu setzen. Sie haben die eigenen Interessen und Werte aus dem Blick verloren und werden zunehmend zu Dienstleistern ihrer Kinder.

Beispiele für überzogene Forderungen von Kindern:
- Fahrdienste zu allen Freizeitaktivitäten;
- ständig Lieblingsspeisen zu kochen;
- besondere Wünsche zu erfüllen (Spiele, Kleidung, Handy usw.);
- große Summen Geld (zusätzlich zum Taschengeld) zu geben;
- übermäßig viel Wäsche zu waschen.

Durchführung der Befehlsverweigerung:
- Die Eltern werden sich darüber klar, welche Dienste sie freiwillig und aus innerer Überzeugung tun und welche unter Zwang.
- Sie kündigen an, dass sie für eine gewisse Zeit in den Dienststreik treten und die Befehle ihrer Kinder verweigern.
- Dienste zu verweigern ist keine Strafmaßnahme. Es ist also keine Reaktion auf ein anderes negatives Verhalten des Kindes, sondern eine Veränderung der elterlichen Präsenz und des eigenen Selbstwerts. Eltern handeln so, wie es ihrer inneren Überzeugung entspricht.
- Die Eltern nehmen die Dienste wieder auf, wenn die Drohungen des Kindes nicht mehr auftreten und sie davon überzeugt sind, dass sie einen Dienst auch wirklich freiwillig tun.

Gesten der Versöhnung
Wenn die Konflikte in der Familie immer wieder zu eskalieren drohen und die Beziehung zwischen Eltern und Kindern zunehmend von Ärger bestimmt ist, gehen oftmals die positiven Gefühle füreinander verloren. Auch das ist eine Form der Eskalationsspirale. Gesten der Versöhnung sind keine Geschenke oder Belohnungen für eine positive Veränderung beim Kind. Vielmehr signalisieren Eltern ihrem Kind durch Gesten der Versöhnung, dass sie es lieben, auch wenn der Konflikt noch lange nicht gelöst ist. Alles zu seiner Zeit – neben den Aktivitäten des gewaltlosen Widerstands gibt im es im Konzept der Elterlichen Präsenz immer auch die Gesten der Versöhnung, die sich wie ein roter Faden durch das Leben der Familie ziehen. »Jede Aktion des gewaltlosen Widerstandes sollte von Gesten der Versöhnung begleitet werden« (Omer u. von Schlippe, 2004, S. 57). In dem Bewusstsein, dass sie beharrlich zur gegebenen Zeit zu den Aktivitäten des gewaltlosen Widerstands zurückkeh-

ren werden, stellen Eltern den Konflikt innerlich zur Seite und machen dem Kind ganz bewusst positive Beziehungsangebote. Damit vergrößert sich die Chance, dass Eltern und Kind in Kontakt bleiben und darüber hinaus schneller zu einer Lösung finden.

Beispiele für Gesten der Versöhnung:
- immer wieder offen und freundlich auf das Kind zugehen;
- etwas Gutes tun (Lieblingsessen kochen oder ein kleines Geschenk machen);
- gemeinsame Unternehmungen vorschlagen (Kino, Sport, Ausflug);
- Hilfe und Unterstützung (z. B. beim Zimmeraufräumen oder bei den Schulaufgaben) anbieten;
- das Bedauern von eigenen Versäumnissen;
- einen Brief schreiben, in dem die Eltern ihre Liebe zum Ausdruck bringen und ganz konkret die Eigenschaften aufzählen, die sie an ihrem Kind schätzen.

Fallbeispiel

Familie Oswald: Herr Oswald (48 Jahre), Frau Oswald (46 Jahre), Paul (14 Jahre), Tatjana (12 Jahre); (alle Namen geändert).

Das Ehepaar Oswald lebt seit zwanzig Jahren in Deutschland. Als Spätaussiedler mit deutschen Vorfahren sind sie Mitte der Neunzigerjahre von Russland nach Deutschland übergesiedelt und haben die deutsche Staatsbürgerschaft erhalten. Beide Kinder sind in einer Kleinstadt im Sauerland geboren und aufgewachsen. Beide Elternteile waren immer voll berufstätig, daher sind die Kinder in der Obhut der Großeltern mit Strenge und Konsequenz erzogen worden. Auch den Eltern war es wichtig, die eigene Werte, wie Respekt den Erwachsenen gegenüber, Ordnung und Leistungsorientierung, an die Kinder weiterzugeben – notfalls mit Strafe. Der Klaps gehörte zum Erziehungsalltag genauso dazu wie Taschengeldentzug und Hausarrest. Während sich die Tochter schon früh durch eine positive Ausstrahlung und gute Leistungen in der Schule hervorgehoben hat, zeichnet sich Paul durch einen starken Willen und Dominanzstreben aus. Es kommt immer wieder zu Provokationen den Eltern und der kleinen Schwester gegenüber. Im Laufe der Jahre geraten die Eltern immer wieder in die Auseinandersetzung mit ihrem Sohn. Er missachtet die Regeln, schlägt seine Schwester, beschimpft die Mutter und droht mit Gewalt, wenn seine Forderungen nicht erfüllt werden. In den ersten Jahren der Erziehung waren die Eltern meistens die Sieger dieses Machtkampfes. In letzter Zeit haben sie allerdings zunehmend das Gefühl, dem Dominanzstreben ihres Sohnes nicht mehr gewachsen zu sein. Seit einigen Monaten fühlen sie sich den Drohungen und Forderungen ihres Sohnes hilflos ausgeliefert und wenden sich in ihrer Not an das Jugendamt.

Der zuständige Mitarbeiter des Allgemeinen Dienstes des Jugendamts empfiehlt den Eltern ein Elterncoaching mit einer externen Familientherapeutin. Ziel des Elterncoachings ist es,
- die Eltern in ihrer elterlichen Präsenz zu stärken;
- alternative Handlungsoptionen zu entwickeln, um den Drohungen und Forderungen ihres Sohnes entgegenzutreten, ohne in den Machtkampf hineingezogen zu werden.

Erstes Coaching

Hier geht es zunächst darum, die Eltern kennenzulernen, Vertrauen aufzubauen und sich ein Bild von der Familiensituation zu machen. Sehr schnell wird deutlich, dass sich in der Familie Oswald die Eskalation der Gewaltspirale im Laufe von Jahren immer mehr aufgebaut hat. Für die Eltern ist es hilfreich, besser zu verstehen, wie die Dynamik der Gewalteskalation entsteht und welche negativen Auswirkungen die verbalen und körperlichen Gewaltausbrüche auf das Zusammenleben als Familie haben. Andererseits fällt es insbesondere dem Vater schwer, sich vorzustellen, dass es eine Alternative zu den Gesetzen von Macht und Gewalt gibt. Die Familientherapeutin erläutert den Eltern das Konzept der Elterlichen Präsenz und stellt ihnen die Prinzipien des gewaltlosen Widerstandes vor. Die Eltern bleiben skeptisch. Gleichzeitig sehen sie ein, dass Druck und Gewalt nichts mehr bringen, ganz im Gegenteil. Die Beziehung zu Paul ist dadurch zunehmend belastet.

Zweites Coaching

Beide Eltern wirken sehr angespannt. Die Familiensituation hat sich weiter verschlechtert. In der letzten Woche hat es eine weitere Eskalation gegeben, nachdem der Sohn zur vereinbarten Zeit nicht nach Hause gekommen ist. Die Eltern machen sich Sorgen, weil sie nicht wissen, wo ihr Sohn seine Freizeit verbringt und mit wem er sich trifft. Bisher hatte er einen festen Freundeskreis beim Sport, doch nun trifft er sich mit Jugendlichen, die einige Jahre älter sind als er. Auch wenn die Eltern immer noch skeptisch sind, wollen sie das Konzept der Elterlichen Präsenz ausprobieren. Sie wünschen sich möglichst konkrete Handlungsanweisungen. Die Familientherapeutin fragt die Eltern, ob sie bereit sind, einseitig aus dem »Teufelskreis der Eskalation« auszusteigen. Die Eltern

bejahen das. »Ich will diesen Streit und den Kampf nicht mehr! Ich bin schon ganz wund!«, meint die Mutter. Der Vater nickt stumm. Die Familientherapeutin erklärt:
1. Aus dem »Teufelskreis der Eskalation« auszusteigen heißt:
   - sich *nicht* provozieren oder in eine Eskalation hineinziehen lassen;
   - Prinzip der verzögerten Reaktion anwenden – wenn der Streit zu eskalieren droht, einseitig aussteigen – schweigen und gegebenenfalls den Raum verlassen.
2. Die Eltern haben die Entscheidung zu treffen, dass sie nicht mehr gewillt sind, das aggressive Verhalten ihres Sohnes hinzunehmen, und formulieren eine Ankündigung, die sie ihrem Sohn in einem ruhigen Augenblick gemeinsam überbringen (siehe oben: Ankündigung).
3. Gleichzeitig kündigen sie an, dass sie die Großeltern, die Eltern seiner Freunde und einige Freunde ihres Vertrauens darüber informieren, wie sich die Familiensituation darstellt, und dass sie den Weg des gewaltlosen Widerstandes gehen wollen.

Die Eltern wundern sich über die Vorgehensweise im Elterncoaching und bleiben skeptisch. Gleichzeitig fühlen sie sich aber gestärkt, weil sie nun ein paar konkrete Ideen haben und sich nicht mehr so handlungsunfähig fühlen.

Für den Fall, dass der Sohn wieder von zu Hause fortbleibt, haben die Eltern den Auftrag, Telefonnummern zu sammeln, damit sie gegebenenfalls eine Telefonrunde starten können (siehe oben: Telefonrunde). Darüber hinaus macht ihnen die Familientherapeutin Mut, sich zeitnah auf den Weg zu machen und den Sohn zu suchen, wenn er nicht nach Hause kommt. Es ist völlig in Ordnung, im Umfeld des Sohnes zu recherchieren, wo sich der Sohn aufhalten könnte. Damit bringen die Eltern ihre Fürsorge und Liebe zum Ausdruck.

Drittes Coaching

 Die Eltern sind ganz euphorisch. Sie hatten ein »Erfolgserlebnis«. Paul war am vergangenen Wochenende wieder nicht nach Hause gekommen. Die Mutter hatte in der Woche davor von der Mutter eines Freundes erfahren, dass am Wochenende eine Oberstufenparty stattfindet. Als der Sohn zur vereinbarten Zeit nicht zu Hause war, ist der Vater mit einem gemeinsamen Freund dorthin gefahren und hat den Sohn vom Veranstalter ausrufen lassen (immerhin ist Paul erst 14 Jahre!). Paul kam mit hochrotem Kopf aus der Halle und ist, ohne ein Wort zu sagen, ins Auto gestiegen. Zu Hause ist er wütend in sein Zimmer gegangen und hat es bis zum nächsten Mittag nicht verlassen. Als der Hunger groß genug war, ist er in die Küche gekommen, hat sich etwas zu Essen gemacht und sich an

den Tisch gesetzt. Die Eltern haben dies ohne Vorwürfe oder Vorhaltungen freudig zur Kenntnis genommen. Sie waren selbst überrascht, dass sie diesen Konflikt ohne Eskalation gelöst haben. Nun wollen sie weitere Schritte gehen, damit sie die Provokationen und verbalen Attacken des Sohnes besser in den Griff bekommen.

Das Elterncoaching dauerte insgesamt sechs Monate. In dieser Zeit haben zehn Sitzungen stattgefunden. Es gab Höhen und Tiefen. Paul hat sein Verhalten nicht grundsätzlich verändert – er ist aufbrausend und es fällt ihm schwer, Grenzen zu akzeptieren. Und auch die Eltern sind immer mal wieder in alte Verhaltensmuster gefallen und haben sich in einen Machtkampf hineinziehen lassen. Doch gleichzeitig haben sie echte Erfolgserlebnisse und fühlen sich mittlerweile durchaus präsent. Wenn sie das Gefühl haben, dass sie eingreifen und eine Grenze setzen wollen, können sie sich gegenseitig unterstützen und bleiben beharrlich an der Seite ihres Sohnes. Neben den Aktivitäten des gewaltlosen Widerstands (Nachgehen und Aufsuchen, Sit-in, Telefonrunde) haben sie insbesondere mit Gesten der Versöhnung dafür gesorgt, im positiven Kontakt mit ihrem Sohn zu bleiben. Seit dieser Saison haben sich Vater und Sohn einen Traum erfüllt – sie haben eine Dauerkarte bei ihrem Eishockey-Verein.

Literatur

Lemme, M., Körner, B. (2018). Neue Autorität in Haltung und Handlung. Ein Leitfaden für Pädagogik und Beratung. Heidelberg: Carl-Auer.
Levold, T. (2002). Elternkompetenzen – zwischen Anspruch und Überforderung. Systeme, 16 (1), 2–13.
Omer, H. (2015). Wachsame Sorge. Wie Eltern ihren Kindern ein guter Anker sind. Göttingen: Vandenhoeck & Ruprecht.
Omer, H., Schlippe, A. v. (2002). Autorität ohne Gewalt. Coaching für Eltern von Kindern mit Verhaltensproblemen. »Elterliche Präsenz« als systemisches Konzept. Göttingen: Vandenhoeck & Ruprecht.
Omer, H., Schlippe, A. v. (2004). Autorität durch Beziehung. Die Praxis des gewaltlosen Widerstands in der Erziehung. Göttingen: Vandenhoeck & Ruprecht.
Omer, H., Schlippe, A. v. (2009). Stärke statt Macht. »Neue Autorität« als Rahmen für Bindung. Familiendynamik, 3.
Schlippe, A. v., Grabbe, M. (Hrsg.) (2012). Werkstattbuch Elterncoaching. Elterliche Präsenz und gewaltloser Widerstand in der Praxis. Göttingen: Vandenhoeck & Ruprecht.
Tsirigotis, C., Schlippe, A. v., Schweitzer-Rothers, J. (Hrsg.) (2015). Coaching für Eltern. Mütter, Väter und ihr »Job«. Heidelberg: Carl-Auer.

Anne Baumann und Tim Reuter

Würdezentrierte Therapie – eine Intervention für Menschen mit palliativen Erkrankungen

STECKBRIEF: Würdezentrierte Therapie bei palliativen Erkrankungen

WAS: Die Methode fußt auf der Erkenntnis, dass bestimmte psychologische und psychosoziale Aspekte (z. B. intergenerative Weitergabe, soziale Resonanz, Sinnhaftigkeit, Spiritualität, private Rückzugsmöglichkeit) entscheidend für ein Gefühl von Würde und für die Lebensqualität von Schwerkranken sind. Die Therapie richtet sich an schwerkranke Patientinnen und Patienten am Lebensende und ihre Angehörigen im ambulanten oder stationär klinischen Bereich.

WIE: Vorgespräche, Interviews sowie Nachgespräche und Übergabe der Interviews fanden jeweils im Einzelzimmer der Patientinnen und des Patienten auf den Stationen in unserer Klinik statt.

MATERIAL: Aufnahmegerät, Computer/Drucker oder Schreibgerät und Papier für die Transkription.

ZEIT: 0,5 Stunden Vorbesprechung + 1 Stunde Interview + ca. 10 Stunden Transkription + 1 Stunde Vorlesen + 0,5 Stunden Übergabe.

WAS ZEICHNET DIE METHODE AUS:

Sie ist eine sehr fruchtbare, humane Stärkung des Selbstwertgefühls und der Identität für Schwerkranke, vor allem einsetzbar, wenn noch etwas Lebenszeit bleibt und die Person Interesse hat und kognitiv wie emotional in der Lage ist, sich auf ein längeres, intensives Gespräch über das eigene Leben einzulassen.

Als wir von den Herausgebern dieses Bandes gefragt wurden, ob wir einen Beitrag zum Thema »Systemische Methoden in der Familienberatung« beitragen könnten, fiel uns die Zusage leicht, hatten wir doch seit Einführung der Würdezentrierten Therapie (engl. Dignity Therapy) eine therapeutische Methode in unser klinisches Repertoire übernommen, die sowohl unseren Patientinnen und Patienten als auch deren Angehörigen nachhaltigen therapeutischen Nutzen bringt.

Ausgehend von der grundsätzlichen Herangehensweise in der Palliativmedizin, nicht alle therapeutischen Bemühungen ausschließlich auf den Patienten auszurichten, sondern früh und bestmöglich auch deren Angehörigen- und Freundessystem in die palliative Versorgung mit einzubeziehen, bietet die Würdezentrierte Therapie eine methodische Grundlage, auf deren Basis dieses System, auch in der letzten Lebensphase unserer Patientinnen und Patienten und sogar über deren Tod hinaus – im Sinne eines transgenerativen Vermächtnisses – in die therapeutische Arbeit integriert werden kann.

Anders als in der ansonsten eher patientenzentrierten klinischen Praxis in den Akutphasen der Erkrankung, in denen die hinter den Erkrankten stehenden Angehörigen aus dem Blick geraten und mehr noch, in der medizinischen Akutversorgung vom fachlichen Personal sogar passager als störend und unbequem empfunden werden können (Ernst u. Weißflog, 2016), stellt die Würdenzentrierte Therapie eine Methode dar, die sowohl die Belastungsmomente als auch die Unterstützungspotenziale des Familiensystems mit einbezieht und die durch die Steigerung des Würdeempfindens und Würdegefühls zu einer Verbesserung der Lebensqualität auf beiden Seiten, bei Patienten und Angehörigen, führen kann und in vielen Fällen den Prozess des beidseitigen Abschiednehmens erleichtert.

Wir stellen in unserem Beitrag die Methode in ihrer Entstehung, Anwendung und bisherigen wissenschaftlichen Nutzenbewertung näher vor.

Entstehung

Als 1991 in den Niederlanden Ärzte zu den medizinischen Entscheidungen ihrer Patientinnen und Patienten am Lebensende befragt wurden, nannten sie am häufigsten den »Verlust von Würde« als ausschlaggebenden Grund für den Wunsch nach Sterbehilfe. Nicht Schmerzen oder Einsamkeit, sondern bedrohte Würde war ihrer Einschätzung nach der zentrale Aspekt, der den Lebenswillen von Patientinnen und Patienten mit schweren Erkrankungen am Lebensende maßgeblich beeinflusst (van der Maas, van Delden, Pijnenborg u. Looman,

1991). Das machte den kanadischen Professor Harvey M. Chochinov nachdenklich. »If dignity is worth dying for, surely, it is worth carefully studying« (Chochinov, 2012, dt. 2017, S. 5 des engl. Originals), also: »Wenn Angst vor Verlust der Würde ein Grund ist, weswegen Menschen sterben wollen, dann sollte man sich auf jeden Fall auch wissenschaftlich mit dem Thema beschäftigen.« So begann er, Patientinnen und Patienten zu ihrem Erleben zu befragen – um letztendlich eine Intervention zu entwickeln, die das Würdeempfinden bei Schwerkranken am Lebensende steigern soll: die Dignity Therapy, d. h. Würdezentrierte Therapie.

Die Würdezentrierte Therapie

Bei der Würdezentrierten Therapie handelt es sich um eine Kurzintervention für schwer kranke Menschen am Lebensende. Mit ihnen wird anhand eines halbstrukturierten Leitfadens ein circa einstündiges Interview durchgeführt. Wie in einem Fotoalbum des eigenen Lebens blätternd erzählt der Patient von verschiedenen bedeutsamen Momenten seines Lebens. Dieses Interview wird aufgezeichnet und im Anschluss transkribiert. So wird die eigene Lebensgeschichte in eigenen Worten lebendig und greifbar. Das selbst erzählte Leben wird dem Patienten bei einem nächsten Termin durch die Therapeutin oder den Therapeut vorgelesen.

Dies ist häufig ein sehr emotionaler Moment. Die eigene Lebenserzählung in den eigenen Worten durch die Stimme eines Anderen zu hören, bewegt die Menschen. Änderungen, Kürzungen oder Ergänzungen können vorgenommen werden, bevor das letztendliche Dokument dann den Patienten und ihren Angehörigen übergeben wird. Angehörige als Adressaten spielen dabei eine zentrale Rolle zum Gelingen der Intervention. Sich bewusst Zeit zu nehmen, das, was einem wichtig ist, (noch mal) in Worte zu fassen, sich zu trauen, dem anderen mitzuteilen, wie gern man ihn hat oder aber auch ein Missverständnis aus dem Weg zu räumen, ist emotional hoch bedeutsam und bewegend.

Die Fragen des Interviews behandeln unterschiedliche Schwerpunktthemen, die auf einem durch Chochinov, Hack, McClement, Kristjanson und Harlos (2002) entwickelten Würdemodell beruhen: »Wann haben Sie sich besonders lebendig gefühlt? Was sind die wichtigsten Aufgabenbereiche, die Sie in Ihrem Leben eingenommen haben (Rollen in der Familie, im Beruf, im Sozialleben etc.)? Was haben Sie über das Leben gelernt, das Sie gern an andere weitergeben würden?« Alle im Interview verwendeten Fragen sind im Kasten zu finden.

> **Fragenkatalog der Würdezentrierten Therapie**
> **(aus Chochinov, 2012, dt. 2017, S. 103)**
>
> - Erzählen Sie mir ein wenig aus Ihrer Lebensgeschichte; insbesondere über die Zeiten, die Sie am besten in Erinnerung haben oder die für Sie am wichtigsten sind.
> - Wann haben Sie sich besonders lebendig gefühlt?
> - Gibt es etwas Besonderes, das Sie Ihrer Familie über sich mitteilen wollen?
> - Gibt es bestimmte Dinge, die Ihre Familie von Ihnen in Erinnerung behalten soll?
> - Was sind die wichtigsten Aufgabenbereiche, die Sie in Ihrem Leben eingenommen haben (Rollen in der Familie, im Beruf, im Sozialleben etc.)?
> - Warum waren Ihnen diese Aufgaben wichtig und was haben Sie Ihrer Meinung nach darin erreicht?
> - Was sind Ihre wichtigsten Leistungen, worauf sind Sie besonders stolz?
> - Gibt es etwas, von dem Sie merken, dass es gegenüber Ihren Lieben noch ausgesprochen werden will? Oder etwas, das Sie gern noch einmal sagen möchten?
> - Was sind Ihre Hoffnungen und Wünsche für die Menschen, die Ihnen am Herzen liegen?
> - Was haben Sie über das Leben gelernt, das Sie gerne an andere weitergeben möchten?
> - Welchen Rat oder welche Worte, die Ihre/n ... (Tochter, Sohn, Ehemann, Ehefrau, Eltern, anderen Menschen) leiten können, würden Sie gerne weitergeben?
> - Gibt es konkrete Empfehlungen, die Sie Ihrer Familie mitgeben möchten, um sie für die Zukunft vorzubereiten?
> - Gibt es speziell für dieses Dokument noch etwas, das Sie hier mit aufnehmen wollen?

Das Würdemodell – eine theoretische Grundlegung

Was ist eigentlich Würde in den Augen von Patientinnen und Patienten? Woran machen schwer kranke Menschen fest, ob sie ihr Leben als würdevoll empfinden? In welchen Situationen haben sie den Eindruck, dass ihre Würde gestärkt wird? Und in welchen Momenten erleben sie ihre Würde eher als gefährdet? Um das herauszufinden, führten Chochinov et al. (2002) Interviews mit fünfzig terminal an Krebs erkrankten Patientinnen und Patienten zu ihrem Verständnis von Würde und stellten ihnen genau diese Fragen. Aus den Antworten entwickelten sie inhaltsanalytisch ein Würdemodell aus Patientenperspektive (siehe Abbildung 1).

Anhand von Zitaten aus den von uns mit Patientinnen und Patienten durchgeführten Würdezentrierten Therapien lassen sich die einzelnen Aspekte des Würdemodells verdeutlichen.

WÜRDE: KATEGORIEN, THEMEN UND UNTERTHEMEN		
Krankheitsbezogene Aspekte	**Würdebewahrendes Repertoire**	**Inventar sozialer Würde**
Grad der Unabhängigkeit — Kognitive Verfassung — Funktionelle Kapazität Symptomlast — Körperliche Belastung — Psychische Belastung • Medizinische Ungewissheit • Angst vor dem Sterben	Würdebewahrende Perspektiven • Selbstkontinuität • Aufrechterhaltung von Rollen • Generativität / Vermächtnis • Bewahrung von Stolz • Hoffnung • Autonomie / Kontrolle • Akzeptanz • Resilienz / Kampfgeist Würdebewahrendes Handeln • Leben »im Moment« • Erhalt von Normalität • Streben nach spirituellem Wohlbefinden	Privatsphäre Soziale Unterstützung Haltung der Behandelnden Belastung für andere sein Sorgen hinsichtlich der Zeit nach dem Tod

Abbildung 1: Modell zur Würde bei unheilbarer Erkrankung (aus Chochinov 2012, dt. 2017, S. 28)

Der folgende Abschnitt stellt die Patientinnen und Patienten vor, deren Interviews in Auszügen die empirische Grundlage dieses Beitrags bilden. Zum Schutz der Persönlichkeitsrechte der Interviewten verzichten wir auf deren namentliche Nennung, auch die Kürzel sind geändert.

Im Sommer 2016 führten wir die Würdezentrierte Therapie mit zwei Patientinnen (Frau G. und Frau K.) und im Sommer 2017 mit einem Patienten (Herr F.) auf der Palliativstation der HELIOS Universitätsklinik Wuppertal durch:
- Frau G. war zum Zeitpunkt des Interviews 64 Jahre alt und litt unter einem gastrointestinalen Stromatumor des Magens. Die Patientin verstarb circa acht Stunden nach dem Vorlesen des Interviews und der Übergabe des Generativitätsdokuments an die Familie auf der Palliativstation.

- Frau K. war 82 Jahre alt und hatte ein Multiples Myelom diagnostiziert. Sie starb 2,5 Wochen nach Beendigung der Würdezentrierten Therapie auf der Palliativstation.
- Ein weiterer Patient (Herr F.) wurde im Juli 2017 auf der Privatstation der HELIOS Universitätsklinik Wuppertal mit ebenfalls palliativer Zielsetzung behandelt. Der Patient war zum Zeitpunkt des Interviews 55 Jahre alt und wurde mit der Primärdiagnose eines malignen Melanoms seit circa fünf Monaten in der Klinik behandelt. Herr F. wurde circa eine Woche nach Abschluss der Würdezentrierten Therapie in stabilem Allgemeinzustand, bei insgesamt palliativem Behandlungskonzept, nach Hause entlassen. In regelmäßigen Abständen kommt der Patient zu Kontrolluntersuchungen zurück in die Klinik, sodass der Kontakt zwischen der Abteilung für Psychoonkologie und dem Patienten nach wie vor besteht.

Vorgespräche, Interviews sowie Nachgespräche und Übergabe der Interviews fanden jeweils im Einzelzimmer der Patientinnen und des Patienten auf den Stationen in unserer Klinik statt.

Chochinov et al. (2002) identifizierten in ihren Interviews drei verschiedene Bereiche von Einflussfaktoren auf das Würdeempfinden von Patientinnen und Patienten: Krankheitsbezogene Aspekte, das sogenannte »würdebewahrende Repertoire« und äußere Faktoren, die in dem Modell als »Inventar sozialer Würde« bezeichnet werden (Chochinov, 2012, dt. 2017) (siehe Abbildung 1).

Krankheitsbezogene Aspekte

Natürlich spielt die Krankheit an sich mit ihren Effekten auf den Grad der Unabhängigkeit eines Patienten und die damit einhergehende Symptomlast eine entscheidende Rolle. Starke Schmerzen und körperliche Einschränkungen können das Leben eines Menschen so sehr prägen, dass funktionelle Kapazitäten stark eingeschränkt sind. Auch die kognitive Verfassung – wenn das Gefühl auftritt, nicht mehr in der Lage zu sein, für sich selbst Entscheidungen treffen und für sich sorgen zu können – kann das Würdeempfinden eines Menschen gefährden. Die körperlichen und psychischen Belastungen, die mit einer schweren Erkrankung einhergehen, beeinträchtigen den Betroffenen und seine Wahrnehmung des eigenen Lebens maßgeblich. Dabei beeinflussen sich der körperliche Zustand und die emotionalen Reaktionen wechselseitig. Medizinische Ungewissheit bezüglich der eigenen Situation und Angst in Bezug auf das Fortschreiten der Erkrankung und das mögliche Versterben beeinflussen Patientinnen und Patienten stark und mindern das Empfinden von Würde.

Das würdebewahrende Repertoire

Neben diesen direkt mit der Krankheit im Zusammenhang stehenden Aspekten nannten Menschen aber auch eine Reihe von psychischen und spirituellen Faktoren, die die Wahrnehmung der eigenen Situation und damit auch das subjektive Würdeempfinden positiv oder negativ beeinflussen können: das sogenannte »würdebewahrende Repertoire«. Dieses setzt sich zusammen aus der würdebewahrenden Perspektive und dem würdebewahrenden Handeln. Das würdebewahrende Repertoire ist der Punkt, an dem die Würdezentrierte Therapie ansetzt.

Die würdebewahrende Perspektive

Die würdebewahrende Perspektive kann als eine Art Blickwinkel auf das eigene Leben verstanden werden, der sich nicht nur im Rahmen der Erkrankung, sondern auch schon davor entwickelt hat. Dabei kommt Grundsätzliches zur Sprache, wichtige Lebensereignisse, die einen großen Effekt auf die Menschen hatten:

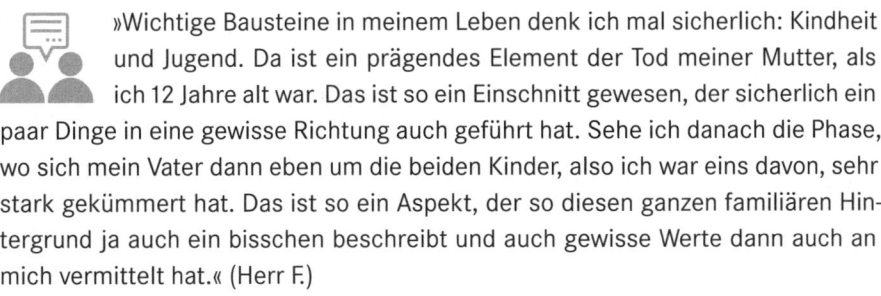

»Wichtige Bausteine in meinem Leben denk ich mal sicherlich: Kindheit und Jugend. Da ist ein prägendes Element der Tod meiner Mutter, als ich 12 Jahre alt war. Das ist so ein Einschnitt gewesen, der sicherlich ein paar Dinge in eine gewisse Richtung auch geführt hat. Sehe ich danach die Phase, wo sich mein Vater dann eben um die beiden Kinder, also ich war eins davon, sehr stark gekümmert hat. Das ist so ein Aspekt, der so diesen ganzen familiären Hintergrund ja auch ein bisschen beschreibt und auch gewisse Werte dann auch an mich vermittelt hat.« (Herr F.)

Dabei nannten die Patientinnen und Patienten den Blick auf sich selbst als einen wichtigen Einflussfaktor, von Chochinov unter dem Begriff »Selbstkontinuität« zusammengefasst. Nimmt man sich als derjenige wahr, der man auch vor der Krankheit war? Kann man sich noch wiedererkennen im momentanen Zustand mit dem, was auch vor der Erkrankung das Selbstgefühl fundamentierte?

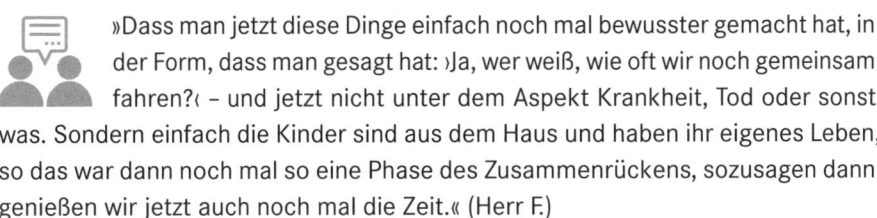

»Dass man jetzt diese Dinge einfach noch mal bewusster gemacht hat, in der Form, dass man gesagt hat: ›Ja, wer weiß, wie oft wir noch gemeinsam fahren?‹ – und jetzt nicht unter dem Aspekt Krankheit, Tod oder sonst was. Sondern einfach die Kinder sind aus dem Haus und haben ihr eigenes Leben, so das war dann noch mal so eine Phase des Zusammenrückens, sozusagen dann genießen wir jetzt auch noch mal die Zeit.« (Herr F.)

Damit hängt die Möglichkeit, soziale Rollen aufrechtzuerhalten, eng zusammen; sich noch als denjenigen oder diejenige zu empfinden, der oder die ich auch vorher war, sei es als engagierter Familienvater, motivierte Helferin, gute Freundin oder als kompetenter Ansprechpartner in beruflichen Fragen:

»Wo man sicherlich auch daneben, neben der Krankheit, diese anderen Facetten sich klarmachen muss, denn wie gesagt, man ist ja jetzt nicht nur Kranker, sondern man ist ja immer trotzdem noch eine Person mit … Dingen. Mit Eigenschaften, mit Erfahrung, mit Wünschen. Und die sind ja nicht nur ausschließlich durch die Krankheit dann definiert.« (Herr F.)

»Erst in einem internationalen Konzern und nachher in einem mittelständischen Unternehmen und aber in beiden Organisationen jeweils dann bis zur Geschäftsführung gegangen. Das ist so ein bisschen der Part. Parallel dann eben in den letzten Jahren Kennenlernen meiner Frau, Heirat und dann eben zwei Kinder. Die eine Tochter eben 20, der Sohnemann 17. Was halt eben, sag ich mal, der zweite große Baustein in meinem Leben ist. Also, wenn man sagt, es gibt sicherlich zwei wesentliche Bausteine, dann ist es a) Familie und b) Beruf. […] Ehemann zu sein und …, das ist eine Riesenaufgabe, das ist, für eine andere Person da zu sein […], Vater zu sein ist eine wichtige Thematik, keine Frage. Da ist …, die sehe ich auch genauso wichtig.« (Herr F.)
»Das ich immer da war, wenn Menschen mich gebraucht haben. Ich habe für meine Mutter eingestanden, für meinen Mann und ich würde auch jetzt noch jedem helfen, wenn ich könnte.« (Frau K.)

Ein zentraler Aspekt, der immer wieder von den Patientinnen und Patienten genannt wurde, ist der der Generativität; etwas an andere weitergeben zu wollen, ein Vermächtnis zu hinterlassen. Die Menschen, die im Leben besonders wichtig waren, nicht einfach so allein dastehen zu lassen, sondern ihnen etwas zu hinterlassen, sei es ein guter Ratschlag, ein Wunsch, eine Geschichte – oder nur einfach ein Kochrezept:

»Ich würde sicherlich meinem Sohn … – meiner Tochter nicht, meine Tochter lebt das ähnlich wie ihre Mutter, die hat ein ausgeprägtes und sehr erfülltes soziales Leben mit Vereinen und Aktivitäten, das ist Klasse! Mein Sohn ist da in dem Punkt, glaube ich, eher ein bisschen meine Richtung. Dem würde ich das sicherlich auch sagen, dass er vielleicht das auch als Punkt für sich mal aufnimmt und sagt: okay, das ist ein wichtiger Punkt, sich auch um Freunde und Bekannte, um andere Dinge zu kümmern, die jetzt halt bei ihm noch außerhalb

der Schule – momentan ist er noch in der Schule – liegen. Dass man sagt: okay, es geht nicht nur darum, sich auf die Schule zu konzentrieren, sondern halt auch mal was anderes zu machen, was dann halt nicht unmittelbar dem schulischen Erfolg dann hilft. Sondern dass es vielleicht mal ganz gut ist, einfach mal was anderes zu tun.« (Herr F.)

»Ich denke, was wichtig wäre, dass ich sicherlich noch mal mit den Kindern spreche und sage, wie wichtig die für mich sind, wie stolz ich auf sie bin.« (Herr F.)

»Ich hoffe, dass alles immer so schön bleibt und alle schön leben können. Ich hoffe nur das Gute für die Familie, denn die sind fleißig.« (Frau K.)

Über den Tod hinaus im Leben anderer wirksam sein zu können, gibt Menschen ein Gefühl von Bedeutsamkeit und hilft ihnen, ihr Dasein als würdevoll wahrzunehmen.

Aber auch das Gefühl, Stolz zu wahren, Person zu bleiben und in den Augen der anderen nicht nur Kranker zu sein, sondern wahrgenommen zu werden als Mensch, der etwas erreicht und geleistet hat, macht für viele Menschen einen entscheidenden Teil der Würde aus:

»Dass man eben in verschiedenen Bereichen, in verschiedenen Umfeldern klarkommt. Dass man mit Menschen klarkommt in anderen Ländern. Dass man mit Menschen mit komplett anderem Hintergrund, also wie gesagt, in internationalen Konzernen, wo fast nur Akademiker unterwegs waren, dann wechselt man zu einem Mittelständler, wo es dann vielleicht drei oder vier Akademiker gibt und der Rest sind ›Hands-on‹ Leute, die wirklich einen Blaumann anhaben. Dass man also beides irgendwie geregelt kriegt, dass man sich darauf einstellen kann, das sind sicherlich, finde ich, Leistungen, die ich erst im Nachhinein so auch für mich sage, gar nicht so schlecht, wie das gelaufen ist.« (Herr F.)

In der Krankheitssituation ist es für Menschen wichtig, Hoffnung aufrechtzuerhalten. Damit ist bei palliativ erkrankten Patientinnen und Patienten nicht die Hoffnung auf Heilung gemeint. Gemeint sein kann hier die Hoffnung auf Symptomlinderung, auf einen schmerzfreien Tod oder auch die »kleinen Hoffnungen«, noch schöne Stunden mit Menschen zu verbringen, die einem am Herzen liegen, oder einen bestimmten wichtigen Tag noch miterleben zu dürfen, z. B. ein Weihnachtsfest, die Geburt eines Enkelkindes, einen Geburtstag oder die nächste Fußballweltmeisterschaft. Diese Hoffnungen auf Miterleben geben dem Menschen Kraft und können das Leben auch in der (Extrem-)Situation einer palliativen Erkrankung lebenswert machen:

»Ich möchte erst mal wieder etwas gesünder werden, soweit dies möglich ist, und dann versuchen so viel zu erleben, wie es mir meine Verfassung erlaubt. Alles was mir kräftemäßig noch möglich ist.« (Frau G.)

Autonomie und Kontrolle, das Gefühl, dass ich auch noch manches selbst entscheiden und beeinflussen kann, selbst wenn ich vielleicht in manchen Bereichen auf die Hilfe anderer angewiesen bin, beschreibt im Gegensatz zur Unabhängigkeit das subjektive Empfinden. Hierbei unterscheiden sich Menschen mit ähnlichen Symptomen oft sehr. Es gibt Patientinnen und Patienten, die selbst, wenn sie unter einer Querschnittslähmung leiden, weiterhin das Gefühl haben, ihr Leben selbst im Griff zu haben. Die Wahrung von Selbstkontrolle (im Gegensatz zum Gefühl der Abhängigkeit und Hilflosigkeit) zählt zu den wesentlichen Bestandteilen von Resilienz (Antonovsky, 1997).

Gleichzeitig ist auch die Akzeptanz des momentanen Zustands entscheidend, um zu einem Gefühl des inneren Friedens zu kommen. Mit Akzeptanz ist in der Würdezentrierten Therapie die Fähigkeit gemeint, sich auf die sich verändernden körperlichen und seelischen Zustände einzustellen. Dabei geht es nicht darum, die Krankheit als Ganzes zu akzeptieren – mancher wird auch bis zum Ende seines Lebens »ringen«. Entscheidend sind vielmehr die vielen kleinen Schritte des Akzeptierens, die peu à peu den Patientinnen und Patienten – und auch den Angehörigen – möglich sind.

Für viele Patientinnen und Patienten ist auch Resilienz und Kampfgeist ein entscheidender Faktor, der die Würde positiv beeinflusst. Dabei ist die Kraft gemeint, die es einem ermöglicht, mit dem, was im Laufe der Erkrankung passiert, umzugehen. Natürlich unterliegt diese Kraft auch Schwankungen und ist davon abhängig, was einem wie passiert und welche Unterstützung man erfährt.

Das würdebewahrende Handeln

Das würdebewahrende Handeln bezeichnet Aktivitäten und Verhaltensweisen, die jemanden dazu befähigen, mit den sich verändernden Lebensbedingungen umzugehen (Chochinov, 2012, dt. 2017).

Häufig leben Menschen nicht im Hier und Jetzt. Doch besonders bei einer palliativen Erkrankung, wenn die verbleibende Lebenszeit begrenzt ist, tut es gut, immer wieder zwischendurch das Gestern und Morgen zu vergessen und im Moment zu leben. Viele nebenwirkungsreiche Therapien werden durchgehalten in der Hoffnung darauf, dass einem noch Zeit bleibt, die man gut nutzen kann. So verlieren viele Patientinnen und Patienten den Bezug zum Aktuellen. Im Hier und Jetzt entstehen dagegen Situationen, die schwerkranken Menschen einfach guttun, sei es ein Gespräch über Wichtiges, was aktuell in der Familie oder dem bekannten sozialen Umfeld passiert, oder ein Moment, in dem man die Natur bewusst(er) wahrnimmt.

Wichtig ist es auch, ein Stück Normalität zu erhalten und die Krankheit nicht alles dominieren zu lassen. Eine Pizzabestellung auf der Palliativstation und Fußball schauen, und nicht alles aufgeben zu müssen, was man vorher gerne gemacht hat; oder auch in den Zeiten zwischen Krankenhausaufenthalten wieder arbeiten zu gehen, wenn es die Kräfte zulassen – so etwas gibt vielen Menschen ein Gefühl von Sinnhaftigkeit und Zufriedenheit:

»Ich habe jetzt [...] ab und zu mal 'n bisschen über und kann den Kindern damit mal 'ne Freude machen und denen etwas zustecken. [...] Das tut einen kranken Menschen aufbauen.« (Frau K.)

Besonders am Lebensende spielt für viele Menschen das Streben nach spirituellem Wohlbefinden eine wichtige Rolle, das Gefühl, Teil eines größeren Ganzen zu sein. Dabei sind häufig Fragen nach dem Sinn des Daseins Thema. Manch einer lebt seine Spiritualität dabei klassisch über die Zugehörigkeit zu einer institutionalisierten Religionsgemeinschaft aus, doch für viele bedeutet Spiritualität auch einfach Sinnsuche, die Verbindung zwischen sich und der Natur zu spüren oder daran zu glauben, dass es mehr gibt als das direkt Sicht- und Greifbare, und sich in einem größeren Zusammenhang eingebunden zu fühlen.

Soziale Würde

Der Mensch ist vor allem ein soziales Wesen – und so hat auch der Kontakt zu anderen einen entscheidenden Einfluss auf das eigene Würdeempfinden:

»Aber jetzt ist alles so schön, da ich sehr viel Freude an meinen Enkeln habe. Jetzt, wo ich krank bin, helfen sie mir alle.« (Frau K.)

Diese sozialen Aspekte werden im Würdemodell nach Chochinov et al. (2002) im »Inventar sozialer Würde« zusammengefasst (siehe Abbildung 1).

Besonders, wenn ein Mensch Unterstützung bei der Körperpflege benötigt, was am Lebensende sehr häufig der Fall ist, wird das Bedürfnis, Rückzugsräume zu wahren und weiterhin Privatsphäre aufrechtzuerhalten, sehr wichtig.

Angemessene soziale Unterstützung ist in dieser Phase elementar: Zu wissen, dass jemand anderes da ist, um einen in den Dingen zu unterstützen, die einem in der momentanen Situation schwerfallen; jemand, der die Kinder zum

Sport bringt, Erledigungen übernimmt oder im Haushalt mithilft – das kann viel Kraft und Sicherheit geben.

Die Bewahrung sozialer Würde ist jedoch nicht ausschließlich von der Art der sozialen Unterstützung durch die Angehörigen abhängig, sondern in einer Pflegesituation vor allem von der Haltung der Behandelnden, also der Einstellung, mit der die professionellen Helfer (Ärzte, Pflegekräfte, Sozialarbeiter, Psychologen, Seelsorger etc.) dem Kranken begegnen. Dies ist für Harvey M. Chochinov der zentrale soziale Aspekt. Durch ihren Blick auf den Menschen beeinflussen professionelle Helfer direkt und indirekt, wie Patientinnen und Patienten sich selbst wahrnehmen. Chochinov bezeichnet diesen Aspekt im Englischen als »Care tenor«, also sozusagen der Ton oder Klang, mit dem man einander begegnet.

»Diese Freude ist genau dasselbe wie mit den Rosen, die man mir hier auf der Station geschenkt hat. […] Ich hatte in Schwelm auch so einen lieben Stationsarzt, wo ich mein Bein gebrochen hatte, genau wie die anderen Therapeuten. Das hilft einem. Ich weiß nicht, wie ich das sagen soll, aber die bauen einen dann noch mehr auf. Ein kleines freundliches Wort ist für uns Kranke schon sehr viel wert.« (Frau K.)

Das Gefühl, eine Belastung für andere zu sein, kann das subjektive Empfinden von Würde stark beeinflussen. Nicht ohne Grund ist die Suizidrate in Ländern, in denen die Menschen große Armut erleben, und unter älteren Menschen in Deutschland, insbesondere unter alleinstehenden Männern über 65, besonders hoch. Hier spielt das Gefühl, nicht mehr bedeutsam oder nur noch eine Last zu sein, eine wichtige Rolle:

»Dass ich meinen Kindern nicht so zur Last falle, damit die auch ihr Leben haben. Wenn ich wieder zu Hause ankomme, dann helfe ich immer. Das war das Schöne.« (Frau K.)

Letztlich sind am Lebensende auch für viele Menschen Sorgen hinsichtlich der Zeit nach dem Tod, wenn sie nicht mehr da sind, wesentlich. Zu wissen, dass die Kinder gut versorgt sind, wenn man selbst nicht mehr da ist; dass die Beerdigung nach den eigenen Wünschen gestaltet, Finanzielles geklärt ist oder jemand Bescheid weiß, wie die Dinge zu regeln sind, wenn der Tod eintritt –, das kann eine große Erleichterung für einen schwerkranken Menschen sein. Raum zu geben, um diese Fragen zu klären, ist daher wichtiger Bestandteil einer würdezentrierten Behandlung.

Die Umsetzung der Würdezentrierten Therapie im klinischen Setting – Anwendung und Grenzen

Seit 2014 wird die Würdezentrierte Therapie als ein Baustein therapeutischer Arbeit auf der Palliativstation sowie auf den onkologisch behandelnden Stationen des HELIOS Universitätsklinikums Wuppertal eingesetzt. Schwerpunktmäßig werden hier onkologisch erkrankte Patientinnen und Patienten in allen Phasen und Stadien der Erkrankung (kurative sowie palliative Behandlungsansätze) betreut. 2015 arbeiteten wir dort gemeinsam. Aus dieser Zeit stammt die Übernahme der Würdezentrierten Therapie ins Repertoire, vor allem in der psychologischen Begleitung der Patientinnen und Patienten der Palliativstation. Nach dem Fortgang meiner Kollegin Anne Baumann führt sie die Würdezentrierte Therapie nun auch an ihrem Arbeitsplatz auf der Palliativstation der Uniklinik Köln weiter durch. Aktuell ist die Intervention fester Bestandteil in unseren beiden Arbeitskontexten. Insbesondere in palliativen Phasen, in denen hochinvasive Behandlungen nicht mehr im Vordergrund stehen wie im kurativen Behandlungskonzept, tritt der Patient als eigentliche Person wieder mehr in den Vordergrund. War er zuvor oft vorrangig Patient und musste seine Bedürfnisse zugunsten eines meist engmaschigen, restriktiven und kräftezehrenden Behandlungsregimes zeitweilig unterordnen, besteht die Chance, im palliativen Kontext der Person (und nicht nur der Person als Patient) mit ihren Wünschen, Bedürfnissen und Hoffnungen wieder mehr Raum zu geben. Die Würdezentrierte Therapie bestärkt genau diese Zuwendung zum Patienten als Person. Mit ihrem Fokus auf die Aspekte der Biografie des Menschen, in denen Würde eine Rolle spielt, ermöglicht sie dem Patienten, den Angehörigen und Behandelnden einen ganzheitlicheren Blick. Außerdem erfolgt bei narrativer Arbeit fast immer eine unbewusste Selbstkonstruktion, manchmal auch reflektierte Neukonstruktion von Identität, wie sie nach schweren Krisen üblicherweise eintritt und therapeutisch genutzt werden kann.

Natürlich müssen wir in diesem Zusammenhang vorsichtig sein, um nicht die biografische Vorgeschichte unserer Patientinnen und Patienten in einen womöglich falsch verstandenen, die Symptomatik erklärenden, Zusammenhang zu stellen. Lebensereignisse (z. B. chronische Konflikte in der Familie, Verlust- oder Trauerereignisse) sind nie kausal mit der onkologischen Symptomatik unserer Patientinnen und Patienten verbunden, sicher jedoch indirekte Kontextvariablen. Subjektives Zusammenhangsdenken des Betroffenen schafft vielmehr ein sinnhaftes Verstehen, fördert innere Ordnung und schafft mehr oder weniger bewusst einen Korridor der Selbstentwicklung – auch in der letzten Phase des Lebens.

Eine gelingende Krankheitsverarbeitung und -bewältigung ist eng verknüpft mit den Wirkungskräften und Blockaden eines ganzen zusammenhängenden Lebensentwurfs. Dabei miteinbezogen ist das Familien- und Freundessystem der Patientinnen und Patienten. Psychotherapeutische und insbesondere psychoonkologische Arbeit stützt sich daher heutzutage größtenteils auf ressourcenorientierte und das Familien-, Partnerschafts- und Freundessystem integrierende Arbeitskonzepte. Da der Aspekt der Generativität ein entscheidender Punkt in der Würdezentrierten Therapie ist, eignet sich die Intervention besonders für Patientinnen und Patienten mit Angehörigen. Zu Beginn spielen das sogenannte »Joining« (wörtlich: sich verbinden, sich anschließen, ankoppeln) sowie die allgemeine Informationssammlung vor der eigentlichen Intervention eine entscheidende Rolle (von Schlippe u. Schweitzer, 2013, S. 225).

Dabei folgen unsere Kontakte meist einem ähnlichen Schema. Zunächst geht es um die Kontaktaufnahme, in der man sich als Therapeut/-in mit den Patientinnen und Patienten meist langsam bzw. stufenweise bekannt macht (S. 225). Seit 2015 werden alle Patientinnen und Patienten auf der Palliativstation der HELIOS Universitätsklinik Wuppertal außerdem zu Beginn im obligaten Aufnahmegespräch zu ihrem familiären Hintergrund (Angehörige, wichtige Bezugspersonen, Bevollmächtigte etc.) befragt und in ihrer Akte wird ein Genogramm angelegt. Dies ermöglicht allen einen guten Überblick über den familiären und sozialen Kreis und die wichtigsten Ansprechpartner im »System«. Bei Patientinnen und Patienten, die auf den übrigen Stationen unserer Klinik verweilen, versuchen wir über eine persönliche Kurzvorstellung der eigenen Fachabteilung den ersten Kontakt zu bahnen und zunächst die Patientinnen und Patienten und ihr soziales System über ihre Interessen und Ressourcen kennenzulernen.

Da ein Aspekt der Würdezentrierten Therapie in der Weitergabe von guten Wünschen und Hoffnungen für das Familiensystem besteht, kann der transgenerative Aspekt demnach als zentraler Bestandteil und Wirkvariable angesehen werden. Für Menschen, die keine Angehörigen haben, an die sich die Erzählung richtet, können Studierende als Adressaten dienen, die im Nachhinein das Gesagte zu Lehrzwecken in Auszügen zu lesen bekommen. Auch so können die Patientinnen und Patienten etwas an andere weitergeben und Generativität stärken.

Natürlich ist nicht jedes Leben so verlaufen, dass es den Menschen leichtfällt, nur gute Geschichten zu erzählen, die ihren Angehörigen beim Abschied und in der Trauer Trost spenden. Häufig wird im Rahmen der Würdezentrierten Therapie auch über Aspekte des Lebens gesprochen, die konflikthaft verlaufen sind oder das Gefühl von Unerledigtem vermitteln. Daher ist es wichtig, dass die Intervention als *Teil* der therapeutischen Arbeit verstanden wird und in einen Behandlungsprozess integriert ist. So können schwierige Themen, die im Rahmen der Würdezentrierten Therapie aufkommen, in der weiteren Begleitung aufgegriffen werden, wenn der Patient oder die Angehörigen das Bedürfnis danach haben.

Wenn Patientinnen und Patienten voraussichtlich nur noch eine sehr geringe Lebenserwartung von wenigen Tagen oder Stunden haben, ist die Methode wenig geeignet, da zur erfolgreichen Umsetzung auch die Revision des Interviews durch die Patientinnen und Patienten gehört. Insgesamt vier Termine sind notwendig, um die Würdezentrierte Therapie in ihrer Vollversion durchzuführen. Dies sollte also vor Beginn bedacht werden, um keinen Stress beim Patienten und Enttäuschungen bei Patienten und Angehörigen zu verursachen. Auf jeden Fall bietet es sich an, sich vor der Durchführung einen Angehörigen benennen zu lassen, der für den Fall, dass der Patient die Revision nicht mehr selbst durchführen kann, diese stattdessen übernimmt.

Die Vorgehensweise mit Patientinnen und Patienten, die unter starken kognitiven Einschränkungen leiden, gestaltet sich oftmals schwierig. Sollte dennoch ein starker Wunsch bei Patient und Angehörigen bestehen, die Würdezentrierte Therapie durchzuführen, ist es auch denkbar, dass ein sehr vertrauter Angehöriger beim Interview anwesend ist und an Stellen, an denen sich der Patient oder die Patientin vielleicht schwertut, die passenden Worte zu finden, ergänzt und unterstützt.

Auch wenn die Methode als Kurzintervention gedacht ist, kann es im klinischen Kontext am Lebensende doch häufiger dazu kommen, dass die Intervention im gesamten zeitlichen Umfang schwer umsetzbar ist. Insbesondere die Transkription des Interviews dauert je nach Umfang des Gesagten lang oder kann zu spät erfolgen, da diese im Normalfall nicht durch Psychologen oder andere Berater im Rahmen ihrer normalen Arbeitszeit verwirklicht werden kann. Hier kann das Hinzuziehen eines Transkriptionsbüros bzw. einer supervidierten studentischen Hilfskraft oder eines Praktikanten eine mögliche Lösung sein.

Wirksamkeit der Würdezentrierten Therapie

Eine Vielzahl von Studien in Kanada, aber auch in Dänemark, Portugal und anderen Ländern hat die positiven Effekte der Würdezentrierten Therapie nachweisen können und stellt das Verfahren auf eine wissenschaftliche Grundlage (u. a. Houmann, Chochinov, Kristjanson, Petersen u. Groenvold, 2014; Julião, Oliveira, Nunes, Carneiro u. Barbosa, 2017). In der ersten kontrollierten randomisierten (Blind-)Studie von Chochinov et al. (2011) konnten zwar keine signifikanten Vorteile der Würdezentrierten Therapie gegenüber klientenzentrierter oder standardisierter Therapie bzw. Palliativversorgung in Bezug auf das Erleben von negativem Stress (engl. Disstress) sowie der signifikanten Reduktion der Depressionswerte (Testverfahren HADS, »Disstressthermometer«) festgestellt werden, eine qualitative Nachbefragung der Patienten hingegen zeigte, dass die Intervention in Bezug auf die individuelle Verbesserung der Lebensqualität, die Steigerung des Würdeempfindens und Würdegefühls sowie die Einschätzung der Art und Weise, wie die Familie den Patienten sieht und schätzt, als deutlich positiv und hilfreich bewertet wird.

Zudem konnten mittlerweile zahlreiche weitere Studien zeigen (u. a. Goddard, Speck, Martin u. Hall, 2013; Hall et al., 2011; Johns, 2013), dass auch Angehörige die Intervention als hilfreich im Prozess des Abschiednehmens wie auch im späteren Trauerprozess nach dem Tod des Patienten erleben.

Auch wir erleben die Würdezentrierte Therapie als hilfreichen und passenden Therapiebaustein innerhalb der Beratung und Begleitung von Patienten und deren Familien in palliativen klinischen Kontexten.

Es ist sehr gut möglich, dass zukünftige Studien den individuellen Nutzen der Würdenzentrierten Therapie insbesondere gegenüber anderen Therapieformen noch deutlicher unter Beweis stellen werden.

Literatur

Antonovsky, A. (1997). Salutogenese. Zur Entmystifizierung der Gesundheit. Tübingen: DGVT.
Chochinov, H. M. (2012, dt. 2017). Würdezentrierte Therapie. Göttingen: Vandenhoeck & Ruprecht.
Chochinov, H. M., Hack, T., McClement, S., Kristjanson, L. Harlos, M. (2002). Dignity in the terminally ill: a developing empirical model. Social Science & Medicine, 54 (3), 433–443.
Chochinov, H. M., Kristjanson, L. J., Breitbart, W., McClement, S., Hack, T. F., Hassard, T., Harlos, M. (2011). The effect of dignity therapy on distress and end-of-life experience in terminally ill patients: a randomised controlled trial. The Lancet Oncology, 12 (8), 753–762.
Ernst, J., Weißflog, G. (2016). Familie, Partnerschaft und Krebs. In A. Mehnert, U. Koch (Hrsg.), Handbuch Psychoonkologie (S. 284–295). Göttingen: Hogrefe.
Goddard, C., Speck, P., Martin, P., Hall, S. (2013). Dignity Therapy for older people in care homes: a qualitative study of the views of residents and recipients of ›generativity‹ documents. Journal of Advanced Nursing, 69 (1), 122–132.
Hall, S., Goddard, C., Opio, D., Speck, P. W., Martin, P., Higginson, I. J. (2011). A novel approach to enhancing hope in patients with advanced cancer: a randomised phase II trial of a dignity therapy. BMJ supportive and palliative care, 1, 315–321.
Houmann, L. J., Chochinov, H. M., Kristjanson, L. J., Petersen, M. A., Groenvold, M. (2014). A prospective evaluation of Dignity Therapy in advanced cancer patients admitted to palliative care. Palliative Medicine, 28 (5), 448–458.
Johns, S. A. (2013). Translating dignity therapy into practice: effects and lessons learned. Omega, 67 (1–2), 135–145.

Julião, M., Oliveira, F., Nunes, B., Carneiro, A.V., Barbosa, A. (2017). Effect of dignity therapy on end-of-life psychological distress in terminally ill Portuguese patients: A randomized controlled trial. Palliative and Supportive Care, 1–10.

Schlippe, A. v., Schweitzer, J. (2013). Lehrbuch der systemischen Therapie und Beratung I: Das Grundlagenwissen (10. Aufl.). Göttingen: Vandenhoeck & Ruprecht.

van der Maas, P. J., van Delden, J. J., Pijnenborg, L., Looman, C. W. (1991). Euthanasia and other medical decisions concerning the end of life. Lancet, 338 (8768), 669–674.

Die Autorinnen und Autoren

Anne Baumann ist Diplom-Psychologin und absolviert die Ausbildung zur Psychologischen Psychotherapeutin. Sie hat die Weiterbildung in Palliative Care für Psychologen (DGP) abgeschlossen und arbeitet im Zentrum für Palliativmedizin und der Klinik für Psychiatrie und Psychotherapie an der Uniklinik Köln.
anne.baumann@uk-koeln.de

Madeleine Bernard ist Systemische Therapeutin (DGSF) mit hypnosystemischem Schwerpunkt, PEP®-Anwenderin, Mediatorin, Beraterin für junge Erwachsene an einer Berufsschule in Bern und Systemische Therapeutin in eigener Praxis (Familien, Jugendliche und Erwachsene, Weiterbildung für Schulen und sozialpädagogische Institutionen). Sie ist Gründerin und Leiterin der Institution www.dasgruenehaus.ch.
info@madeleinebernard.ch

Heike Bösche ist Kinderkrankenschwester und Gründungsmitglied von Marte Meo Medical. Überdies ist sie lizenzierte Marte-Meo-Supervisorin (Ausbildungen bei Maria Aarts, Marte Meo International).
info@martemeo-bonn-rhein-sieg.de

Jörn Borke, Dr. rer. nat., Diplom-Psychologe, ist Professor für Entwicklungspsychologie der Kindheit an der Hochschule Magdeburg-Stendal und Vorstandsmitglied im Kompetenzzentrum Frühe Bildung (KFB) der Hochschule Magdeburg-Stendal. Von 2004 bis 2014 war er Leiter der Babysprechstunde an der Universität Osnabrück.
joern.borke@hs-magdeburg.de

Monique Breithaupt-Peters, Diplom-Psychologin, ist Systemischer Coach (SG), Supervisorin und Expertin für Neurowissenschaften. Überdies ist sie Organisa-

tionsentwicklerin für Einzelpersonen, Teams und Unternehmen sowie Marte-Meo-Therapeutin/Colleague Trainer und Neurofeedback-Therapeutin.
kontakt@brainways.de

Filip Caby, Dr. med., ist seit 25 Jahren Chefarzt der Abteilung für Kinder- und Jugendpsychiatrie und Psychotherapie des Marien-Hospitals Papenburg-Aschendorf, Lehrender in systemischer Therapie und Beratung (DGSF) und zertifiziert als Sachverständiger in Straf- und Zivilrecht bei Kindern und Jugendlichen. Seit 2013 ist er Vorstandsmitglied der DGSF.
filip.caby@t-online.de

Martin Diem, Erziehungswissenschaftler und Sozialpsychologe/-anthropologe (B. A.), ist Agiler Coach, Systemischer Therapeut und Supervisor, Einzelkaufmann bei Systematen.
mail@martindiem.de

Diana Drexler, Dr. phil., Diplom-Psychologin, ist Psychotherapeutin in eigener Praxis und Leiterin des Wieslocher Instituts für systemische Lösungen (WISL), Lehrtherapeutin und Supervisorin für Verhaltenstherapie, Systemische Therapie und Beratung (SG) und für Systemaufstellungen (DGfS).
post@dianadrexler.de

Andreas Eickhorst, Dr. rer. nat., Diplom-Psychologe, ist Professor für Psychologische Grundlagen Sozialer Arbeit an der Hochschule Hannover. Vorher war er Koordinator des Frühe-Hilfen-Projektes »Keiner fällt durchs Netz« am Universitätsklinikum Heidelberg. Er ist ehemaliger Mitarbeiter der »Heidelberger Interdisziplinären Sprechstunde für Eltern mit Säuglingen und Kleinkindern« sowie der Osnabrücker Babysprechstunde. Von 2013 bis 2017 war er wissenschaftlicher Referent am Deutschen Jugendinstitut in München, seit 2016 dort Leiter der Fachgruppe Nationales Zentrum Frühe Hilfen.
andreas.eickhorst@hs-hannover.de

Birgit Fischer, Diplom-Sozialpädagogin, Systemische Therapeutin (SG), Systemische Paartherapeutin und Systemische Kindertherapeutin, arbeitet an der Psychologischen Beratungsstelle für Kinder, Jugendliche und Familien, Erziehungsberatung, Paar- und Lebensberatung in Leonberg. Sie ist lehrende Therapeutin (SG) und Supervisorin beim Institut FoBiS/ Mutpol und dem Institut Basis/Schelklingen.
birgitm.fischer@gmail.com

Martina Furlan, Diplom-Pädagogin, ist Systemische Therapeutin, Systemische Kinder- und Jugendlichentherapeutin (SG), Lehrtherapeutin (SG) am Institut an der Ruhr, Bochum, und die Geschäftsführerin des Kinderschutzbundes Dortmund e. V.
martina.fulan@gmx.de

Julian Geigges, M. Sc., war von 2011 bis 2016 am Institut für Medizinische Psychologie des Universitätsklinikums Heidelberg als wissenschaftliche Hilfskraft und im Rahmen seiner Bachelor- und Masterarbeit zu Fragen des Erlebens in sozialen Systemen tätig. Aktuell lebt er in Nicaragua und betreibt dort das Hotel »Las Palmeras«.

Michael Grabbe ist approbierter Psychologischer Psychotherapeut in eigener Praxis sowie langjähriger Lehrtherapeut und Lehrender Supervisor (IFW, SG). Er war 2. Vorsitzender der Systemischen Gesellschaft (SG) und langjähriges Vorstandsmitglied des IF-Weinheim.
info@michaelgrabbe.de

Bettina Hattenbach ist Systemische Kinder-, Jugendlichen-, Familien- und Paartherapeutin (DGSF), KESS-Elterntrainerin sowie Familienbeaterin im Haus Fichtenhalde, Offenburg.
Hattenbach@fichtenhalde.de

Thomas Hegemann, Dr., ist Gründer und Leiter des »ich schaff's Instituts« in München, lehrender Coach und Supervisor (SG) sowie Gründer und Leiter des Instituts »InterCultura München«. Aktuell entwickelt er lösungsfokussierte Personalentwicklungsprogramme für öffentliche Dienstleister.
info@thomas-hegemann.de

Heike Hör, Diplom-Sozialarbeiterin, ist Supervisorin, Systemische Beraterin und Trainerin im »FamilienRat« mit langjähriger Berufserfahrung im Jugendamt Stuttgart, seit 2010 Leitung des »FamilienRatbüros«. Sie ist Koordinatorin und Auftraggeberin von Familienräten und aktiv in internationaler und nationaler Vernetzung zum Thema Familienrat.
heike.hoer@stuttgart.de

Christina Hunger, PD Dr. phil., ist Diplom-Psychologin (Dipl.-Psych.) und Anthropologin (M. Sc.). Sie arbeitet als Privatdozentin und leitet die AG »Systemorientierte Psychotherapieforschung und Methodenentwicklung«

am Institut für Medizinische Psychologie des Universitätsklinikums Heidelberg. Sie ist Lehrende für Systemische Therapie (SG, DGSF) am Wieslocher Institut für Systemische Lösungen und Psychologische Psychotherapeutin (Verhaltenstherapie). Seit 2018 ist sie Mitherausgeberin der Zeitschrift Familiendynamik.
christina.hunger@med.uni-heidelberg.de

Anke Kasner ist Fachärztin für Kinder- und Jugendpsychiatrie und -psychotherapie mit einem klinischen Erfahrungshintergrund auch im Feld der Erwachsenenpsychiatrie. Sie ist Systemischer Coach (Organisationsentwicklung, Coaching von Teams und Einzelpersonen) und seit 2018 als Gastdozentin im Institut für systemische Forschung, Therapie und Beratung Magdeburg (ISFT) tätig.
anke.kasner@googlemail.com

Lea Linke, Psychologin (M. Sc.), arbeitet als wissenschaftliche Mitarbeiterin der Abteilung Klinische Psychologie und Psychotherapie aktuell an der Rheinischen Friedrich-Wilhelms-Universität Bonn und war zuvor in einer stationären Jugendhilfeeinrichtung tätig. Sie befindet sich in der Approbationsausbildung zur Psychologischen Psychotherapeutin.
lea.linke@gmx.de

Beate Meißner ist Pädagogin, Diplom-Sozialpädagogin, Systemische Familien- sowie Kinder- und Jugendlichentherapeutin mit Erfahrung in der ambulanten Kinder- und Jugendpsychiatrie. Sie arbeitet als Supervisorin und Systemischer Coach (Jugendhilfe, Organisationsentwicklung, Einzelcoaching) und als Gastdozentin im Institut für systemische Forschung, Therapie und Beratung Magdeburg (ISFT).
bc-meissner@t-online.de

Thomas H. Meyer-Deharde, Facharzt für Psychiatrie und Psychotherapie, ist Familientherapeut (SG), Kinder- und Jugendlichentherapeut (SG), lösungsorientierter Sachverständiger im Familienrecht, Sucht- und Lehrtherapeut. Er ist seit 2006 in Dresden in eigener Praxis tätig.
Info@meyer-deharde.de

Elisabeth Nicolai, Prof. Dr., ist Professorin an der Evangelischen Hochschule Ludwigsburg, Psychologische Psychotherapeutin und Systemische Familientherapeutin. Sie ist Lehrtherapeutin des Helm Stierlin Instituts e. V. Heidelberg

und Vorstandsmitglied der Deutschen Gesellschaft für Systemische Therapie, Beratung und Familientherapie e. V. (DGSF).
Elisabeth.nicolai@hsi-heidelberg.com

Anja Novoszel, Dr., Diplom-Psychologin, ist Systemische Therapeutin (SG), Lehrtherapeutin sowie Traumapädagogische Fachberaterin und arbeitet als Psychologin in der Beratungsstelle für Eltern, Kinder und Jugendliche der Caritas in Viersen. Überdies ist sie Lehrtherapeutin am Institut für systemische Forschung, Therapie und Beratung (ISFT) Magdeburg.
anja.novoszel@yahoo.de

Christian Pröls, Dr., Pädagoge (M. A.) ist Systemischer Familientherapeut und Supervisor (DGSF) und arbeitet als Berater im KinderschutzZentrum München mit Familien, die von Gewalt betroffen sind. Er war beteiligt an der Evaluationsstudie zum Elternkurs »Kinder im Blick« und erteilt Lehrsupervision am Systemischen Institut Volkmar Abt in Augsburg.
Christian.proels@gmx.de

Bernd Reiners, Diplom-Psychologe, ist Lehrtherapeut für Systemische Therapie (DGSF), Lehrsupervisor (DGSv) und Fachpsychologe für klinische Psychologie (BDP) mit dem Arbeitsschwerpunkt Kinderschutz und Kinderorientierter Familientherapie.
info@kinderorientierte-familientherapie.de

Tim Reuter, Dr. phil., Dipl.-Soz., ist Psychoonkologe (DKG), Systemischer Therapeut und Familientherapeut (DGSF), Medizinsoziologe (Dipl.) und Fachpädagoge für Psychotraumatologie (DIPT). Er arbeitet als Leitender Psychoonkologe am HELIOS Universitätsklinikum Wuppertal, ist Lehrbeauftragter der Medizinischen Fakultät der Universität Witten/Herdecke und Dozent an diversen Ausbildungsinstituten. Derzeit absolviert er eine Ausbildung zum Systemischen Supervisor.
tim.reuter@helios-gesundheit.de

Ansgar Röhrbein, Diplom-Pädagoge, leitet das Märkische Kinderschutz-Zentrum in Lüdenscheid. Er verfügt über eine langjährige Berufspraxis und Leitungserfahrung in der Familienbildung und der (stationären) Jugendhilfe. Nebenberuflich arbeitet er als Lehrtherapeut und lehrender Supervisor für das Helm Stierlin Institut (hsi) in Heidelberg, das Institut für systemische Forschung, Therapie und Beratung (ISFT) in Magdeburg, das Institut an der Ruhr in Bochum und andere

Institutionen im deutschsprachigen Raum. Als Coach und Supervisor begleitet er zahlreiche Führungskräfte, Teams und Unternehmen auf dem Weg zu einer fürsorglichen Mitarbeiterkultur und väterfreundlichen Rahmenbedingungen.
mail@ansgar-roehrbein.de

Christina Rosemann, Diplom-Sozialpädagogin, ist Systemische Therapeutin (SG) und Systemische Supervisorin (SG). Sie arbeitet freiberuflich als Supervisorin, Führungskräftecoach, Paar- und Familientherapeutin, Teamentwicklerin, Trainerin und sie ist Lehrbeauftragte der Evangelischen Hochschule in Ludwigsburg.
c.rosemann@online.de

Erzsébet Roth, Sozialarbeiterin, ist zertifizierte Familienratskoordinatorin und Mediatorin in den Hilfen zur Erziehung und Pflegefamilienberatung. Sie führt »Family Group Conferencing« in Zusammenarbeit mit offenen sozialen Einrichtungen sowie dem ASD (Allgemeine Soziale Dienstleitungen) in Berlin, Brandenburg und Hamburg (PFiFF gGmbH) durch und leitet das »Stadtteiltrio« der Quadriga gGmbH in Hamburg, Hohenhorst.
info@erroth.de

Annette Rupp, Diplom-Psychologin, ist Systemische Therapeutin (DGSF), Lehrtherapeutin (SG) und Hypnotherapeutin. Sie arbeitet an der Psychologischen Beratungsstelle für Kinder, Jugendliche und Familien, Erziehungsberatung, Paar- und Lebensberatung in Leonberg sowie als Dozentin in der systemischen Fort- und Weiterbildung bei FoBiS/Mutpol.
annetterupp68@gmail.com

Felicia Schröck, Diplom-Psychologin, ist in Ausbildung zur Psychologischen Psychotherapeutin (Psychoanalyse), geschulte Anwenderin des Lausanner Trilogspiels (LTP) und der Integrativen Eltern-Säuglings-/Kleinkind-Beratung (IESK-B). Sie führt Lehraufträge und Workshops zur Frühprävention sowie frühen familiären Triade durch.
felicia.schroeck@web.de

Jochen Schweitzer, Prof. Dr. rer. soc., Diplom-Psychologe, leitet die Sektion Medizinische Organisationspsychologie im Zentrum für Psychosoziale Medizin des Universitätsklinikums Heidelberg. Er ist lehrender Supervisor und Lehrtherapeut für Systemische Therapie am Helm-Stierlin-Institut sowie Begründer der Heidelberger Tagungen für Systemische Forschung.
jochen.schweitzer-rothers@med.uni-heidelberg.de

Katja Seidel, M. Sc., ist Rehabilitationspsychologin, Systemische Therapeutin und Beraterin (SG), Systemische Supervisorin i. A. und arbeitet in der Vitos-Institutsambulanz Limburg/Lahn. Überdies hatte sie die Leitung des soziotherapeutischen Zentrums der »bunte Feuer GmbH« Stendal inne (2008–2013) und war an dessen Aufbau beteiligt.
Katja.seidel@gmail.com

Kathrin Stoltze, Dr., Diplom-Psychologin, ist Klinische Psychologin, Psychologische Psychotherapeutin, Kinder- und Jugendlichenpsychotherapeutin, Systemische Therapeutin und Supervisorin. Sie leitet den Kinder- und Jugendpsychiatrischen Dienst des Gesundheitsamtes Magdeburg und ist Lehrtherapeutin am Institut für systemische Forschung, Therapie und Beratung Magdeburg (ISFT).
kastoltze@arcor.de

Mélanie Tripod, Lic. Phil., ist Psychologin, Psychotherapeutin und Systemische Therapeutin (DGSF) mit hypnosystemischem Schwerpunkt, außerdem Embodimenttrainerin und Gesprächstherapeutin in der »SysTelios Klinik für Psychotherapie und psychosomatische Gesundheitsentwicklung«, Siedelsbrunn.
melanie.tripod@gmail.com